儿童语言障碍干预

梁丹丹 | 著

创于1897
商务印书馆
The Commercial Press

目　录

下 编

前　言

自2014年起，我根据自己的知识积累和研究兴趣，调整了研究生的开课计划，秋季为研一同学开设“儿童语言习得”，来年春季则开设“儿童语言障碍”。这两门课是有联系的，判断一个孩子的语言发展是否处于正常轨道，最直接的方式就是将之与同龄人对比：儿童语言习得的重要部分之一就是语言的正常发展历程，这个历程提供了儿童语言发展的普遍规律，即儿童如何从一名似乎只会哭的新生儿一步一步成为一名熟练的语言使用者，这其中有些语言事件特别值得关注，这些里程碑事件在进行存在障碍与否的判断时尤为关键。虽然已开发出不少语言行为的评估工具，但这些工具往往针对的都是特定的领域或有限的项目，其使用也有特殊的要求，另外因为适应性等因素，有时在评估环境中并不能观察到儿童的自然表现，所以最直观的判断标准还是发展历程，尤其对家长来说，这是一个最好用的标准。另一个联系是，对于一个存在语言障碍的孩子而言，判断其是否有障碍只是开始，干预才是最终目的。要进行干预，就要评估出儿童的基准线水平，并在此基础上制定合适的干预策略和程序。借助描写清晰的发展历程，可帮助确定儿童目前功能发展的基准线水平，并根据发展顺序，确立合适的干预目标。比如，6个月的婴儿会进入咿呀学语阶段，如果一名儿童1岁时植入了人工耳蜗，那么可推测其1岁6个月左右能咿呀学语，这就为干预设定了明确的目标，虽然典型发展儿童在1岁6个月左右通常已经可以产出双词句，但这名耳蜗植入儿童的语言发展顺序是由耳蜗植入年龄而不是生理年龄决定的。再如，一名尚处于双词句阶段的儿童，显然不适合将包含嵌入小句的结构作为下一步的干预目标，因为嵌入小句属于复杂句法结构，而双词句阶段语言单位的组合才刚开始发生。

语言的发展与习得、语言障碍的表现不是只有语言研究者才关心的问题，作为交叉学科，心理学、教育学、医学等其他学科都从不同角度介入，根据自身的兴趣和目的探索过相关问题。当然，语言学在这一领域的独特贡献是不可替代的，语言学及其分支学科的概念和框架，提供了系统和充分描写语言行为、障碍表现、特征分析的视角和方法。一方面，无论何种原因所致的语言障碍，借助语音学、音系学、形态学、句法学、语义学、语用学的概念与术语，都可以获得对其更全面和深入的认识，这体现了语言学理论的应用性；另一方面，语言障碍也为语言学的理论构建提供了很多支撑证据，这或许是语言障碍研究受到语言学者关注和重视的最大原因，其中先天论和后天论以及由此而产生的语言模块化等争论是最为人熟知的。本书更多体现的是语言学在前一个方面的贡献。有其他学科背景的人员如果能了解和掌握语言学的视角和方法，必然会更好地实现学科交叉和融合。对于干预人员而言，语言学知识尤其是必需的，但国内无论是来自特殊教育背景还是其他背景的从业人员，由于缺乏语言学的专业知识，精力往往放在教学技巧和教学方法的学习以及干预中如何与家长协同解决问题等方面，而对什么语言内容需要干预、什么办法可以干预这些语言内容等问题未引起充分重视，或者虽然意识到其重要性但不得其门而入，致使语言干预目标的设置和方法使用带有极大的随机性。本书撰写时，最大程度地考虑了障碍描写和干预方法之间的对应关系，为的是保持全书一致的语言学视角，并从语言要素角度给干预人员提供方法上的选择。

儿童的读写能力在心理学、教育学领域一直都受到关注，但语言学家不太感兴趣，因为现代语言学研究的是音义结合的符号系统，文字作为记录语言的符号，并不是语言的一部分，因而文字学也不属于语言学。但是越来越多的证据表明，读写能力会受到语言能力的影响，语言发展迟缓的孩子可能有一半入学之后会表现出读写方面的问题；对发展性阅读障碍儿童读写问题最具影响的解释中，来自语言视角的有语音意识缺陷假说、语素缺陷假说以及语音加工缺陷假说等。即使读写困难与语言能力无关，对那些处于困境中的学龄儿童的老师和家长而言，了解这一障碍也是必需的，如果还能得到一些解决问题的办法和渠道，他们应该会觉得更好，因此，本书专门撰写了儿童的读写发展历程、读写障碍表现和读写障碍的干预方法三个方面的内容。

理论需要实践。本书的下编部分是我们课题组的三个干预研究，分别包括句法、语义和语用层面的具体结构或单位。无论是发展历程、障碍表现还是干预方法，绝大部分的研究都来自英语人群，对汉语研究者而言，这些成果的借鉴、转化乃至超越都离不开本土化的思考和实践。我们与读者分享自己在实践方面的尝试，从数据看，这些尝试是成功的。这几年有教育机构也一直在使用这些方法，反馈效果都令人鼓舞。

感谢2014级以来选修“儿童语言习得”和“儿童语言障碍”的所有硕士生和博士生，一年又一年，教学相长，本书即是见证；感谢我指导的刘沛宏、刘思雪和袁文晗三位硕士所做的干预工作，没有她们的勇敢、耐心和温柔，就不会有本书的下编部分；特别要感谢的是给我们提供支持的学校、教育机构和家长，没有他们的信任与付出，我们不可能走到今天。

最后，感谢商务印书馆太原分馆张艳丽总编、冯淑华编辑，成书过程中遇到的许多问题，如果没有她们的理解和帮助，不可能这么顺利地解决。

上　编

第一章 儿童语言发展历程

第一节 语音发展历程

一、概述

（一）基本概念

语音是指人类通过发音器官发出来的、用来进行社会沟通的声音，是约定俗成的语言符号的形式。从物理属性上看，语音具备四个基本特征：音高、音强、音长和音色。其中，音高指的是声音的高低，取决于发声体振动的频率；音强指的是声音的强弱，取决于发声体的振幅；音长指的是声音的长短，取决于发声体振动持续时间的长短；音色又叫音质、音品，取决于声波振动的形式。相对音色的异同取决于发音方法（发音器官形成阻碍和解除阻碍的方法）和共鸣器形状（口腔、咽腔、鼻腔、喉腔）。语音成分按照这些基本特征可以分为音段和超音段两大类。音段特征由音色决定，例如，元音和辅音。超音段特征又被称作韵律特征，由音高、音长和音强决定，例如，重音、节奏和声调。超音段无法独立存在，需要依附于音段成分。

语音单位包括音素、音位和音节等。音素是从音质角度划分出来的最小的线性的语音单位；音位是某一特定的语音系统中能够区别意义的最小语音单位；音节由音素构成，是人们凭听觉和发音时肌肉的感觉最容易分辨的最小语音单位，汉语音节可以由一个、两个，最多四个音素组成。

语音感知（speech perception）和语音产出（speech production）是人类语音能力的具体表现。其中，语音感知是大脑对经听觉器官传导而来的声波进行语音识别的过程：听者由感知系统接收刺激后，先进行初步的声学分析，再找出语音的音位学特性，进行编码，后依据记忆系统中有关的语音知识，对信息进行整合，完成对语音的识别。语音产出是指人类调用人脑中存储的语音知识，调节呼吸器官所产生的气流通过发音器官发出声音的过程。

（二）儿童语音发展概述

不同语音相关能力的发展进程存在差异。儿童在产出语音之前，就具备了感知语音的能力。感知方面，婴儿在出生时，相比于非语音，更偏好语音，相比于非母语，更偏好母语。大约 6 个月大时，婴儿开始逐渐形成特定于母语的语音感知模式。出生后的第一年是音位知觉重组的关键期，而韵律感知的发展过程则较为漫长，甚至一直持续到青春期。产出方面，前语言期的婴儿已能够产出一些包含元音、辅音或具备韵律特征的声音。大约 8 个月大时，母语经验开始调节婴儿的语音产出模式。一直到 5 ～ 6 岁，儿童的音位产出特征都不能与成人完全一致，而韵律产出能力到青春期才达到成人水平。内隐的语音感知和产出能力在很大程度上反映了语言使用者的语音表征水平。随着语音表征强度的增加和一般性高级认知功能的发展，儿童语音短时记忆和语音意识等语音加工技能逐渐发展起来。学龄后，受学校教育的影响，儿童的语音意识会得到飞跃性发展。

二、儿童的语音发展进程

（一）婴儿早期的语音表现

1. 新生儿的语音感知偏好

相比于复杂非语音，婴儿对语音的感知偏好更强，而对于不具有交际意义的人类嗓音，如咳嗽、哈欠或者喷嚏声未表现出偏好。婴儿对语音的兴趣和敏感在出生时即表现出来，对此有一种解释是：语音感知偏好可能是进化的结果。人类对同种族发出的、具有交际功能的声音具有先天敏感性。神经影像研究考察了婴儿语音听觉区分能力的大脑基质。近红外光谱成像研究显示相比于人工合成的非语音，新生儿大脑对语音的激活程度更高，但此时大脑未显示出对特定刺激激活的空间分布的聚合性（May, Byers-Heinlein, Gervain, & Werker, 2011）。功能性核磁共振成像（functional magnetic resonance imaging, fMRI）研究发现在后续发展中，婴儿对语音的感知选择性增加。比较 1 ～ 4 个月大的婴儿对语音和非语音（包括其他物种的嗓音和人类非语音）反应的结果显示，与生物非语音声音相比，颞叶皮层对语音的回应呈现出明显的左偏侧化，表明该区域在出生后的第一个月对语音具有高度选择性。在接下来的 3 个月里，随着神经基质对非语音的反应越来越慢，这个大脑区域对语音的选择性越来越强（Shultz, Vouloumanos, Bennett, & Pelphrey, 2014）。

相比不熟悉的语音，新生儿对熟悉的语音也会有更强的偏好。新生儿会对自己出生前听到过的母亲的声音、故事以及歌曲产生偏好，这表明出生前的听觉经验已经对婴儿的语音感知产生了影响。此外，相比外语，新生儿对自己的母语也存在感知偏好。Moon，Cooper 和 Fifer（1993）利用高频振幅吸吮方式研究了西班牙语和英语环境中的婴儿对母语和非母语语音的偏好。他们让婴儿以吮吸的方式控制语音刺激的播放时间，结果发现婴儿们都愿意让自己的母语播放更长时间。对这种母语偏好的解释有：特定语言的影响在出生后几天的接触中在婴儿脑中留下了印迹，或者，婴儿在出生之前就已经熟悉他们语言环境中的某种特征。

具体而言，在生命早期，对哪些语音听觉特征的经验诱发了这种感知偏好呢？是语音的音段特征还是超音段特征？为探究这一问题，Mehler 等（1988）和其他研究者使用经过低通滤波的话语测试婴儿，在低通滤波话语中只有频率低于 400Hz 的才保留。这种改变减少了音段信息（元音、辅音），并且保留了韵律或超音段信息（声调、节奏）。如果语音感知偏好是源自于音段信息，那么在低通滤波话语的样本中，对不同语言的反应是相似的，因为这些样本中的音段信息消失了，结果婴儿在这种条件下，仍显示出对母语的偏好，这说明婴儿没有依靠音段信息来区分不同语言，而可能依赖话语的一些韵律特征。为验证该想法，Deharne-Lambere 和 Houston（1998）给婴儿呈现从句子中提取的多音节词，并且以打乱的顺序重新排列。这样处理的目的是破坏句子超音段信息的连贯性，并且保留音位信息和单个词的韵律信息。结果显示，2 个月大的美国英语学习者在这种条件下对英语和法语的反应相似，但当句子的韵律信息和低通滤波刺激保留时，他们展现出对母语的偏好，所以韵律信息是新生儿母语偏好产生的必需的语音感知信息。

2. 前语言时期的声音产出

婴儿从出生到第一个具有真正意义的词产生之前的这一时期，叫作前语言时期。婴儿出生时即会发出简单的哭声，之后他们沿着一定的顺序发展到复杂的咿呀学语阶段，这一阶段伴随可辨别的音节；然后发展到具有类似成人语调模式的阶段。从相当早的时期开始，根据功能，儿童发出的声音可以分为两种类型：（1）反射发音——哭声，咳嗽声和似乎是反映婴儿身体状态的、自动反应的、不自觉的哼哼声；（2）非反射发音——像表示满足的哼哼声或让人听不懂的咿咿呀呀——这些声音是非自动生成的，包含很多在成人语言中能找到的语音特征。

不管在哪种环境中被抚养，所有的幼儿似乎都经历了语音发展的相同阶段。虽然通常被称为“阶段”，但这里描写的这些时期并非离散的，即发音类型通常是一个阶段重叠着另一个阶段。新的阶段以在前一时期未被观察到的语音行为的出现为标志。

阶段1：反射发音（出生至2个月）。这一阶段以大部分的反射发音为特征，如哭声，嘟囔声和类似咳嗽、打嗝和喷嚏那样的不由自主的声音。而且，有些像元音的声音可能出现。

阶段2：哼哼声和哭声（2至4个月）。在这一阶段，婴儿开始制造一些舒服状态的发音，通常叫作哼哼声或咕咕声。这些发音是由口腔后部发出的，伴随舌根辅音和后元音。

阶段3：发音游戏（4至6个月）。这一阶段看起来好像婴儿正在测试他们的发音装置，以决定他们能发出来的音质的范围。这一阶段以很强和很弱、很高和很低的声音出现为特征。一些婴儿会发出长时间的系列咂舌声和长元音，还有偶尔一些由辅音和元音构成的未发展完全的音节。

阶段4：有规则的咿呀学语阶段（6个月以上）。这个阶段的主要特征是出现类似成人发音进程的辅音—元音系列。婴儿的声音在第一时间听起来就好像他们真的在试图说出词一样，比如婴儿会说出听起来像 mama 或 daddy 这样的音节。然而在大多数情况下，并无证据表明这种语音生成在语义上和同一指称对象联系在一起，鉴于此，这些形式还不能被视为词。这一阶段的多音节话语通常可以分为复制型的咿呀学语（同一音节系列如 [bababa]）或交杂型的咿呀学语（音节系列包含变化的辅音和元音，如 [bagidabu]）。咿呀声的特征表现为：（1）它是一种音节组织（Oller & Eilers, 1988）；（2）它使用的是自然语言中所能发现的可能声音的次集（Locke, 1983）；（3）缺乏联想意义（Elbers, 1982）。

（二）音位发展

形成母语特定性音位加工能力是成功习得一门语言的基础。这一能力在感知方面，体现为语音调音的实现；在产出方面，体现为产出声学特征与母语音位相符的语音。

1. 母语音位感知

新生儿对语音的物理声学边界有着惊人的感知能力，这种感知能力远强于拥有同种母语的成人（Werker, Gilbert, Humphrey, & Tees, 1981）。他们能够区分仅有细微声学差异的语音，也能够区分母语中属于同一音位范畴的语音对立对，几乎对世界上所有语言中存在的语音都具备感知能力。Eimas，Siquelan，Jusczyk 和 Vigorito（1971）考察了 1 ～ 4 个月婴儿对人工合成语音的区分，这些语音在物理声学特征上十分类似，但婴儿仍然对这些语音的改变表现出明显的去习惯化。因此新生儿被描述为“普遍的聆听者”（Kuhl, 2011）。

婴儿在出生 4 ～ 6 个月之后，语音感知方面经历了重大的变化，发现了与语言相关的声学变异的维度，调整了感知空间，保留了区分母语中的音位对立的能力，同时区分外语音位对立的能力下降，即对母语音位范畴之间差异的敏感性增强，而对范畴之内的敏感性减小，逐渐建立母语语音表征，形成母语特定的语音感知模式（Kuhl, Williams, Lacerda, Stevens, & Lindblom, 1992; Kuhl et al., 2006; Polka & Werker, 1994）。例如，有研究发现，学习日语的婴儿在 6 ～ 12 个月期间，对英语中的语音对立对 /r/—/l/（日语中这两个音素不起区别意义的作用）的区别能力逐渐下降（Kuhl et al., 2006），而在同样的时期，学习英语的婴儿对西班牙语中的语音对立对的区别能力也在下降（Rivera-Gaxiola, Klarman, Garcia-Sierra, & Kuhl, 2005）。也有研究发现，在 6 个月时，学习英语和学习日语的婴儿对 /r/—/l/ 的区分能力处于同一水平，而在 10 个月时，学习英语的婴儿对这一语音对立对的区分能力有了明显的提高（Kuhl, 2004）。关于这种感知能力的双向改变，也有来自神经方面的证据。Kuhl（2004）的研究发现，在这一时期内，大脑的神经回路变得更加适宜对母语的音位变化做出反应，而对非母语变化的反应性则会降低。这种对音位的感知向母语特征的转变被称为语音调音，是第一语言发展的一个关键阶段（Curtin, Byers-Heinlein, & Werker, 2011; Kuhl, 2004）。

总的来说，婴儿在出生后的第一年中，在大量母语经验的作用下，完成了对元音、辅音、超音段信息的母语特殊化感知过程。不同类型语音的调音开始的时间不同：首先是重音和声调（＜5 个月），然后是元音（6 ～ 8 个月），辅音（6 ～ 12 个月），最后是时长（18 个月）。这可能受声学差异的区分度的影响，辅音和时长的声学区分度不及元音和重音。

汉语中存在三种音位：元音、辅音和声调。学习汉语（研究证据主要来自粤语和普通话）的婴儿感知元音和辅音的调音开始时间与上述相应时间相近。Tsao，Liu 和 Kuhl（2006）使用汉语普通话塞擦音和塞音的对比，研究本族语者和外语者音位分辨能力的发展变化。结果显示 6～12 个月的汉语婴儿随着年龄的增长分辨这个对比的能力明显提高，而 6～12 个月的英语婴儿分辨能力下降。这表明语言经验逐渐使 6 个月以后的汉语普通话儿童形成母语特定性语音感知机制。

声调是汉语中的一种特殊音位，与音段音位靠音色来区别意义不同，超音段音位的声调通过系统地控制音高来区分意义（Yip, 2002），这是声调语言与日耳曼语（如英语）等语言的一个重要区别。在胎儿期，音高信息就能够到达听觉系统，F0 的差异可能从发展早期就能被显著感知，因此声调的调音开始时间很早。前人对声调调音展开了一系列实证研究，Yeung，Chen 和 Werker（2013）的研究发现声调感知早在 4 个月时就已经展现出语言特定的影响，由此研究者指出声调调音早于元音、辅音等音段音位。杨婉晴、肖容、梁丹丹（2020）采用事件相关电位技术，发现 2～4 岁汉语普通话儿童处于声调范畴形成的过程中，在非注意状态下可以区分范畴边界明显的声调，对于范畴边界不明显的声调，神经机制表现为脑电波 p-MMR 向 MMN 的转化，行为表现为二三声的混淆。同时，一些研究又发现，婴儿在 6～18 个月对声调的敏感性可能经历了先减退、再增强的 U 型发展过程（Götz, Yeung, Krasotkina, Schwarzer, & Höhle, 2018）。因此，声调调音的过程可能比音段音位更加曲折和漫长。

2. 母语音位产出

到 8～10 个月，语言经验开始调节婴儿的咿呀声。De Boysson-Bardies, Halle, Sagart 和 Durand（1989）已经表明，这一时期在不同语言环境（法语、英式英语、阿拉伯语、瑞典语、约鲁巴语、粤语）成长的婴儿所发出的元音音质有变化。De Boysson-Bardies 和 Vihman（1991）表明 10 个月左右婴儿辅音的产出，也在某种程度上受周围环境的影响。属于不同语言环境的婴儿会对目标语中频率更高的词语中的语音成分表现出产出偏好。例如，唇音在法语词中出现的频率高于英语词。根据这一点，相比学习美式英语的婴儿，学习法语的婴儿会发更多的唇音。齿音在日语词中比在法语词中频率更高，因此学习日语的婴儿比学习法语的婴儿会发更多的齿音。研究者得出结论：8 ～ 10 个月时，婴儿咿呀声中声音的选择在某种程度上是受语言经验的影响的，他们正在建立目标语中的音位对立，并逐渐趋向成人的语音系统。在随后的发展中，婴儿陆续产出母语中含有的音位。从婴儿最开始产出某一音位，到维持较高且稳定的产出正确率，要经历漫长的发展历程。某个音位产出正确率达到 75% 以上或 90% 以上可被视为习得该音位。

Jakobson（1968）提出了语音习得的结构主义理论，用以描述特征习得的顺序。他认为声音的普遍属性决定了习得的顺序和年龄，有的特征是未标记的（简单，较早获得），有的是标记的（更复杂，较晚获得）。Locke（1983）在对英语、德语、日语、俄语、意大利语、阿拉伯语、斯洛文尼亚语、瑞典语、挪威语和捷克语的研究进行分析时，也认为儿童以类似的顺序掌握语音特征。这一理论得到了大量实证研究的支持。相反，其他语言学家则对语言普遍性的概念提出了挑战，他们认为儿童之间存在着巨大的可变性，并强调儿童个体差异的重要性（Ferguson & Farwell, 1975）。

元音产出方面，来自英式英语、美式英语、芬兰语和匈牙利语等语言的研究都发现，儿童在 24 个月左右时，目标语中单元音的产出就相当准确，正确率高达 97%（Dodd, Holm, Hua, & Crosbie, 2003; Pollock & Berni, 2003; Saaristo-Helin, Kunnar, & Savinainen-Makkonen, 2011）。一些儿童在产出圆唇元音 /y/、/æ/ 和 /ø/ 时出现困难，通常分别替换为相应的后元音 /u/、/ɑ/ 和 /o/（Zajdó & Stoel-Gammon, 2003）。

相比元音，辅音的数量更多，发音方法更加复杂，因此辅音产出的发展进程更漫长。McLeod 和 Crowe（2018）综述了 27 种语言辅音产出的习得情况，具体为：南非荷兰语、阿拉伯语、粤语、丹麦语、荷兰语、英语、法语、德语、希腊语、海地克里奥尔语、希伯来语、匈牙利语、冰岛语、意大利语、牙买加克里奥尔语、日语、韩语、马来语、马耳他语、汉语普通话、葡萄牙语（茨瓦纳语）、斯洛文尼亚语、西班牙语、斯瓦希里语、土耳其语和科萨语。研究发现，世界上大多数辅音都是儿童在 5 岁前学会的。到 5 岁时，儿童至少能正确地产出 93% 的辅音。塞音、鼻音和非肺部气流辅音（如吸气音）比颤音、闪音、擦音和塞擦音习得更早。大多数唇、喉和舌后辅音的习得时间比舌前辅音早。发音位置和发音方法之间还存在交互作用，舌前塞音和鼻音比前颤音、擦音和塞擦音更早习得。在 75% ～ 85% 的产出正确率的标准下，不同辅音的习得情况如下表（表 1–1）所示：

表 1–1　不同辅音的习得情况（在 75% ～ 85% 的产出正确率的标准下）

习得时间	习得数量	习得辅音
1 岁 10 个月和 2 岁 11 个月之间（22 ～ 35 个月）	40 个肺部气流辅音	/ʔ，^{m}b，k^{w}，ʂ，tʂ，tʂ^{h}，p*，t*，k*，ʋ，m，^{n}d，^{n}g，n，ɕ，p，b，d，t，q，ɧ，pf，j，w，k，p^{h}，c，f，^{n}ɟ，t^{h}，g，h，tɕ^{h}，ɣ，ħ，ɦ，tɕ，ŋ，ts^{h}，k^{h}/
3 岁 0 个月和 3 岁 11 个月之间（36 ～ 47 个月）	44 个肺部气流辅音	/t^{ʕ}，n^{w}，ŋ^{w}，ʀ，ð^{ʕ}，s*，sw，ʍ，ɮ，l^{w}，ts^{hw}，tɕ*，tɬ^{h}，kx^{hw}，ɲ，ɬ，ʦ，s，l，ʧ，x，χ，ɖ，ʧ^{h}，ð，s^{ʕ}，ʁ，ʕ，ɾ，ʎ，v，ʃ，z，ç，t^{wh}，k^{wh}，x^{w}，ɥ，tɬ^{wh}，ʤ^{w}，ʤ，ʥ，ɹ，ʒ/
4 岁 0 个月和 4 岁 11 个月之间（48 ～ 59 个月）	4 个肺部气流辅音	/r，ɟ，ð，c^{h}/
5 岁 0 个月和 5 岁 11 个月之间（60 ～ 71 个月）	2 个肺部气流辅音	/tɬ，θ/
6 岁 0 个月和 6 岁 11 个月之间（72 ～ 83 个月）	2 个肺部气流辅音	/ð̠，s̠/

（引自 Mcleod & Crowe, 2018）

在 90% ～ 100% 的产出正确率的标准下，不同辅音的习得情况如下表（表 1–2）所示：

表 1–2　不同辅音的习得情况（在 90% ～ 100% 的产出正确率的标准下）

习得时间	习得数量	习得辅音
1 岁 10 个月和 2 岁 11 个月之间（22 ～ 35 个月）	10 个肺部气流辅音	/tɕ，tɕ^{h}，ɟ，tʂ，ɬ，c，ʋ，p，m，t/
3 岁 0 个月和 3 岁 11 个月之间（36 ～ 47 个月）	38 个肺部气流辅音	/pf，n，ʔ，cɕ，tʂ^{h}，k，ʁ，b，j，ŋ，h，p^{h}，ɥ，d，t^{h}，ɟʑ，f，c^{h}，x，g，w，ɸ，ʂ，ɖ，k^{h}，l，ɦ，k^{w}，q，ɕ，bː，tː^{ʕh}，qː，ð^{ʕ}，χː，v，ɲ，ʧ/
4 岁 0 个月和 4 岁 11 个月之间（48 ～ 59 个月）	15 个肺部气流辅音	/ɣ，ɟɖ，ç，ʤ，ʎ，k^{wh}，ʦ，s，ts^{h}，ð，ħ，ɾ，z，ʃ，t^{ʕ}/

（续表）

习得时间	习得数量	习得辅音
5 岁 0 个月和 5 岁 11 个月之间（60 ～ 71 个月）	6 个肺部气流辅音	/ʒ，cç，ɹ，χ，r，θ/
6 岁 0 个月和 6 岁 11 个月之间（72 ～ 83 个月）	1 个肺部气流辅音	/β/
7 岁 6 个月（90 个月）	1 个肺部气流辅音	/ʍ/

（引自 Mcleod & Crowe, 2018）

许多不同语言的辅音习得年龄相近，差异小于 12 个月。例如，在 18 种语言的 33 项研究中，双唇清擦音 /f/ 平均习得年龄为 31.76 个月（75% ～ 85% 的标准），标准差为 5.92 个月，范围为 18 ～ 43 个月。同样，在 3 种语言（德语、希腊语和日语）的 6 项研究中，腭部清擦音 /c/ 的平均习得年龄为 48.20 个月（90% ～ 100% 的标准），标准差为 0.45 个月，范围为 48 ～ 49 个月。然而，也有一些例外，分析显示不同研究之间的习得年龄存在很大差异。如横跨 14 种语言的 25 个研究显示唇齿浊擦音 /v/ 平均习得时间为 40.48 个月（75% ～ 85% 的标准），标准偏差为 17.86 个月，范围为 20 ～ 102 个月。

汉语普通话元音产出方面，张云秋（2014）的研究指出，婴幼儿在 2 岁左右习得单元音，这与上述英语等语言相近。到 3 岁左右，普通话儿童习得二合元音，而对卷舌元音 /ɚ/ 的习得要到 3 岁半左右，对舌尖元音（/ɿ/、/ʅ/）的习得则要到 5 岁以后。刘春燕（2007）的研究指出，普通话元音的习得顺序依次为：舌面元音、舌尖后元音 /ʅ/、卷舌元音 /ɚ/、舌尖前元音 /ɿ/。综合上述研究，由元音的发音部位来看，普通话元音习得的基本顺序依次为舌面元音、卷舌元音、舌尖元音。

普通话辅音的产出方面，有一些辅音从第一次产出到被熟练掌握是同步的（例如 /t/、/m/ 和 /p/），而有些辅音则需要较长的时间才能稳定下来（如 /tɕ/、/tɕʰ/ 和 /s/）。婴幼儿大概在 1 岁半至 2 岁期间就可以习得 /t/ 和 /m/，在 2 岁至 2 岁半期间可以习得 /n/，2 岁半至 3 岁期间可以习得 /p/、/tʰ/、/f/、/x/ 和 /ɕ/，3 岁到 3 岁半可以习得 /k/、/kʰ/，3 岁半到 4 岁可

以习得 /p^h/，而更多的塞擦音则需要在 4 岁以后才能逐渐被习得（李嵬等，2000）。由发音方式来看，塞音的习得最早，塞擦音的习得最晚，不送气早于送气；由发音部位来看，双唇音最早，舌尖音和舌尖后音最晚（张云秋，2014）。

普通话声调的产出方面，研究发现普通话儿童较早习得了声调系统，对声调产出的掌握要早于音段（Clumeck, 1980）。Hua 和 Dodd（2000）采用图片命名任务，对 129 个 1 岁 6 个月至 4 岁 6 个月的普通话儿童的声调产出进行了调查，产出结果由语言学家转写，结果发现儿童在 2 岁前就已经掌握了声调。但是 Clumeck（1980）的研究显示，汉语儿童 3 岁时也未能掌握声调。与音段音位相同，特定声调的习得时间也有明显的差异。Wong（2013）提出习得的先后顺序为：第四声（T51）、第一声（T55）、第二声（T35）、第三声（T214）。第三声的准确率明显低于第一声、第二声和第四声。

声调习得时间的差异可能与不同声调产出中的肌肉参与有关（Wong, 2013）。最早习得的第四声对喉部肌肉运动控制的要求最低（Wong, 2013），以环甲肌松弛为主要特征。最晚习得的第三声需要更大的运动控制，需要另一块肌肉，即胸骨舌骨肌的初始激活，随后胸骨舌骨肌活动减弱，环甲肌活动加强（Wong, 2012）。就像元音和辅音的发音一样，发音的生理复杂性可能会影响儿童早期发音的准确性（Smith, 2006）。对声调习得时间不同的第二种解释与它们的语言和心理声学特性有关。这种观点很大程度上是基于第三声的习得，由于变调规则的存在，第三声的产出具有内在不稳定性。Wewalaarachchi 和 Singh（2014）报告称，虽然儿童早在 2 ～ 3 岁就已经熟悉了变调的词，但到 4 ～ 5 岁之间，才在词识别中掌握了一定的变调规则。Cheng、Chen 和 Gubian（2013）的报告称声调语言和非声调语言使用者对变调的敏感度都很低。这引发了另一种可能性，即可能存在普遍的感知偏好，原调和变调之间难以在感知上区分，因此也更难产出。

（三）韵律发展

从语言学角度来说，韵律一般指音段层次以上的音系组织，是一种将各种语言学单位组织成话语或话语中关联组块的系统组织。从物理学角度来说，韵律是指基频、时长和强度等声学参数。从语音学角度来说，韵律是语音动态的高层表现。

韵律特征通过超音段特征的协调变化实现，主要包括语调、节奏和重音特征等。语调是语句的音调模式，即语句音高变化的总体轮廓（曹剑芬，2002）。语调可分为自然语调、语气语调和情感语调。自然语调指的是词语命名、主题对话或自发表达时携带的语调信息。语气语调体现的是语法功能，从功能出发，分为陈述句、疑问句、命令句和感叹句四类。情感语调体现的是语调的语用功能，表达说话者的情感状态，如高兴、生气、伤心、厌恶等。节奏是言语的时域组织形式，是言语信息的时域分布格局，主要表现为各级语音单元规律性伸缩变化的方式（刘俐李，2007）。节奏特征主要通过话语的停延和时长表现出来。重音指某些特殊词或音节的突显，声学上表现为音长、音高和音强的增加。重音可分为对比重音和语法重音，对比重音的功能为实现新信息的强调，其位置由语境决定。而语法重音与句子的句法结构相关，是可以通过一定的分布规则预测其重音位置的。句尾实词承载了主要句重音，其他的音节都是次重音或者没有重音。

韵律在社交沟通中的功能有三种，分别是语法功能、语用功能和情感功能。（1）语法功能是指通过超音段线索来表示句子中的句法信息，如通过语调变化区分句子类型；通过停顿表现句子结构的层次性；通过重音区分静态语言的语法单位，表示构成词语的音节的紧密性。（2）语用功能是指用超音段线索承载句法信息外的社交信息，体现说话者的意图或者信息的层级性，如通过重音突出话语中的焦点，引起听者注意句子中新的、不熟悉的或者意外的信息。（3）情感功能是指通过改变基频、响度或语速来表达说话者的情感状态，或者根据听者身份不同而改变话语中的语调、语速等。

1. 韵律感知能力的发展

对韵律线索的感知敏感性始于婴儿期。新生儿能够区分其母语的节奏、语调和重音模式（Mehler et al., 1988; Nazzi, Jusczyk, & Johnson, 2000），并在发育的早期就对一般声学特性敏感，例如，在其大约 4 个月时可以区分降调和升调的不同，在大约 9 个月时就能适应其语言的韵律特征（Jusczyk, 1993）。有研究报道，6 个月大的婴儿能够意识到英语中主要语言单位边界处音节延长、音高下降和停顿（Gerken, Jusczyk, & Mandel, 1994; Hirsh-Pasek et al., 1987; Jusczyk et al., 1992; Nelson, Hirsh-Pasek, Jusczyk, & Cassidy, 1989），并且对英语中强—弱音节的典型模式很敏感

（Nazzi, Nelson, Jusczyk, & Jusczyk, 2000; Turk, Jusczyk, & Gerken, 1995）。Jusczyk，Cutler 和 Redanz（1993）报告称，9 个月大的婴儿听重音—非重音词（典型英语模式）的时间比听非重音词（非典型英语模式）的时间长，这表明婴儿熟悉英语中主要的扬抑格重音模式。但在这一时期，婴儿还未能掌握韵律的功能。

韵律对比功能的习得开始于儿童早期，随着时间的推移逐渐成熟（Cutler & Swinney, 1987）。Wells、Peppé 和 Goulandris（2004）采用相对标准化韵律审查量表 PEPS-C（Profiling Elements of Prosody in Speech-Communication），考察了 120 名 5 ～ 13 岁英语儿童的韵律感知情况，包括语气（疑问 / 陈述），情感（喜欢 / 讨厌），切分（水果、沙拉和牛奶 / 水果沙拉和牛奶），对比重音（蓝色和绿色的袜子 VS 蓝色和绿色的袜子）。他们报告称，区分疑问—陈述和喜欢—讨厌对比的能力大多是在 8 岁时获得的，而理解对比重音模式和短语切分的能力在 10 ～ 13 岁之间继续发展。这些研究结果表明，韵律的不同方面存在不同的发展模式，某些韵律功能比其他的功能掌握得更晚。Kalathottukaren 和 Purdy（2017）采用相对标准化韵律审查量表、言语交际中韵律分析要素的四个接受性韵律测试（PEPSC）和儿童辅助语言非言语准确性诊断分析 2（DANVA 2），考察了 7 ～ 12 岁学龄儿童的韵律感知能力。与 Wells 等（2004）的研究不同的是，Kalathottukaren 和 Purdy 的研究还考察了强度对韵律感知的影响。总体结果显示，节奏和对比重音表现上，呈现出与年龄相关的显著改善，接受性韵律技能的发展大多发生在 7 ～ 9 岁之间。情绪识别的准确性在两个情绪强度水平上有显著差异。高情绪强度项目比低情绪强度项目的感知准确性更好。有些情感对之间比其他的情感对更易发生混淆，感知准确率最低的是恐惧和悲伤。

近年来，开始有研究关注汉语儿童的韵律感知发展状况，但目前相关研究成果还较少，未能全面涉及韵律的各个方面，也未能清晰地展现出其发展历程。由于汉语的每个音节都附着声调，声调可能会与其他韵律成分，例如语调、重音等产生相互影响，进而影响对各个韵律成分的感知（Connell, Hogan, & Rozsypal, 1983）。已有研究发现，2 岁 6 个月到 3 岁 6 个月的学步期儿童词汇识别表现受到声调变化引起的语调轮廓变化的影响，相比之下，4 ～ 5 岁学龄前儿童的词汇声调表征更强，能够识别声调标记的词，而不考虑同时发生的语调变化（Singh & Chee,

2016）。

2. 韵律产出能力的发展

生命最初的几个月，婴儿就能够产出具有韵律特征的语音。但是，具有特定语法、语用和情感功能的韵律产出则需经历漫长的发展过程。一直到青春期，这一能力才发展完善。发展历程如下：

6 个月左右儿童发声日益多样化，使用声学、发音和听觉标准，可分离出这一阶段儿童发声中的大量韵律参数，根据这些参数可以对哭泣、咿呀学语等模式进行分类。例如，Stark、Rose 和 McLagen（1975）采用了呼吸方向、音高、音强以及声门和声门上收缩等参数，在音高方面，他们又区分出范围、方向和连续性等参数。

从 6 个月开始，这些韵律特征逐渐与母语的韵律模式相似（Crystal, 1975）。最初，这种相似性体现为，在相对较长的非语言发声过程中偶尔使用语言特定的韵律特征。后来，咿呀学语的模式变得越来越短，发音也越来越稳定。因此，当只有一两个音节的咿呀学语的话语与特定语言的韵律特征结合使用时，其发出的声音将非常像有意义的话语。

在第一年的后半段，儿童的产出呈现出了他们所习得的韵律行为模式。可以从形式和功能上分析这些模式。从形式上看，这些模式日益确定和系统化，具备了音高、节奏和停顿等特征。Lenneberg（1967）这样描述这个过程："在儿童的咿呀学语中，自然语言的第一个特征是语调轮廓。短音序列可能既没有可确定的意义，也没有可定义的音位结构，但可以提供可识别的语调，如疑问、感叹或陈述。话语的发展似乎不是从单个的、独立的结构开始，而是从整体的音调模式开始。随着进一步的发展，这个整体具备了可分析的不同的组成部分。"

这些原始单位既具备音段性，也具备韵律性，但后者更稳定，且更容易被诱导出来。有研究发现，到儿童 1 岁 2 个月时，如果每顿饭后父母反复发出同样的韵律成分，那么儿童最初将能够哼出语调片段，然后能产出精确的语调，但只能产出近似的音段成分。直到一个月后，儿童音段输出才变得和韵律一样稳定。

从功能的角度来看，这些发展初期的韵律单位开始具有一定的语用功能。人们已经做了一些尝试来描述这些话语的功能。例如，Dore（1975）认为韵律特征为言语行为的发展提供了重要的证据。原始言语行为包含"基本指称表达"（词汇项）和"原始指示装置"（典型的韵律模式），如命名、请求和呼叫。"指称"和"意图"之间的区别在于：儿童用一个词来表达他心中的概念，而他的韵律模式则表明他对这个概念的意图。如果儿童始终如一地使用某些特定的意图，那么我们可以赋予他使用这些意图的意义。通过对语音形式和话语语境的详细分析，可以发现儿童话语中有些成人话语中没有的对比现象。例如，Halliday（1975）报告称他的孩子曾有一段时间使用升调来表达所有"语用"话语（即那些需要回应的话语），使用降调来表达所有不需要回应的话语。Menn（1971）发现儿童在 1 岁到 1 岁 8 个月时使用一类不同于成人的升调，例如，1 岁 1 个月到 1 岁 3 个月间使用低升调（峰值 450 Hz）来建立或维持社会互动，使用高升调（峰值 550 Hz）来表示想获取物体或服务，即用相对熟悉的形式表达不熟悉的功能。在这一发展阶段，韵律的对比模式显著增加，包括响度、时长、肌肉紧张和节奏的对比，其特征不同于成人话语。在大约 1 岁时，儿童话语中出现了响度大—小、时长长—短、紧张—放松、有节奏—无节奏的话语之间的对比。

大约在 1 岁 6 个月时，儿童进入双词句阶段，产出句子的句法复杂度增加，开始出现逻辑重音、对比重音。一旦语法模式和词汇发展起来，韵律模式的追踪就变成了更直接的任务，需要记住韵律在成人语言中所起的作用，它与问句、关系从句、并列句、直接 / 间接宾语等结构的切分和整合有关。

韵律产出能力的发展一直持续到青春期。Patel 和 Grigos（2006）考察了 4 岁、7 岁和 11 岁儿童使用不同的声学线索组合（基频、强度、时长）标记疑问—陈述对比的发展情况。他们报告称，4 岁儿童不能可靠地使用上升的 F0 曲线来表达疑问，而会使用增加最后音节的时长的方式，而 7 岁儿童能够组合使用基频、强度和时长线索。与成人产出类似，年龄更大的儿童主要依靠基频变化。这与 Patel 和 Brayton（2009）的发现一致，即 4 岁的听者识别疑问—陈述对比和对比重音模式的准确性明显低于 7 岁和 11 岁的听者，表明 4 ～ 7 岁之间韵律产出控制的稳定性得到了改善。Grigos 和 Patel（2010）的研究进一步证实了这些发现。该研究表明，4 岁儿童就能通过改变唇部和下颌的动作来区分陈述和疑问，然而在 7 ～ 11 岁之间，这些动作仍处于发展完善中。Wells 等（2004）综合考察了 5 ～ 13 岁英语儿童语调、节奏和重音的产出情况。他们报告称，韵律对比功能的产出在很大程度上是在 5 岁前建立起来的，但和特定的韵律功能对比，如对比重音，一直到 9 岁还在发展中。

汉语韵律产出方面，Chen 和 Kent（2009）系统地测量了学习普通话的婴儿从咿呀学语到产出第一个词这一过渡期间的早期韵律发展，主要分析了其基频特征。他们记录了 7 个月～1 岁 6 个月的婴儿在 45 分钟内的自发发声，同时对看护者在家中与婴儿进行的自然日常交流言语进行了录音。他们通过分析得出了四个主要的结果：（1）相比平调和升调，产出更多降调；（2）高韵律模式比中、低韵律模式出现的频率高；（3）咿呀学语和早期词汇的基频轮廓的分布模式有明显的相似性；（4）看护者的数据有和儿童相似的分布模式。

（四）语音加工技能的发展

语音加工技能（phonological processing skills）指对书面语和口语中语音信息的处理和应用技能，主要包括语音工作记忆、语音转录以及语音意识三个成分。其中，语音意识（phonological awareness）首先反映的是对不同语言语音结构的感知和分辨能力，其次反映的是对不同语音结构的操控能力（如合并、拆分、删除、替换）。语音转录（phonological recoding）指将语言刺激转化为语音表征以通达心理词汇的能力。语音工作记忆（phonological working memory）指对语音信息的短时存储能力。上述三个成分具有一定的独立性，但同时又紧密联系。

1. 语音工作记忆的发展

从儿童到青少年时期，语音工作记忆能力发展十分迅速，这也是语音工作记忆能力增强的主要时期。研究表明，从 3 岁到 16 岁期间短时记忆广度提高 2～3 倍（Gathercole, 1999）。目前语音工作记忆发展研究最关注的是系列回忆成绩提高的机制。

Baddeley、Hitch 和 Bower（1974）的工作记忆模型认为语音记忆广度受到语音环路中记忆痕迹保持时间的限制，如果没有及时复述，记忆痕迹就会消退。在发展问题上，该模型认为复述策略和言语速度发展是儿童记忆广度提高的主要原因。以前一般认为 4 岁时会出现无意识的复述行为，到 7 岁时，儿童开始能够有意识地用复述策略提高语音记忆广度（Hitch et al., 1989）。上述这些结论都是以词长效应的存在作为证据的。但有研究表明词长效应并不一定是由复述引起的，回忆阶段的言语输出也能引起词长效应（Cowan et al., 1992）。Gathercole、Adams 和 Hitch（1994）采用了个别差异的研究方法，发现 4 岁儿童的语音记忆广度与发音速率不相关，由此判断4岁儿童并没有采用复述策略帮助语音记忆。该研究还认为复述策略并不是突然产生的，而是一个渐进的过程，从7岁开始出现，直到10岁左右才能达到与成人一样的水平，这其中经历了三个阶段：出声重复、有发音动作但不出声的重复、默读复述。Henry等（2000）用视觉和听觉两种材料测量4～10岁儿童的记忆广度，在实验中未用传统的言语报告的回忆方式，而采用触摸的方式（借助于触摸屏），发现视觉呈现的词长效应要早于听觉呈现。4岁儿童已经能够采用某种形式的言语策略，包括获取图片名称的语音表征，并将其映射到发音输出计划，即命名策略，4岁儿童命名策略的出现早于复述策略。

近来研究者们越来越注意到，短时记忆任务中编码和提取的加工过程的发展也可能是短时记忆发展的潜在原因。Cowan等（1994）认为系列回忆时项目间的停顿时间反映了短时记忆的搜索过程。记忆搜索不仅使被试辨别出下一个应该说什么，而且有重新激活记忆痕迹的作用。他发现年龄影响项目间的停顿时间，而不影响词的发音时间。8岁儿童搜索速度高于4岁儿童，而词的发音时间却没有显著差异。因此他提出记忆搜索速度的提高是儿童短时记忆发展的主要原因。Hulme等（1997）发现在记忆广度测试中，被试回忆高频词时项目之间的停顿时间要比低频词短。他用多项加工树形模型来解释这一发现，认为在停顿时间内发生的心理过程并不仅仅是一种简单的搜索过程，而是一种对部分衰退了的记忆痕迹重新整合的过程。在这种整合中，长时记忆起到了重要的作用，因此出现词频效应。年长儿童利用长时记忆重建记忆痕迹的能力比年幼儿童要好。

短时记忆测试中常要求被试按顺序回忆项目。对项目呈现的时间特征编码也影响语音短时记忆广度。McCormack等（2000）认为这种对时间特征的编码与语音的编码是同时发生的，其有效性也随年龄的增长而变化，从而影响记忆广度。他们发现儿童系列回忆中，各种类型的错误出现的频率会随年龄变化，只有时间特征编码的发展能最好地解释这种现象。目前研究者们已不再把复述速度的提高看作系列回忆成绩提高的唯一因素，逐渐认识到还有其他因素也影响短时记忆能力的发展，我们可以把这些因素归结为信息加工速度或有效性的发展。

汉语方面，研究发现普通话儿童的语音短时记忆从6岁开始随着年龄而逐渐增加，在 16 岁达到最高峰，在 6 岁到 16 岁期间语音短时记忆广度基本呈现线性趋势（王晓丽，2004），这与母语为英语等语言的儿童的研究结果一致。

2. 语音意识的发展

语音意识是指外显地探测并操作口语词语音的能力，它包括对最基本的语音单位，如音素的意识，也包括对较大的语音单位，如韵脚和音节的意识（Goswami & Bryant, 1990）。Goswami（1999）将语音意识分为三个层面：音节意识、首音 / 韵脚意识和音素意识。音节意识是指将词切分成音节的能力，如 wagon 可以分成 wa 和 gon 两个音节；首音 / 韵脚意识是指能够知道一个音节是由首音和韵脚两部分组成的，首音是指元音前面的音素，韵脚是指元音和它后面的所有音素，如 pat 由 p 和 at 两部分组成。音素意识是指对一个词中最小的有意义的语音单位的意识，如词 pat 由 /p/、/æ/ 和 /t/ 三个音素组成（Goswami, 1999）。

语音意识从学龄前开始发展。4 岁左右，儿童开始展现出一定的语音意识。Lonigan、Burgess、Anthony 和 Barker（1998）对 356 名 2 ～ 5 岁的美国幼儿进行语音意识方面的测试，研究结果表明，2 ～ 3 岁的幼儿在语音任务上的表现不佳，从 4 岁开始，儿童语音意识表现出稳定状态，到了 5 岁，75%的儿童语音意识任务得分超出随机水平。

前人的研究揭示了不同层面语音意识发展的顺序。针对不同年龄、不同阅读水平和不同语言的被试进行的语音意识的研究发现了共同的发展模式。第一，随着年龄增长，儿童对词的语音形式更微小部分的变化变得越来越敏感。儿童最开始能够探测或操作音节，然后是首音和韵脚，最后是音节内的单个音素。第二，儿童先是能够探测词的相似或不相似性，然后能够掌握词内语音信息的使用，他们通常可以先合并语音信息，然后才能分割具有相同语言复杂度的语音信息。第三，与严格的发展阶段理论相反，儿童在学习新的语音意识技能时，同时完善他们已经掌握的语音意识技能（Anthony, Lonigan, Driscoll, Phillips, & Burgess, 2003）。

汉语为有声调语言，声调意识是汉语语音意识的重要组成部分。沈丹丹（2017）的研究发现，8 ～ 9 岁汉语普通话儿童的声调意识和声母意识水平相近，都不及韵尾意识。这可能是因为韵尾在汉语音节中携带较多语音信息并且最早习得。

第二节 句法发展历程

一、概述

形态—句法是语言系统重要的子系统之一，儿童形态—句法的发展，是儿童语言学和心理语言学领域的热点议题之一，了解典型发展儿童形态—句法的发展情况，不仅有助于我们系统认识儿童语言能力的发展轨迹，而且可以为观察和评估儿童形态—句法障碍提供重要参考。

（一）形态的概念

形态包括构造新词的构词形态和表达不同语法意义的构形形态。前者如英语中的“tion”，放在许多动词之后，就构成了动词对应的名词（relate–relation）。又如汉语中的“者”，放在部分动词后面，也构成了动词对应的名词（学—学者）。后者如英语中的“s”，可表达复数的语法意义（a book–many books）或第三人称单数的语法意义（That boy wants to go to Nanjing. –Those two boys want to go to Nanjing.），汉语中的“着”可表达事件正在进行的语法意义，“过”则可以表达事件已经完成的语法意义（我现在正吃着饭呢！——我现在已经吃过饭了）。

（二）句法的概念

句法是指不同句法成分（主要包括主语、谓语、宾语、定语、状语和补语）的组合规则或不同语言单位（如词和短语）的组合规则。句法主要通过短语类型、句子的功能类型、结构复杂程度不同的句子以及不同的句式来体现。

依据不同的划分标准，短语类型可以做出不同的类别划分。根据短语核心成分所属的词类范畴，短语的功能类型包括名词短语和动词短语等不同小类。根据词与词之间的组合方式，短语的结构类型包括主谓结构、述宾结构、偏正结构、述补结构、联合结构等次类。

句子的“复杂程度”是一个相对的概念，既可以指简单句之间的比较，也可以指简单句和复句的比较。比如，一般简单句和含有从句的嵌套句之间的比较：一般简单句由单个的词或短语构成，如“小红看电影”这句话由“小红”“看”和“电影”三个词构成。含有从句的嵌套句的某个或某些句法成分则由一个句子构成，如英语中“He forgot the day when Tom left”这句话中的宾语，是一个从句。由于包含另外的句子，嵌套句的句法结构通常比一般简单句的更复杂。又比如，简单句与复句之间的比较：与简单句不同，复句多数情况下包含两个或两个以上的句子，与嵌套句不同，构成复句的各个句子之间不存在句法结构关系，仅仅体现语篇关系。如在“如果小明去徐州，小李就不去”这一复句中，包含“小明去徐州”和“小李就不去”两个句子，这两个句子之间存在条件关系。

根据交际功能的不同，句子可分为若干功能类型，简称句类。常见的句类有陈述句、疑问句、祈使句和感叹句。其中，陈述句又包括肯定句和否定句。疑问句包括是非问句、选择问句和特指问句三个小类。祈使句又包括促使句和阻止句两种。

根据具体的构造，句子可以归为不同的句式，汉语中常见的句式包括双宾句、被动句、把字句等。双宾句中一个动词同时带有直接宾语和间接宾语，如“小明给我一本书”。被动句是含有被动语态的一类句子，如“小红被打了”。把字句由句式标记“把”构成，如“小明把小红打了”。

二、儿童的形态—句法发展

（一）儿童的形态发展

汉语是一种形态变化较少的语言，因此，目前鲜有研究考察汉语儿童的形态习得情况，下面关于儿童形态习得情况的介绍，大多来自于对英语儿童的研究。

1. 学龄前儿童形态（黏着语素）的发展

通常从2岁开始，黏着语素开始出现。它们的发展是非常缓慢的，而且存在相当大的个体差异。这些语素或其他语素可能首先在涉及特定词的特定结构中学习，直到很长一段时间后，大多数学习者才会完全掌握它们（90%的情况下正确使用）。下面分别讨论几种常见形态标记的儿童习得情况。

（1）进行时 -ing

进行时用来表示一项正在进行或最近正在进行的、持续时间较短的活动，进行时由助动词 be（am, are, is, was, were），主要动词和 ing 动词结尾组成，例如“I am swimming”。儿童们最初用现在进行时来表达这个动词时态，意味着行为或事件现在正在发生，但只有 -ing 结尾。例如，一个儿童可能会说“Doggie swimming”或“Mommy eating”。不带助动词的动词进行时态是英语中最早被习得的动词屈折变化，在儿童使用的大多数动词中，较早被掌握。

在英语中，进行时可以与动作动词连用，但不能与状态动词连用，如 need、know 和 like。幼儿很早就学会了这种区别，很少有过度泛化错误的结果。儿童很可能一次只学习一个动词的规则，把它应用到单个动词上，以确定它们是否“可加 -ing”。后来，儿童们放弃了这一策略，认为它过于烦琐，并采用了一种 -ing 规则。

状态动词不能表达现在进行时的暂时持续意义。当一个儿童说“I eating.”的时候，人们认为她很快就会停下来。这个行为是暂时的。另外，成年人不会说“I am konwing”，因为用“konw”或其他动词，比如“possess”和“love”，人们会认为这种状态会持续一段时间。

进行时形式多数情况下比较统一，这减少了儿童早期学习这一形态实现形式的困惑。相较之下，常规的过去时态 -ed，既有规则的（walked）形式，也有不规则的（ate）形式。常规的过去时态 -ed 往往被儿童过度概括，出现诸如“ated”等错误用法。因此，进行时 -ing 的发展体现了儿童对词尾的关注和对例外的避免。

（2）规则复数 -s

在英语中没有语素来表示一个名词的单数形式，因此，一个单数名词被称为无词形变化或无标记的零形式。复数的规则形式，用 -s 标记，这是儿童在 3 岁之前口头获得的。学习不规则的形态，如“feet”和“mice”，需要很长时间，这很大程度上取决于这些形态在学龄前儿童语言环境中使用的频率。

规则复数形式首先出现在较短的组合结构中，然后出现在较短的句子中，最后出现在较长的句子中。起初，一个数字或词“more”就可以用来标记复数，如用“Tow puppy”或“More puppy”表示复数。接下来，复数标记选用于特定的实例，这些实例出现在与儿童密切接触的成年人经常使用的复数词之中，然后复数泛化到其他实例，其中一些是不合适的，如“foots”和“mouses”。随着学习时间的延长和输入语料变得越来越丰富，规则复数和不规则复数逐渐会被区别。儿童语言中，过度泛化到不规则形式的复数名词，其数量相对较少，这表明儿童更倾向于使用正确的复数形式而非过度泛化的形式。在决定单数形式和复数形式时，幼儿似乎依赖于所有的语言信息——形式、内容和使用——仿佛无法单独依赖任何一种语音信息完成。

习得英语复数也包括语音学习。如果一个词以一个浊辅音收尾，表示复数则用浊音 /z/ 标记，如“beds（/bɛdz/）”。相比之下，轻辅音之后跟的则是清音 /s/，如“bets（/bɛts/）”。如果收尾的辅音与 /s/ 和 /z/ 相似，则不适用于这些规则。/s/、/z/、/ʃ/、/ʒ/、/tʃ/、/ʤ/ 被称为擦声或擦音（sibilants）。如果一个词以擦音结尾，表示复数则以 /ɪz/ 或 /əz/ 结尾，如“bridges（/brɪʤɪz/）”。儿童在 3 岁半或者在这之前会习得这些语音规则。而由于这些音的使用频率较高、音强较低以及擦音的复杂性，复数标记在语音方面的区别，对于有听力或感知障碍的儿童来说尤其困难。

（3）所有格 -’s 或 -s’

所有格最初是用词序和重音来标记的，现在通用的所有格标记（’s 或 s’）被掌握得比较晚。儿童语言学习的早期阶段，所有格只能连接到单个有生命的名词，如“Mommy 或 doggie”，以形成“Mommy’s 或 doggie’s”。被标记为所有格的实体是可让与的对象，如“clothing”，而不是不可让与的实体，如“body parts”。在所有格的早期标记中最常见的形式是“（It’s）X’s____, That’s X’s/my____, and This is X’s/your____”。在韩语中也有类似的结构，尽管韩语和英语的差异很大。

（4）过去式 -ed

过去式表示动作发生在过去。一般情况下，一旦儿童学会了常规的过去时态规则，它就会被笼统地应用到以前习得的不规则的过去时态动词上，产生诸如 comed、eated 和 falled 的错误泛化用法。虽然规则后缀被笼统地应用于不规则动词，但似乎不会出现相反的情况，即使是在有大量动词屈折变化的语言中，如西班牙语。和其他语素一样，常规过去时态也有一些音位变体。浊音 /d/ 之后跟的是浊辅音，如“begged（/bɛgd/）”，而清音 /t/ 之后跟的则是清辅音，如“walked（/wɔkt/）”。第三种变体，/id/ 或 /əd/，跟在以 /t/ 或 /d/ 结尾的词之后，如“sighted（/saitid/）”。这种 /id/ 或 /əd/ 形式，比 /d/—/t/ 的清浊对立要更晚习得，只是偶尔会笼统地运用到以 /t/、/d/ 结尾的不规则动词中，如“heard、told、hurt”。

一些儿童在长达数周或数月的时间内，会同时使用某些动词的正确形式和笼统概括的形式。比如，在“went”与“goed”的竞争中，“went”会因为在别人的言语中反复出现随着时间的推移而固化。与此同时，“goed”唯一的好处是它遵循了常规过去时的 -ed 规则。当周围环境中使用的正确表达“went”与儿童使用的笼统概括形式“goed”不一致时，环境的输入占主导地位，儿童便逐渐纠正对规则的笼统应用。

（5）现在时第三人称单数 -s

动词上的人称标记由句子主语的人称（I、you、he/she）和数（I、we）决定。在英语中，现在时态的唯一标记是第三人称单数动词的 -s，如“That dog barks too much”或“She runs quickly”。所有其他的形式都是不变的或者没有任何标记的，就像“I run，you dance，we sit，they laugh”。只有少数英语动词，例如“say，do，have”，是不规则的。一般情况下，儿童直到 3 岁半到 4 岁，才能掌握规则和不规则的第三人称的标记形态，这其中会有长时间使用不一致的情况。对于幼儿来说，使用人称和数的标记，比如第三人称单数动词的 -s，可能会受到名词性质的影响，比如名词生命性的有无。例如，狗是有生命的，所以儿童可能会使用形态标记（Dog eats），但是蜡烛不是，所以儿童可能会省略这个标记。

同时，第三人称单数语素 -s 的使用在一定程度上取决于它所依附的动词词干的语音复杂性。一般来说，较之复杂的辅音结尾（如 need），在以简单元音结尾（如 see）的动词中，儿童会更准确地产出第三人称单数语素。与话语内部的位置相比，儿童在话语的最后位置也会更准确地产出 -s。

此外，成年人提出的问题可能会影响到新动词的省略，这些问题中，词形变化已经转移到助动词上，如下所示：

成年人：Where does it sweep?（它扫到哪里去了？）

儿童：It sweep here.（它在这里扫过。）

熟悉的动词，如“eat, go”，不受这些问题的影响，会以“eat, goes”的形式出现在儿童的回答中。

对第三人称单数动词的 -s 的理解的发展过程可能比正确的产出时间还要长。在 5 岁之前，美国主流英语的使用者不会仅仅依靠第三人称标记来理解时态（cut/cut）或动词—名词的区分（the penguin dresses/the penguin dress）。相比之下，使用非裔美式英语的儿童似乎根本不使用第三人称单数动词的 -s 的信息。这可能很大程度上是因为使用非裔美式英语的演讲者很少使用第三人称标记（de Villiers & Johnson, 2007）。

（6）形容词比较级和名词后缀

在学龄前阶段，儿童们开始学习一些形容词和名词的附加后缀，其中包括形容词的比较级 -er 和最高级 -est。通过在描述性形容词中添加这些元素，儿童可以产出更多的语言形式（比较结构）。儿童们在大约 3 岁半时理解最高级，而比较级则稍晚一些，通常情况下是在 5 岁的时候。正确的产出紧随其后。非常规的比较级和最高级形式，如“better”或“best”，是一般规则中最例外的，通常需要更长的时间才能掌握。

派生的名词后缀 -er 添加到一个动词之后，形成动作执行者的名称。5 岁的儿童多数能够理解名词后缀，并很快在产出中掌握。例如，教书的人就是老师，打球者就是击球手，以此类推。这种标记出现较晚的原因之一可能是它的模糊性。-er 既用于比较级（bigger），也用于名词的派生（teacher）。此外，还有几个派生名词后缀，如 -man、-person 和 -ist，也可以用来表示一个动作的执行者。两岁的儿童倾向于使用 -man 后缀，并且经常出现泛化使用的情况，例如在“fisherman”中，就包含了 -er 和 -man，又比如“busman, storewomen, dancerman”等泛化的情况。

2. 学龄时期儿童的形态发展

虽然儿童在学龄前就开始习得形态标记，但对于名词后缀与动词搭配规定的习得以及“-er”等语义丰富的形态标记，儿童在学龄期间，仍会持续学习。

（1）名词后缀与动词的搭配

名词后缀与动词的搭配有时候具有严格的使用限制，例如，-ment 可以变动词“attach”为名词“attachment”，但不能与诸如“talk, eat, drink, sit”等动词一起使用。对于上述搭配规定的习得，一直持续到成年期。

（2）后缀 -er

后缀 -er 有多个语义用法，儿童最初习得的含义是为了标记某些动作的发起者，例如“painter”是画画的人，“teacher”是教书的人。虽然这个后缀可能已经出现在学龄前晚期时的一些特定词汇中，但直到 8 岁，儿童才能熟练掌握它。

后缀 -er 的第二种语义用法是标记完成某项动作的工具，这种用法的习得时间更晚，大约是在 11 岁。工具后缀 -er 的例子包括“cleaner”和“eraser”等。同样，早期的学习也是基于构词词根的习得。工具后缀 -er 的语义发展较晚，这是因为儿童可以使用其他更常见的词语来代替“动词 +er”的形式，比如“stove”比“cooker”更合适，“shovel”比

“digger”更合适。

后缀 -er 的第三种语义用法是比较，如 taller。年幼的小学生对“形容词 +er”（bigger）或“more+ 形容词”（more big）这两种比较的形式没有偏好，因此会随意地使用它们。在小学的中期，他们更倾向于使用“形容词 +er”的形式。最后，到成年时，他们会遵循规则使用这两种形式。

（3）形容词后缀和副词后缀

派生后缀首先是在口语中学习的。儿童学龄期习得标记的一般顺序为：-er、-y、-ly。这种习得顺序一直持续到青春期后期。用来构成形容词的标记 -y（sticky, fluffy）直到 11 岁才被完全习得，而用来构成副词的标记 -ly（quickly）要到青少年时期才能被掌握。

（二）儿童的句法发展

1. 短语的发展

短语是一组词的组合，用于构建更长的单位（如句子）的句法单位。短语一般情况下对应特定的词类，在句子中充当相应的句法成分。例如，在“几乎每个在我们航班上的人都生病了”这句话中，主语由名词性短语“几乎每个在我们航班上的人”充当。由于名词和动词是所有自然语言中都存在的词类，下面着重介绍名词短语和动词短语的发展情况。

（1）名词短语的习得

通常情况下，名词短语用来指代事物和人（你的大狗、我哥哥、摔倒的女孩）。名词短语可以由多种语言单位或句法成分构成，在语言递推结构的作用下，变得相当复杂。儿童通常情况下要花几年时间才能熟练地使用复杂的名词短语。

当儿童开始组合词时，名词短语的学习就开始了，但这通常发生在名词短语处于孤立状态的情况。在儿童学习早期，名词短语的修饰语较为单一，只有在学习新词时才会逐渐扩展。多重修饰语在儿童学习早期是罕见的。

同时，儿童似乎很早就掌握了形容词先于名词的一般规则。在 2 岁左右，儿童就知道形容词和冠词不先于代词和专有名词。在大多数情况下，2 岁左右的儿童已经不说诸如“little he”或“the Juan”之类的错误表达。当然，儿童在学习新词时仍然会犯语序上的错误。

到 3 岁时，大多数儿童开始大量使用由限定词、形容词和名词的后置修饰语等修饰语构成的名词短语。虽然儿童使用的具体修饰语不同，但大多数儿童选择冠词、物主代词和形容词作为名词短语的修饰语成分。这些修饰语成分包括指示词“this, that, these, those”，冠词“a”和“the”以及“some, other, more, another”等一些词。虽然 3 岁的儿童似乎明白名词前的形容词限制或修饰名词，但他们对名词后的修饰词（dog in the car）的理解却不尽相同。

到 4 岁时，儿童逐渐学会使用带有量词和介词短语的名词短语。此时，嵌入的从句也逐渐出现在名词之后，构成嵌入小句的名词短语结构，但此时儿童对这一结构复杂的名词短语的使用较为罕见。

在名词短语中，儿童的附加修饰语和名词中心语的组合系统会持续发展。在 5 岁时，儿童可以通过添加修饰成分的描述语来描述名词，并用它充当修饰语的成分（the penguin school, the pumpkin patch）。这个结构还可以加上冠词（the, a）、物主代词（his, her, my）、形容词（big, little）、量词（many, some）、指示词（this, that）和名词后的介词短语（at school）。主要的形式有：

冠词 + 形容词 + 名词（a pink coat, the coolest playground）

冠词 + 描述语 + 名词（the pumpkin patch, the party stuff）

冠词 + 名词 + 介词短语（a house for your little daughter）

儿童在 6 岁的时候，会越来越多地在句子中加入位于名词之后的嵌入从句以及含有三种成分的细化名词短语。同时，儿童也会说出带有四种成分的名词短语，但没有哪种形式占主导地位。

7 岁的时候，儿童会添加数词作为限定范畴。大多数儿童不会使用或很少使用名词所有格、形容词范畴中的序数词、名词后具有形容词词性和副词词性的修饰词。

对于与名词短语联系密切的代词而言，儿童 7 岁时会相对熟练地区分主语代词（I, he, she, we, they）和宾语代词（me, him, her, us, them），并学会使用反身代词（myself, himself, herself, ourselves）。此外，儿童还学会了在句子与句子之间使用代词，并分析句子中代词指代的是哪一个名词。例如，儿童为了理解下面的句子，必须要做一些复杂的分析：

Mary’s mother was very sick. Mary knew that she must obtain a doctor for her.

儿童必须能够从多个维度掌握名词短语或整个从句，才能理解或正确使用代词。这个过程可以用下面的句子来说明：

The earth began to tremble shortly before rush hour, reaching full force 40 minutes later. It was devastating.

到 10 岁时，儿童已能够使用代词实现如上面例句之类的句外指代。

儿童会在整个学龄期缓慢习得不可数名词和可数名词以及量词。不可数名词指的是同类的、非个体的物质。可数名词指的是异质的、单个的物体。前者使用诸如 much 和 little 的数量修饰语，例如 much sand。而后者使用诸如 many 和 few 的数量修饰语，如 many cups。在掌握这种区别之前，儿童会发现有一种方法能够避开量词的差异问题，即使用能同时修饰这两类名词的 lots of。

儿童还必须学会使用限定词（this, that）修饰可数名词。到小学早期，儿童已经学会了多数的不可数名词和可数名词的正确形式，所以像 monies 和 mens 这样的词一般是学龄前语言的特征。之后，many 会出现在复数可数名词前，例如 many houses。much 通常习得于小学晚期，但是有的儿童直到青少年时期仍然会在 much 和 many 的选择上出现错误。

（2）动词短语的习得

动词短语主要用于描述行为动作或状态，这些行为动作或状态通常都涉及一些人、事物、地点和事件。许多动词出现在独词发展阶段。这时，会产生及物动词和不及物动词，但儿童不会遵守成人的规则。动词的特点会影响儿童学习和使用动词的方式。例如，儿童喜欢用过去时态来表达及物动词，如“broke”和“made”，他们认为这是完成的、彻底的和完整的。相比之下，儿童更喜欢使用现在时、进行时的方式来处理被认为是持续和展开的活动，例如“playing”或者“riding”。

助动词“can, do, will/would”的否定形式（can’t, don’t, won’t）出现在儿童 30 个月左右的时候。此时，儿童使用的动词短语可能无法正确反映动词时态或论元的数量和人称。因此，一个 31 ～ 34 个月大的儿童可能会产出“He am going”“You is running”之类的结构。在这个年龄段，儿童也可能开始将常规的过去标记过度扩展到不规则动词，从而产生 eated、goed 等词。对于过去时态中的动词结构，儿童倾向于进行双重标记，产生诸如“I didn’t throwed it.”之类的句子。

在儿童 40 个月的时候，情态助词 would、should、must and might 出

现在否定、疑问形式的动词短语中。在语义上，情态助词用于表达情绪或态度，如能力（can）、许可（may）、意图（will）、可能性（might）和义务（must）。情态助词的习得存在很大差异。大多数儿童在 42 个月时使用助动词 do、have 和 will。到 46 个月时，儿童通常掌握了在大多数情况下常规的和不规则的动词过去时态，以及其他语素变形，如第三人称单数 -s 和复数。但许多动词形式仍然需要掌握，如动词的过去时情态和助动词的选择以及不规则的动词过去式和被动式。到学龄期，儿童会给动词添加时态，例如完成时态 have + been + verb（en/ed）（have been eaten）或 have + verb（en/ed）（has finished），也会给动词添加情态助动词或情态动词。此外，不规则动词过去式的习得轨迹如下表（表 1–3）所示：

表 1–3　不规则动词在学龄期的发展

年龄	动词
5 岁～5 岁 5 个月	took、fell、broke、found
5 岁 6 个月～5 岁 11 个月	came、made、threw、sat
6 岁～6 岁 5 个月	ran、flew、wore、wrote、cut、fed、drove、bit
6 岁 6 个月～6 岁 11 个月	blew、read、shot、rode
7 岁～7 岁 5 个月	drank
7 岁 6 个月～7 岁 11 个月	hid、rang、slept、drew、dug、swam
8 岁～8 岁 5 个月	left、caught、slid、hung
8 岁 6 个月～8 岁 11 个月	sent、shook、built

（引自 Shipley, Maddox, & Driver, 1991）

2. 句子的习得

（1）陈述句的习得

陈述句的复杂性以及陈述句构成成分的数量，在整个学前阶段都是逐渐增加的。大约在 30 个月的时候，儿童开始使用语序为“主语 + 动词 + 宾语”的陈述句。33 个月左右的时候，儿童通过添加辅助动词 do、have、can、be 和 will 等，构成语序为“主语 + 助动词 + 动词 + 宾语”的陈述句，如“Mommy is eating ice-cream”。含有双重助动词的陈述句，如

“You will have to do it”出现在儿童3岁半左右。

接近4岁时，儿童习得间接宾语。对于“主语+动词+间接宾语+直接宾语”形式的双宾结构（He give me the ball）的习得，要早于“主语+动词+直接宾语+间接宾语”的形式（He gave the ball to me）。与此同时，以“给”字结构的习得为例，邹立志（2012）发现，1岁以前，汉语儿童有“给予”意识；1岁半时，汉语儿童出现“给”的给予类体宾，但是是不饱和结构，出现一个宾语“给我”。汉语儿童2岁时，是动词“给”向介词“给”的过渡期；2岁半时，出现了饱和双宾结构所构成的复杂的句法结构；3岁时，开始使用“给”构成给予类谓宾双宾结构。

（2）疑问句的习得

英语儿童疑问句习得研究起步较早，他们的特殊疑问句发展大概有三个阶段。第一阶段（3岁半左右），这时的疑问代词被置于句首，但没有倒装。第二阶段（3岁半到4岁左右），此时疑问代词前置，助动词与主语倒装都出现在疑问句中，但倒装在否定疑问句中仍是空白。到第三阶段（4岁到4岁半左右），儿童的陈述和否定疑问句均符合成人语法规律。

在汉语儿童疑问句习得上，李宇明等（1991）做过较为系统的调查统计，通过对儿童疑问句习得情况的综合考察，他们发现汉语儿童在疑问句习得顺序上有一些共同点，“谁”和“什么”类问句是儿童最早能够理解的特指问句；处所问句的理解早于性状、方式、时间、原因、目的等问句；原因问句早于目的问句。

在独词句阶段，儿童会在语调上模仿成人，如“Kitty?”“Daddy?”“Apple?”，儿童早期似乎会依赖于升调这种手段问问题。彭小红与宋慧（2011）在对汉语儿童疑问句的习得研究中也发现儿童在独词句阶段会发出类似“嗯？”“咦？”“啊？”等表示疑问的声音。

在学习提问的早期阶段，儿童只会使用语调标记yes/no的提问，还不会在主语和助动词之间进行移位，所以此时儿童通常是用陈述句的形式加上疑问的语调来生成疑问句，比如“Mommy go ↗”。之后，儿童可能开始使用正确的移位，对WH问句进行前置处理，但是他们仍然不会交换位置，所以他们的问句听起来像这样：“What Daddy is doing?”或“Where Mommy is going?”。逐渐地，儿童开始在yes/no的问句中进行位置交换，如“Is the girl eating?”。然而，在这一阶段，他们仍然不会在WH问句中将系动词或助动词与动词交换位置，如“What the girl is eating?”。最后，儿童才学会在WH问句中进行位置交换，如“What is the girl eating?”“Why can’t Daddy go?”等。

根据彭小红和宋慧（2011）的研究，汉语儿童在双词句阶段（18个月到24个月）的疑问句形式只有“NP+呢”，如“妈妈呢？”。到了电报句阶段（24个月到30个月），儿童的话语中出现了是非疑问句、反复疑问句、特指疑问句和“WH+呢”疑问句。特指疑问句、反复疑问句和选择疑问句到了电报句阶段末期才开始出现，而特指疑问句中的“什么”疑问句和处所“哪”疑问句的数量是最多的。

（3）祈使句的习得

成熟的祈使句大概在儿童2岁半时出现。在祈使句中，说话人命令、要求听话人执行某个指令。动词是屈折变化的，主语you，说话人和听话人都知道，所以就被省略了。例如“Throw the ball to me.”，由于没有形态标记，所以很难辨别出祈使句。儿童会产出类似祈使句的早期形式，比如“Eat cookie”，这不是真正的祈使句，但是由于儿童经常遗漏主语，所以就比较像祈使句了。这些遗漏反映了认知加工的局限性。当然，这并不意味着幼儿不能要求或指挥他人。即使在前语言水平阶段，婴儿也非常擅长表达自己的需求。通过对语料库的分析发现，汉语儿童在1岁9个月时就能借助语气词“啊”表达祈使意愿。此时，儿童使用祈使句表示命令、请求、要求等交际目的时，在句末使用“啊”主要是表达自己对听话者的态度（张笛，2019）。

（4）否定句的习得

最早出现的否定形式是词no，它在儿童习得的前50个词中经常出现。语法否定出现在双词话语中。此时no出现在动词之前，如“No eat ice cream”之类的表达。“完全否定+句子核心”形式的否定结构通常出现在拒绝提议的或当前的行动过程中。例如，如果儿童反对父亲离开，就有可能会说“No Daddy go bye-bye”。此外，儿童喜欢特定的否定词似乎反映了父母使用习惯对儿童的影响。一些父母喜欢用no控制儿童的行为，因此儿童也会喜欢用这一特定的形式来表达自己的意图。

在儿童30个月左右的时候，否定的结构出现在主语、谓语或主动词之间。儿童交替地使用缩略形式can’t、don’t、no，并且不区分这些形式，对应的肯定形式can和do会在以后出现。因此，“I don’t eat it.”和“I can’t eat it.”可能是一样的。won’t之后不久就出现了，在很短的一段时间内，儿童也可能使用 no、not、don't 和 can't 进行互换。3 岁的时候，儿童逐渐开始借助其他的辅助动词产出否定句。此时儿童习得了肯定语素 can、do、does、did、will 和 be，这些词后面跟 not 紧接着一个核心动词，比如“She cannot go”。缩略形式继续出现在 don't、can't 和 won't 中。但儿童还需要一段时间，才能够使用辅助动词的正确形态标志形式来表达人称、数、时态。

40 个月大的时候，儿童逐渐开始使用否定缩略，包括 isn't、aren't、doesn't 和 didn't。be 动词过去式的否定形式和情态类动词的否定形式一直在发展，但是它们刚开始不会频繁出现。4 岁时，儿童大多沿着肯定形式的相反方向理解否定结构表达的意思，特别是描述性表达，比如此时儿童倾向于将“He's not big”理解为“He's little”。否定疑问句直到 5 岁之后才出现。

（5）被动句的习得

在习得年龄方面，研究者发现英汉儿童都是在 2 岁 7 个月到 2 岁 10 个月左右，在话语中开始出现被动句，但数量很少，直到 5 岁，才能完全理解并运用自如（戚国辉，2007）。5 岁之前，儿童使用非语言策略，例如依靠语境的线索来理解被动句。此外，儿童也可以依靠动作动词来理解被动句。

儿童理解被动句的另一个线索可能是介词的存在。一般来说，年幼的学龄儿童会把有 from 和 by 出现的句子理解为被动句，而把有 to 出现的句子理解为主动句。因此，他们认为“The picture was painted by Mary”是被动的，“The picture was given to John”则是主动的。

被动句的产出始于学龄前后期，表现为含有 noun+ be/get+ verb（-en/-ed）的短句，如“It got broken”或“It was crushed”。在这些早期产出的被动句中，名词或代词主语几乎总是无生命的。这些可能是基于系词的形容词形式，如“He was sad”。状态动词，如 lost、left 和 broken，易于在这些短被动句中占主导地位。后来，儿童会在较短或完整的被动语态中使用诸如 killed、hit 和 crashed 等动作动词（He got hit）。

实际上，儿童使用 get 和 be 构建的被动关系是不同的（Budwig, 1990）。例如，get 最常用在有生命的受事受到非施事的负面影响的情况下，如“I got sick from the party”。另一方面，be 常用在无生命的物体经历中性状态变化的情况下，如“The hamburgers was cooked on the grill”。虽然大多数儿童在4岁之前就学会了过去时-ed（He kicked the ball），但是在被动句中使用的分词-ed（He was kicked by his friend）和-en（We were beaten by East High School）的形式要到学龄时才能掌握。冗余错误，即在不需要的地方使用形态标记（He was cutted by the axe. It was boughten by her.）可能会持续到青春期早期。大约80%7岁半到8岁的儿童能够产出完整的被动句。一般来说，一个完整的被动句包含be或got的某种形式，带过去时态标记的动词，介词以及介词后面跟着的名词短语，如“The window was broken by Diego”。有些被动形式要到其11岁才出现。

汉语被动句习得方面，李宇明（1995）发现汉语儿童在2岁左右便可以产出无标记被动句，2岁以后儿童被动句的发展并没有实质性的变化，主要是结构上变得更加复杂。而且，被动句结构习得具有不平衡性。周国光（1997）指出，就汉语普通话儿童自发产出的语料来看，最常见的结构是无标记被动句（也就是所谓的受事主语句），其次是有明确施事的长被动句。同时研究者发现，儿童理解不可逆的被动句要早于可逆的被动句。

（6）把字句的习得

把字句是汉语中另一种较为特殊的句式。该句式中，动词的施加对象被放在对应动词之前。比如在“我把西瓜吃了”这句话中，虽然说的是“我吃西瓜”这件事情，但吃的对象“西瓜”在把字句中却出现在动词“吃”的前面。这一特点使得把字句的习得比一般的陈述句困难。有关汉语的研究发现，儿童在23个月的时候开始使用把字句。在把字句出现之前，儿童会将把字句中动词的施加对象置于动词之后。习得把字句后，儿童就会把动词施加对象置于动词之前了（肖丹，2004）。

（7）复合句的习得

复合句是指包含一个以上独立小句的句子。复合句或复杂句都是在一个句子里包含两个或更多的想法或命题。小句不同于词组的地方就在于它包含主语和动词。

其一，并列句的习得。复合句和复杂句这些高级的句子形式是通过把两个或更多的小句加在一起创造出来的，通常使用的语言形式是连词或关系代词。这种把小句连在一起的加工通常开始于2～3岁。

英语儿童第一个学会使用的连词是and，and是儿童把句子连起来的最简单又常用的方式。英语儿童25～27个月大的时候，and的第一个适切的用法会出现。主要有两种并列关系：句子的并列和短语的并列（Bloom, Lahey, Hood, Lifter, & Fiess, 1980）。

儿童使用and连接并列句的发展不仅依靠语言的复杂性，也依靠语义和语境因素。Bloom等（1980）的纵向研究发现，并列句的习得过程会受语义因素的影响。他们考察了and的习得，and包含了不同的意思，而且这些意思会以一个固定的顺序发展。最先发展的意义是附加义，即and所连接的两个句子之间没有任何依赖关系，如“Maybe you can carry this and I can carry that”；几个月后，儿童开始使用and来隐含时间关系，即and所连接的两个从句所表达的事件之间有时间顺序或同时发生，如“Jocelyn’s going home and take her sweater off”；之后，and会用来表达因果关系，如“She put a bandage on her shoe and it maked it feel better”。还有一些儿童继续使用包含其他意义的and，如物体规格——“It looks like a fishing thing and you fish with it”，以及反义关系，如“Cause I was tired and now I’m not tired”，但这些出现的频率较低而且变化多。可见，在并列句发展的早期，儿童用一种有限的语义方式使用and，然而，随着发展过程的推进，他们会把许多灵活的语义和复杂的句法添加到语言中。

汉语中的“然后”一词与英语中的“and”有着相似的用法，在语法化进程中，“然后”的语义得到泛化，在句子中表现出不同的功能。“然后”也是汉语儿童习得较早，使用较多的一个词，3岁儿童的叙事语料中就已经出现了“然后”一词，这是3～6岁儿童使用频率最高的连词（张廷香，2010）。根据语料分析，5～6岁儿童已经掌握了“然后”的顺承功能、并列功能和因果功能，其中表先后关系的顺承功能是儿童使用的最主要的功能。“然后”一词在5～6岁儿童的叙事语言中语法化的程度比较高，部分儿童会将其作为口头禅，实现话语助势功能。随着儿童语言的不断发展，作为话语标记和话语助势的“然后”比例会有所下降，他们会更规范地使用连词。

其二，最早的复杂句的习得。2岁左右，儿童的句法开始逐渐复杂化。儿童使用的第一种类型的复杂句应该是包含宾语补足语的句子。在有宾语补足语的句子里，第二个基础句或小句用作第一个句子或小句的动词宾语。比如在句子“I think I have it”中，小句“I have it”是小句“I think”中“think”的宾语。讨论宾语补足语的习得时，通常针对的是具有特定类型不定式的句子。在这些句子中，不定式以及它所联系的词用作动词的宾语，比如“I want to run fast”，“to run fast”是“want”的宾语。这两种形式，即包含第二个基础句的那些句子和包含不定式的那些句子，差不多同时出现在儿童的话语中。由 WH 状语词引入第二个小句的复杂句在宾语补足语句之后不久习得，如“I remember where Mommy is”“Daddy knows when Mommy comes home”等。儿童倾向于在其他的 WH 小句前使用传递时间和处所信息的小句。

其三，关系从句的习得。关系从句，就是用作名词修饰语的小句，与其他句式相比，关系从句出现得比较晚，以母语为英语的典型发展儿童为例，英语儿童 3 岁左右开始产出关系从句，直到 4 ～ 5 岁才能理解这些关系从句。而且主语关系从句的理解和产出要早于宾语关系从句。一般情况下，儿童 2 ～ 3 岁时就已经能产出主语关系从句，而宾语关系从句的出现似乎晚一点儿，英语、瑞士语、希伯来语、意大利语、朝鲜语等母语习得者都表现出这样的习得顺序（Gutierrez-Mangado & Ezeizabarrena, 2011）。关系从句通常需要一个关系代词引入，如 what、who、which、whose 或者 that，不过在有些例子里，关系代词可以省略，比如“That’s the bed [that] we sleep in”。儿童一开始使用关系从句用以修饰宾语，比如“That is the balloon that I like”和“I see the boy who wears glasses”。之后他们开始用关系从句修饰主语，如“The girl who wears glasses sees better”。这种嵌入处理，即在句子中间重新安排或添加成分，较之在句末添加成分的做法，会更晚得到发展。有关汉语儿童习得关系从句的研究较少。根据孔令达等（1990）的调查，3 岁汉语儿童的语料中出现了主语关系从句（如“打枪的叔叔”），2 岁半时出现了宾语关系从句（如“妈妈买的车子”）。根据这项调查可知，汉语儿童对宾语关系从句的习得也似乎比主语关系从句更容易。

第三节　词汇—语义发展历程

一、概述

语义指语言的意义。符号是语言的载体，但符号本身并没有意义，只有被赋予了意义的符号才能被使用，所以语义反映的就是符号系统内部的意义。从研究对象来看，研究者将语义分为词汇语义、句法语义和语用语义。词汇语义主要研究的是词语的意义及其变化，句法语义研究的是语义与句法结构的关系，语用语义则重点关注语义与语言使用的关系。词汇语义是儿童语言能力的基础，儿童只有在理解词汇的基础上才能掌握语言。儿童词汇语义能力关系到他们的学业成就，美国国立儿童健康和人类发展机构（National Institute of Child Health and Human Development）提出词汇语义的习得是儿童读写能力发展的支柱之一，儿童早期词汇语义水平对小学阶段儿童读写水平的影响会日益增加，甚至会成为儿童语文阅读成绩的基本决定因素。

在语言中，有些词的语义是对立的，如男性和女性，从第一性征上看一个人的性别只能是一种，不可能兼属两类。有些词的语义是有重叠的，如女人、女孩和夫人，不是所有女人都是女孩，也不是所有女人都能被称为夫人。这些词或者说符号代表的是人们对现实理解后形成的概念。人类在认知世界的过程中逐步形成百科知识、生活常识，也就是世界知识。在社会生活中，世界知识可以说是由数次特定事件经历归纳出的普遍概念。例如幼儿对“狗”的概念的形成是由于见到了几次不同的狗，概括了这些狗的共同特征，才掌握了“狗”的概念，之后不再依赖于特定的情境才能判断是不是“狗”。这种普遍概念即形成的世界知识是语义的基础，当幼儿逐渐长大，世界知识也可以在没有亲身经历的情况下形成，个体掌握词义的前提是个体已有对应的概念也就是世界知识。一个概念常常可以由不同的词语来反映，比如在路上遇到的一条狗，可以用“狗”来指代，还可以用“犬”。一个词也可以用来表示不同的概念，如“dog”除表示狗这种动物外还可以与其他词组合表示“燥热的夏日”（dog days of summer）、“卷角翻旧了的书”（a dog-eared book）以及“极度疲惫”（be dog-tired）等含义。

每一个词语的意义都包括两部分，一是词语本身的语义特征（semantic features），二是词语与词语组合时的选择限制（selectional restriction）。语义特征是一个词在意义上所具有的特点，一个词的整体意义可以被分解为几个不同的元素或组成成分（束定芳，2000），如“妈妈”是[+父母][+女性]，“爸爸”是[+父母][−女性]或者是[+父母][+男性]，那么“妈妈”还可以分解为[+父母][−男性]，每一个词的语义特征都不是完全相同的。选择限制规定词项的组合方式以防出现无意义组合或者意义冗余的组合，如“女爸爸”从词法上看是合规的，但从意义上看是矛盾的，“女妈妈”在词法上也是合规的，但意义上是冗余的，“妈妈”已有［+女性］的语义成分。

Leech（1981）从语义与人类交际的关系的角度将语义划分为七种：理性意义、内涵意义、社会意义、情感意义、反映意义、搭配意义和主题意义，之后他将内涵意义、社会意义、情感意义、反映意义、搭配意义都归入联想意义，最后形成理性意义、联想意义和主题意义三类。理性意义，也被称为概念意义或逻辑意义，反映的是一个词语和它所指或者所表示的事物之间的关系，关涉逻辑、认知和指称含义。一个词的理性意义不是固定且唯一的，比如“花”，在“小明喜欢这盆花”中指“花朵”，在“小明花钱买礼物”中指“花费”。不同的词如果有着基本一样的语义特征，那么它们就是近义词，如高兴和喜悦、愤怒和生气等。反义词则是指两个词在某个重要的语义特征上存在对立，如大和小，高和矮，胖和瘦，等等。联想意义是一个词语通过象征或联想而形成的附加意义，比如提起“妈妈”，有的人会想到母亲的贴心、母亲的关心，让人感觉很温暖、很幸福，这里的“妈妈”被人赋予了主观情感色彩义。主题意义是言者通过组织信息的方式来传达出的附加意义，可以借助语序改变、信息焦点的转移等方式来实现。

二、儿童的词汇—语义发展

有些人会认为幼儿在1岁左右说出的第一个词是其词汇发展的起点，但儿童早在前语言时期就已经开始理解词义。这一部分将分别从前语言期（0～1岁）、学龄前（1～6岁）和学龄期（6岁以后）三个时期来讨论儿童的词汇—语义发展，尚未接受学校语文教育的学龄前是本节最关注的时期。

（一）前语言期的语言理解发展

婴儿大约在5到6个月时开始咿呀学语或者说是出现喃语（babbling），产生一些类似于成人发音的辅音和元音组合，主要是些简单重复序列，称为标准喃语（canonical babbling），之后还会出现更复杂的变化序列（variegated babbling），如轻重音和语调的变化，听起来好像他们真的在试图说出词一样，比如发出听起来像“mama”和“baba”这样的音节，但并没有证据表明这种咿呀语在语义上指称的就是妈妈和爸爸。这更类似于一种无意义的发声游戏或者发声练习，词语是有特定意义可以用来交流的，但此时的咿呀语不能固定表达某个概念，没有建立音义联系，是一种不稳定的形式，可能他有需求时会发出“mamamama”，一个人躺着玩儿时也会发出“mamamama”。相较于成人在场时，婴儿更可能在没有成人在场时发出咿呀语，例如婴儿在摇篮里或者快要睡着的时候会发出的声音，在这些情况下，很难把咿呀语视为一种交流行为，而且婴儿发出的咿呀语虽然听起来跟后期交流时产生的回应类似，但从语音上看是比较凌乱的，多为由辅音和元音构成的未发展完全的音节。

其实婴儿在1岁前就开始理解语言了，但产生真正意义上的词要到1岁以后。在7个月时，某些个案中，婴儿已经开始理解语言（Harris et al., 1995）。他们能对成人的言语刺激，像呼唤、游戏、问候做出明显的反应，主要是体态回应，例如眼神、表情、手势、姿态等。大约8个月时，婴儿主要用手势作为其交际的方式，这被认为是有目的的交际行为的标志，比如他们会用手指着一个物体，发出“en, en, en...”，如果成人视线看向了这个物体，婴儿便不再用手指着，说明婴儿只想让成人看着这个东西，如果成人视线看向这个物体但婴儿仍然用手指着，说明婴儿可能是想让成人把东西拿给他。皮亚杰的认知发展理论认为婴儿使用手势来传递信息是因为此时的婴儿处于感知运动阶段，他们习惯用运动来表达自己的意思。

对于汉语儿童，有些学者认为婴儿在7或8个月时开始对一些词语产生理解反应，但此时的理解反应只是对词的声音的反应，属于第一信号系统内的活动，即对现实的具体的刺激的反应；10～11个月时，他们开始对词语意义产生理解反应，词语开始成为第二信号，但这种第二信号还带有浓厚的第一信号色彩，并常需要第一信号的支持，因此是第一信号和第二信号的协同活动（朱智贤，1986）。李宇明（1993）在研究中发现婴儿被试在6个月时已出现话语理解的萌芽，8个月时第二信号系统已经建立，在10～12个月间的理解发展速度较快。

（二）学龄前儿童的词汇—语义发展

1. 词汇习得的三个发展阶段

（1）首词出现与独词句阶段

当幼儿在1岁～1岁半时说出“最早的词”（first words），即首词的出现，标志着儿童进入了语言发展的新阶段——独词句阶段，这是真正言语（true speech）的开始（桂诗春，2000）。其实有许多幼儿在10个月时就能发出第一个有意义的词，但也有不少幼儿要到 14 或 15 个月大时才能出现首词，进入独词句阶段。此时出现的词语有特定的指称含义，而且在语音上是可辨的，音与义建立了稳定的联系，比如幼儿会比较稳定地用“mama”指称妈妈和体型外貌像妈妈的人，而不是见到任何成人甚至是男性都发出“mama”。在本阶段幼儿只能说出单个词语，作用是交际，此时的词语和成人语言中的词组或者句子的功能是类似的。

一般来说，幼儿产出的“最早的词”是喜爱的玩具、家庭成员或动物的名称，如“mama”“dada”“kitty”等；或者是描述事物的出现、消失或重现，如“more”“all gone”等；或是情感态度，如“hug”“woh”等。Lahey（1988）区分出了三种使用范围较广的词语，分别表示独立存在、关系和社会性。幼儿使用独立存在的词语来命名物体，如喜爱的玩具、食物或者动物。在表示关系的词语中，幼儿的词语所表达的关系主要包括存在、消失、重现、拒绝、否定、属性、拥有、行为和位置变化。当然相同的词可以用于表达不同的关系，如“no”，幼儿会用它来表示拒绝、否定或消失。社会性词语，像“hi”“bye”，为幼儿建立和维持人际关系奠定了基础，而且这些词相对来说比较独立，不会增加语法的复杂性。从范畴层次词汇的分布来看，幼儿主要掌握的是基本层次词语如“狗”（dog），很少能掌握对应的下位词语如“哈士奇”（husky）或“拉布拉多”（labrador）和上位层次词语如“动物”（animal）。

语义角色包括施事（agent）、动作（action）、受事（affected）、处所（location）、拥有者（possessor）、拥有物（possession）、特征（attribute）、再现（recurrence）和否定（negation/rejection）等。在幼儿 12 ～ 18 个月时，语义角色就已经在幼儿独词句产出中有所反映，如幼儿说“爸爸”是希望父亲能踢那个球，这里的“爸爸”是施事；而说“床”则表示狗在他的床上，这里的“床”是处所；说“热”指的是炉子很烫，这里的“热”是炉子的特征。从这里也可以看出独词句阶段幼儿说出的话语需要依赖语境来理解。

幼儿在独词句阶段会出现词义延伸不足的现象（underextension）。此时他对一个词的理解可能仅限于词的某项或者少数义素范畴属性，对词汇的语义特征掌握不完整。幼儿会认为自己掌握的某个实体名词只关联一个存在的物体，比如“车”就是指自己最爱的那辆“玩具车”，“毯子”就是指自己最喜欢的那块毯子，还有“鞋子”是指妈妈穿的高跟鞋。在儿童的心目中，这些词不是指称某类对应物体而是专指某一物体。

儿童语言的各个部分不是孤立发展的，是彼此协同作用的。语音是影响本阶段幼儿习得词语的一个重要因素。在独词句阶段，“最早的词”都比较容易发音，只有一个或者两个音节的词，像“吃、爷爷”，要比多音节词如“汉堡包”更容易习得。当幼儿掌握了以某个辅音开头的词语后，对一系列以该辅音开头的词语比不熟悉的未学习过的辅音开头的词语能更快、更容易地掌握。

（2）词汇飞跃与双词句阶段

幼儿的最初词汇增长速度比较慢，甚至可能出现短暂的停滞，有些已掌握的词语可能会随着儿童成长或者兴趣的改变而不再使用。当幼儿词汇量接近 50 个时，幼儿的词汇增长速度变快，当然也存在一些个体的差异。词汇飞跃期（word spurt）就是指幼儿在 18 ～ 24 个月这半年时间内词汇量快速增长的情况，这是幼儿词汇发展的一个重要里程碑。Dapretto 和 Bjork（2000）将词汇飞跃期描述为“幼儿接近两岁时词汇的增长常常会伴随突然的飞跃，此时他们的词汇量达到 50 ～ 100 个左右”，曾涛和段妞妞（2014）将词汇飞跃期具体定义为“词汇总量达到 50 个左右，而且在观察窗口内平均每月的新词习得数目超过 15 个的首个时间点”。Tardif 等（2008）评估 8 ～ 30 个月普通话和粤语儿童的语言发展，发现 19 个月是词汇产出的快速增长期。Hao 等（2008）调查了 884 名讲普通话的北京儿童 12 ～ 30 个月期间的词汇发展情况，发现 17 ～ 30 个月其词汇增长速度相较于 12 ～ 16 个月词汇的缓慢发展要快不少。

对于词汇飞跃现象出现的解释可以从两方面来看。一方面，有些解释认为词汇飞跃与某些非语言能力的提高有关联，包括幼儿学习能力、一般认知能力、复杂的社会认知技能以及心理理论的发展。另一方面，有假设认为词汇飞跃与语言能力发展存在密切关系，Bates 和 Goodman（1997）观察发现大约在 18 个月时幼儿开始有能力将单个词语组合成多词序列，语法开始发挥作用，幼儿词汇量和话语中语法复杂性有很强的关联，但这种关联并不稳定，是非线性的。

在词汇飞跃期，幼儿的词汇量不断扩大，18 个月时表达性词汇量约为 50 个，24 个月时词汇量有 120 ～ 300 个。通常认为当幼儿习得至少 50 个词语后，他们才开始将两个词语组合起来成为一个句子（双词句），进入双词句阶段，幼儿第一次说出双词句通常在 18 ～ 26 个月之间。幼儿需要各种各样的词语，构成双词结构以最后发展出句子。表 1–4 列出了 Brown（1973）在幼儿双词句语料中发现的常见的语义关系，可以看出不同的语义关系在双词句阶段可以用相同的语法形式来表现，如名词 + 名词，表示并列、动作者—宾语等。

表 1–4　幼儿双词句语料中反映的语义关系

语义关系	结构	例子
指称	指示词 + 名词	That ball
不存在	No（否定）+ 名词	No ball
再现	More（another）+ 名词	More cookie
注意	Hi+ 名词	Hi ball
并列	名词 + 名词	Coat [and] hat
拥有者—拥有	名词 + 名词	Baby ball
实体—属性	名词 + 形容词（属性）	Ball pretty
实体—位置	名词 + 处所	Ball [in] chair
动作—位置	动词 + 处所	Jump [on] chair
动作—工具	动词 + 名词	Cut [with] knife
动作—宾语	动词 + 名词	Roll ball
动作—间接宾语	动词 + 名词	Give [to] doggie
动作者—宾语	名词 + 名词	Baby [roll] ball
动作者—动作	名词 + 动词	Baby cry

（引自 Brown，1973）

当幼儿开始产出双词句时，他们开始能把语义角色组合起来建立词与词之间的语义关系，如“妈妈”和“走”组合成“妈妈走”，这里的“妈妈”是施事，“走”是动作。类似的语义关系还包括：动作—受事（打球）、动作—地点（睡［在］床［上］）、拥有者—拥有物（妈妈［的］床）、实体—特征（狗［很］大）和否定（不［上］床）等。Bloom（1970）认为双词句阶段幼儿开始对语义关系进行思考，他们说出的双词句里的词汇在不同的句子中有不同的关系，表达的意义是不同的。之后，在多词句阶段，施事—动作（妈妈打）和动作—受事（打球）组合形成了施事—动作—受事（妈妈打球），也就是在英语和汉语中都是最基本句法结构的“主语＋谓语＋宾语”。

幼儿在双词句阶段会存在词义过度泛化（overextension）现象，他们不知道该用什么词来恰当指称，于是选择了自己已经掌握的但并不恰当的词。在18～22个月之间这种现象特别常见，甚至幼儿本阶段使用词语中40%都会出现这种情况（Rescorla, 1980）。在独词句阶段，幼儿会认为“车”就是指自己最喜爱的那辆玩具车，这是词义的延伸不足；在双词句阶段，当幼儿了解“车”的语义特征包括［＋轮子］后，又会把有轮子的儿童床也称为“车”，这是词义的过度泛化。当事物都具有某一相同的语义特征时，幼儿特别容易产生词义的过度泛化。这种情况一般会一直持续到儿童3岁左右。

（3）词汇爆炸与多词句阶段

汉语儿童在3岁前的词汇量情况大致为1岁词汇量在10个以内，1岁至1岁半约50～100个，1岁半至2岁约300个，2岁至2岁半约600个，2岁半到3岁约1100个（李宇明，1995）。由于研究手段和语料存在区别，对于各年龄段儿童词汇量研究的结果可能有所差异，但都证实了3岁是词汇增长的高速期，此时儿童词汇量迅猛发展，进入“词汇爆发期”。

最初，在幼儿刚开始说话的时候，家长会不断重复如物体名称等词语，试图教幼儿掌握词语，但之后这种听觉重复次数会逐渐减少，学龄前儿童很大程度上需要在正常的语言环境中听别人说话来学习词语，在大脑中存储关于这个词的信息表征。Carey（1978）认为这是一个体现快速映射（fast-mapping）的过程，儿童第一次听到一个生词就会将这个词和一个可能的意义联系起来，故将快速映射定义为通过最小限度地接触某一新词来快速构建该词语义表征。Rice等（1990）将快速映射分为四个环节：首先是识别新词语，在语流中识别切分出新词；然后是探明所指关系，用各种线索来寻找词语的所指对象；之后是建立所指关系，将新词和所指对象匹配；最后是存储所指关系，将正确映射的新词编码到语言记忆中。因此，快速映射指的就是幼儿以最小限度地接触某一新词来快速构建该词的语义表征，从而对词语进行命名，也就是儿童在词语学习的过程中通过整合各种技能、线索和知识将新异词语与所指对象进行匹配（Heibeck & Markman, 1987）。Carey 等（1978）第一次通过实验证明了快速映射的存在。他们教 3 岁和 4 岁儿童一个“新”的颜色词“chromium”，用来形容橄榄绿这种颜色，但实际上“chromium”是指铬（一种金属）。实验呈现两个颜色的托盘，一个是蓝色，一个是“chromium”色，并向儿童发出指令“把‘chromium’托盘给我，不是蓝色那个，是‘chromium’那个”，如果你以前从未听过这个词，那你会怎么做？很显然这些儿童把颜色是橄榄绿的那个递给了主试，而且儿童在六周后仍然知道“chromium”表示橄榄绿这种颜色。儿童快速映射的能力在其发展过程中会逐渐提高，4 岁儿童比 18 个月幼儿要表现得更好（Schmidt et al., 2016）。但快速映射带来的不全都是好处。快速映射能力强会导致对重复接触、反复练习的忽视，研究表明对某组词进行反复练习可以让儿童在学习其他完全不同的词语时表现更出色，他可以将已有的词汇学习经验移植到新词语的学习中来（Gershkoff-Stowe & Hahn, 2007）。

心理词库（mental lexicon 或 initial lexicon），指的是存储在大脑中的词汇知识，是一种长久的记忆。可以说，这像一本心理词典或者是一个巨大的蜘蛛网，也有人认为像一本百科全书或者一座人脑中的图书馆，还有人认为这是大脑中所有关于词形、词义及其用法的一个巨大的仓库。最早提出心理词库概念并加以研究的是美国语言心理学家 Treisman（1960），她认为心理词库由许多词条组成，每个词条包括与之对应的词的语音、字形、意义等表征，其中占有中心位置的是词的意义表征。通过词汇联想测试发现成年人倾向于通过意义来组合词语或者聚合词语，但儿童与成年人不太一样，他们更倾向于通过语音特征来聚合词语。所以，儿童的心理词库其实是根据语音上的相似也就是语音邻域词（phonological neighbor）来组织的，指的是那些只有一个音素不同的词。如果一个词在语音上和许多其他词类似的话，就认为这个词“驻留”在语音密集邻域。一个词的邻域范围也就是这个词的邻域密集程度能够反映这个词和多少其他词类似，比如“cat”的语音邻域词有“mat”和“rat”。如果新词的语音邻域密度低，那么儿童可以更快习得这些词（Hoover et al., 2010）。

3 岁后在不断“出错—纠正—强化”的过程中，儿童词义延伸不足和过度泛化的情况都会逐渐好转，但还会有“自造词”问题。自造词就是指儿童根据自己已经掌握的词语材料自己构造新词，且构造的词语不是从别人的言语中学到的。例如，给修房子的人起名为“修人”；给饮水机起名为“水桶机”；因为妈妈叫“妈咪”，于是叫爸爸“爸咪”。儿童的大多数自造词都是成人语言中没有的，即使存在也仅为形式上的偶然相同，意义上和成人语言中已有的词表达的意思是不同的，比如儿童根据“老爸、老妈”推出“老婆”指的是外婆（或者奶奶），他们此前并不清楚在成人语言中“老婆”是指男性的配偶（姜自霞，2016）。

儿童词汇量的迅速增加让儿童的平均话语长度增长到 3 ～ 4 个词，依靠“主语 + 动词 + 宾语”的方式将双词句扩充为多词句，进入多词句阶段。儿童对词义的理解逐步深化，对词语所指的属性有更多感知和理解，能够更准确地把握词语的语义特征，在此阶段儿童掌握的词义主要是词语的日常义，对词汇的抽象义和对有修辞手法的词汇，即比喻性语言（figurative language）的理解和表达，需要通过训练才能掌握。Reed（2017）研究英语儿童从 1 岁到 6 岁表达性词汇数量的变化，如表 1–5。儿童主要是借助“此时此地”的环境来习得实词的，习得的实词多与其身边发生的事情相联系，故儿童习得词汇部分要依赖于他们的生活经历，这也是导致之后儿童词汇数量和类型构成上存在差异的原因之一（Rescorla & Lee, 2001）。

表 1–5　1 岁至 6 岁儿童表达性词汇数量表

大致年龄	表达性词汇的大致数量（个）
15 个月	10
18 个月	50
20 个月	150
2 岁	120 ～ 300
3 岁	1000
4 岁	1600
5 岁	2100 ～ 2200
6 岁	2600 ～ 7000

（引自 Reed，2017）

2. 习得的词汇类型

名词在儿童早期词汇中占很大一部分。名词多用来指人、指物，还用来指示方位和时间。世界上任何事物都存在于一定的时空之中，认识事物间的空间关系和时间关系是认识客观世界的两个极为重要的方面。方位名词和时间名词是确定事物空间关系和时间关系的形式标志，儿童空间和时间认知的发展与儿童这两类词的掌握是密不可分的。用来指人和物的名词是儿童最早能够掌握的名词。在生活中可以观察到，儿童词汇的习得是从日常生活中经常接触的人、经常看到的事物开始的。杜映（2003）研究发现儿童能较早习得人物类（亲属称谓词）、身体器官类、服装名称类、食物类、玩具类、动物类和日常用具类词语，一方面是因为这些词具体可感，另一方面也是因为使用这些词可以满足交际需要，例如幼儿只要说一声“糖糖”，大人就能够明白他的需要。儿童方位名词习得的大致顺序是先掌握“里”类、“上”类，然后是“外”类、“下”类，之后是“前”类、“后”类、“中”类，最后是“左”类、“右”类和“旁”类，合成方位词要早于单纯方位词（孔令达、王祥荣，2002；贾红霞，2010）。可以看到，“里”类和“上”类最先习得，与国外学者的研究结果相一致（Clark, 1973），实验发现儿童在认知空间关系时有“趋里”和“趋上”倾向。儿童在发展出空间意识之后形成对具体事件先后顺序的把握，这为习得时间名词奠定了心理基础，他们根据事物的空间变化产生时间意识，故而空间上的参照点就是他们认知时间的支撑点。孔令达（2004）通过研究儿童语料，提出以“今天”为中心的时间名词分布扩散习得模式，他观察到儿童最早习得的是“今天”，之后以“今天”为基础将当天各时间段细化，先分解出“今天”的两端“上午”和“晚上”，再分解出今天的中段“中午”和“下午”，然后以“今天”为基础，延伸至前后时间方向，先是习得“今天”之前的“昨天”，再习得“今天”之后的“明天”。

儿童最先习得的动词主要都是描述简单的动作，如“吃”，然后是“走”“坐”等，之后习得的包括心理动词“知道”、能愿动词“想要”等。总体上，儿童话语中先出现动作动词和趋向动词，动作动词用来描述自己的动作行为或表达自己的要求，趋向动词用来指明动作的方向和物体的位移趋向，这两种动词表示的概念比较具体。之后是心理动词，表示心理行为，从广义上看也反映的是动作的具体概念。然后是存现动词、能愿动词、判断动词等，存现动词描述物体存在的状态，判断动词是对事理的推断，显示出动词静态的一面。越具体、动性越强的概念和现象，儿童越容易把握，他们能优先习得与这些概念相对应的词类。

名词和动词都是儿童词汇系统的重要组成部分，那究竟是存在“名词优势”还是“动词优势”呢？Gentner（1982）最早对这一问题进行了研究，通过对说英语、汉语、德语、日语、土耳其语、卡鲁利语 6 种语言的儿童的语料进行分析发现，名词的比例大大超过动词，因为名词范畴在概念上比动词和其他谓词范畴更简单、更基础，他们可以用固定的名词指涉物体，所以儿童最初习得的词汇应该以名词占优势。但 Tardif（1996）对此提出质疑，通过对英语和汉语儿童对比发现，汉语儿童早期语言中动词比例并不少于名词，之后 Tardif（1999）采用自然观察、量表测量和母亲报告三种方法对英、汉儿童词汇差异进行比较，发现说汉语的儿童相较于说英语的儿童拥有更多的动词和更少的名词。此外梁卫兰等（2002）对 1056 名 16 ～ 30 个月的北京儿童进行量表词汇量测试，发现 16 ～ 17 个月的幼儿会说的动词和名词基本相同，但 18 个月后动词所占比例要比名词高。可见虽然英语儿童词汇中存在名词优势倾向，但这种倾向不是所有语言的共性。

形容词在表达中起修饰作用，具有抽象性，是儿童句子复杂化的一个标志，也是儿童对事物的性质认识发展的一个标志。幼儿在 1 岁半左右，话语中就会出现一些形容词，如“好”“高”等；4 岁时，会出现形容词快速增长的趋势。从儿童使用形容词的情况来看，最早被使用的是描述物体特征的词，大约在 2 岁时出现。然后 2 岁半时出现关于机体感觉的词，如饿、痛等。3 岁时出现描述动作的形容词。3 岁半时出现描述人体外形的形容词。最后要到 4 岁半左右才出现描述个体品质、表达情感和事件描述的形容词。从发展特征来看，儿童使用形容词具有从单一特征到复杂特征，从简单形式到复杂形式的特点。

学龄前儿童使用副词来修饰的范围比较广，涉及表示时间先后、速度快慢、事物重复及连续、事物范围及程度、肯定和否定等内容。否定副词“不”“没”、程度副词“好”、重复副词“还”“也”“又”“再”、范围副词“都”、时间副词“再”“就”“然后”，这些副词出现时间比较早，基本在 2 岁前开始出现（孔令达，2004）。儿童习得副词具有明显的偏向性特点，表现出高、大、全、多的倾向，即高程度、大范围、全包括和多频次。偏向性出现的原因可以分为两部分，从客观因素看，“大”比“小”容易感觉到，“高、重、强”要比“低、轻、弱”刺激强度大，重复的要比单次的让人印象深刻；从主观因素看，父母形象的影响、儿童自我意识的建立、趋同心理和争强好胜的性格是影响的主要原因（周国光，2000）。

代词是具有代替或指示人、事物作用的词，主要有三类：人称代词、指示代词和疑问代词。在儿童最早的词汇中并没有代词，主要是名词和动词，他们直接用名字或者称谓等来称呼别人或自己。人称代词的出现体现儿童认知发展对语言追求“简化”的要求。幼儿在2岁前已产生“我”“你”，“他”的出现要到2岁左右。儿童习得人称代词的顺序是先习得单数人称代词（如我、你、他），再习得复数人称代词（如我们、你们、他们），先习得“我”，然后是“你”，最后是“他”；先习得“我们”，然后习得“你们”，最后是“他们”。但是也有些儿童话语中会先出现“你”再出现“我”，但第三人称“他”一般都是最后才出现。指示代词主要是近指代词“这”和远指代词“那”以及由这两个和其他量词等构成的“这个、那个、这次、那次”等复合指示代词。儿童大约在2岁之前就开始使用指示代词，近指的发展要快于远指，“这”的出现早于“那”，“这”的使用频率也要比“那”高。朱智贤等（1990）通过大范围的调查发现近指系列代词使用频率要比远指系列代词高，而且需要以时间概念和类概念等抽象思维作为基础的“这时”“那种”等，儿童在5岁前很少使用，而“这个”“那个”“这里”“那里”用得较多。提问是个体和社会进行信息交换、获取信息帮助的有效手段。“问”的产生需要两个条件：儿童有因“疑”求“解”的意识，具有“问”的认知能力；儿童能够用合适的语言形式表达“疑”，具有“问”的语言能力（李宇明，1995），而这其中包括儿童疑问代词的理解和掌握。在目标语言中，疑问代词既可以用来提问，也可以出现在非疑问句中，儿童先习得出现在疑问句中的疑问代词，然后习得出现在非疑问句中的疑问代词。3～6岁的儿童使用疑问代词的数量、频率等在6岁前变化不大，使用最多的有“什么、怎么、谁、哪、哪个、哪儿、为什么”等（张廷香，2010）。

量词是用来表示人、事物或动作的数量单位。Erbaugh（1992）研究发现儿童习得量词遵循个体量词的使用早于集合量词、与具体事物相关的量词的使用早于抽象物体相关的量词、可数物体量词的使用早于不可数物体量词等规律。儿童掌握量词的水平随着年龄的增大而提高，但与其他实词如名词的习得情况相比较可以发现，5 岁前的儿童掌握量词的整体水平仍然比较低。研究表明，4 岁前儿童量词的使用水平仅为成人的一半，甚至到 7 岁时仍存在量词使用错误的情况（Erbaugh, 1992）。比如儿童会出现量词使用过度泛化的情况，用已掌握的量词去不恰当地与事物搭配，比如使用“个”“只”来搭配形成“三个斑马、一只地铁”等。

连词作为一种虚词，主要是用来连接两个或两个以上的词、短语或者分句，虚词的语义需要结合句法结构来观察。朱曼殊（1986）研究发现，3 岁儿童使用连词的数量较少，主要是“还有”“也”“又”“就”四个连词，3 ～ 6 岁儿童使用连词的词型数、词量和频率均呈现出明显的年龄特征，使用最多的是“然后”“那”“因为”。八类连词（并列、连贯、递进、选择、因果、转折、假设、让步）中，使用最多的是表示假设关系的连词，其次是表示转折、因果和并列关系的连词，儿童到 6 岁时话语中八类连词都有所涉及（张廷香，2010）。

介词无法单独使用，一般是和名词、动词或者代词等组合构成介词短语或者介词结构，介词短语和介词结构也不能单独使用，需要依附于谓语来做状语或者补语。介词虽然数量不多，但包含介词“把”“被”的把字句和被字句在儿童句法发展中地位很重要，关于介词的使用主要可以参照儿童句法习得的相关内容。周国光和王葆华（2001）研究发现，2 岁半到 3 岁半是介词“比”构成的比较句的萌发阶段，这种结构 4 到 5 岁时才会发展得比较成熟。

3. 关系概念的习得

词汇语义的发展包括关系概念（relational term）的习得。关系概念反映的是事物之间的关系。习得关系概念如位置、时间等是一个复杂的过程，受到句法复杂性、语言输入频度以及潜在的认知概念的影响。关系概念主要有时序关系、空间位置关系、亲属关系、维度关系等。关于关系概念习得研究主要以英语儿童为对象，鲜有汉语儿童习得的研究。

时序关系包括词语如“before、after、when、since、while”等可以表示事件的顺序、持续和同时的词。习得这些概念的顺序和使用与该概念代表的意义有关。总的来说，儿童首先习得表示顺序的概念如“then、before、after”，然后是表示顺序和持续的概念如“since、until”，最后习得表示同时的概念如“while”。学龄前儿童认知中先有顺序概念，然后才有持续概念。幼儿在 2 ～ 3 岁时能够回忆和讨论过去发生的事情，但陈述过去发生的事件的时间需要到 35 ～ 40 个月时，此时儿童使用“昨天”来泛指过去，“明天”泛指将来。4 岁时儿童开始掌握“昨天”和“明天”的概念，他们可以加工发生在过去或者未来事件的时间框架。

在儿童学习表示空间位置概念的词前，他们需要对周围环境有良好的把握。最初，儿童经常利用某个简单标志物的位置来描述目标物，如幼儿指着书说“on table”（意为书在桌上）。2 岁时，儿童话语中开始出现“in、on、to”。当儿童无法理解表示位置关系的介词时，他们会采用如“这是一个容器，东西在里面”或“这是一个支撑面，东西在上面”等策略来判断使用哪个介词，他们还会参考在相同语境下成人话语中的词语顺序。3 岁时，大部分儿童都能区分这三个词的意思，但当他们面临更复杂的表示位置关系的词语如“above、below、in front of、at the bottom of”等时，他们又会使用先前的策略。

英语为母语的学龄前儿童对于亲属关系的知识是相当有限的，受文化因素影响，他们一般都是直呼家庭成员的名字。最初儿童会认为这些词是一个人姓名组成的一部分，比如儿童叫父亲“daddy bob”，此时儿童还没能掌握亲属体系的组成。后来，儿童知道家庭成员的定义的某些特征，但这种定义并没有反映亲属关系，比如“奶奶就是闻起来有花香，穿着过时的睡衣的人”。有越多语义特征的亲属关系词越难习得，比如“爸爸”是［+男性］［+父母］，那相比而言“叔叔”则要复杂许多［+男性］［+父母］［+兄弟］。基本的习得顺序是先习得“妈妈、爸爸、哥哥、弟弟、姐姐、妹妹”，然后习得“女儿、儿子、奶奶、爷爷、外公、外婆”，最后习得“叔叔、阿姨、堂兄弟姐妹”等。英语儿童在 10 岁前可以掌握绝大多数表示亲属关系的词。

通常来说，像“厚—薄”“多—少”和“相同—不同”等维度关系，学龄前儿童是较难习得的。基本上儿童首先学会的是表示较宽泛的对立意义的那些词，然后是表示各种关系的具体的不同维度的词。儿童在 2 岁时先习得“大—小”，之后才能习得主要表示水深浅程度的“深—浅”（Sandhofer & Smith, 2001）。

（三）学龄期儿童的词汇—语义发展

1. 词汇的增长

大约在婴儿 12 ～ 14 个月大时，他们会说出第一个有稳定音义联系的词。当他们2岁时，他们可以产出100～300个不等的词。在6岁时，他们可以理解约14000个词，表达性词汇少一些。这意味着他们在2～6岁之间，平均每天可以习得9～10个词。在学校接受教育期间，儿童每年都可以增加3000个词，在12年学校教育时间内总计可以增加36000个。当青少年完成学业时，他们大概能掌握50000个词。以英语为母语的成年人词汇量据估计应在50000～100000之间（Clark, 1993）。儿童的词汇量大小在一定程度上取决于其经历和能接触到的词，也就是说由于婴幼儿生活经历是比较相似的模式（比如奶瓶、睡觉、尿布、家长），所以他们早期的词汇发展差异不大。开始接受学校教育后，生活经历更加丰富，儿童在小学高年级或者初中开始，词汇语义会呈现出个性化发展的趋势。

在课堂教学中，教师主要关注以下三种词汇的教学（Beck et al., 2013）。第一种是基本词汇，其实儿童在上学前可能已经掌握了这些词的语音和语义，例如“书本、女孩、男孩、狗、桌子”等，课堂教学主要是针对词汇的书写。第二种是在书面语体和成人交际中经常出现而且比较抽象的高频词，这类词常关系到儿童能否理解书面话语，例如“一致、期待、预测”。第三种是特定领域的词汇，像地理领域的“半岛”、物理领域的“超声波”和生物领域的“生态系统”等。

小学阶段是儿童扩展意识、建构心理的重要时期，小学儿童心理动词的组织和发展，是儿童心理发展理论的重要方面（陆爱桃、张积家、吴悦，2011）。心理动词反映人的心理活动，是动词的一个小类。对于汉语心理动词的分类还未达成一致，总的来说，心理动词可以表达心理状态、评价别人的心理状态以及反映不同认知加工水平。事实上，儿童在学龄前已经开始能理解简单的心理动词了，4岁儿童可以理解“想”（think）和“猜”（guess）不同于“知道”（know）（Moore et al., 1989）。Wellman和Johnson（1979）发现儿童要到小学时才能完全理解心理动词“记得”（remember）、“知道”（know）和“猜”（guess）。人要经过很长一段时间，大约是到青少年时期才能理解高级心理动词，如“猜测”“推论”“假设”。陆爱桃等（2011）发现三年级、五年级儿童的心理动词的语义还在分化之中，五年级儿童比三年级儿童在具体心理动词的选择上与成年人更为相似，而且在心理动词使用模式上，汉语五年级儿童比英语儿童发展得要更快，他们已经清晰地知道该在哪些情境下使用心理动词，而不再是懵懂和模糊地运用。

2. 词汇的理解

儿童词汇语义发展的一个非常明显的标志是词汇量的增长，但这只是词汇语义发展的一部分。对于学龄后儿童更应该关注其词汇语义的理解加工。比如，学龄后儿童要比幼儿能明白更多有抽象意义的词语，像“压制”（oppression）、“假装”（simulate）、“剥夺”（divestiture），而且能在更多不同的语境中使用词语，比如“hot”可以用在“hot food”（辛辣食品）中，还可以用在“hot topic”（热点话题）中。

形态复杂词语的理解加工也是本阶段儿童词汇语义发展的一个代表。在英语中形态复杂的词指的是由一个前缀或者后缀加上词根派生成的与词根在意义上有联系但又有区别的词，比如副词“gently”（温柔地）、名词“gentleness”（温柔）、形容词“ungentlemanly”（不礼貌的）。像派生名词“gentleness”（温柔）和派生形容词“biologic”（生物的）在小学高年级和初中课本中都很常见，而且 13 ～ 14 岁的八年级学生对形态复杂的词的理解加工要明显好于 10 ～ 11 岁的五年级学生，表明随着年龄增长，孩子对这类词的语义加工能力在不断提升。研究发现，孩子对词汇的熟悉程度，反映了这些词在三到九年级的阅读材料中出现的频次，与孩子对词汇的理解联系紧密（Nippold & Sun, 2008）。肖容和梁丹丹（2017）以 5、6、7、8 岁汉语普通话儿童为被试，考察他们对偏正、述宾和主谓三种复合词的理解的发展情况，研究发现汉语儿童的复合词法意识发展具有不平衡性，由强到弱呈现出偏正 > 述宾 > 主谓意识的词法结构效应。儿童在学龄期可以利用形态标记提供的线索来破译生词的意思（如 piano 与 pianist），可以利用上下文语境理解生词的含义（如“The 80-year-old man enjoyed being referred to as an octogenarian”，80 岁的老人喜欢被称为“八旬老人”），还可以通过课程学习接触到与之相关的词语（如曲棍球、氢气），这都能使儿童更好地学习加工新词新义。

3. 比喻性语言

比喻性语言（figurative language）在学龄期也得到了极大发展。比喻性语言包括惯用语、明喻、隐喻和谚语，虽然使用比喻性语言的能力不被认为是生存的关键能力，但它对学龄期儿童的学习和社会生活很重要。不同年级的学生在课堂和教科书上经常会遇到比喻性语言。Lazar 等（1989）研究发现，早在幼儿园时，老师大约 30% 的话语中就至少包含一次多义表达，5%的话语中包括一些惯用语。学业上的成功与儿童比喻性语言技能水平，特别是理解谚语的能力是相关的（Nippold et al., 1997）。理解比喻性语言需要儿童有抽象语言加工的能力，需要儿童理解词汇基本义之外的表达意义。比如“尖锐”可以形容物体锋利，反映其物理意义，也可以表示敏锐而深刻，体现其比喻意义。张积家和王荣（2002）对小学和中学学生惯用语理解的发展进行研究，发现中小学生的表现呈现出显著的年级差异，小学生和中学生之间差异较大。儿童在遇到惯用语时，先加工字面意义然后获得其比喻意义。相较于语义倾向性，语境是影响儿童理解的重要因素，而且儿童年级越高，就越能更好地利用语境来理解比喻性语言。

第四节 语用发展历程

一、概述

当使用语言来影响他人或传递信息时，即在使用语言的语用功能。语用学是在语境中研究语言的运用，强调语言作为一种交际工具以达到社会目的的功能。具体来说，语用学关注的是在特定的语境中，说话者如何应用话语准确地表达自己的思想感情，从而实现自己的意图；而听话者又如何准确地理解说话者所表达的思想感情及其话语背后的意图。构成语用系统的三大要素是话语、语境和交际者。其中话语的意义和内容是语用交际的核心，语境是语用的条件，交际者是语用的主体。

语用的形式包括交互式和叙述式，交互式包括会话、辩论等，叙述式包括叙事、说明等。会话活动在日常生活中占的比例较高，会话能力的发展主要包括沟通意图、语用预设和会话技能三个方面。沟通意图也称沟通动机，指说话者或听话者期望通过某种沟通行为所达到的沟通目的。沟通的产生需要说话者有沟通意图，并需要听话者对说话者的沟通行为有响应。沟通意图的被了解程度与说话者编码的方式、表达的清晰度有关。语用预设指在沟通互动情境中，说话者在谈论人、物、活动，甚至理论时，会考虑听话者的相关背景、知识等，以便在用词、遣句及信息提供的量与质上有所选择。语用预设与语言能力、认知能力和知觉能力有关。会话技能是说话者运用恰当的言语或非言语行为与他人进行面对面交流的能力，它又包括以下五种技能：话题发起、话语轮流、话题维持、话题修补和话题结束。在会话中，往往要根据话语的前提和说话人的意图，区分话语的字面意义和隐含的言外之意。

叙事又称说故事，在日常交际中占的比例也很高。短至简单句的使用，长至长篇故事的讲述，都属于叙事。叙事是一种高层次的语言处理及认知过程，很多语言发展和认知发展的研究者都认为，叙事是观察儿童在不同时期语言能力的一个最好的指标。叙事能力的发展主要体现在叙事结构、叙事情节、叙事时序和叙事观点四个方面。

二、儿童的语用能力发展

儿童的语言运用是指儿童在学习和获得语言的过程中不断操作和使用语言进行交流的现象。语用形式包括交互式和叙述式，交互式，如会话；叙述式，如叙事。儿童在交往过程中发展起来的语言运用能力，主要表现为儿童如何运用适当的语言形式表达自己的交往倾向，如何运用适当的策略开展与他人的交谈，如何根据不同情境的需要运用适当的方法组织语言表达自己的想法（Ninio & Snow，1996）。儿童的语言运用能力，也有一个学习和获得的发展过程。下面将分别从前语言期、学龄前和学龄期讨论儿童的语用能力发展情况。

（一）前语言期的交际发展

语言是一种交流工具，它的发展取决于语言产生之前的交流活动的发展。在婴儿与看护者的互动中，婴儿养成了交流的习惯，并最终会把语言元素放入其中。

1. 社会化和早期交流：从出生到 6 个月

出生后不久，婴儿就开始积极参与与成年人的互动过程。婴儿对看护者的表情和声音特别敏感。婴儿会注意到人的脸，在出生后的第一个星期，婴儿开始伸出舌头，张开嘴巴来回应等类似的行为。看护者将这种行为视为社会性的，有交流意图的行为。

到 1 个月大时，婴儿开始互动。婴儿凝视成人的脸并发声，通过动作和眼神交流来响应母亲的发声和动作。此外，婴儿对母亲的面孔和声音的反应也有所不同。在两周之内，婴儿就能将母亲与陌生人区分开。

到第 2 个月时，他们开始将某些人与特定的行为联系起来。例如，婴儿将母亲与喂养联系在一起，一看到她就会开始吮吸。这种对熟悉的人的认知，引起了视觉记忆的增加。3 个月大时，婴儿可以在视觉上辨别不同的人，并做出相应的反应。

从出生到第 4 周，婴儿会因为一些内部刺激（如气体）而条件反射地笑，第一个具有社会性的笑通常出现在五六周大的时候（McLaughlin, 2006）。社会性微笑的出现通常是回应别人。

之后，对话变得越来越重要，婴儿会通过其他行为参与到对话的轮替中，其行为受到看护者沟通行为的影响。3 个月左右时，婴儿和看护者会参与原型会话。一个 12 周大的婴儿，如果看护人对其最初的发声做出口头回应，而不是触摸、看着或微笑，那么婴儿发声的可能性是原来的两倍（Bloom & Lo, 1990）。这种在 3 个月大时与成年人进行的“会话”转换有益于婴儿的咿呀学语和转换学习（Bloom, 1988）。咿呀学语可能会变得更像说话，更成熟，包含音节。

婴儿—看护者发声的模式似乎从大约 12 周开始由同时发声转变为顺序发声（Ginsburg & Kilbourne, 1988）。在此之前，婴儿的发声与其母亲的发声重叠。婴儿在母亲发声时更有可能发声。在 12 ～ 18 周时，交替发声模式会急剧增加，尽管同时发声仍然更为频繁。在交替发声的过程中，婴儿会停下来，好像在等待回应一样（Masataka, 1993）。如果没有结果，婴儿可能会继续发声。原型会话对于婴儿来说是重要的经验，因为它们可以教给婴儿会话的基本成分，包括问候和占有话轮。

在前 3 个月中，看护者的回应会教给婴儿特定行为的信号值，于是婴儿懂得了刺激—反应的交流模式，如果他发信号，则看护者会做出回应，如当婴儿哭泣时，看护者会回应。因此，婴儿逐渐期望自己可以改变或控制环境。此外，婴儿还了解到发信号会导致可预测的结果。可能有高达 77%的婴儿发出哭声后，母亲会出现反应，由于母亲的反应，哭声成为婴儿与母亲接触的一种手段。

5 个月大时，婴儿表现出对动作和发音更有意识的模仿。面部模仿在 4 ～ 6 个月大的时候最常见。在 6 ～ 8 个月时，手和非语言模仿在婴儿的自发行为中表现得最为频繁。

当婴儿接近 6 个月大时，对玩具和物品的兴趣会增加。在此之前，婴儿对物体不太感兴趣，除非这些物体发出声音，或者被成年人拨弄。这种变化在一定程度上反映了手眼协调能力的发展，手眼协调能力表现在伸手、抓握和操作上。此时，越来越多的婴儿—看护者的互动变成婴儿—看护者—物体对象的三方互动。在这一时期，婴儿能够跟随成人的目光方向定位成人所看的物体，前提是该物体在婴儿的视野内（Delgado, Mundy, Crowson, Markus, Yale, & Schwartz, 2002）。使用共同注意或互相注视的能力很重要，因为它是将词和物体配对的基础。

在汉语前语言期的交流发展方面，周兢（2006）对 0 ～ 18 个月的婴儿进行了追踪调查，婴儿的前语言交际在出生后不久便开始了。1 周至 1 个月期间的婴儿，已经能够用不同的哭声表达其需要，吸引成人的注意，这可视为前语言交际的第一步。在这段时间里，婴儿的交际倾向主要产生于生理需求，诸如尿布湿了，身体不舒服了，等等。大约 2 个月时，婴儿会在生理需要得到满足之后，对成人的逗弄报以微笑，用喁喁声来吸引抚养者的注意。汉语儿童在 4 ～ 10 个月的时候开始学习交际规则，在产生交际倾向之后，婴儿的前语言交际进入一个似乎在学习基本交际“规则”的阶段。例如对成人的逗弄给予语音应答，出现对话的雏形，使用不同的语调表达自己的态度，并伴以表情和动作，如用尖叫声或急促上扬的语调，伴以蹬腿、伸手的动作，表明自己不愿意躺着，等等。

2. 交流意图的发展：7 ～ 12 个月

婴儿开始在婴儿—看护者的互动中更主动，学会了更清晰有效地表达意图。每一次成功都会激发婴儿更多的交流，并学会更好的交流。这种表达的主要方式是手势和声音。在多数情况下，婴儿的沟通意图主要通过手势来表达，诸如请求、吸引注意等，首先是通过前语言手段实现的，然后才是通过语言实现的。9 个月大的婴儿可以同时使用手势和发声来实现多种目的。

在 7 个月大的时候，婴儿开始对他的互动伙伴做出不同的反应。由于认识到婴儿对物品的兴趣和对会话线索的跟随能力的增强，看护者越来越多地提到物品、事件和人。婴儿开始表现出对熟悉词语的选择性聆听和对简单要求的顺从。

在 8 ～ 10 个月时，婴儿开始模仿简单的运动行为，如回应挥手再见的要求。婴儿对母亲言语和非言语要求的反应从 9 个月时的 39.5% 增加到 11 个月时的 52.0%。

9 个月大的婴儿也能跟随母亲的指示和眼神。婴儿的线索来自母亲的头和眼睛的方向以及眼睛的运动。婴儿和母亲的视觉定位通常伴随着母亲的命名，而命名的对象则成为婴儿和母亲之间原型对话的话题。母亲注视着婴儿的目光，寻找他感兴趣的迹象。

看护者也注意到婴儿的发声。8～12个月大的婴儿的父母能够持续地识别出婴儿的语调模式，这些语调模式传达了请求、沮丧、问候和惊喜。

注视和发声似乎是相关的。婴儿的注视更有可能是在母亲发声时开始和保持的。在大约1岁的时候，已经学会协调注视和发声的婴儿在开始发声时会看着他们的伙伴，可能是为了让对方安心。仅在9个月后，他们便倾向于使用更成熟的模式，并在话轮结束时看着他们的陪伴者，以发出转换话轮的信号（D'odorico，Cassibba, & Salerni, 1997）。

根据刘晓和金星明（2006）的研究，汉语儿童在5～12个月时到了牙牙学语阶段，他们的声音定位能力更加精确，能够理解简单词语，并且能够理解和应用与视觉相关的表情、手势，具有一定的情景理解能力。9个月到1岁是学话萌芽阶段，汉语婴儿开始能用一定的声音来表示一定的意思了，如物品掉在地上要成人捡时发“ng”的声音，表示惊奇时发“ei”音，声音对近1岁的婴儿来说已经起初步的交际作用了（吴天敏、许政援，1979）。

汉语儿童在10个月之后，其前语言交际具有了语言交际的主要功能。虽然他们还不会用说话的方式清楚地表达自己的意见，但已经能够通过一定的语音、动作和表情的组合，使这种语音产生具体的语言意义。他们会说着“wuwu”，指着一个转动的新汽车，告诉成人这个车子在转；会用手推开碗，嘴里说着“nene”，表示不想吃饭；会做出惊奇的表情，发出“yiyi”的声音，对环境中某个物体的消失表示疑问（周兢，1994）。

婴儿大约在6～8个月时就知道用视觉来加工、联合处理信息和进行社会参照，此时，他们的具体视觉表现形式为简单的指点性行为，在10个月左右就具备共同注意的能力。12个月时，婴儿开始学习建立共同注意，并将注意焦点集中到某个物体或事件上。婴儿的共同注意可分为两个阶段：第一个阶段是追随他人视线的阶段；第二个阶段则是引发他人注意的阶段，婴儿用获得的指点行为，引发他人的共同注意。

共同注意对语言发展尤其重要，因为在这种情况下，婴儿发展出了直接注意或发出信号的手势、词汇和言语信号。许多词，如look，都有告知功能。婴儿通过命名环境中的一个物体、事件或动作来引起注意，从而将他或她的注意力转移到会话伙伴身上。看护者通过和婴儿早几个月建立的目光接触开始形成共同注意，之后，看护者会指向或者说出他和婴儿都关注的物体的名称。在 12 ～ 18 个月间，婴儿逐渐能使用共同注意来定位处于他们即时视野之外的物体（Delgado et al., 2002）。大约在第一个生日时，婴儿开始说出真正的词语，开始使用词语来伴随或替代手势（Delgado et al., 2002）。用词语表达思想，真正的语言或符号表征开始了。语言发展中一个主要的里程碑到达了，婴儿不再“不能说话”。

（二）学龄前儿童的语用发展

一般来说，儿童是在会话环境中学习语言的。对大多数儿童来说，主要的谈话对象是成年人，通常是父母。很多学龄前儿童的对话发生在母子对话中。这种语言环境对语言学习有着重要的影响。虽然同时发声在婴儿和他们的母亲中很常见，但其实话轮转换在婴儿时期就已经出现了，到 2 岁的时候，同步交谈明显减少，更成熟的交替模式在交谈中占主导地位（Elias & Broerse, 1996）。母亲和 2 岁半的儿童之间的对话转换非常顺畅。当一个 3 岁儿童越来越意识到话语的社会层面时，他会用诸如“是”和“啊哈”之类的填充词来表示对陪伴者的认可。即使儿童正在成为一个更成熟的会话参与者，母亲仍然在很大程度上控制、创建和维护对话。这种对话不对称在整个学龄前时期都持续存在。

1. 会话

（1）话题引入、维持和结束

话题是会话中的凝聚力。通过巧妙地操纵话题，参与者可以使会话成功或不成功。话题可以定义为谈论的内容。如，你可能会说，“我昨晚吃了火锅”，试图以此建立起吃火锅的话题。为了维持会话的进行，听话者必须依据对方所传递的信息，适当地回应，如此才能将话题维持下去，在交谈中保持话题的一致性是一项重要的语用技能。结束话题的方式一般有直接结束和间接结束两种。

儿童很擅长介绍他感兴趣的话题，但很难在一两次话轮后继续这个话题。婴儿以自我为主题吸引注意力。1 岁时，婴儿就能熟练地通过眼神、手势和发声相结合来发起话题。在这个年龄段，话题通常只保留一到两个回合，1 岁大的儿童交谈能力有限，尽管他们在婴儿时期就学会了轮流说话。只有在良好的例行程序中，话题维持才能超过一两个回合。这些例行程序（如洗澡或穿衣服）为话语提供了一种简单结构，从而使幼儿摆脱了目前几乎不可能完成的会话任务。2岁时，儿童能在遵循一定模式的话语对（如疑问/回答）中保持一个话题，一个成熟的语言伙伴通常会让儿童做选择，比如："你最喜欢糖果还是冰淇淋？"通过问问题、发出命令或提议，成熟的伙伴可以为儿童搭建程序或组织对话以保持连贯性。在2～3岁之间，儿童维持连贯话题的能力有限，但可以进行几个轮替的对话。5岁儿童可以维持某些话题十几个回合。当儿童在参与社会活动、描述一个物理存在的物体或正在发生的事件以及解决问题时，话题可能会持续更多的回合。说话者说话的数量随着其意图的不同而不同（Logan, 2003）。

重复是学龄前儿童保持话题不变的一种策略。如下面的对话：

成人：等会儿，我们去商店给爸爸买生日礼物。

儿童：去商店给爸爸买礼物。

成人：嗯，我们应该给他买一个新的电动剃须刀吗？

儿童：是呀，新的剃须刀。

即使是5岁大的儿童也会不断地重复，以获得认可、增强会话凝聚力和填补空白。尽管如此，话题的变化还是很快，5岁儿童可能在15分钟内讨论多达50个不同的话题。

在汉语儿童会话维持方面，2岁儿童已经在母子对话中表现出对话轮转换规则的意识，1～2岁的汉语儿童可以进行两个话轮左右的简单对话。如一个儿童打爸爸，受到制止，哭了，成人和他对话。成人问："谁哭了？"答："××。""哭好不好？""不好。""还打不打爸爸？""不打了。""以后还闹吗？""不闹了。"（吴天敏、许政援，1979）。年幼儿童维持会话相关的主要手段是对前面说话者的话语进行完全或部分的重复模仿。2～5岁，儿童利用模仿手段维持会话相关的趋势不断下降，但直到5岁，重复和模仿仍然是儿童维持会话相关的主要手段（盖笑松、张丽锦、方富熹，2003）。在话轮的动态转换中，3岁左右的汉语儿童已经能运用语用策略获得话轮、保住话轮、出让话轮，并对话轮转换过程中出现的重复及冷场进行一定程度的修复（彭小红、曾平凤，2014）。

（2）会话修复

幼儿在理解许多他们对别人说的话时都有困难，他们自己的话也经常会使成人会话伙伴听不懂，甚至当词语很清晰时，他们的意思也可能不清楚（Fagan, 2008），因而会出现会话澄清与修复。学龄前儿童中最常见的澄清策略是简单的重复，尤其是非特定的重复请求，例如“什么？”“啊？”等。2 岁儿童的澄清要求中，约有四分之一是非言语表达，例如，表现出困惑的表情。随着学龄前儿童的发展，非语言方法逐渐减少。直到初中阶段，他们才能发展出更系统的澄清和组织信息的能力。

2 岁儿童并不能始终如一地对要求澄清的问题做出回应，解决问题（Shatz & O’Reilly, 1990）。3 岁的儿童似乎确实能够认识到需要澄清自己的手势，并且可以相应地改变自己的行为（O’Neill & Topolovec, 2001）。

修复率的发展变化也反映了儿童监控语言生成能力的变化（Rispoli et al., 2008）。例如，在 27 个月大时，大约 1% 的句子中出现了修正，相当于每 100 个主动陈述句中就有一个句子被修复，修复随着年龄的增长而增加。

2 岁半的双语儿童能够通过切换匹配其会话伙伴的语言来消除交流障碍（Comeau, Genesee, & Mendelson, 2007）。有趣的是，当他们尝试修复不是基于语言差异的障碍时，他们回避了这种修复策略。此行为表明，即使是很小的双语儿童也能够将他们的语言选择识别为沟通障碍的原因。

汉语儿童的会话技能，表现出与国外儿童大致相似的发展趋势。杨晓岚（2009）从话轮转换、会话发起、会话维持、会话修补四个方面，对 3 ～ 6 岁汉语儿童与同伴互动中的语言运用状况进行了系统分析。3 ～ 6 岁，儿童运用语言与同伴进行交流的能力不断提高，参与话轮转换的频率显著增加，会话发起、维持和修复行为更加有效。3 岁时，儿童的同伴会话中以会话发起为主，整个学前阶段儿童的会话发起呈现明显的下降趋势；4 岁以后会话维持过程就成为儿童同伴互动活动的主体，3 ～ 6 岁时，会话维持呈增长趋势；5 岁和 6 岁是儿童会话维持数量增长最快的时期；学龄前阶段儿童会话修补行为数量总体偏少，其中 4 岁和 5 岁是儿童使用会话修补相对较多的阶段，5 岁到 6 岁阶段却有所减少，因为儿童会话修补行为的发生是由于模糊不清的表达造成了会话的中断，但是儿童交流中那些难以理解的交流倾向和言语行动类型随年龄增长而显著减少，语言表达能力越来越强使得他们的会话中断现象减少，因此不需要运用修补来维持会话。

（3）语域

语域是语言使用场合或领域的总称。学龄前儿童常常在游戏中扮演各种角色。角色需要不同的说话方式，音高和响度是学龄前儿童用来表示不同角色的变量（Anderson, 1992）。例如，更大的声音通常用于成年男性角色。

语域的一个方面是礼貌，可以通过使用礼貌用语（请，谢谢）、较柔和的语气和更多的间接请求来实现（请给我饼干，而不是给我饼干）。语域的变化因会话对象和儿童的年龄而异。2～5岁的儿童对其他学龄前儿童会使用更多的命令，而对较大的儿童和成年人则使用更多的请求（如我可以……吗？）。尽管2岁儿童能够使用取悦和柔和的语调，但直到5岁，他们才意识到间接请求更加礼貌（McCloskey, 1986）。

（4）预设

预设是指说话者对听话者的知识进行背景假设的过程。听话者需要了解说话者的词义，了解社会语境和会话主题。如果听话者既不理解说话者的话，也不理解说话者的主题，那就无法进行有意义的对话。

获得预设技能需要学习使用许多语言手段。因此，习得过程一直延伸到上学期间。一些语言形式被用作预设工具，包括冠词、指示代词、代词、专有名词、某些动词等。定冠词、代词、指示词和专有名词指的是说话者和听话者都能识别的特定实体。

3岁之前，大多数儿童不理解没有为听者提供足够信息的会话后果。到了3岁，他们通常就能确定一个听者需要多少信息了。儿童通常会先提及最有用的内容，如下例所示：

爸爸：昨天发生了什么？

儿童：我们去找医生打了针。（而不是“我起床，刷牙，然后吃早餐，然后……”）

3岁儿童能够根据听者知道什么和不知道什么来调整答案，听众可以接收更多有用的信息，更少冗余的信息。

有些动词，如知道和记得后面所跟的内容是真实的。在下面的句子中，说话者表达了对句子真实性的信任：

a. 我知道你有一个红色的玩具车。

b. 我记得那只猫在这张椅子上睡着了。

并非所有动词后的内容都是真实的，例如“我认为……”。在这种情况下，说话人并不确定当时的情况。像“知道”“认为”“忘记”“记得”这样的动词在4岁时被正确地用作预设工具。在5岁或6岁时，儿童可以理解其他动词的使用，例如，“希望”和“假装”（Moore, Harris & Patriquin, 1993）。这些动词假定后面内容为假。因此，当儿童说“我希望我有一只小猫”时，别人会认为儿童没有。直到7岁，大多数儿童才理解诸如“假设”和“相信”之类的动词（Moore et al., 1993）。

词序、重音和省略等手段的使用也会随年龄而变化。在早期两个词的组合中，幼儿首先将新信息放在首位，例如“Doggie eat”，以“Doggie”为主题。这种做法随着时间的推移而逐渐减少。更多的成熟说话者倾向于将新信息放在最后，用不定冠词a或an来标记，比如，以野餐为主题“that isn’t a great picnic?”。大多数3岁的儿童可以区分定冠词和不定冠词。儿童也会在双词阶段使用重音来给听者标记新的信息。随着儿童的语言和对话变得越来越复杂，他们会更有选择性地使用省略。例如，在回答“谁在浇花？”时，说话者会说“我”，省略了浇花的冗余信息。

（5）请求

请求的目的是让别人为说话者做事，形式可以是直接的或间接的，规约性的或非规约性的。例如：

a. 停止！（直接的）

b. 你能去接电话吗？（间接的，规约性的）

c. 呀，屋里好热。（间接的，非规约性的）

2～3岁的儿童会根据年龄、大小、熟悉程度和角色的不同进行礼貌会话。儿童经常会在请求时使用“请”，尤其是当听者年纪较大、不太熟悉、处于主导地位或拥有某种其想要的东西时。4岁左右的儿童会更加清楚地意识到其会话伙伴的观点和角色，以及对会话礼貌性的要求（Carrell, 1982）。

在3岁时，英语儿童开始在间接请求中使用某些情态助动词（“Could you give me a ...?”）。情态的作用是辅助或帮助动词，表达说话者对主要动词的态度，这些形式反映了句法的发展以及儿童适应社会状况的语言能力不断提高。这些变化，特别是疑问句中辅助动词的使用，增强了儿童礼貌会话和使用请求的技巧。4岁儿童更擅长间接形式的技巧，尽管仍然有超过一半的时间未能成功吸引别人的注意。在4岁半左右，这种形式的使用急剧增加。

5 岁儿童的指令可能完全掩盖了其目标。请求的形式可能与儿童的实际意图大不相同。例如，想要一杯果汁，儿童可能会说："现在妈妈你去做早餐。"然而，即使是在 5 岁儿童的语言中，这种推断性要求或其他非常规形式也非常罕见。一般来说，儿童依靠传统的形式和标记的使用来表示请求，如"请"。

在理解言语请求方面，根据李晓君（2016）的研究，首先 3 岁和 5 岁的汉语儿童对直接和规约性间接请求的理解都要好于对非规约性间接请求的理解。5 岁儿童整体上比 3 岁儿童的理解要强；其次，3 岁儿童对规约性间接请求的理解要相对好于对直接请求的理解，而 5 岁儿童则对直接请求和规约性间接请求的理解相当。在儿童实施言语请求方面，汉语儿童更偏向于使用规约性间接请求，并且会根据请求目标的不同自主选择不同的请求策略。对请求语的理解与实施也和语境相关。

2. 叙事

叙事或讲故事是一种不间断的语言使用形式，与对话不同的是，说话者自始至终都保持着一种社会独白，在预先假定听话者所需要的信息的同时，产生与整个叙事相关的语言。叙事包括自我产生的故事，讲述熟悉的故事，复述书籍、电影或电视节目，叙说个人经历等。大多数成人谈话都包含后一种类型的叙事，可能从"你永远也不会相信发生在我身上的事……"开始。叙事在学龄前儿童的对话中很常见，它帮助儿童在故事中塑造自己的自主性（Wiley, Rose, Burger, & Miller, 1998）。

（1）叙事结构

Labov（1972）根据对成人叙事结构的研究指出，一个结构完整的个人生活故事包括以下六个部分：摘要、情况介绍、行动、观点、解决方法和结语。但有研究指出，6 岁以下儿童在叙事过程中很难完整呈现上述全部内容。

4 岁以下儿童可以进行双事件叙事，依次说出两个事件。4 岁时儿童通常会进行"青蛙跳叙事"，叙说两个以上的事件，但不按照逻辑或发生的顺序进行，并会省略重要的信息。5 岁儿童可以按照顺序叙说一系列的事件（然后……然后……），即流水账叙事。5 岁以上儿童已经能够进行以高潮结尾的叙事，叙事内容包括所有必要的信息，但会遗漏结果或解决问题的部分。6 岁儿童的叙事包含一个前后连贯的故事所需要的所有相关信息，事件的叙说具有事件顺序。

（2）叙事情节

虽然叙事结构的研究也包含了一定的叙事情节，但还是有研究者从故事情节本身的变化，来单独考察不同年龄阶段儿童在叙事情节上的发展。

第一阶段（3 岁）描述序列：儿童的叙事中会描述人物或角色，事件发生的时间、地点及惯常行动。

第二阶段（4 岁）行动顺序：儿童的叙事中会依次说出行动顺序，但未出现因果关系。

第三阶段（5 岁）反应顺序：儿童的叙事中包括一连串的行动，每一个行动会引起其他的行动，但未提及计划，且没有清楚的目标导向行为。

第四阶段（6 岁）缩短与简化情节：儿童的叙事中会说出主角的目标或动机，但不会清楚地表明达到目标的计划，且没有清楚的目标导向行为。

（3）叙事的时间线索

叙事的时间线索是指用来表达时间、因果关系或连接所述事件的连词，表示时态或时间的副词等。如“然后……接下来”“已经”等。适当地使用这些词语可使所叙述的故事更清楚、更有条理。

3 岁半左右，儿童叙事会出现连词“和”“而”“可是”。5 ～ 6 岁时，“然后”和“后来”会比较多地被使用。

在第一个词出现之前，儿童对一些相似事件和一些动作在序列的开始、中间和结尾的位置有了一定的理解。例如，洗澡的顺序。虽然 2 岁儿童拥有熟悉的事件和序列的基本模式（脚本），但他们直到 4 岁左右才能准确地描述事件序列。

叙事的整体组织被称为叙事层次。一般来说，儿童使用两种组织策略：中心和链接。中心是连接实体形成一个故事核心。链接可以基于相似性，由一系列事件组成。

2 岁儿童的组织策略表现为一堆围绕着中心刺激的不相关陈述，由一个句子加上另一个句子组成。这些故事往往缺乏容易识别的开头、中间和结尾。虽然没有整体的组织模式，但句子的语法结构可能有相似之处：

小狗叫声“汪汪汪”。小牛叫声“哞哞哞”。拖拉机声“砰砰砰”。

没有故事情节，没有先后顺序，没有因果关系。在不改变整体意思的情况下，句子可以在语篇的任何地方移动。

稍晚些时候，学龄前儿童开始讲述一些故事，这些故事的特点是有中心顺序。其中包括基于相似属性或事件链接的事件，这些属性或事件为故事创建了简单但有意义的焦点。到 3 岁时，近一半的儿童同时使用中心法和链接法。到 5 岁时，近 3/4 的儿童同时使用这两种策略。

基于时间的事件链出现在 3 ～ 5 岁之间。在这些叙述中，事件遵循逻辑顺序。时间叙事是围绕着一个中心组织起来的：

我们去动物园了。有一头大象。有猴子（在吃香蕉）。我得到了一个气球。我们回家了。

虽然有顺序，但没有情节，没有因果关系。

因果链，即一个事件引起或已经引起另一个事件，在儿童 5 岁之前的叙事中很少发生。因果关系包括对情感、思想的描述以及连接词的使用，例如因为、由于等。在某种程度上，因果关系的使用要求说话者能够在时间上前后移动。2 岁和 3 岁的儿童可以按前进的方向排列，但他们很难按相反的方向排列。这些学龄前儿童的故事主要由行动组成。

虽然 2 ～ 3 岁的儿童已经掌握了一些因果关系的表达方式，但他们无法构建连贯的因果关系叙述。不过，2 ～ 3 岁儿童使用的计划、脚本和对自己行为和思想的描述可以看出因果关系。计划是一种手段或一系列的行动，旨在达到特定的目的。因此，一个计划是一个意图或因果关系的模型（如果……然后……）。脚本是伴随儿童日常环境中熟悉的例行程序。儿童把这些融入他们的故事。

（4）叙事观点

叙事观点是指儿童在叙事中表达自己或故事人物的感受和观点、情绪、认知、意愿时所使用的词语或语气。例如：“高兴”“希望”等。通过这些词语或语气，儿童表达出他们对所讲故事的感受和评价。

2 岁时，儿童已经掌握了描述感知（看、听）、身体状态（累、饿）、情感（爱、恨）、需要、思想（知道）和判断（淘气）的词语。

在 2 ～ 10 岁之间，儿童讲述的故事中，心理状态越来越多，意图和动机包含的因果联系也越来越多。最初，心理因果关系，如动机，比物理因果关系或事件之间的联系更常用。在 4 岁左右，儿童的故事开始包含更明确的身体和精神状态。6 岁时，儿童会描述行为的动机。

当儿童开始上学的时候，他们中大多数人已经掌握了叙事的基本要素，能够依次讲述熟悉的或重要的事件。这些叙事构成了后来大一点儿的儿童和成人对话中的大部分内容。

在汉语叙事连贯性和衔接性发展方面，曹轶娟（2016）发现 4 ～ 6 岁是汉语儿童叙事连贯性发展的快速时期，6 岁以后发展速度变缓，儿童的叙事更趋于完整。儿童叙事的连贯性表现出性别差异，4 岁女孩的连贯性比男孩好，但随着年龄的增长这种差异不再明显。从衔接性来看，随着年龄增长，儿童使用因果连接词的数量和使用第三人称代词的正确率均在增长。儿童叙事的衔接性也表现出性别差异，4 ～ 5 岁女孩使用人称代词的数量比同龄男孩多，但 6 ～ 7 岁男孩、女孩使用人称代词的数量接近。叙事连贯性与因果连词和人称代词的使用密切相关。叙事连贯水平越高的儿童，使用因果类连接词和人称代词也越多。叙事连贯性与衔接性的发展是紧密联系的。

3. 非字面语言理解

非字面语言指“我们所说的并不是我们所表达的”，主要包括隐喻、成语、明喻、夸张等。其特殊之处在于形式的固定性以及意义的双重性。

虽然这些非字面语言各具不同形态，但它们却包含以下三个共同特点：

（1）熟语的结构相对稳定。熟语是非字面语言的重要组成部分，其结构通常都固定不变，一般不能进行随意改动。例如惯用语“打太极”，如果改成“练太极”就不再是惯用语，“踢皮球”不能说成“踢足球”。

（2）有整体的意义。非字面语言的比喻意义是从整体上去解释的，而不能只从字面上去理解。

（3）有非直接的语言意义。非字面语言的意义具有非直接性，对它的理解很大程度上取决于语境。

隐喻作为一种非字面语言形式，在日常会话中占有很大比重并发挥着重要作用，隐喻理解困难将会影响个体的社会交际。语言学界将隐喻定义为两个概念比较的非字面关系（Castillo, 1998），隐喻结构复杂，需要对两个概念进行抽象推理，以定义两个概念之间标志性的、非字面的相似点。

儿童对隐喻的理解会经历三个阶段，即魔幻水平阶段、转喻水平阶段和初始的隐喻理解水平阶段。例如，“在监狱里工作了多年之后，监狱守卫变成了坚不可摧的岩石”中对“守卫”的理解，魔幻水平阶段的理解是儿童认为“守卫”被某种神秘的魔法力量变成了“岩石”；转喻水平阶段的理解是“守卫曾经待在岩石上/守卫在岩石墙的监狱里工作”；初始的隐喻理解水平阶段的解释是“守卫的肌肉像岩石一样坚硬”，此时儿童开始在“守卫”和“岩石”两个概念之间寻找相似性。随着儿童年龄的增长，儿童会从心理层面寻找概念间的相似性，认为“守卫不关心囚犯的感情，他们的心像岩石一样坚硬”，这种解释是“真正的隐喻”理解。

儿童在学前阶段能够采用重命名方式产出简单的隐喻表达，如“太阳是橘子”（Melognos, Pinto, & Levig, 2012），随着生理年龄的增长，其隐喻理解能力也会持续增长，直至儿童完全掌握隐喻。

4岁儿童已经发展出隐喻能力，能理解建立在熟知的和了解的领域中的隐喻，能够区分字面相似性。5岁时，他们能够用言语解释视觉性隐喻，将两个相同物理范畴的物体联系起来（如“The sun is an orange”“Butterflies are rainbows”）。6～8岁儿童更多地处于初始的隐喻理解水平阶段，儿童对隐喻大多能做出转喻或简单的回应。

国内也有学者考察了汉语儿童的隐喻能力，米小玲（2007）和杨彦文（2008）研究发现，儿童的隐喻能力随着年龄的增长而增长，他们认为5岁是儿童隐喻能力发展的转折期，该年龄的儿童不仅能够理解隐喻，而且在理解隐喻的过程中可以联系喻体和本体，认识到不同事物的物理相似性，这表明5岁儿童具有简单的类比推理能力。

（三）学龄期儿童的语用发展

随着年龄的增长，儿童对语言的形式和内容有了更好的掌握，他们能更专注于在对话和叙述中使用语言。当儿童开始上学时，老师和同学会要求他更有效地使用语言，学龄期儿童的语用发展最为显著。下面介绍学龄期儿童出现的许多重要的会话变化和叙事变化。

1. 会话

成功的沟通取决于参与者对人、关系和事件的了解。参与者必须积极参与、提出和回答问题，做出自愿的答复和发言，并对他人的话语保持敏感（Anderson Clark & Mullin, 1994）。几乎从儿童开始说话的那一刻起，他或她就能够提供信息并简要地讨论话题。语言功能随着课堂的需要而大大增加。儿童被要求解释、表达、描述、指导、报告、推理、想象、假设、说服、推断原因和预测结果，会话能力也随之提升。

（1）话题的引入、维持和结束

学龄期儿童能够把一个话题引入会话，通过几个回合来维持它，随后结束或切换话题。这些技能是在小学阶段逐步发展起来的，与学龄前的表现形成鲜明对比。例如，3 岁儿童仅能维持 20% 的话题，且话题变化很快。4 岁儿童在解释玩具如何工作时可以不跑题，但仍然不能维持对话。一般来说，随着年龄的增长，儿童在同一时期内，引入或重新引入不同主题的数量也会相应减少。7 ～ 9 岁的汉语儿童可以在小的群体中发起并维持会话，而且能够始终如一地考虑听话人的角度（华红琴，1990）。8 岁儿童可以通过话轮来维持话题，但其话题往往是具体的。11 岁以后，儿童可以维持关于抽象话题的讨论。

（2）会话修补

从听话者的需要出发，学龄儿童会试图通过多种策略来澄清对话中出现的问题，以帮助沟通顺利进行。与大多数 3 ～ 5 岁儿童仅仅是重复不同，6 岁儿童可能会在重复中精心设计一些元素，从而提供更多的信息。然而，在 9 岁之前，主要的修复策略仍是重复。相比之下，9 岁儿童显然会为听众提供更多的帮助，尽管不如成年人熟练，但他们可以通过定义他们的术语、提供更多的背景环境以及讨论会话过程来解决沟通中断问题。

（3）语域

成年人仍然通过提问来参与学龄期儿童的大部分谈话。角色、权力和控制关系在儿童的会话反应中很明显。一般来说，一年级学生对成人问题的回答都是简短、简单、恰当的，很少有详细的阐述。相比之下，对同伴问题的回答更复杂、更多样，与同伴交谈时，儿童会发出更多的非语言噪音和确切的重复内容，并进行更多的礼节性游戏。

根据华红琴（1990）的研究，5 ～ 7 岁的汉语儿童在交流中适应语境变化而调节语言表达方式的能力随年龄增长而逐渐增强，但 5 ～ 6 岁儿童的这种语用技能并不完善。7 岁是一个转折期，大多数 7 岁儿童都能够顺利地调节语言表达方式。7 ～ 9 岁的儿童能够判断和使用恰当的言语代码和风格，例如，他对朋友说话的方式随便但对成人则正式。在和不熟悉的人交流时，儿童会更加注意；话题的转换方式会明显得以显示。一般来说，此阶段儿童正确的非语言/非口头的行为——身姿和手势都适合此情境。

（4）预设

儿童如何有区别地在话语中编码新信息和旧信息是预设的一个方面。更多的成熟说话者倾向于将新信息放在最后，用不定冠词“a”或“an”引入新的指称对象，用定冠词“the”编码之前已被引入的指称对象即旧信息。因为冠词需要在使用时发生不定冠词到定冠词的转移，所以这种用法的习得需要经历多年。Warden（1976）调查了3、5、7、9岁儿童在冠词使用中出现的发展性变化，并将他们的表现与成人进行了对比。所有的儿童和成人都使用定冠词指称之前引入的对象，但3岁儿童会随机使用不定冠词或定冠词来引入最初的指称对象。从3岁开始，适切地将不定冠词用于指称最初对象的用法会增加，但直至9岁，儿童才真正偏好于使用不定冠词指称最初引入的对象，而成人则会始终如一地这样使用。

（5）请求

成年人广泛使用的一种语言策略是间接请求，它不直接涉及说话人想要什么。例如，“今天天气真热”可能是一个间接请求。间接请求的发展表明儿童逐渐认识到适当的社会请求和交流环境的重要性。

一般来说，5岁儿童能合理使用直接请求、命令和禁止的语言策略。到7岁时，儿童已经掌握了更多间接表达的技巧。间接请求表达的灵活性随年龄增长而增加。学龄期儿童似乎遵循两条规则：简洁和迂回。学龄期儿童比学龄前儿童更有创造力，更了解社会角色，他们知道过分礼貌是不恰当的。然而，和学龄前儿童一样，8岁儿童对成年人和那些被认为不合作的人更有礼貌。

学龄前儿童难以理解许多间接请求的形式。例如，一个6岁儿童被问到“你能把杯子递给我吗？”他可能会回答“能”，但并没有贯彻到底，而是把请求当作一个问题来回答。8岁以后，儿童对他人的认识发生了变化，会越来越多地考虑他们的意图，也能识别大多数非字面的动作请求。到11岁时，儿童能够通过话语和上下文准确地推断说话者的意图（Abbeduto, Nuccio, Al-Mabuk, Rotto, & Maas, 1992）。

2. 叙事

（1）叙事结构

大多数6岁儿童可以以连续讲述的形式讲一个简单的故事，或者讲述一段电影或电视节目。在学龄时期，这些叙事在内部结构上发生了一些变化。成年人和儿童都喜欢有目标的故事，比如克服障碍或解决问题。7 岁儿童的故事通常包括一个开始、一个问题、一个克服问题的计划和一个解决方案。在汉语儿童的叙事发展方面，与 3 岁相比，儿童在 7 岁时所叙述的故事结构更为丰富，能在故事中加入更多叙事成分，提供更多信息，比 3 岁时更能表达叙事评价，故事内容更丰富。

（2）叙事情节

经验形成的脚本是叙事的基础。5 岁和 6 岁的儿童会创作许多不同类型的故事。但个人性质的轶事、趣事叙述占主导地位，可能占这个年龄所有叙述的 70%。相比之下，奇幻故事相对较少。叙事需要儿童去操纵内容、情节和因果结构。在成熟的叙事中，中心随着故事的进展而发展。每一个事件都是对中心的补充，是对以往事件的延续，形成一个链条，为主题增添新的内容。因果关系走向最初情况的结尾，称为高潮。

虽然四五岁的儿童在谈话中包含了许多叙述方式，例如计划和脚本，但是他们缺乏组织连贯叙事的语言技巧。在 5 岁到 7 岁之间，情节开始浮现。渐渐地，这些简单的情节被阐述成一系列的问题和解决方案。

7 ～ 8 岁儿童的叙事分为三种发展类型：a. 不完整情节。叙事中未提及尝试达成某目标的计划，会遗漏引发事件、尝试 / 行动、结果中的一个。b. 完整情节。儿童的叙事中会包含一个主角的目标和计划，包括引发事件、尝试 / 行动、结果中的一个。c. 多重情节。叙事中会出现由反应顺序或缩短与简化情节组成的一个连锁性描述，或是有完整或不完整情节组合成的叙事。

8 岁以后，叙事中的情节意识变得越来越清晰。对于核心问题的确定解决方案已经存在。叙事表现形式主要取决于语言，而不是儿童伴随的动作和发声方式，儿童可以操纵文本内容使听众保持注意力。

9 ～ 10 岁儿童的叙事具有复杂情节：儿童的叙事中包含一个精心安排、详细叙说的复杂情节，这种情节的复杂性表现在该情节包含多种计划，在每一个情节中，都会包含尝试（行动）与结果。

11 岁儿童的叙事通常会有嵌入式情节，在叙事过程中，出于展开情节的需要，暂时断开叙事线索，插入一个或几个与主要情节有关的回忆或故事。

12 岁以上儿童的叙事会有交互式情节，即叙事情节不是预先设定好的，儿童可以根据与听话者的互动实时改变叙事，并确保新的叙事事件合理地展开。

（3）叙事时序

如上一节所述，儿童逐渐学会用线性方式将事件联系起来，最后才用因果连接词。一般来说，到 6 岁时，儿童的叙述就会发展出因果连贯性。在叙事顺序上，汉语儿童到 7 岁时有明显发展，时间连词的使用大幅增加（张鑑如、章菁，2002）。

（4）叙事观点

7 ～ 8 岁时，儿童在虚构的故事中使用开始 / 结束标记和观点评价标记。在整个小学阶段，开始和结束标记的使用都在增加，观点评价标记出现的频率更高（Ukrainetz et al., 2005）。借助诸如连词（和、然后等）、位置词（紧挨着、在下面等）、对话、比较级（使用“最”等程度修饰语或各种形容词）和因果关系等手段，故事长度会增加且内容变得更加复杂。

一般来说，大一点儿的儿童的叙事有以下几个特点：

a. 更少的未解决的问题和未准备的解决方案。

b. 更少的无关细节。

c. 更明显的时间和地点变化标记。

d. 更多的介绍，包括设置和文字信息。

e. 更关注动机和内部反应。

f. 更复杂的情节结构。

这些变化代表了一个儿童对叙事结构的认识和对听众需求的理解。

最后发展起来的两种叙事能力是推断和总结。即使是 10 岁的儿童也很难从叙事中做出推论。总结可能包括：a. 理解命题；b. 在这些命题之间建立连接；c. 识别故事的结构；d. 记住信息；e. 选择信息进行总结；f. 形成简洁、连贯的表达（Johnson, 1985）。最后两项技能是在小学高年级时表现出来的。

并非所有特定年龄的儿童都表现出相同的叙事能力。成绩不佳的儿童的叙事可能更短，内部组织和凝聚力更弱，句子复杂性更低（Hayes, Norris, & Flaitz, 1998）。随着儿童的成熟，对话越来越多地被用于叙事。他们的叙事中包含不同的角色，从角色转换到叙事者，然后再转换回来，从而提高了将对话与叙事联系起来的能力（Özyürek, 1996）。

3. 非字面语言理解

儿童的非字面语言理解能力随生理年龄的增长而提高。隐喻能力发展的阶段性研究认为，儿童的隐喻理解经历了从字面到隐喻、从初步理解到完全理解的过程。根据本体和喻体的抽象程度，隐喻的理解难度也不同。有研究将隐喻分为以下等级：很难（抽象本体对应抽象喻体）、中等难度（抽象本体对应具体喻体或具体本体对应抽象喻体）、简单（具体本体对应具体喻体）。研究发现，6～8岁儿童能理解简单的隐喻；9～11岁儿童可以理解简单、中等难度的隐喻，同时9～11岁儿童对简单隐喻解释的细致程度要高于6～8岁儿童；12岁儿童可以理解简单、中等难度及很难的隐喻，他们对各类隐喻解释的细致程度都要高于年龄较小的儿童。

关于汉语儿童的隐喻理解，国内研究也采用不同的实验范式，如故事理解测试、隐喻句子完成、开放型访谈等，考察了汉语学龄前儿童和学龄期儿童对不同类型隐喻的理解特点。白锋宇（2008）以学龄期儿童为被试，在控制适当性、区分难度和常规度的基础上，考察了6岁、9岁和11岁三个年龄段的儿童对不同难度和常规度的隐喻意义的理解情况，发现儿童对隐喻的理解受到隐喻难度和常规度的影响，认为不同年龄儿童进行隐喻理解的认知过程不同，6岁和9岁的儿童进行隐喻理解时的认知过程是比较过程，11岁儿童进行隐喻理解时的认知过程接近成人模式。总体来讲，汉语学龄前儿童已具有隐喻能力。隐喻能力与认知发展水平紧密相关，且随着儿童认知能力的发展而逐渐成熟。白丽芳（2004）结合儿童的思维特征探讨了3～12岁汉语儿童隐喻能力的发展过程与特点，总结了汉语儿童从学龄前到学龄期的隐喻思维发展的三个阶段，分别是无意识、隐喻意识和概念隐喻。

第五节　读写发展历程

一、概述

读写（literacy）指的是关于识字和书写的能力。读写技巧的学习和读写能力的发展从出生就已经开始了。尽管西方关于读（reading）和写（writing）方面的研究主要集中在小学阶段，大多数0～6岁学龄前儿童还不能以传统的、规范的方式进行读写，但是他们进行的读写尝试在学龄前期阶段已经表现出稳定的发展。在被称作“读写准备期”的学前阅读准备（reading readiness）阶段，儿童接受正式读写教育前，发展与读写有关的知识以及行为技能也是非常重要的。父母、教师以及周围的环境在儿童读写能力的发展过程中扮演着重要的角色。

早期读写能力（emergent literacy，或“读写萌发”“前读写”）概念指的是儿童读写能力的发展始于生命的早期阶段，在入学前儿童就已经获得了关于语言、阅读、书写的一些知识，并不断持续发展（Clay, 1966）。早期读写能力发展是儿童在正式学习读写之前所具有的关于读写的知识、技巧和态度的发展（Teale & Sulzby, 1986）。可以从以下几个方面理解早期读写能力的定义：（1）儿童读写能力是从生命早期就自然出现的发展连续体，而不是上小学接受正规的读写教育后才出现的一个全有或绝无的现象；（2）儿童是读写学习的主动参与者和建构者；（3）早期读写能力是儿童在正式学习读写之前所有的关于读写的知识、技巧和态度的综合；（4）读、写和口语能力从儿童出生时就开始同步地、相互依存地发展，早期读写能力强调读与写相结合的重要性；（5）早期读写能力是正式学习读写的基石，对正式读写教育中读写技巧的习得和发展具有促进作用。

早期读写能力是一个独立的结构，不同于口头语言和纯语言学技能（元语言），它包含两个截然不同的方面，分别是儿童关于读写的概念性知识（有关读写行为的知识、有关文字功能的知识、学习阅读的自我知觉、环境中的读写萌发）和关于读写的程序性知识（不同场合下的非传统的拼写、字母知识、字母发音知识、字词阅读语言能力建构、元语言能力建构）（Monique, Lefevre, Smith-Chant, & Colton, 2001）。2008年全美早期读写专家委员会将早期读写能力主要分为三大领域，即语音敏感性（phonological sensitivity）、字母知识（alphabet knowledge）和印刷文字知识（print knowledge）（王波、王芳，2013）。专家委员会认为学龄前儿童所有早期读写技能都是学龄期儿童解码和阅读理解能力的可靠预测指标。

语音意识（phonological awareness）是对各种语音单元如音素、头尾韵和音节进行识别、鉴别和操作的能力。良好的语音意识与书面语意识对后期儿童形音对应规则的习得至关重要，而形音对应技能又是早期阅读阶段进行解码的必备技能。已有充分证据表明，语音意识是儿童未来阅读发展的最佳预测因素（Goswami & Bryant, 2010），头韵和尾韵任务的表现与学龄前儿童的阅读年龄显著相关，也可以成功地预测学龄前儿童之后的读写能力。对头韵和尾韵的敏感性是音素意识发展的前提，音素意识反过来在阅读学习中起着相当大的作用。对押韵的敏感性也对阅读有直接的贡献，它可以帮助儿童利用词中常见的、发音相同的拼写序列来阅读或拼写新词，例如 cat 和 hat，如果是头韵，则如 peg 和 pen。同时，儿童对押韵的敏感性与他们对这种拼写模式进行类推的能力之间也存在显著的关系，这证明了早期押韵技巧的重要性（Bryant et al., 1990）。最近一些其他的研究已经证明语音意识中的音素意识是预测儿童阅读技能的因素。早期的语音技能对汉语儿童英文词的朗读技能也有显著影响，尤以语音意识的影响最为重要、最为稳定（张萌、李庆安、叶红、金丽平、唐莉，2010）。

儿童早期的文字意识（print awareness）也是儿童阅读能力发展最重要的预测变量之一，早期文字意识是儿童形成形音联结的重要前提，它与早期读写能力以及后期学校中的阅读能力发展有着非常直接而深刻的联系（Evans & Saint-Aubin, 2005; Ezell & Justice, 2000）。文字意识是指儿童对文字符号系统形成区别于其他符号的认识，是有关文字形式和功能的意识（Justice & Lankford, 2002）。儿童文字意识中，侧重对文字整体形态的视觉特征感知，可以总结为字形意识或视觉知识（visual knowledge），例如，文字的外形知识，即文字都具备一定长度的线形外形；文字的内部元素知识，即文字内部包含的是独立的字母单元。侧重使文字的拼写符合标准的规则为正字法规则，如英语中 26 个字母摆放方向和空间的限制（如 TOODLE 比 T^{OO}DL^{E} 更像词），组合的多样性（如 TOODLE 比 TTTTTT 更像词，TOODLE 比 E 更像词），词之间存在空格，阅读线性排列从左向右阅读等。从汉字来看，汉字的基本构成元素是 30 多种笔画，这 30 多种笔画又构成 1000 多个常用偏旁部首，再由偏旁部首组成汉字（有的偏旁部首本身也是一个独立的汉字）。一个正确的汉字需要有正确的笔画、正确的笔画组合方式以及正确的部件位置。因此，在儿童能够阅读时，他们必须掌握一定的文字视觉形状和正字法构成规则方面的知识。

除了一般领域的认知能力，在早期阅读能力的内部因素中，还有其他一些知识、技能和态度对儿童以后的读写能力有一定的预测作用。

在语音加工技能中，除了语音意识，语音工作记忆和快速命名能力也与儿童读写能力息息相关。语音工作记忆是对语音信息的临时存储，也是其他复杂任务的操作基础。Gathercole、Willis 与 Baddeley（1994）测试了平均年龄 4 岁的儿童的语音记忆能力和母语知识，并跟踪测验到 5、6、8 岁，结果显示，早期阅读阶段的语音记忆能力与 8 岁时的阅读测试成绩有显著的联系。刘翔平等（2005）研究表明，语音工作记忆在汉语阅读理解中起着重要作用。工作记忆对早期阅读可能有所影响，主要是因为在儿童的阅读能力刚开始发展时，任何阅读任务对其工作记忆能力来说都是高负荷的。但随着字词认知的自动化，工作记忆容量对阅读能力的制约逐渐减弱。

快速命名能力指个体快速准确的命名技能，薛锦与舒华（2008）已经表明，快速命名可以有选择地预测阅读能力和阅读过程。Wagner 等人（1997）认为命名速度影响儿童早期的阅读能力，但随着发展其影响逐渐消退。对读写障碍儿童的研究也得到类似结果。

语素意识反映儿童对语言中最小的音义结合单元的感知和操作能力，例如词中的前缀、后缀、词根等单元，在一定程度上测查了儿童的语义技能（Nagy, Berninger, Abbott, Vaughan, & Vermeulen, 2003）。Casalis 和 Louis-Alexandre（2000）考察了语素意识、语音意识及其与阅读发展之间的关系，结果表明幼儿园儿童的语素意识成绩能够预测其在二年级的阅读表现。李虹和舒华（2009）考察了语素意识在学龄前儿童言语技能发展中的作用，发现同形语素意识和形旁意识对学龄前儿童书面言语技能的发展具有独特的解释作用。

二、儿童普遍的读写能力发展

（一）早期阅读能力发展

1. 儿童早期阅读能力的发展阶段

儿童对词从完全陌生到逐渐了解字母知识，利用字母发音来拼读词以及模块化地识别词，是一个循序渐进的过程。在 Frith（1985）的阅读发展理论中，儿童阅读能力的发展经历三个阶段。（1）字符阶段：字符是指书画的图形（尤指电脑荧屏或书籍、报纸上的）。此时儿童将字词作为一个整体的视觉图形来记忆，获得的词汇大多是表示具体事物或概念的词。儿童通常在掌握前几十个词时采用这一策略。但随着词汇量的增加，相似词越来越多，字符策略越来越无效。（2）拼音阶段：儿童掌握和运用字形—音位（grapheme-phoneme）对应规则来识记字词，其词汇量迅速增加。明确的语音意识是儿童从字符阶段向表音阶段发展的关键因素。如果儿童的语音意识滞后，其阅读能力将停留在字符阶段，不能运用字形—音位规则来迅速对字词再编码，而是继续依赖字符策略来识别字词，其阅读效率就会受到影响。（3）字形阶段：儿童可以不借助或较少借助语音认知，直接将词语分析为基本的字形单元，从而达到识别的作用，阅读速度极大提高。该理论表明，如果儿童不能顺利地通过第二阶段，其阅读发展能力将受到很大影响。

实证支持中，Sawyer（1992）对从进入幼儿园开始至小学三年级的儿童追踪研究的结果表明：在阅读能力发展的不同阶段和不同水平，影响其发展的语言能力是不同的。如果将语言能力区分为基本语言加工能力和精细语言加工能力，则基本语言加工能力包括儿童对母语的基本词汇和语法的掌握、将句子切分为词的基本元语言意识和言语听觉加工能力等；精细语言能力主要是指语音切分的能力（元语言意识）。在学龄前儿童中，阅读能力主要受基本语言能力的影响；进入学龄阶段后，语音能力对阅读（字词认知）的影响突显起来；在二三年级时，阅读经验对阅读能力的影响是主要的，原因是阅读经验越多的儿童，对字形单元的加工也越好。Stuart 与 Coltheart（1988）也对儿童阅读能力发展进行了追踪研究，在学龄前就出现基本的语音分析能力缺陷，音节、韵脚的辨别能力很差的儿童，入学后学习字母与声音的对应关系时存在困难，因而常常依赖字符策略进行字词认知。

Sawyer 以及 Stuart 等人的研究结果与 Frith 的阅读发展阶段理论非常一致：对于学龄前儿童来说，其语音能力处于最基础的水平，他们只能依赖字符策略识记少数字词、数字，等进入学龄阶段后，在基本语音能力的基础上，儿童获得字母、声音关系的知识，这是促进语音能力进一步发展、进而促进其阅读相关的字词认知能力发展的重要条件。

2. 语音意识的发展

语音意识是针对拼音文字的特点提出来的，对其的发展研究集中在两个方面：一是语音意识加工技能在语言学习者各年龄段的发展趋势；二是对语音意识各组成部分发展次序的研究。在不同的语言系统中，研究结果体现了语音意识跨语言研究的一致性和差异性。一致性体现在大多结果表明，学龄前儿童的语音意识已经发展起来，但是不同的语音意识成分开始发展的时间不同。差异性体现在不同语言系统中，语音意识萌发的年龄段不同，语音意识操作水平的发展也不一致。具体来看，在拼音文字中，研究对象多为以英语为母语的儿童，结论大致可以归纳为：英语语音意识按音节、韵脚（或首音—韵脚）、音位意识的次序依次发展，其中韵脚意识先于首音意识发展。在西班牙语中，就如在英语中一样，音节意识发展易于音位意识。然而在英语研究中首音意识晚于韵脚意识，但在西班牙语中两者之间没有区别。Durgunoğlu 等（1993）猜测，这是因为首音—韵脚在西班牙语中并不像在英语中那样是一个突出的特征。

对于语音意识结构各成分发展上的次序性可以用“渐进发展”假设进行解释，该假设认为语音意识的发展始于最简单的形式，然后朝着更为复杂的形式迈进。韵脚意识是语音意识发展的基础或必要条件。韵脚在儿童早期的许多经历中都可以看到（如幼儿园时的韵脚游戏和歌曲等），因此是比较容易的任务。首音意识在韵脚意识基础上建立起来，儿童建立韵脚意识后，就会理解有些韵脚相同的词却没有相同的首音（如 sit 和 kit），儿童具备了首音—韵脚意识后就朝音位意识发展，而这种意识来自与印刷文字有关的经历（学着去识字或阅读）。因此在儿童能够发展起其他语音意识技能之前必须获得韵脚意识的某种水平（Cisero & Royer, 1995）。Bryant、Maclean、Bradley 和 Crossland（1990）用纵向研究验证了渐进发展的观点。他们要求儿童 4 岁时完成韵脚和首音觉察任务，5 岁时完成三个音位任务，6 岁时完成些阅读与拼写测验。分析表明在控制了年龄、智商、词汇和社会背景的因素后，觉察韵脚（或首音）的能力是音位意识的重要预测源，而音位成绩可以预测以后的阅读成绩。由此看来，韵脚与首音意识似乎与音位意识有因果关系，还直接影响着随后阅读能力的发展。而 Cisero 与 Royer（1995）在“语音意识的发展及其跨语言迁移”的研究中，发现说英语与说西班牙语儿童在英语及西班牙语的语音意识发展中存在着一种固定的次序，即语音意识各成分发展的渐进性。

3. 文字意识的发展

儿童只有在了解了文字符号独有的视觉特征和构成规则的基础上才能进一步关注文字的视觉细节，探索出文字、语音及语义之间的关系。

儿童通过注视文字，意识到文字的功能，注意到文字的形式，逐渐形成形音联结，进而尝试认识和再认文字。因此儿童在阅读时，需逐步学会将文字作为一种重要信息予以关注。儿童对文字的关注是儿童内化文字形式和功能的最初途径和过程。

关于对文字意识中字形特征的理解，Bialystok（1995）通过让3～6岁儿童判断乱写、草书、词、图画和图形是否适合阅读，发现年龄小的儿童更容易认为非字母的符号是可读的，而所有儿童都对图画是否可读感到迷惑。Lavine（1977）研究了3～5岁儿童对什么是书写的理解，发现3岁儿童认为涂鸦就像签名一样是书写。到了5岁时，只有潦草的书写方式被拒绝，而印刷的字母、词和数字都被接受。类似地，Brenneman、Massey、Machado与Gelman（1996）表明，当儿童被要求画画时，4～5岁儿童经常使用连续的轮廓和充满色彩的空间，他们做的记号被随意地放在纸上；然而当他们被要求为对象写名字时，5岁儿童更加经常地使用离散的标记，并以线性方式从左到右排列，暗示了一种关于书写习惯知识的增长。

有人提出了进一步的证据，认为儿童对印刷文字中词的理解是连续发展的。4～6岁的10个儿童中5个儿童接受只有字母串是词，6个儿童认为一定长度的字母串是词。符号形式和构成字母串的长度对于学龄前儿童区分词和非词是非常重要的标准（De Goes & Martlew, 1983）。Landsmann和Karmiloff-Smith（1992）发现：单个字母（长度）被认为不是词的概率随着年龄在增加，到5～6岁时已经达到92%。Bader与Hildebrand（1991）在针对3～5岁儿童的研究中提到，儿童对印刷品的方向性有了更好的理解。Pick、Unzc、Browncll、Drozdal与Hopmann（1978）研究了儿童对构成词的特定单元的掌握情况发现，二四岁儿童到学龄期的儿童开始对构成词的字母长度有所理解，而方向性和意义到了小学才开始被掌握，并且3岁儿童就可以区分书信和购物清单，在其书写作品中购物清单纵向排列，书信有称呼和落款。

同样的，关于拼写规范即正字法意识，年长些的儿童对真词内部规则中辅音元音的结构敏感性越来越高。直到一年级上半学期，儿童开始表现出对英语拼写规范知识的掌握。Tolchinsky-Landsmann（2004）认为儿童文字意识发展有四个阶段。第一阶段是无法区分的，因为无论要求儿童书写词还是句子，他们写的都是相似的形式。在文字意识的第二阶段里，他们已经通过字母的数量和种类建立了一定的文字标准。在第三阶段，儿童将书写文字和声音（常在音节水平上）联系起来，最后一个阶段，他们发展到可以理解字母（书写单元）和音素之间对应的一致性。因此，儿童开始构建的文字表征系统决定他们的书写形式和对书写可读性的判断标准，并且这种知识的发展处于对书写和阅读进行正规教育之前。

（二）早期书写能力的发展

1. 从涂鸦到前书写

在未接受正式书写教育之前，儿童通过图画、符号和类似文字等非正式的文字符号表达自己想法的行为，被称为前书写（emergent writing）。“前书写”与“正式的、系统的书写”有着原则性的区别。前书写活动经常是儿童日常生活中其他活动（对话、绘画和游戏）的一部分，常常与特定的场景紧密联系在一起，前书写活动的产物只有在这些场景之下才可以被阅读和理解。随着儿童协调和控制能力的提高，可以识别的图案开始成型，这时他们的作品才称得上绘画和书写作品。以口头表达能力为基础，儿童的前书写和绘画两方面的能力被整合起来发展。

儿童大约从 14 个月开始就会自发性地乱涂乱画，儿童涂鸦行为的出现具有跨种族与跨文化的普遍性，反映出儿童的肌肉协调性、认知、情感等方面的发展。1 ～ 2 岁的儿童作画时大部分由肘部、腕部用力，从左到右，顺时针方向进行。2 ～ 3 岁的儿童就可以握住靠近笔尖的部位，主要运用肩关节的活动来进行绘画，然后逐渐发展为用肘部来控制笔的运动，最后发展为用手指的活动来控制笔的运动。赫伯特·里德分析 4 岁以前的儿童绘画时运笔的情况：一是无目的的笔画，通常由左至右、由上而下，依赖肩部的肌肉动作。二是有目的的笔画，依赖肘部与手臂的运动，能说出所画线的名称。三是模仿的笔画，手腕的动作代替了手臂的动作，手指的活动代替手腕的动作，通常努力模仿成人作画的动作。有了这样的手部动作和大脑思维连接的练习，儿童的前书写才有了足够的生理基础和动作经验（王滢，2008）。

在绘画时被儿童称为“字”的线条中，存在有趣的变化趋势：一开始儿童涂画随机的线条，后来线条逐渐变得有方向性，同时出现代表意思的绘画。例如儿童可能会画一棵像树的东西并说：“这表示要记得带我去公园玩。”随后儿童逐渐使用图夹文的方式表达意思，直到成为成熟的书写者。可能儿童在前书写发展的很长时期里都不能分辨画图和书写，因为二者都能表达意思，传递信息。逐渐地，儿童理解了书面语言与图画之间的不同，将书写视作一种沟通和交流的手段，当儿童需要表达某些意思时，图画和文字常常是交织出现的，图画能够帮助儿童在遇到书写困难时顺利表达意思，而绘画出的客体往往也能刺激儿童去学习书写这些事物的名称（Freeman & Sanders, 1989）。他们开始了解到人们在纸上写字是为了传递信息，并尝试使用自己的方法书写。书写行为的萌发通常开始于3～5岁之间，延续整个学前期甚至到一年级，书写萌发的形式包括但不限于涂鸦、从左到右的涂画、绘图、创造“像字母而非字母”的书写形式或者创造随机的字母排列等。

绘画与语言符号在发展过程中确实具有相似性与相互作用。不同文化背景下的儿童画中都有被称作“字形”（grapheme）的视觉单元形式。这些单元就像语音中的音位一样，根据一系列视觉“语法”排列在一起，形成有意义的画面。这些“字形”是普遍存在的，就像普遍存在的深层语法结构一样。图形符号体系产生了类似于语言的一个结构，所以图形符号可以与语言相类比。儿童绘画发展所依赖的社会文化因素也同语言发展类似。儿童在同伴群体内相互学习，从共同的群体中生成符号体系。个体对符号的采用、整合或对这些图形结构的扩展都具有文化的确定性，和某一种语言的词汇一样都是约定俗成的、规范的。语言与绘画的发展过程中有一些重要的特征是相同的，比如在信息的输入与交流方面，两者就有一个共同的模式，即丰富的、适宜的外部刺激对儿童掌握结构会有积极的影响。研究者假设儿童对外部语言刺激的敏感性也应当表现在对图形刺激的敏感性上，通过儿童与主试之间的“图形”对话以及故事图的呈现，外部的图形刺激可以使儿童改变画面形象的大小、增加细节并表现出遮挡、透视等空间关系。王大根（1996）发现儿童进入符号期（3～9岁）后，绘画与语言的关系逐渐明朗与密切起来。在词的符号期，儿童会自发地创造简单的形状去标示某种物体，并为之命名。图形是他们的语言符号，各符号之间尚无联系，只有“词”的意义。句的符号期，儿童画有了简陋的形象，造型上仍有符号化的特点并形成了一个时期的概念化定势。画面略有陈述性，有简单的情节，似乎是些“只言片语”，类似言语中“句”的意义。陈述的符号期，画中的形象仍有概念化、符号化的倾向。但画面有了很强的陈述性，常能表现一个完整的时间或场面。因此，不同绘画发展阶段儿童表现出的特点与儿童言语发展水平直接相关。从发展顺序来看，理解形象的确先于理解语言。但是，当儿童具备了口语表达能力时，这两个领域的发展就逐渐趋于一致并且相互作用。这些研究说明，绘画与语言的关系会随着儿童的发展而发展，这种关系中蕴藏着错综复杂的双向促进关系。

2. 早期书写的发展特征

儿童一边尝试认识世界，一边学习书写和交谈，他们积极地从自身经历获取信息，形成自己的各种假设，然后创立不同的规则。这些规则不断得到检验、修改、再加工，逐渐接近常规的书写形式以及成人的书写水平。

根据 Clay（1966）的分析，儿童书写周围环境中文字的过程是根据以下几个原则的：（1）儿童首先了解到书写语言是有意义的。（2）儿童从观察环境中的文字，认识到写字是一再地重复少数几个笔画。（3）儿童发现写字是使用少数几个笔画，但是以许多变化的方式产生的，这种发现促使儿童自发地学习写字，探索字是如何形成的。（4）经由字形的探索试验，儿童进一步认识到形成字的笔画只能有限度地变化，儿童早期书写的许多错误都是这种适应的过程。（5）儿童发现在牌示、盒子或书页上的字，似乎有着某些次序或者上下左右等方位的原则。

儿童早期书写的图形特征是呈线性发展的，即儿童首先掌握书写的一般图形特征（如方向），其次掌握书写的特殊图形特征（如字母及字母组合）。Puranik 和 Lonigan（2011）采用规定句子表达和图片描绘任务，对 372 名 3 ～ 5 岁的美国儿童的早期书写表达做了研究，结果表明儿童掌握一般书写特征先于具体书写特征，3 岁儿童即可掌握书写的一般特征。起初，儿童认为书写只具有标记功能，表现为儿童早期的书写作品中只表征名词和动词。而后，儿童发现口语和书面语言之间是有对应关系的，即一字一音；随后，儿童开始掌握具体的正字法规则。Zecker, Liliana 和 Barro（1999）还发现儿童可以根据不同的文本类型组织书写形式和内容，如儿童在书写购物清单和书信时，其书写形式更加成熟和接近常规；而在书写故事时，则较多使用绘画、涂鸦等初级书写形式。

另一个早期书写的特征是，似乎儿童最早学会写的是自己的名字。

但是，随着研究的深入，一些研究者认为儿童会拼写自己的名字也许是机械记忆的结果，并不能真实全面地反映儿童早期书写的发展水平。因此，也有研究者开始采用字母拼写和词拼写的测验任务了解儿童早期文字书写的发展情况。字母是英文中最小的书写单元，掌握一些字母知识（如字母读音、字母常规书写形式）是拼写发展的前提。已有研究表明，儿童的词拼写作品可以很好地反映其习得的书写知识及书写能力，如字母知识、语音意识和正字法知识。有人采用 CVC（辅音 + 元音 + 辅音）词拼写任务，对美国 3 ～ 5 岁学龄前儿童的早期拼写能力进行了研究。测验材料为 6 个简单的 CVC 词（mat、bed、duck、cat、fell、hen）。研究结果表明：儿童的早期拼写能力随年龄的增加而显著增强。可以拼写词的首字母或尾字母的比例从 3 岁组的 6.11% 升至 4 岁组的 12.32%，5 岁组达到 18.92%；可以同时拼写出词首尾字母的比例从 3 岁组的 2.75% 升至 4 岁组的 4.42%，5 岁组达到 10.17%。可以拼写出完全符合常规的词的比例从 4 岁组的 7.22% 升至 5 岁组的 10.17%（Cynthia & Christopher, 2011）。

儿童也能够从书面文字体系的特征出发，观察、发现并利用这些特点提高自己的书写能力。例如，前书写初期的英语儿童的图画会出现像英文字母一样的波浪线、曲线、折线等。在后期的发展中，英语儿童前书写行为受到语音敏感性的影响较大，可能书写出 wetr（write）或 r（drink），这些字母的缺失恰恰反映了儿童对语音的敏感性，体现了他们对字母和读音之间关系的理解，说明儿童的书写与口头语言的关系非常密切。当儿童感知到英语语音和书写的关系时，他们的书写就能获得较大的发展（Ehri & Linnea, 2005）。

除自身发展因素之外，儿童前书写行为的发展受家庭社会经济地位的影响巨大。前书写发展具有显著的个体差异性，有的儿童 3 岁时拥有的书写能力另外一些儿童直到 5 岁也不一定具备。有的儿童生活在早期阅读经验丰富的环境中，家长经常朗读故事、有较多机会阅读，而另外一些儿童则可能生活在连蜡笔都很少接触的环境中。这些阅读经验和读写经验的差异导致不同的儿童在前书写发展的过程中存在巨大的差异。

3. 早期书写的发展阶段

Diffily（2001）认为英语儿童的早期书写可以分为七个发展阶段。这些阶段并非在所有儿童身上都能按部就班地被观察到，一些儿童可能会跳跃式地发展，而当儿童遇到困难的书写任务时，其书写表现也很可能从一个阶段返回到前一个阶段。

阶段一：涂鸦。儿童会在白纸上涂鸦并假装在书写，他们也许还能“读”出他们“写”的东西。这些涂鸦在开始的时候可能是随意的，但逐渐地，显示出从左到右的书写顺序，这一顺序在拼音文字中是书写习得的关键经验之一。

阶段二：画图。儿童能画图并“读”出他们所画的内容，将绘图作为一项重要的表达方式。

阶段三：发明字母。许多（但不是所有）儿童会发明自己的“字母”，这些字母看起来像是随意的记号，但儿童能够说出这些记号的意思。发明字母代表儿童具有了书写的意识。

阶段四：随机字母。当儿童对字母表熟悉之后，他们会开始书写字母，通常是重复特定的几个字母，或者他们名字里的字母等。在这一阶段儿童所写的字母和他们所“读”的信息之间并不具有关系。

阶段五：写词。儿童对周围词的敏感性越来越高，常常会写日常所见的词。包括商标、路标、班级的名字等。

阶段六：拼写发展。拼写的发展与儿童语音敏感性的发展息息相关，儿童在开始的时候可能会使用一个字母代替一个词或一个音节（如书写 bb 代表 basketball）；随后，儿童可能使用首尾的两个音代替整个词（如书写 trk 代表 truck）。随着拼写能力的逐步发展，儿童的书写会越来越接近规范的书写，但还是存在一些错误（如书写 ic crem 代表 ice cream）。

阶段七：通达书写。儿童的书写越来越熟练，他们开始注意成人是如何使用拼写规则的，并能纠正自己的拼写。最后儿童能够正确拼写的词越来越多。

三、汉语儿童的读写能力发展

许多早期读写发展理论都是基于拼音文字系统提出的，非拼音文字系统与之具有很大的差异。这些理论是否适用、在多大程度上适用，成为近年来汉语研究者关注的问题。汉字读写加工与拼音文字的比较研究，一方面有助于探讨早期读写的普遍机制；另一方面能够更全面地揭示出与文字多样性有关的特异性。

（一）汉字系统的特异性

首先，汉语中构成音节的语音结构与英语音节结构不同。例如，大多数汉语音节并没有辅音丛，一个汉字对应一个音节，每个汉字都有声调等。

其次，汉字的字形特征是：由笔画构成部件，由部件在空间的组合以及位置的变化形成的“方块字”平面图形，具有表意性强的特征，字形对应的语音单位是音节。汉字的正字法在形—音对应性质上也不同于拼音文字正字法，也有研究得出的结论是字形与语音之间的关系并不是任意的（Ho & Bryant, 1997），汉字可以通过正字法、形态及音节信息来分割（Leong & Tamaoka, 1998），因此汉字的正字法被看作是形态音节性的（morpho-syllabic）。由于汉语的这种语音结构与汉字的正字法，阅读者在加工书面汉语和英语时其过程可能会有所差异。

虽然汉字属于深层正字法的文字系统，但是，汉字阅读同样可以利用字形所提供的读音信息。80%以上的汉字都是形声字，一部分是形旁，提供整字的语义范畴或分类信息；另一部分是声旁，提供整字读音的信息。通常把声旁读音与整字读音完全相同的字称为规则字（如“清”），部分相同的字称为半规则字（如“腈”），完全不相同的字称为不规则字（如“猜”）。具有相同声旁的形声字组成一个声旁家族，家族成员读音都相同的为一致家族（如“蜻”“清”），家族成员具有多种读音的为不一致家族（如“拼”“迸”）。汉字阅读中规则性效应指规则形声字要比不规则字的阅读更快、更准确，但是只表现在低频字中。汉字阅读也受同声旁家族的其他汉字读音的影响，表现出一致性效应，同样只表现在低频字中。声旁家族读音一致的形声字，要比不一致的形声字更容易阅读（Hue & Chih-Wei, 1992；舒华、张厚粲，1987）。

虽然汉字与英语词汇阅读都受到形—音转换规则的影响，但汉字阅读具有独特性。一方面，拼音文字系统具有更为系统的形—音对应关系。例如，同样是形音对应不规则的词，英语的例外词（如 yatch），即使不能完全拼读出整词的读音，读者还是可以推测出个别形素的读音（如 t 与 /t/），而不规则的汉字就很难根据字形信息来推测出读音。另一方面，汉字与拼音文字的形音对应是不同粒度或水平的对应关系（Ziegler & Goswami, 2005）。英语文字的规则性是在音素水平上的形音对应关系，是具有相同形素的词汇其形素与音素对应的一致性（Zevin &

Seidenberg, 2006)。汉字中尽管声旁信息是有用的，但它的编码处于音节水平，或处于首音和韵脚的亚音节水平（如“睛”与“清”首音不同但押韵）。因而，声旁信息并不会像英语词那样在音位水平上进行编码。汉字的规则性是指整字读音与其声旁单独使用时读音的关系，规则性受词典水平的影响。汉字阅读的一致性效应虽然受同家族形声字读音的影响，但都是基于整字读音的作用。因此汉字阅读的规则性和一致性效应是在更大的整字粒度上的形音对应关系。

汉字具有字形语音和字形语义的对应关系，这个特点决定了语音和语义信息同时参与并制约汉字阅读的加工过程。声旁不仅能提供整字的读音信息，表现出阅读的规则性、一致性效应，还能对汉字阅读提供语义信息。研究者（Zhou & Marslen-Wilson, 1999）发现，在一定时间内，对合体字“猜”的加工会促进对目标字“轻”的语音提取，同时合体字“猜”的出现会促进对目标字“紫”的加工。无论是在规则字（如“枫”）中，还是在不规则字（如“猜”）中，声旁的语义都对整词的加工起到了促进作用。对形旁的研究也发现，汉字形旁的语义、语音都能自动激活并参与整字的加工。语义透明字“评”会促进目标字“论”的加工，而语义不透明字“诸”会抑制目标字“论”的加工。周晓林、鲁学明和舒华（2000）通过用含有独立成字的形旁的合体字（如“躲”）作为启动字，与形旁同音的字（如“深”）作为目标字，发现当合体字是低频字时，目标字的命名速度显著加快。认知神经心理学研究同样显示，汉字阅读可能是双通道模型。尹文刚（1990）发现一些病人不能读出汉字，但能准确地进行字—图匹配和字的分类，这说明没有语音，也能从形直接通达词义。另一些病人不能完成字—图匹配，但能读音，这说明通达语音不一定能通达词义。

（二）汉语儿童的读写能力发展

1. 汉语儿童语音意识的发展

汉语儿童语音意识发展与英语儿童发展的趋势相同，较大的语音单位发展早于较小的语音单位。其中音节意识发展最早，其次是韵脚意识，声调意识和首音意识的发展相对较晚。音节意识是最早发展起来的语音意识成分，发展的关键阶段是小班到大班的时期，大班的儿童已经具有比较稳定的音节意识，随后发展起来的是韵脚意识，其发展趋势是从小班到大班逐年上升。与音节意识和韵脚意识相比，首音意识和声调意识的发展相对较晚。儿童首音意识的水平在大班到一年级这个阶段才有了突飞猛进的发展。其原因是汉字中的首音即声母在汉字的音节中所处的位置靠前，这使得汉字发音中声母的外显性低于韵脚即韵母。儿童在没有对声母形成外显性认识之前，感知声母的难度较高。儿童在进入小学后进行了拼音和拼读的学习，能够对声母形成外显的认识，其首音意识才有了显著提高。最后，儿童声调意识显著提高的阶段也是大班到一年级。此时，儿童的声调意识经历了从随机水平到发展得比较稳定的过程。汉语儿童语音意识各个成分的发展与英语儿童的语音意识发展在顺序上有很大的一致性，这说明语音意识的发展具有一定的跨语言的稳定性。

虽然汉语儿童语音意识从学前就开始发展，但是发展的起点和速度仍然比英语儿童要滞后一些。2 ～ 3 岁的英语儿童已经可以在语音意识的所有复杂水平上表现出敏感性，55 个月儿童的首音和韵脚意识已经开始发展。但是在汉语儿童研究中，儿童的韵脚意识要到 66 个月才开始发展，首音意识水平要进入小学才有显著提高。出现这种滞后的原因可能是儿童不能通过字的读音直接感知到声母、韵母和声调是如何组合在一起的，但是，汉语中的音节直接对应单字，儿童可以从读音中直接感知到音节，因此汉语儿童的音节意识发展较早。

进入小学教育之后，通过拼读的学习，儿童对声母、韵母和声调的组合规则形成了外显的认识，语音意识的发展进入正式教育阶段。音位意识的发展起点最低，从基本不具备语音意识，到拼音教学结束以后音位意识迅速发展，并逐渐达到基本的水平，但在小学早期阶段离成熟还有一定的距离；声调意识有一定的基础，一年级开学后开始有明显的发展，拼音教学结束后发展更快，到期末时达到较高的水平；韵脚意识起点水平与其他语音意识一样，但在一至三年级之间发展迅速，并达到较高的水平，在三至五年级之间的发展基本趋于稳定，直到相对成熟；首音意识起点与声调意识相同，但在拼音教学期间没有明显的发展，从拼音教学结束到期末发展较快，但达到的水平在声调意识与音位意识之间，处于中等水平，离成熟还有一定的距离。

按照年龄整理可得：小班（45 个月）儿童在语音意识四个成分的测验上的成绩都处于随机水平，可见其语音意识还未真正发展。中班（60 个月）以后，音节意识首先发展起来，儿童这个测验的成绩正确率达到

82%。此外，中班儿童在韵脚意识和声调意识的测验上的成绩也有了显著的提高。从中班（60 个月）到大班（73 个月）这个阶段，儿童在音节意识和韵脚意识的测验成绩也有了显著的提高，其正确率达到 94% 和 70%。小学一年级（87 个月）以后，儿童在幼儿园阶段一直停滞不前的首音意识迅速地发展起来（唐珊、伍新春，2009）。进行过拼音教学以后，一年级儿童的音位意识发展仍不充分，正确率未超过随机水平；首音意识和韵脚意识略微超过随机水平；声调意识大大发展且显著高于拼音教育之前的水平，正确率达到 78%。三年级儿童的音位意识和首音意识逐渐发展，达到中等水平，韵脚意识相较一年级快速发展，正确率达到 80%，声调意识已经基本稳定至成熟。四年级学生开始出现语音预视效应。五年级时，音位意识和首音意识逐渐发展到中高水平，韵脚意识已经稳定在成熟水平（刘敏，2019）。

2. 汉语儿童正字法意识的发展

汉字以视觉复杂性为特点，有其内部结构，我们可以根据正字法规则将汉字分解为亚成分（部件、笔画），从而进行识别加工。简单的汉字只有一个成分，而多部件汉字中表音和表义是两种非常重要的部件，通常出现在汉字的特定位置。例如“亻”通常只出现在汉字的左边，而“刂”“攵”却只出现在汉字的右边。大约有 600 多个亚成分构成表音和表义的部件，多数汉字是由 2 ～ 5 个这样的亚成分构成。

研究发现，读写时部件对汉字认知的发展有重要影响。Chen、Allport 与 Marshall（1996）的研究发现，对汉字是否相似的判断速度受到部件数的影响，而不受笔画数影响，因此他们认为汉字的正字法单元是部件，而非笔画。黎红（1999）发现在汉字的早期加工中存在对部件的分析与整合，部件本身的特性对汉字识别起重要作用。周新林和曾捷英（2003）认为笔画虽然可以作为加工单元，但其独立功能并不明显。部件才能作为汉字的部分线索促进汉字识别。刘鸣（1996）发现识字水平较高的儿童加工操作汉字偏旁部首并组合成正确汉字的数量显著多于识字水平较差的儿童，因此认为儿童对汉字部件的操作水平是影响汉字认知效果的重要因素。

部件按照一定的规则组合，才能得到普遍接受的汉字，这种使文字的拼写符合标准的方法即“正字法规则”。Leong、Loh、Ki 和 Tse（2011）提出，正字法知识是指对汉字部件的位置规则以及其作为声旁或形旁的功能的认识。由于汉字字形结构的层次性，汉字的正字法意识也相应地包括不同的层次。汉字是由部件组成的，因此学习者应该能够认识到有哪些部件，部件位置正确与否，不同部件可以组合成哪些上下、左右、包围等不同结构类型的汉字，抽象出组合规律的结构意识。考察学龄前儿童的正字法意识发展时，单部件意识测验集中于上文提及的正字法意识的第一层次，而部件位置及功能意识测验主要关注正字法意识的后两个层次。

幼儿园小班到大班儿童的正字法意识的发展有几个阶段（刘妮娜，2012）。（1）整体形状规则阶段，只能从整体形状上区分图画涂鸦和文字。从小班儿童开始发展，到中班达到稳定。（2）局部构成规则阶段，包括初级部件知识和空间组合规则，能够从汉字的局部特征入手，获得关于汉字的更为具体的构成成分以及它们的空间组合特点。中班开始发展，到大班基本完成。（3）正字法规则阶段，从大班才开始发展更为抽象的文字组合规则，例如部件是否存在，部件位置是否正确等，但这一阶段的发展水平较低。

学龄前期单部件意识不同方面发展的情况存在差异。发展顺序依次为：部件与数字的分辨能力，部件缺失意识和部件旋转意识。学龄前儿童的部件位置及功能意识处于不断发展的阶段，对假字符合正字法规则性的认识发展较好，单部件意识随着儿童年龄增长而逐渐提高，并且在不同条件下，发展水平存在差异。学龄前儿童对部件缺失的非字的拒绝能力呈现明显的发展趋势。4 岁起，学龄前儿童已经获得汉字由部件构成的意识，4～5 岁儿童已经能够基于单部件来判断汉字的完整性。学龄前儿童对单部件的具体形态的意识仍处于不断发展的过程中，即使年龄达到 5 岁，判断部件旋转的图形为非字的能力也还未成熟，对非字部件位置错误或功能错误的认识处于不断发展的过程（钱怡、赵婧、毕鸿燕，2013）。

Levy 等（2006）提出的英语儿童文字意识发展的阶段性具有相似性，即都表现出了从整体到局部具体特征，最后到局部抽象规则的发展特点。虽然大体发展特点相似，但在具体内容上汉字仍有其独特之处。相较于由数量较少的 26 个字母组成的一维线性排列的英文词，汉字是由数量众多且复杂的笔画或部件构成的二维方块文字，这样的构字差异导致儿童在对汉字空间排列规则的掌握上要比英文困难，因此，英文空间排列规则的发展处于第一阶段，而中文中却在第二阶段，甚至比汉字的初级部件知识的获得还稍晚一点儿。

按照年龄整理可得：

2～3岁的儿童有意注意的能力已经有所发展，他们阅读图画书时，喜欢阅读面积较大、颜色鲜艳、位置醒目、信息丰富的图画信息，几乎不注视图画书中的文字（金慧慧，2010）。

3岁儿童通常把汉字看作是一个个完整的图形，是由很多线条组成的不同图案。3岁左右的中国香港地区儿童能够区分图画和文字（Chan & Lydia, 2009）。3岁汉语儿童拒绝部件由数字替换的非字，正确率超过80%，说明他们已经能够很好地区分汉字与数字，能够意识到汉字作为文字的特异性。3岁儿童在假字条件上的得分都较高，说明他们已经能够较好地意识到假字是符合正字法规则的。3岁儿童还不具备辨别部件缺失的能力，辨别部件缺失及部件旋转的能力还处于萌芽状态。他们的部件位置及功能意识低于随机水平，但此时单部件意识已经接近随机水平（钱怡、赵婧、毕鸿燕，2013）。

儿童从4岁开始掌握以自我为中心或以客体为中心的上下、前后、中间等空间关系，但左右判断能力还比较低。中班儿童对线条图的正确拒绝率已经达到80%以上（李虹、彭虹、舒华，2006）。4岁左右的中国香港地区儿童能对汉字字形有正确的认识。4岁儿童具有了初级部件的认识，能分辨出字母、数字、图形均不是汉字的组成部分，开始意识到非字不符合正字法规则，正确率开始超过随机水平。4～5岁的儿童单部件意识已经达到70%，已经能够基于单部件来判断汉字的完整性，这表明4岁起，儿童已经获得汉字由部件构成的意识，对汉字认知的整体倾向已经慢慢消失，部件概念越来越清晰。4岁组儿童辨别各部件缺失的成绩略高于随机水平；辨别部件旋转之后的图形是非字的能力刚超过随机水平；对部件缺失和部件旋转非字的拒绝能力已经开始萌芽，这说明他们对单部件的认知能力较3岁儿童有显著提高，两形非字的得分已经超过随机水平，开始发展部件功能完整性意识。

5岁儿童开始表现出较为明显的文字意识，开始根据文字的规则来拼搭不同的汉字部件，84%的儿童都将汉字拼成了方形结构。他们意识到非字不符合正字法规则，正确率达68.05%。5岁儿童单部件意识也远远好于部件位置及功能意识；辨别部件缺失的正确率超过80%，已能准确地认识到单部件对汉字完整性的影响；辨别部件旋转之后的图形是非字的正确率达 72.4%，对单部件的具体形态的意识仍处于不断发展的过程中，即使年龄达到 5 岁，这种能力也还未成熟；部件位置意识才开始发展，对形声非字的得分才超过随机水平，这表明学龄前儿童对于部件构字的位置要求的认识还不太明确，要到学龄期才能发展成熟；两形非字辨别率接近 80%，部件功能完整性意识在 4 ～ 5 岁得到了快速发展（钱怡、赵婧、毕鸿燕，2013）。

6 岁儿童的文字意识比较清晰，似乎把握了汉字方块字的视觉特征，98% 的 6 岁儿童可以顺利地用不同汉字部分构建基本完整具形的汉字。

二年级学生有字形预视效应（获取所注视词右侧词的字形信息），但没有语义预视效应（获取所注视词右侧词的语义信息）（刘敏，2019）；可以初步辨别左右方位的相对性（朱智贤，1964）。三年级时，他们开始出现语义预视效应，但没有语音预视效应（刘敏，2019）。四年级时，学生已经掌握声旁规则性（孟祥芝、周晓林、舒华，2000）。

3. 汉语儿童书写发展

陈莉莉（2007）对中国香港地区儿童的早期书写表达做了个案研究。研究中所采用的书写任务包括写故事、写信、写诗。研究结果表明，儿童早期书写表达的发展可以分为三大阶段：（1）前书写阶段。儿童掌握早期汉字书写系统的一般图形特征，包括方块结构的符号、符号间规律性地空格、从左到右书写；（2）近似正确书写阶段。儿童逐渐开始关注汉字的具体特征，如：汉字的笔画、笔画组合、部件等。书写汉字的平均数量较前一阶段有所下降，但准确性大幅度提高，正确率从 14% 提高到 88%；（3）常规书写阶段。书写汉字的数量大幅提高，且准确率达到 99%。

观察儿童的前书写作品，研究者归纳和总结了系统观察情境下汉语儿童前书写发展的具体四个特点。（1）高频字偏好。儿童对一些字形比较特殊的汉字具有特别的偏好，这些汉字的特点明显：独体字、具有严格的对称结构、笔画数量少、以横竖的笔画和折笔画为主、高频字之间的视觉特征具有一定的联系。（2）镜像书写在学龄前频繁出现。儿童主要出现了整字、部件和笔画三种镜像书写。研究者认为这种特殊现象的出现较深入地反映了汉语儿童对包括方块字、对称结构等在内的汉字本身特点的认识。（3）特殊的笔画问题。儿童的笔形错误集中表现为折笔画和点笔画处理不当；笔画数目的增减在具有连续相同笔画的汉字中较常出现；笔画的不当配合主要是指一些细节，比如“出头”与否、汉字笔画的相对长度等。（4）以图代字。这指的是儿童倾向于以简笔画的形式代替汉字表达意思，如日、月、云等，研究者发现这也符合汉字象形造字“观物取相”的规律。可见 4 ～ 6 岁汉语儿童的书写发展与图画的关系非常密切，儿童对字形、部件和笔画的把握都有一定的局限性，他们的前书写发展的过程正是他们学习独特的汉字的过程。

根据上述特点，研究者总结和归纳了汉语儿童前书写发展的七个具体的阶段，并从汉字的笔画、部件、字形三个维度，揭示儿童的书写萌发从图画到文字逐步发展变化的动态过程（陈思，2010）。

第一阶段，儿童以随意的线条、无意义的涂鸦创作为主，不回答或无法回答所写内容是什么的问题；不能很好地应用书面语言的经验，而是只能通过涂画，表现“写”的状态。

第二阶段，儿童呈现有结构但含义不明的线条，如像方块字的曲线或线条、表现一行行字的波浪线等。能够解释自己涂画的内容，如三条竖线实际上代表了他名字中的三个汉字；一个简单图形则包含了汉字笔画的一些特征。书写的内容虽然不能被汉字熟练书写者识别，但融入了在环境中观察书面语言的经验，具有了初步的方块字意识，并对汉语中一字一音的重要原则有了模糊的概念。

第三阶段，儿童能写出阿拉伯数字、英语字母、简单的符号等。这一阶段，他们倾向于书写一些简单的曲线，以及由这些曲线组成的数字、符号等。

第四阶段，儿童能根据汉字的意思画出图形，或者用同一个汉字代替其他的字，如云、太阳等。这种绘图与儿童平时的绘画存在一些区别，如以三条曲线代替“风”字的象形程度就较高，儿童的“象形图示”的大小与其他汉字类似，且他们强调所画的就是“字”。

第五阶段，儿童能抽象出汉字的字形，写出“像汉字而非汉字”的符号，但熟练书写者很难理解其意义。儿童能够“模仿”环境中的汉字，写出这些似字符号，这是其早期阅读经验积累到一定程度的表现。

第六阶段，儿童书写有一些小错误的汉字，包括：使用现代汉语中不出现的笔画、笔画的冗余或缺失、笔画的方向错误、镜像书写等。阶段六与阶段五的根本区别是，能否被熟练书写者认读。基于汉字独特的象形文字特征，在这一阶段儿童表现出的特征与拼音文字背景儿童大相径庭。英语儿童拼写的错误与语音敏感性关系密切（如将 winter 写作 wtr，将 robin 写成 robbin），而汉语儿童常忽略汉字不对称部分的细部特征，如竖钩，许多儿童就会将其方向写为向右，而部件，甚至整字的镜像书写现象也十分常见。这一特征揭示儿童在这一阶段对书面语言经验的积累，与汉字本身的视觉特征联系紧密。

第七阶段，儿童能够书写的汉字符合规范汉字的字形标准。不排除存在汉字部件或笔画之间距离过大或过小、笔形与规范楷体有些区别等问题。

按年龄整理可得：

4 岁儿童的早期汉字书写处于萌芽状态。4 岁儿童的前书写分为两种：一种是无意义的涂鸦，即儿童使用无规律的线条进行涂鸦，无法说出自己书写的内容或随意命名；另外一种是有意义的绘画，即儿童使用与目标汉字相对应的图画来表示目标汉字。在从汉字轮廓到汉字笔画的发展过程中，4 岁儿童非常容易掌握汉字的这一外显特征，表现在其书写作品中，会画出长方形或椭圆形的汉字轮廓。他们在书写简单汉字时，具有独特的视觉特征，即会用目标汉字中的某些笔画代替目标汉字本身。例如：在测验过程中，某儿童用镜像的“丿”代替“月”字，用笔画“丨”代替“中”字，用“一”代替“木”字。在他们的早期汉字书写中，60.04% 的汉字仅由横竖笔画组成（王雪，2014）。

5 岁儿童已经可以区分书写和绘画，基本掌握书写的一般特征，例如出现彼此分离的符号、符号从左到右线性排列，但尚未掌握汉字书写表达的具体特征。他们的早期汉字书写处于过渡阶段，有 75% 左右的儿童会书写自己的名字。部分 5 岁 6 个月的儿童已掌握正规书写技能（林泳海，2001）。他们的书写仍以简单的独体字为主，基本可以辨认；对笔画的掌握有所发展，表现为以笔画为基本单位进行汉字加工，写出的复杂笔画的笔形更加接近规范汉字，笔画的组合更加合理。在 5 岁儿童书写的汉字中，虽然 57.52% 的汉字只由横竖两种笔画组成，但是他们能书写的 12 种笔画类型既包括横、竖、撇、捺等基本笔画，也包括横折、竖弯钩等复杂笔画，较 4 岁儿童掌握了更加丰富的笔画种类。5 岁儿童书写的汉字结构也更合理，呈现显著的对称特征，其中 53.37% 为对称结构，既包括封闭对称结构的汉字（如“口”“日”），也包括发散对称结构的汉字（如“大”“土”“王”），但仍存在笔画缺失或增加、笔画位置和长度不精确等现象（王雪，2014）。

6岁儿童的早期汉字书写能力发展迅速，书写汉字的数量快速增加，开始尝试以部件为基本单位进行汉字加工与书写。儿童书写汉字的结构更加丰富：不仅包括上下、左右结构的汉字，还包括包围、半包围结构的汉字。儿童书写汉字的笔画也更加复杂，包括横折、撇折、横折钩、竖弯钩等。对笔画的认知更加深刻，知道笔画位置、长度、数量的不同会形成不同的汉字。例如：儿童可以成对地写出“大”“天”，“木”“本”，“土”“工”，“上”“士”等。他们开始利用部件书写汉字，当可以熟练使用横、竖、撇、捺等基本笔画书写简单的独体字后，便开始尝试利用部件书写更为复杂的汉字。6岁儿童掌握的部件较少，多为单字部件，如“口”“日”“山”“木”等。他们将这些单字部件左右或上下叠加在一起，组成新的汉字（如三个“口”组成“品”字，两个“月”组成“朋”字，两个“山”组成“出”字）。6岁儿童也开始掌握一些简单的非单字部件，这些部件具有抽象性特点，且大多为3画以内。他们将已经熟练掌握的独体字与这些抽象部件组合在一起，形成新的汉字，还可以从已经习得的合体字中，分解出独体字。98%的6岁儿童可以顺利地用不同汉字的部分构建基本完整具形的汉字。6岁儿童已经熟练掌握书写的一般特征，开始探索汉字书写表达的具体特征。具体表现为：儿童掌握书面语言符号表意功能，出现“以图代字”的书写策略；儿童逐渐理解汉字特征，利用汉字的笔画及部件“自创汉字”（王雪，2014）。大多数6岁6个月儿童能够正确书写姓名（林泳海，2001）。7岁儿童可以初步辨别左右方位的相对性（朱智贤，1964）。

第二章　儿童语言障碍的表现

第一节　语音障碍表现

一、概述

（一）什么是语音障碍

语言是形式和意义结合的符号系统，包含复杂的规则，除自然手语外，自然语言的形式系统都是借助声音来表达的，因此语音障碍（phonological disorder）是语言的形式障碍之一。

语音障碍表现为语言的声音系统和控制声音组合的规则受损，包括产出和感知两个方面。以音位产出错误这一典型的语音错误为例，个体能执行要求产出单个音的运动任务，但在一些语言语境中不能正确使用这个音，比如，个体能在 /doll/ 中说出 /d/，但因为词末音 /g/ 的影响，会把 /dog/ 说成 /gawg/；或因为词末的软腭音将 /duck/ 说成 /guck/。

语音障碍需要区别于构音障碍（articulation disorder）。构音障碍是一种会影响产出的言语障碍。单纯的构音障碍者虽然大脑里的语音系统和语音系统的规则是完好的，但会出现特定元音或特定辅音的产出困难。而语音障碍的根源在大脑中，因为神经系统损伤，儿童在将言语的声音识别为声音对立的系统（音位对立系统）时表现出困难，或在将声音规则对应于概念问题时受到了阻碍。构音障碍存在于运动执行层，其原因可能是清楚的，比如有的儿童肌肉功能上有严重问题；也可能是原因不明的，比如功能性言语障碍的儿童，他们在机体生理上无损伤，其问题源自于心理或神经因素。总之构音障碍是因为器官在定位，定时，运动方向，压力控制，唇、舌、软腭或颌运动的速度上出现问题才产生的语音和语音序列的困难。在实际案例中，两种障碍可以并存，即构音障碍和语音障碍可以同时出现。本节关注的是语音障碍，而非构音障碍。

根据语音障碍产生的原因，可以将其分为语音表征障碍和语音加工障碍两大类。语音表征障碍指的是语音材料所负载的信息在头脑中存在的方式存在问题。语音加工障碍指的是对输入的语言信息进行编码、转换、存储、提取的过程存在问题。

根据语音错误模式的不同，又可将语音障碍分为三个亚类（Dodd & Iacano, 1989）：迟缓型语音障碍（Phonological delay）、一致性语音障碍（Consistent phonological disorder）、不一致性语音障碍（Inconsistent phonological disorder）。迟缓发展性模式表现为音系过程（phonological processes）发展迟缓，儿童当前阶段的语音表现应出现于更小年龄的儿童身上。通常语音迟缓被认为是神经系统发育迟缓或缺乏适当的语言环境支持引起的；偏差一致错误模式，表现为经常出现非发展性错误模式，这种情况属于非典型发展（例如，删除或省略所有词的初始辅音）（Shriberg & Kwiatkowski, 1985），这些错误加工过程通常不会出现在典型语言习得过程中。这种错误模式的原因在于儿童在语音意识、元语言和识字任务方面存在问题，即这些儿童在提取支配语言的语音规则方面存在认知—语言障碍（Dodd, McCormack, & Woodyatt, 1994）；偏差不一致错误模式，表现为发音时犯的错误每次都不一致，即每次他们发出同一个词的音，发音都可能不同（不存在口部运动障碍），通常儿童的语音系统显示出至少 40% 的变异性，也就是说难以用语音过程来描述他们的错误模式。这些儿童有时被归类为发展性言语障碍（Dodd et al., 2003）。

（二）如何描述语音异常

1. 与成人目标对照

第一种描述语音异常表现的方法是描述语音障碍儿童的发音和正常成人的发音之间对应关系的类型和程度。有三个主要模式：

（1）零对应：成人语言中的语音单位（音节、音位、特征等）完全不被患儿使用；或者患儿使用成人语言中没有的语音单位。

（2）粗略包含：成人的一系列有区别的音位单位被患儿归入单一的形式，例如，所有元音可能具有单一的中心性质。这导致同音异义词数量显著增加：bad、bed、bid、bud 等的发音都变成 /bad/。

（3）过度变化：单一的音位对比在不同语境中可能表现为在一定范围之内的音位变体，患儿产出的范围可能更加广泛。

2. 与典型发展对照

第二种描述方式关注患儿所发之音和正常儿童语音在对应的类型上

有何不同，并根据正常儿童的语音判断其发展程度。这一对照方式最有益于揭示儿童的语音障碍。有几种对应关系：

（1）未知进程：完全超出正常发展的进程。例如，Grunwell（1977）观察到的“横向插入”，患儿出现正常发展中不会存在的错误，例如，将海滩（beach）产出为 [pli]。

（2）非一般进程：不完全超出正常发展过程，但不常见。例如，Grunwell（1977）发现患儿用唇齿擦音替代齿龈塞擦音，例如，将 draw 产出为 [fo]。

（3）早期进程留存：在某一特定年龄之前已经消失的进程仍然在使用中。一个常见的例子是辅音丛简化现象在 4 岁时应该会逐渐消失，但在年龄大得多、有语音缺陷的儿童的话语中仍然经常会出现这一现象。

3. 患儿自身系统

第三种描述方式关注患儿自身的语音模式呈现出何种一致的关系模式。患儿的语音产出可能受制于一些普遍的因素，符合语音系统的一般性质，也可能是随机的，完全不可被理解。自身系统可能的特点是：

（1）多系统变异性：患儿在语音结构中的不同位置使用的对比范围不同，整个范围比正常语言要大得多。例如，患者在词的起始、中间和最后三个位置上的辅音变化空间往往截然不同，每一个变化空间都被系统地使用，但有别于正常的发育过程。

（2）音位重叠：来自不同音位的音位变体的范围可能以超出正常语言的方式发生重叠，但仍然呈现出一定的规律。例如，浊音作为一种对比特征的缺失会立即引起混淆，因为某些音素会同时解释为 /t/ 和 /d/、/p/ 和 /b/ 等，例如，双唇颤音有时用于 /p/，有时用于 /b/。但并不是所有的对比都会受到相同的影响，鼻音受到的影响就比较小。

（3）不对称：考虑到正常语音系统呈现对称性（或“模式一致性”）的趋势，在分析中发现明显的不对称将表明其无序性。尽管如此，造成这种不对称的原因可能是非常系统的，例如过度使用特定的语音对比，或者过度依赖特定特征。还应该指出的是，完全对称是不正常的：音系系统通常显示“模式中的间隙”（如，英语中没有浊声门擦音，尽管在其他发音位置和发音方法下有浊音 / 清音的区别）。这一点，加上一些正常的不稳定性，是激发音位变化的一个重要因素。

结合使用这三种方法分析临床数据，可以获得比较完整的患者语音损伤的概况。

二、语音障碍的表现

（一）整体可懂度

儿童语音障碍诊断的平均年龄为 4 岁 2 个月。言语可懂度是日常交流中判断有无语音障碍的非常直观的指标。所谓可懂度，就是指听话人理解说话人所说内容的难易度，可通过好、中、差，或轻微障碍、中度障碍、严重障碍来做出判断，好、中、差对应的可懂度比例分别为 90%、75%、50%，低于 50% 可懂度的话语就是有语音障碍的表现。

从发展的里程碑看，18 个月时，儿童的言语可懂度大约为 25%，24 个月时大约为 50% ～ 75%，36 个月时大约为 75% ～ 100%。发音滞后的儿童有着幼儿言语发展的典型模式；儿童的发音如果被归入同龄人最低的 10% 之中，或者低于语言习得年龄标准至少 6 个月，就要考虑是否滞后。另外，儿童如果出现了不像典型发展儿童的错误，就要考虑是否是语音障碍。可懂度的计算公式为：

可懂度 = 可懂词的数量 / 总词数 ×100%。

（二）音位缺陷

1. 音位感知缺陷的表现

音位感知缺陷的一个主要表现是听觉感知范畴化程度低。音位区分词的语音形式的功能依赖于听者能够对其进行范畴化的感知。语音感知范畴化指的是，沿着一个声学连续体逐渐变化的语音被感知为属于几个离散的语音范畴（Liberman et al., 1967）。音位感知范畴化程度低是一种常见的语音缺陷，表现为对涉及范畴变化的语音敏感度不及典型发展人群。

音位的范畴化感知依赖于听觉系统准确地分析音位的声学特征，以及中枢神经系统成功地调用范畴表征。听觉功能缺陷和音位范畴表征缺陷是造成音位范畴化感知程度低的两个重要因素。听觉功能受损的儿童，例如人工耳蜗植入儿童，在辅音音位的范畴化感知上存在明显的缺陷（Bouton, Serniclaes, Bertoncini, & Colé, 2012）。语音表征较弱的儿童，例如自闭症谱系障碍儿童（You, Serniclaes, Rider, & Chabane, 2017）和发展性阅读障碍儿童的辅音感知范畴化程度也都低于年龄匹配的典型发展儿童（Adlard & Hazan, 1998）。

汉语方面，除了音段成分，声调这一超音段成分也具有区分词的语音形式的作用，即声调也是汉语的一种音位。由于语音通过人工耳蜗时，将损失大量频率信息，因此人工耳蜗植入儿童的声调缺陷尤为明显。母语为汉语普通话的人耳蜗植入儿童声调感知范畴化程度较于年龄匹配（4～5岁）的典型发展儿童明显更低（Yin & Mahshie, 2016）。此外，普通话自闭症谱系障碍儿童和发展性阅读障碍儿童也存在声调感知缺陷（Wang , Wang, Fan, Huang, & Zhang, 2017; Zhang et al., 2012）。事件相关电位（event-related potential, ERP）研究发现，10岁的自闭症谱系障碍儿童（Wang et al., 2017）和10岁的发展性阅读障碍儿童（Zhang et al., 2012）对声调范畴变化的听觉感知敏感性都不及年龄匹配的典型发展儿童，这可能与他们更弱的声调范畴表征有关（Wang et al., 2017; Zhang et al., 2012）。

2. 音位产出缺陷的表现

在前语言阶段，需要观察婴儿的发音行为，如果1～8个月的婴儿产出的发声行为非常少，与其同年龄段的婴儿相比，相对应的表现很低频或是不那么成熟，那么就要考虑是否发生障碍。

通常，音位的发展对于区别典型发展儿童和语言迟缓发展儿童有很大作用（Fletcher, Francis, Morris, & Lyon, 2004）。音位产出准确性上，语言障碍患儿的元音系统相对得到较好发展，产出准确性问题主要体现为央化趋势。相比于元音，语言障碍人群在辅音产出上的问题更加严重。Williams和Elbert（2003）列出了一些语音现象来预测晚说话婴儿的长期语音迟缓（表2-1）。

表2-1　预测婴儿语音迟缓的音位产出现象

音位特征	描述
有限的语音系统	音位的习得顺序延迟；30～35个月时，晚说话者只会说6～9个不同的辅音
更多语音错误	辅音正确率低于45%
简单的音节结构	很少有音节包含超过一个辅音或辅音群
替代错误多样化	个体的音位发音不同

（续表）

音位特征	描述
非典型性错误	不一样的替代（/d/、/h/）；元音错误
发展速度迟缓	从 24 个月到 36 个月，婴儿的语音变化很小

（引自 Williams & Elbert, 2003）

因为辅音产出在这一阶段是检验语音发展的一个重要方面，所以进行语音评估时的一个有效方法就是检验掌握的辅音数量（Shriberg & Kwiatkowski, 1985）。听现场或发音录音样本，然后简单地写下至少出现一次的辅音，不管它是出现在正常词、近似词还是非常规发音中，通过这一过程可以确定掌握辅音的数量。了解儿童掌握的辅音数量有两方面的作用：（1）挑选适合婴儿最初学习语言的词汇。（2）衡量语音迟缓的严重程度。

儿童的辅音音位产出缺陷主要有以下表现：（1）产出的辅音范畴的数量较少。（2）遗漏词尾辅音。（3）辅音发音部位错误，例如，舌面后音替换为舌面前音，鼻音替换为口音。（4）辅音发音方法错误，例如，塞擦音替换成塞音或擦音。

与辅音相比，儿童在元音上的表现相对较好。元音音位产出缺陷主要有以下表现：（1）元音遗漏，造成复合元音单元音化；（2）紧张—松弛替换；（3）元音央化，导致央化元音的过度使用。高舌位元音比央舌位元音的错误比例更高。

汉语等声调语言学习者可能还存在声调产出缺陷，主要表现为：（1）产出声调的调值准确度较低；（2）产出声调的调型准确度明显不及年龄匹配的典型发展儿童。

（三）韵律缺陷

1. 韵律感知缺陷的表现

韵律感知水平可通过一些标准化的韵律测查量表评估，例如儿童韵律系统分析元素（Profiling Elements of Prosodic Systems in Children, PEPS-C），也可通过设置典型发现控制组的行为实验衡量。韵律感知缺陷具体体现为：第一，无法精确感知语调，在识别语调承载的语用和语法功能上存在困难。情感语调识别缺陷具体表现为无法准确识别语调承载的情绪，例如，高兴、悲伤、愤怒等。语气语调识别缺陷体现为无法准确识别语调承载的陈述、疑问、命令和感叹语气。第二，在节奏的感知上存在困难，无法利用节奏信息有效切分语言单位。第三，在重音的知觉上存在缺陷，无法有效利用重音线索识别被强调的信息。

韵律感知缺陷与听者对音高、音强和音长等超音段特征的声学分析水平有关，存在听觉损伤和听觉超敏的儿童在韵律声学分析上的异常将导致韵律感知缺陷。此外，韵律感知缺陷也与高水平的认知功能，例如，语用能力、语法能力、心理理论等缺陷有关。研究发现，听觉障碍儿童和自闭症谱系儿童在情感韵律、语调、重音、节奏等的感知上存在明显的缺陷，听觉障碍儿童的听觉功能损伤和自闭症谱系障碍儿童的感知觉、社会语用功能的异常是其韵律感知能力不足的主要原因。有研究发现高功能自闭症儿童情感韵律识别存在损伤，且这种损伤普遍存在于各种情感上，并非仅针对某些特定的情感。造成汉语自闭症儿童情感韵律损伤的重要原因是自闭症儿童难以捕捉维度相近、韵律特征相似情感的区别特征，因而区分维度相近的情感比典型发展儿童难度更大（Song, Zhong, Jia, & Liang, 2020）。

2. 韵律产出缺陷的表现

目前已有许多研究从语调、节奏或重音特征出发，对发展性语言障碍人群的韵律产出能力进行了研究。主观评估和客观的声学测量是衡量韵律产出的两大方式。

（1）语调特征

自然语调特征上，音调异常是一种典型的语调特征缺陷。这种异常具体体现为音调单一或音调过度变化。患有同一种发展性认知障碍的人群也可能在不同情况下展现出这两种异常表现。例如，采用主观评估法的研究发现，在图片命名中，自闭症谱系障碍儿童存在音调单一问题（Nakai, Takashima, & Takiguchi, 2014）。然而，采用声学测量法（常用指标：平均基频、基频标准差以及基频范围等）的研究发现自闭症谱系障碍儿童在 60 秒内连续命名词语（Bonneh, Levanon, Dean-Pardo, Lossos, & Adini, 2011）、自主表达（Nadig & Shaw, 2012）、主题对话（Sharda et al., 2010）、叙事（Diehl, Watson, Bennetto, McDonough, & Gunlogson, 2009）任务中，产出言语的基频范围都显著大于典型发展儿童，说明其音调变化比典型发展儿童更夸张。

语气语调特征上，患有语音障碍的儿童产出语气语调的主观听辨准确度不及典型发展儿童。声学测量方面，语气语调基频范围过大或过小都被视为语音异常。例如，有研究采用自编陈述句和疑问句实验材料来考察自闭症谱系障碍儿童的韵律特征（Fosnot & Jun, 1999）。在陈述句表达中，他们发现无论在哪种韵律产出状态中，自闭症谱系障碍儿童的基频范围都大于典型发展儿童。在疑问句的表达中，尽管自闭症谱系障碍儿童在句末产生较高的平均基频，但句末音调的变化却无上升的趋势。这一研究说明自闭症谱系障碍儿童存在陈述语调夸张的问题，同时疑问语调过于平缓。

情感韵律上，主观听辨方面，产出韵律特征被识别为特定情感的准确度不及典型发展儿童被认为具有情感韵律产出缺陷。声学测量方面，语音障碍儿童产出情感韵律的基频范围也可能呈现出过高或过低的状态。例如，Hubbard 和 Trauner（2007）通过主观听辨和客观声学测量结合的方式，对自闭症谱系障碍儿童和普通儿童在仿说和自发状态下的情感语调（高兴、悲伤、愤怒）进行研究。研究显示，被试情感间的基频范围在两种状态下均存在显著差异，由大到小依次是高兴、愤怒、悲伤，且自发状态下情感间的差异小于仿说状态。自闭症谱系障碍儿童的基频范围在仿说状态下显著高于其他两组被试。

（2）节奏特征

前人研究主要从话语的停顿出发来考察节奏特征。说话者通过停顿，对线性结构出现的语流按语义进行创造性的划分和组合，使语义更加清晰准确，澄清歧义和误解。节奏缺陷表现为：语法性停顿（短语间的停顿）次数过少或过多；非语法性停顿（短语内的停顿）次数过少或过多；停顿时长过长或过短；音节时长过长或过短。

节奏缺陷的表现具有很强的异质性，即使是在具有同类临床诊断的发展性认知障碍儿童内部，也可能存在截然相反的表现。Thurber 和 Tager-Flusberg（1993）探究了自闭症谱系障碍儿童在看图说话任务中的停顿特征以及停顿与认知水平的关系。他们发现自闭症谱系障碍儿童的语法性停顿（短语间的停顿）次数与典型发展儿童并无差异，但非语法性停顿（短语内的停顿）次数显著少于其他两类儿童。Fosnot 和 Jun（1999）却得出与 Thurber 和 Tager-Flusberg（1993）相反的结论。他们发现在朗读状态下，自闭症谱系障碍儿童的非语法停顿次数显著多于普通儿童。他们还发现自闭症谱系障碍儿童的平均音长以及音长变化范围均显著高于典型发展儿童，他们在产生停顿的同时会延长某个音节的时长。

（3）重音特征

语音障碍儿童在对比重音和语法重音上都可能存在缺陷。语法重音产出可通过仿说或朗读等方式衡量。相比之下，对比重音的测试需借助更复杂的程序。例如，测试过程中，主试操控手偶的同时进行提问，要求被试用主谓宾句式的句子来回答问题。主试操控娃娃喝可乐，并提问“Is the baby drinking milk?”，被试应回答“No, the baby is drinking coke”。被试若对 coke 进行强调，则表示他正确使用了对比重音。可将对比重音放于主语、谓语和宾语来考察被试对不同位置的对比重音的使用情况。

重音产出缺陷主要有以下表现：第一，重音位置不当，例如，将语法重音置于主语；将应该在其他位置的对比重音置于句末；忽视语境信息，将重音更多地置于某一类型的词，如重音置于虚词而非实词。第二，重音过多，例如，在一句话中会产生比实际需求更多的对比重音。第三，重音缺失。第四，重音的声学参数，例如基频标准差、基频范围、平均基频等过大或过小。

自闭症谱系障碍儿童是一类具有普遍的重音产出缺陷的认知发展障碍儿童，存在重音位置不当，重音过多或缺少重音等问题。对比重音方面，自闭症谱系障碍儿童在自由交谈的形式下不能准确使用重音来强调新信息（McCaleb & Prizant, 1985）。Peppé、McCann、Gibbon、Hare、Rutherford（2007）和 Paul、Augustyn、Klin、Volkmar（2005）分别通过 PEPS-C 量表和自编实验材料发现自闭症谱系障碍儿童音位出现错误的概率是典型发展儿童的两倍。声学分析发现，自闭症谱系障碍儿童产出对比重音的基频标准差和基频范围显著高于典型发展儿童（Diehl & Paul, 2013）。语法重音方面，Fosnot 和 Jun（1999）发现自闭症儿童在仿说和朗读状态下将重音置于句末的次数显著高于典型发展儿童。

具有韵律发展缺陷的汉语普通话儿童在语调、节奏、重音等韵律特征上都可能存在问题。

语气语调方面，平均基频、起伏度等声学参数异于普通话典型发展儿童。例如，王明月、肖永涛和李青青（2017）的研究中让学龄前自闭症谱系障碍儿童和典型发展儿童用疑问和陈述语气语调仿说“妈妈吃西瓜”，并通过声学分析的方式对两种语气语调进行研究。他们发现自闭症儿童陈述语调的平均基频显著高于典型发展儿童，起伏度显著低于典型发展儿童，而疑问语调的起伏度显著高于典型发展儿童。

情感语调方面，语调单一，具体表现为基频范围、基频标准差等声学参数上异于典型发展儿童。例如，钟检秀（2015）的研究发现仿说状态下（情感语调为高兴、中性、悲伤），自闭症谱系障碍儿童的基频范围小于典型发展儿童。王玉珏（2018）的研究发现自闭症儿童在自发和仿说状态下情感语调（喜欢、厌恶）的基频标准差和基频范围都显著低于典型发展儿童，表明其语调单一，变化幅度小。

节奏方面，语速、停顿次数和停顿时长等声学参数值异于典型发展儿童。例如，王玉珏（2018）发现自闭症谱系障碍儿童的停顿次数、停顿时长的变化与典型发展儿童相似，表现为随句长的增加而增多，随目标语速的加快而减少。而自闭症谱系障碍儿童仿说慢速和中速短句时的语速显著大于典型发展儿童。这一结果表明自闭症谱系障碍儿童具有与典型发展儿童相似的停顿模式，但是对语速的控制能力不足，存在仿说语速较快的问题。

重音方面，相对平均基频、相对平均强度和相对时长等声学参数值异于典型发展儿童。例如，王玉珏（2018）发现自闭症谱系障碍儿童句首重音的平均基频、相对时长显著低于典型发展儿童，句中重音的相对时长显著短于典型发展儿童，句末重音的相对时长显著长于典型发展儿童。自闭症谱系障碍儿童三种重音位置间的相对时长存在差异，表现为句末重音的相对时长显著长于句首和句中重音。这些结果表明自闭症谱系障碍儿童在表达句首和句中重音时存在问题，易将重音置于句末，主要以延长音长的方式来突显句末重音。

（四）语音加工技能缺陷

1. 语音意识缺陷的表现

语音意识是对语言中各种语音单位有意识地探测和操作的能力。语音意识水平与听者的语音表征和高级认知功能，如工作记忆、抑制控制等有关。当语音意识表现低于智龄预测水平，则可被视为具有语音意识缺陷。患有脆性X染色体综合征、唐氏综合征、发展性阅读障碍的儿童，语音意识往往存在明显缺陷。语音意识缺陷表现为：

（1）语音意识水平和增长速度滞后于典型发展儿童。例如，Adlof、

Klusek、Shinkareva、Robinson 和 Roberts（2015）的研究发现脆性 X 染色体综合征男童的语音意识发展水平和增长速度要滞后于典型发展儿童；脆性 X 染色体综合征儿童在 10 岁以后语音意识的增长速度低于 10 岁之前，5～10 岁时语音意识会迅速发展，但是 10 岁以后语音意识的增长速度则明显减缓。

（2）音节意识水平低于典型发展儿童，在音节的计数、删除、增加、切分等操作上存在困难。例如，Snowling、Hulme、Mercer 等（2002）发现平均年龄为 13 岁 2 个月的唐氏综合征儿童在音节任务中的得分显著低于阅读年龄匹配的典型发展儿童。Verucci、Menghini 和 Vicari（2006）研究中的唐氏综合征儿童以意大利语为母语，平均生理年龄为 16 岁 5 个月，智龄为 6 岁 2 个月。音节意识任务包括音节合成、音节切分、音节删除、音节判断和押韵判断任务，实验结果发现控制言语智商之后，唐氏综合征儿童在音节删除和音节切分任务中的表现显著落后于典型发展儿童。

（3）押韵意识水平低于典型发展儿童，在韵尾的区分、识别、替换等操作上存在困难。例如，Snowling 等（2002）发现唐氏综合征儿童在押韵判断任务上的表现显著低于阅读年龄匹配的典型发展儿童。考虑到唐氏综合征儿童的言语智商与典型发展儿童差异显著，研究者又从两组被试中挑选出言语智商两两匹配的被试，结果发现唐氏综合征儿童在押韵判断任务中的正确得分仍显著落后于典型发展儿童。Verucci 等（2010）也发现平均生理年龄为 16 岁 5 个月的唐氏综合征儿童在押韵判断上的表现显著低于言语智商匹配的典型发展儿童，表明其押韵意识存在缺陷。Bradley 和 Bryant（1978）最早发现了发展性阅读障碍儿童在押韵意识上存在缺陷，12 岁的发展性阅读障碍儿童辨别韵尾不同的词的能力显著低于阅读年龄匹配的典型发展儿童。

（4）首音意识水平低于典型发展儿童，在首音的区分、识别、替换等操作上存在困难。Gombert（2002）通过首音区分任务发现法语唐氏综合征儿童的首音意识显著低于阅读水平匹配的典型发展儿童。Bradley 和 Bryant（1978）发现 12 岁的发展性阅读障碍儿童在被要求选出与其他三个词首音不相同的那个词时，表现不及阅读年龄匹配的典型发展儿童，在被要求产出与目标词押韵的词时其表现也不佳。

（5）音素意识水平低于典型发展儿童，在音素的区分、识别、替换等操作上存在困难。例如，Snowling 等（2002）通过音素判断任务发现英语唐氏综合征儿童的音素意识显著落后于阅读年龄匹配的典型发展儿童。Gombert（2002）通过音素合成、音素计算和音素删除等任务考察法语唐氏综合征儿童的音素意识，结果发现唐氏综合征儿童的音素意识显著落后于阅读能力匹配的典型发展儿童。发展性阅读障碍儿童的音素意识比其他语音意识如押韵意识的损伤程度更大。Swan 和 Goswami（1997）比较了发展性阅读障碍儿童和生理年龄匹配组以及更年幼的阅读年龄匹配组的表现，结果发现：发展性阅读障碍儿童在音节切分和首音—韵脚相似性判断的任务上与阅读年龄匹配组表现相当，但在音素意识任务上的表现明显差于阅读年龄匹配组。Melby-Lervåg、Lyster 和 Hulme（2012）对儿童的音素意识、押韵意识以及语音短时记忆与词阅读能力之间的关系进行了综述性研究，所综述的 235 个成果既包含对照组研究，也包含非对照组研究。包含对照组研究的结果表明，发展性阅读障碍儿童的音素意识显著落后于同龄的典型发展儿童和年幼的阅读水平匹配的儿童，而被试在押韵意识和语音短时记忆能力之间差异较小。

汉语语音意识方面，除了上文所述音节意识缺陷、押韵意识缺陷、首音意识缺陷、音素意识缺陷之外，学习汉语的儿童还可能存在声调意识缺陷。陈晨（2014）的研究通过音节判断、音节删除、押韵判断、音素判断和声调判断等任务考察平均年龄为 14 岁 1 个月的汉语唐氏综合征儿童的语音意识，结果发现与阅读能力匹配的典型发展儿童相比，其音节意识、押韵意识、音素意识和声调意识都明显更弱。汉语发展性阅读障碍儿童的语音意识也存在显著缺陷。栾辉、舒华和黎程正家（2002）的个案研究报告称汉语发展性阅读障碍儿童的音素、声调意识较差。沈丹丹（2017）的研究发现 8 ～ 9 岁汉语发展性阅读障碍儿童在首音（声母）、押韵（韵母）、声调和音素四个层面的语音意识任务中的正确率都要显著地低于阅读水平匹配组儿童，她认为汉语发展性阅读障碍儿童存在语音意识缺陷，对细小的语音单元的知觉敏感性不高，不能很好地对声母、韵母、声调和音素进行操作加工。

2. 语音短时记忆缺陷的表现

语音短时记忆作为工作记忆的子成分最早由 Baddeley、Hitch 和 Bower（1974）提出，它是指暂时存储语音信息的能力。回忆词表任务是一种典型的言语短时记忆任务，其中，被试会听到一个口语词清单，他们被要求按照呈现顺序重复这些词。该任务明显涉及言语感知和产出机制的充分性。回忆词表任务可使用非词和真词两种材料。无论是真词还是非词，都需对其先进行语音听觉识别，再进行语音编码，最后产出词或非词的语音形式，但两者的语音编码过程不同。Patterson 和 Shewell（1987）提出词和非词回忆的加工模型，该模型指出真词回忆的语音编码调用听觉输入词库，而非词的语音编码依赖于声音—音位转换规则。除此之外，无论在哪种情况下，语音短时记忆都需要一般性认知系统的参与。这些与语音短时记忆相关的加工过程的损伤将造成语音短时记忆缺陷。

有研究发现语音短时记忆障碍在唐氏综合征群体中广泛存在，是其最突出的特征之一（杨福义、王琰，2015）。记忆广度测验表明，大部分唐氏综合征个体的语音短时记忆为 2 ～ 5 个组块（Bird & Chapman, 1994）。与语言能力、非语言智龄和智龄匹配的典型发展儿童比，唐氏综合征儿童的语音短时记忆更差（Bird & Chapman, 1994）；与智龄匹配的威廉姆斯综合征儿童和非语言智龄匹配的特异性语言损伤儿童（Laws & Bishop, 2003）相比，唐氏综合征儿童的语音短时记忆更差。在唐氏综合征儿童组内，其视觉—空间短时记忆（visuo-spatial short-term memory）比语音短时记忆差（Jarrold & Baddeley, 1997）。除了唐氏综合征人群之外，脆性 X 染色体综合征人群、发展性阅读障碍人群也存在普遍性的语音短时记忆缺陷，但缺陷产生的原因可能存在差异。

·方面，如前文所述，语音短时记忆涉及语音的听觉识别。听觉识别上的困难会造成语音短时记忆缺陷。语音的听觉识别是指在确定声音有无的基础上，把握声音各种特性，区分不同声音的能力。Keller 和 Fox（2007）以英语音位对为材料，研究了唐氏综合征儿童的语音识别能力，结果表明唐氏综合征儿童的语音识别能力存在异常。如果个体不能正确识别语音包含的信息，在存储和提取时也会出现错误，研究者指出唐氏综合征儿童的语音短时记忆缺陷可能源于其语音识别损伤。

另一方面，完成语音短时记忆任务的被试很大程度上要依赖于语音编码（Crowder, 1978）。语音短时记忆中语音编码重要性的证据来自以下观察：一是语音相似度效应，即回忆声音彼此相似的项目序列要比回忆声音不相似的项目序列要难得多（Conrad & Hull, 1964）；二是词长效应，回忆长词的序列比短词的序列更难（Baddeley, Thomson, &

Buchanan, 1975）。词长对短时记忆的影响有一种非常具体的形式。长词需要更长的时间来发音，因而人们能够发不同长度的词的速率与针对这些词的记忆之间有着很强的关联。同时那些能够更快地说出词来的个体可能在那些词的语音表征上发展得更好。语音编码上的困难将造成语音短时记忆缺陷。例如，脆性 X 染色体综合征人群在这些任务中表现出重复单音节词的精确度要高于多音节词。发展性阅读障碍儿童，由于其语音编码运作不如正常阅读者有效率，因此其语音短时记忆不及典型发展儿童（Hall, Ewing, Tinzmann, & Wilson, 1981; Johnston, Rugg, & Scott, 1987）。

前人的研究通过对比真词回忆和非词回忆任务上的表现，进一步探测语音编码缺陷如何影响语音短时记忆。Snowling（1981）比较了发展性阅读障碍儿童和比发展性阅读障碍儿童小 4 岁的、阅读年龄匹配组儿童的语音短时记忆，让他们重复多音节的词，如 pedestrian、magnificent，和衍生于这些词的非词，如 kebestrian、bagmivishent。结果显示，发展性阅读障碍儿童在重复真词时没有任何困难，但重复非词时比阅读年龄控制组要差。在后续的研究中，Snowling、Goulandris、Bowlby 和 Howell（1986）测试了发展性阅读障碍儿童和生理年龄匹配组、阅读年龄匹配组对非词、低频词和高频词的重复。为了检测感知因素可能起到的重要作用，词和非词在不同程度的噪音下被呈现（噪音掩蔽）。发展性阅读障碍儿童和控制组儿童都受到噪音掩蔽的影响，而且受影响的程度相似，这表明重复方面的困难不能归因于感知问题。最重要的是，发展性阅读障碍儿童正确重复的非词比两个控制组都少；他们在低频词上显示出轻度困难，比生理年龄控制组差，与阅读年龄控制组相似。对这些结果的一个解释是发展性阅读障碍儿童在建立言语监控程序时有特别的困难，另一种解释是发展性阅读障碍儿童词库相对完好，但语音编码规则受损。在非词重复任务上揭示出来的言语产出问题可能是揭示阅读障碍的其他众多困难的基础。临床上认为在阅读障碍和细微的言语问题之间存在很强的关联，这些言语问题包括发错不常见词的音、找词困难和词语误用（用相似的音替换想说的词）。发展性阅读障碍儿童经常抱怨外语学习的困难，非词重复背后的言语产出问题可能会延迟口语词汇的学习，调查还表明发展性阅读障碍儿童学会说话的时间也晚。学习问题也可能伴随存储于记忆中的口语词的表征质量，而这反过来可能会导致诸如命名等任务的困难。

汉语方面，语音短时记忆障碍也常见于一些发展性语言障碍人群。前人研究发现，汉语普通话唐氏综合征儿童在非词回忆任务中的成绩显著低于词汇水平匹配的典型发展儿童（林青、赵航、宿淑华、刘巧云、丁文君，2018）。汉语普通话发展性阅读障碍儿童在语音短时记忆任务中的成绩显著低于阅读水平匹配组儿童（Ho, Law, & Ng, 2000；杨炀、毕鸿燕，2017）。

前人研究对以汉语为母语的人群语音短时记忆缺陷的内在机制展开了讨论。杨炀和毕鸿燕（2017）考察了语音产出过程中的发音速率，以及语音编码保持过程中对干扰信息的抑制能力这两个与语音短时记忆相关的重要因素的影响。研究发现在汉字复述任务中，发展性阅读障碍儿童的发音速率与年龄匹配的控制组儿童没有显著差异，表明发展性阅读障碍儿童通过复述形式存储语音能力正常。在汉字语音编码与保持加工的过程中，发展性阅读障碍儿童更多受到字形与语义编码信息的干扰，表明其抑制能力存在不足。这些结果表明，汉语发展性阅读障碍儿童的言语短时记忆缺陷不是由其编码方式的不同或者语音产出能力的缺陷导致的，而是由在语音编码中对干扰信息的抑制能力有缺陷导致的。

第二节　形态—句法障碍表现

本章从形态和句法两个大的方面论述儿童语言发展中的形态—句法障碍表现。

一、形态—句法障碍的定义

形态—句法障碍包括形态障碍和句法障碍两方面的内容。其中，形态障碍指的是语言使用者在构形形态的使用方面（包括屈折变化和构形语素等），与典型发展人群相比，表现出的困难或发展迟缓的状况；句法障碍是指语言使用者在加工不同层面上的句法结构时，与典型发展人群相比，表现出的困难或发展迟缓的状况。本节讨论的句法结构主要包括：短语层面上的动词论元结构、动词的前修饰语成分，简单句层面上的否定句、疑问句以及复合句层面上的主语关系从句、宾语关系从句、定语从句、状语从句等。

二、形态—句法能力测量使用的两种常见的评估任务

以英语为对象设计的形态句法的常模—参照和标准—参照的测量工具较多，分为接受和表达两种类型的任务。

（一）接受性形态句法任务

在接受性形态句法任务中，为了确定儿童是否理解某个形态的意义，评估者会出示一些图片，并要求儿童“Show me the boys are running. Now, show me the boy is running”。这个例子是为了评估儿童对复数 -s 和单数的理解。为了评估儿童对正确句子结构（即句法）的理解，评估者会告诉儿童“The boy is pushed by the baby”。然后出示一些图片，让儿童找出准确表达了该句意思的那张。此外，评估者也可以读一段短文，然后询问儿童对这个故事的理解。

（二）表达性形态句法任务

在表达性形态句法任务中，有时评估者会出示一张图片，并要求儿童补全句子。“This is David. Whose book is it? It is (his).”该例测试的是儿童对物主代词的使用情况。有时评估者会提供一张图片和一个词（比如 although），要求儿童使用目标词造一个跟图片内容有关的句子。有时评估者会说出一个句子，要求儿童重复这个句子。比如：“Was the boy followed by the girl? ”在儿童的句子模仿中，评估者要注意到所有形态句法上的错误。

使用这些评估程序要注意的是，不同的测试任务对个体的句法、形态、语义和语音能力的要求是有变化的。比如，句子模仿任务涉及个体的短时记忆能力；模仿任务的困难可能是短时记忆问题的结果而非形态句法缺陷所致。

三、儿童语言发展中的形态障碍表现

下面从名词复数标记“s”、名词的性范畴和格范畴、动词相关的形态变化、时体标记以及功能词等几个儿童形态习得方面的问题入手，介绍儿童语言发展中的形态障碍表现。

（一）名词复数标记 -s 的泛化和遗漏

Reed（2017）指出，听力损伤儿童加工与名词复数相关的形态标记时存在困难，具体表现为将规则变化即直接在名词后添加 s 的规则

用于不规则变化的复数名词，如将“mice”这一已是复数的形式表达为“mices”，将集合名词“sheep”的复数形式表达为“sheeps”。又如把不规则的复数形式当成单数名词使用，比如出现“The men was hot”的错误表达。相关研究发现，学习英语的耳蜗植入儿童和健听典型发展儿童一样，名词复数形式的习得要比主要动词的规则过去式标记早很多（Svirsky, 2002; Spencer, 1998）。此外，大量研究表明，特异性语言损伤儿童经常遗漏名词复数的标记（Oetting et al., 1995）。

（二）名词的性范畴和格范畴的滞后性和遗漏

部分语言中，名词不仅有数上的范畴化，还有阴性、阳性等性范畴上的区别。此外，从句中名词与主要动词之间的关系看，动词具有主格、宾格等不同的格范畴特征。对于名词形态标记丰富的语言而言，语言损伤儿童格范畴标记和代表不同名词的性范畴标记习得存在滞后或困难。比如，Szagun（2000）的一项研究发现，绝大多数以德语为母语的耳蜗植入儿童会习得定指形式（/der/、/die/、/das/）和不定指形式（/ein/、/eine/、/ein/）的主格，而对宾格标记的使用是极少的，与格形式则会遗漏。大量研究表明，希腊语特异性语言损伤儿童在宾格和属格的附着宾语代词上以及定冠词的属格标记上有持续困难（Mastropavlou, 2006）。Karmiloff-Smith 等（1997）发现，9 ～ 22 岁的威廉姆斯综合征被试虽然在词汇和语法理解上得分更高，但是性范畴产出比典型发展儿童表现差，在新词上尤其困难。Monnery 等（2002）发现 5 ～ 22 岁的威廉姆斯综合征儿童及青少年学习法语时能够恰当地使用性范畴一致规则，但是将性范畴运用到非词上时就会表现出非典型性。

（三）动词相关形态标记的难产性和遗漏

以英语为例，与动词相关的词形变化有动词人称的单复数（Lily runs. vs The girls run.）、动词的一般过去式（run vs ran）以及动词的被动语态（run vs run）等。听力损伤儿童对动词形态的使用存在障碍。如过去时标记和第三人称单数时态标记困难、遗漏助动词、使用现在完成时（如“have spoken”）和否定的被动语态（如“The candy was not found by the girls”）尤为困难。Bol 和 Kuiken（1990）的一项研究表明，以荷兰语为母语的唐氏综合征儿童，在动词一致方面的形态语素运用方面，存在显著损伤。一些研究发现威廉姆斯综合征儿童的规则动词形态表现优于不规则形态（Ring & Clahsen, 2004），另一些研究发现相比于对照组，他们不规则动词形态的表现明显更差，而规则形态则不是这样，这表明威廉姆斯综合征儿童完整的规则使用和受损的词汇知识相分离（Clahsen & Almazan, 2001）。但是，运用混合设计的大型研究并未发现组别和规则性之间的交互作用（Zukowski, 2005）。Bartolucci 和 Albers（1974）发现自闭症儿童产出话语时比弱智儿童、典型发展儿童更少生成句法形态，特别是动词时态的使用。此外，来自多语言（德语、法语、芬兰语、阿富汗语、希伯来语）特异性语言损伤儿童的研究结果都表明：动词相关类功能性语素习得困难是特异性语言损伤儿童普遍存在的问题（Clahsen, 1989; Kunnari et al., 2011; Southwood & Hout, 2010；Dromi, Leonard, & Shteiman, 1993）。

（四）时体标记的混用和滞后性

有关时体标记方面的障碍研究，关注较多的是特异性语言损伤儿童。与典型发展儿童相比，特异性语言损伤儿童往往无法根据动词的语义特征或语境提供的线索来正确使用相应的时体标记，无法形成时体的范畴化，并出现时体标记的混用和习得迟缓。比如，Polite 和 Leonard（2007）考察特异性语言损伤儿童是否和典型发展儿童一样倾向于将 -ed 和有明确终结点的完结动词连用，倾向于将 -ing 和活动动词连用。结果表明典型发展儿童在使用 -ed 和 -ing 时会受到动词语义类型也就是词汇体的影响，但这一结果在 5 岁 1 个月的特异性语言损伤儿童身上没有体现。较早的跨语言研究发现挪威儿童会用过去时替代现在时（Meyer Bjerkan, 1999）。Leonard 和 Deevy（2010）调查了完成线索（表明事件是正在进行还是已经完成）的作用来评估儿童对于过去进行体和现在进行体的理解。结果表明，特异性语言损伤儿童和典型发展儿童并不以同样的方式关注体，对体范畴的不敏感可能导致这些儿童延长不能正确使用时体的时间。Konstantzou（2015）考察了平均年龄为 6 岁 3 个月的希腊语特异性语言损伤儿童对语法体的理解和产出情况，结果表明，在非完成的事件中他们很难理解完成体的使用；在能够接受非完成事件中使用完成体时，他们通常会说一句话表明事件还没有完成，这表明对于希腊语特异性语言损伤儿童来说，完成体基本上完全习得，但是非完成体的使用和理解均存在问题。

汉语研究方面，Cheung（2005）采用诱发任务和标准的图片理解任务考察了说普通话的汉语特异性语言损伤儿童体标记的使用情况，纵向追踪数据显示，这些儿童在一年中体标记的产出有所提高，但对体标记的理解仍然逊色于实际年龄小于他们的4岁儿童。何晓炜（2013）对特异性语言损伤儿童对体标记“了”和“在”的产出情况进行了考察，结果表明汉语普通话特异性语言损伤儿童“了”的产出与年幼的典型发展组儿童之间存在显著差异；粤语研究方面，Stokes和Fletcher（2000）利用对话样本关注粤语的完成形式zo2，结果表明，特异性语言损伤儿童和典型发展儿童对zo2的使用频率是相当的，但特异性语言损伤儿童与zo2连用的动词数量要少一些。Stokes和Fletcher（2003）采用句子重复任务、视频叙述和对话任务，考察了粤语特异性语言损伤儿童对6个体标记的习得情况，结果表明，尽管在句子重复任务中，特异性语言损伤儿童和年龄匹配的典型发展儿童的时体形态表现一样，但在另外两个任务中，较之特异性语言损伤儿童，典型组儿童能够在更广的情景中使用完成体和未完成体。Fletcher等（2005）的研究也表明粤语特异性语言损伤儿童能够使用时体的形态，但使用的场合明显少于典型发展儿童。

（五）功能词的遗漏和滞后性

功能词的语义较弱，很多情况下只表达某些虚化的句法意义。语言损伤儿童往往由于无法掌握功能词的语法意义，而遗漏对功能词的使用。比如，Chapman（1997）比较了平均话语长度相匹配的唐氏综合征儿童组和典型发展儿童控制组在叙述性话语中的表现，发现唐氏综合征儿童显著地更频繁地遗漏一些功能语素，比如助词、情态动词、介词和冠词a、the，说明唐氏综合征儿童形态方面的障碍明显。Chapman（1997）还发现，唐氏综合征儿童最常省略的词是系动词（is, were）、助动词（do, does）、情态助词（can, will）、冠词（a, the）、介词（at, for）、代词（I, she）、状语修饰语（when）、连词（and）以及动词不定式（to），并且与智龄相匹配的控制组差异显著。Churchill（1972）的个案研究发现，在介词使用上，自闭症儿童不懂in、on、under、beside等介词的意思，只有在训练中依据实物才会使用一些给定的介词。Ricks和Wing（1976）提到自闭症儿童在学习小词（small words）比如介词、连词和代名词上比典型发展儿童更慢，即使学会了，在言语中也经常遗漏。

四、儿童语言发展中的句法障碍表现

下面从动词论元的遗漏、疑问句加工困难、动词前修饰结构加工困难、被动句论元错位和滞后性、把字句的滞后性、复合句中关联词的遗漏和先行词加工困难这几个儿童句法习得方面入手，介绍儿童语言发展中的句法障碍表现。

（一）动词论元的遗漏

句子中必须有动词，动词中存在受支配的论元——名词短语（NP），有时是介词短语（PP）。动词的论元存在内部论元和外部论元的区分。内部论元是动词短语（VP）中的论元，通常由动词进行子类别化。因此动词 move 和 give 在内部论元上是不同的，move 只需要一个 NP 充当内论元（“move the cupboard”），而 give 的内论元结构则表现为 NP+PP 序列或 NP+NP 序列（“give the bone to the dog” / “give the dog the bone”）。在大多数英语句子中，主语 NP 是一个必需的外部论元。如果儿童了解主语是必须的，并且知道某个特定动词的内论元要求，那么简单句的基本句法结构就会自动实现。儿童可以通过动词的语义线索，探测到动词的内论元结构。例如，put 的语义包含了位于某处的东西和相应的位置，它们分别由 NP 和 PP 表示。相应地，put 的内论元结构实现形式为 NP+PP。动词语义对论元结构的句法实现产生的线索作用通常被称为语义引导。相当数量的实证研究表明，特异性语言损伤儿童学习动词论元结构时，对动词的理解存在问题，而对动词的掌握，是正确习得论元结构的前提。由于无法掌握动词的用法，语言损伤儿童往往出现遗漏论元以及论元线性排列组合错误的情况。在论元结构类型使用的丰富性方面，语言损伤儿童也比不上典型发展儿童。

首先，前人的实验证据表明，特异性语言损伤儿童在快速辨识动作名称方面不如匹配年龄控制组的儿童熟练，而且他们在保留最初获得的动词信息方面存在问题（Rice, Oetting, Marquis, Bode, & Pae, 1994）。也有研究发现，特异性语言损伤儿童的内论元和外论元加工都存在困难。Fletcher（1992）的一项研究记录了 15 名患有特异性语言损伤的学龄儿童的内论元遗漏错误（例如“he puts webs”），以及论元排序错误（例如“My mum was take me a picture”）。Thordardottir、Elin 和 Weismer（2002）通过考察 390 个特异性语言损伤儿童自发语言中论元结构的使用情况发现，与年龄匹配的对照组相比，特异性语言损伤儿童使用的论元类型、论元结构实现形式较少，同时较少同时使用交替动词具有的及物动词和不及物动词的两种用法。视频诱发任务下的实验研究也探讨了特异性语言损伤儿童对交替动词论元结构的加工情况（King, Schelletter, Sinka, Fletcher, & Ingham, 1995）。视频场景的设计是为了引出具体动词可能存在的论元结构框架。因此，对于致使动词—起始动词交替对“the boy was bouncing the ball”和“the ball was bouncing”来说，第一句的场景表明作为施事的男孩，引起了作为客体的弹跳；在第二个场景中，男孩被剪辑出场景，只看到弹跳的球。结果表明，与较他们年幼的典型发展儿童相反，在所有的替换中，特异性语言损伤儿童倾向于对两个场景进行同一描述。即使是在视频描述的时间内容对应起始动词（交替动词用作不及物动词）表达的核心事件时，特异性语言损伤儿童依然优先选择诸如“the boy was bouncing the ball”之类的使役动词的论元结构来表达。另一项关注外论元加工情况的研究则发现，随着动词内论元结构复杂性的增加，与典型发展儿童相比，特异性语言损伤儿童越来越倾向于省略作为主语的论元（Grela et al., 2000）。

汉语研究方面，任会启与梁丹丹（2014）通过单幅图画描述任务，考察了汉语智障儿童对不及物动词、及物动词和三元动词论元结构的产出情况。结果发现，智障儿童产出及物动词和三元动词论元结构时，主语论元遗漏的数量明显高于不及物动词，表明汉语智障儿童加工论元数量较多的论元结构时存在困难。

发展动词的论元结构能力是早期语言学习的重要组成部分，但这并不能保证简单句句法结构的各个方面。儿童还必须掌握 Brown（1973）所说的简单句模式，包括疑问句、动词短语中的前修饰成分和名词短语中的前修饰成分。

（二）疑问句加工困难

疑问句的作用是提出疑问，带有疑问语调和疑问词，一般句末音高上升，书面上常用问号。语言障碍儿童使用疑问句的数量较少，对于疑问句中宾语需要移到动词前面的语言（如英语）而言，语言障碍儿童往往无法完成宾语位置的转换。例如，van der Lely 和 Battell（2003）的研究考察了特异性语言损伤儿童的疑问句加工情况。他们通过实验结果发现，特异性语言损伤儿童加工疑问句时，与典型发展儿童相比，正确率较低。作者认为，造成上述差异的原因可能是疑问句句法生成的过程中经历了 WH 移位，而特异性语言损伤儿童实现 WH 移位这种句法操作时，存在困难。在另一项特异性语言损伤儿童疑问句加工情况的研究中，

Deevy 和 Leonard（2004）也发现，该类儿童在理解 WH 疑问句时存在困难，这种困难在较长的句子中表现得更明显。这可能与 WH 移位成分与其语迹的距离有关。此外，WH 疑问句主要有两类，即主语疑问句和宾语疑问句。在主语疑问句中，比如“who ate my porridge?”，WH 一词充当了主要动词的主语，并占据了常规的句首主语这一句法位置。相比之下，在宾语疑问句中，比如“what did Goldilocks eat?”，WH 词虽然原本是主要动词的直接宾语，但已被移位到句子的起始位置，亦即主语的位置，而主语对于直接宾语而言，不是常规的句法位置。Deevy 和 Leonard（2004）控制了疑问句的长度之后，借助理解任务考察了特异性语言损伤儿童和典型发展儿童对疑问句的加工情况。实验结果表明，无论是主语疑问句还是宾语疑问句，特异性语言损伤儿童和典型发展儿童在理解短疑问句时不存在显著差异。然而，两组被试加工长宾语疑问句的正确率低于长主语疑问句，特异性语言损伤儿童加工长宾语疑问句的正确率显著低于典型发展儿童。

汉语研究方面，罗小艳（2017）考察了汉语特异性语言损伤儿童论元疑问句（如“谁回去了？”和“老师批评了谁？”）和附加疑问句（如“老师什么时候回来？”）的产出情况。实验结果表明：（1）特异性语言损伤儿童不仅在产出论元疑问句方面存在困难，而且在产出附加语疑问句方面也存在困难；（2）除 how 类型疑问句外，特异性语言损伤儿童在理解特殊疑问句方面不存在困难；（3）尽管特异性语言损伤儿童在论元疑问句和附加语疑问句的产出方面都显著差于与之匹配的两组儿童，但特异性语言损伤儿童与语言发育典型发展儿童一样，附加语疑问句产出要好于论元疑问句的产出；（4）特异性语言损伤儿童组在主语疑问句的产出上存在明显的个体差异。

（三）动词前修饰结构加工困难

对英语而言，存在一个相对复杂的动词前置修饰系统，其可能的最大扩展形式包括“情态动词 + 完全时 + 进行时”，例如“Mummy might have been shopping”一句中的“might have been”。有充分的证据表明特异性语言损伤儿童在自由对话和言语产出的过程中，经常省略单个助动词，尤其是在进行时（be+ing）这一结构中。比如，Leonard 等（2003）发现特异性语言损伤儿童在可能的上下文中使用情态动词 can（表示“能够”的含义）所占的百分比显著低于年龄匹配的典型发展儿童对照组。

在另一项将特异性语言损伤儿童与同龄典型发展儿童以及较他们年幼的典型发展儿童进行比较的研究中，研究者们发现，尽管特异性语言损伤儿童与较年幼的典型发展儿童一样，能够熟练使用带有情态动词 can 的动词前修饰结构，但特异性语言损伤儿童组对于表示过去意义的 could 的控制能力明显低于其他两组（Leonard, Wong, Deevy, Stokes, & Fletcher, 2007）。此外，Gavin, Klee 和 Membrino（1993）的一项研究则发现，对于名词短语的扩展能力，即名词短语中名词前包含的修饰语的复杂程度，是典型发展儿童和特异性语言损伤儿童之间的一个区别。

（四）被动句论元错位和滞后性

被动句与主动句相比，被动句中的主语对应主动句中的宾语，主动句主语位置上的动作发出者在被动句中位于动词之后。被动句的谓语常常伴随动词词形的变化，如英语被动句中的动词要变为过去分词的形式，动词前还要加上 be 动词的各种变形，如“Tom is hit by Lily”，汉语被动句则往往借助介词“被”构成，如“小明被小红打了”。语言障碍儿童对被动句的使用频率低于典型发展儿童，对被动句的理解能力也不如典型发展儿童。部分语言障碍儿童使用被动句时，会出现施事论元（动作发出者）和受事论元（动作承受者）位置颠倒的情况。例如，van der Lely（1996）使用图片指认任务考察了 9 岁 3 个月到 12 岁 10 个月的语法型特异性语言损伤儿童对动词被动句、形容词被动句的理解。结果发现，语法型特异性语言损伤儿童和较他们年幼的儿童在推导动词性被动句的句法表征上存在问题，但在形容词被动句中没有问题。特异性语言损伤儿童在对被动句的理解上与较之年幼的典型发展儿童相比，会有更多的逆向错误（reversal errors），如对句子“the man is eaten by the fish”的理解中，他们会倾向于选择表示“人正在吃鱼”的图片。与语言能力匹配的普通儿童相比，特异性语言损伤儿童不仅对完全被动态句子的理解困难更大（如 The teddy is mended by the girl.），而且更可能把不含 by 介词短语的相似句子（如 The teddy is mended.）理解为形容词被动结构（如他们会选择一幅坐在椅子上已修补好的泰迪熊图片）。虽然这种理解并没有错，但两组儿童的差异表明特异性语言损伤儿童可能在被动态理解方面有困难。van der Lely 和 Harris 对此的解释是：特异性语言损伤儿童在分配诸如施事、客体等成分方面有困难。Leonard 等（2006）考察了 4～6 岁的特异性语言损伤儿童英语和粤语被动句的产出情况。研究结果表明，说英语的特异性语言损伤儿童在对被动句的使用上不如更年幼的典型发展儿童以及同龄儿童。

汉语研究方面，刘沛宏（2018）比较系统地回顾了汉语儿童被动句加工障碍的相关研究。张放放（2010）的研究表明，汉语普通话特异性语言损伤儿童在句法结构和句法规则归纳上能力较弱，这导致特异性语言损伤儿童难以掌握复杂结构，从而使被动句加工存在困难。李珂（2013）探讨了汉语特异性语言损伤儿童对不同种类的被动句的产出和理解，比较了年龄匹配组儿童、能力匹配组儿童与特异性语言损伤儿童对带不同述补结构的被动句的理解和产出情况、施事与受事的掌握情况。结果表明，特异性语言损伤儿童在被动句的理解和产出上与年龄匹配组儿童有着显著的差异。控制实验结果显示：三组儿童产出的短被动句数量相当，在长被动句的表现上存在差异，产出长被动句数量最多的是年龄匹配组儿童，其次是能力匹配组儿童，特异性语言损伤儿童最少。李克（2015）利用自发语料，分析了汉语普通话特异性语言损伤儿童对“被”字句的习得情况，发现特异性语言损伤儿童产出“被”字句的总数少于生理年龄匹配组儿童，且错误产出比生理年龄和能力匹配组儿童多；特异性语言损伤儿童对短“被”字句的习得不如长“被”字句，存在不对称性。特异性语言损伤组儿童“被”字句习得总体上不如典型发展组儿童。

此外，汪云婷（2019）考察了特异性语言损伤儿童和高功能自闭症儿童被动句的加工情况。实验结果发现，一方面，特异性语言损伤儿童与高功能自闭症儿童在被动句的习得上都表现出一定困难，另一方面，两类儿童之间也存在不同点。首先，在短被动句的产出上，特异性语言损伤儿童的表现显著差于高功能自闭症儿童。其次，在短被动句与长被动句的产出上，高功能自闭症组表现出不对称性，而特异性语言损伤组并没有。最后，就儿童在产出实验与理解实验表现出的错误类型而言，高功能自闭症儿童做出了一些语用上不合适的回答，而特异性语言损伤儿童几乎没犯这种错误。作者认为，上述实验结果说明汉语特异性语言损伤儿童在被动句上的表现符合 van der Lely（1996）的表征缺陷假说。也就是说，被动句上的困难是他们在句法演算系统上的缺损造成的，而汉语高功能自闭症儿童在被动句上的困难可能未必源于句法缺损，而有可能是源于他们在语用和会话上的困难，以及执行功能，尤其是抑制控制上的缺损。正因如此，特异性语言损伤儿童与高功能自闭症儿童在被动句的产出与理解上的表现并不完全一致。

（五）把字句的滞后性

把字句是汉语中比较特殊的一种句式，该类句式中的动词往往具有处置性，被处置的宾语位于含有处置义的动词之前。如在“小王把小李骗了”中，“小李”是“骗”的处置对象。曾涛、李慧、李珂和何晓炜（2013）通过考察典型发展儿童和特异性语言损伤儿童把字句的习得情况发现，汉语普通话特异性语言损伤儿童在习得把字句中存在语法缺损现象，具体表现为：（1）汉语特异性语言损伤儿童在把字句产出、理解和模仿方面都不如年龄匹配组儿童，但与语言能力匹配组儿童之间没有显著差异。（2）在三类不同述补结构的把字句产出、理解以及模仿方面，特异性语言损伤儿童表现最好的是带结果补语的把字句，其次是趋向补语和处所补语，然而特异性语言损伤儿童整体上的表现都不如年龄匹配组儿童。（3）在把字句中施事和受事的产出和理解上，年龄匹配组儿童表现得最好，其次是能力匹配组和特异性语言损伤儿童。

（六）复合句中关联词的遗漏和先行词加工困难

复合句的句子之间主要有两种关联类型。第一种关系中，构成复合句的各个句子之间在句法成分层面上彼此独立。此种情况下常常借助连词 and、but 等连接成句；第二种情况中，两个句子之间存在一定的句法从属关系，其中一个句子在句法上依赖于另一个句子。第二种复合句中充当主句某一句法成分的句子，被称为“从属结构”，是与主句相对而言的一个概念。嵌入到主句中的从属结构，通常填补了主句中的一个语法角色。例如“Mummy thinks I’ve been naughty”中的“I’ve been naughty”即充当了主句的宾语成分；又如“Esme broke the toy Gran gave me”中，“Gran gave me”充当名词短语中的一个后置修饰语，由此构成定语关系从句；再如“I had a lot of hair when I was a baby”中的“when I was a baby”充当动词短语的状语修饰语，由此构成状语从句。在语言障碍儿童复合句的学习情况方面，相关研究关注比较多的是特异性语言损伤儿童。

首先，特异性语言损伤儿童习得复合句的时间往往晚于典型发展儿童，存在滞后现象。例如，一项对特异性语言损伤儿童从 3 岁 3 个月到 7 岁 10 个月的个案纵向研究（Schuele & Dykes, 2005）发现，直到 4 岁 8

个月，平均话语长度为3.12时，特异性语言损伤儿童的语言中才开始出现并列连词和从属连词，这表明该类儿童对复合句的习得晚于典型发展儿童。到5岁9个月，平均话语长度为4.27时，特异性语言损伤儿童的语言中才开始出现动词补语、关系从句和条件句。

此外，特异性语言损伤儿童主语关系从句中，强制性标记关系词的习得存在损伤。在主语从句中，关系词是指被后置修饰语修饰的名词充当关系从句的主语，主语不可或缺，因此对于主语关系来说，who或that等关系词是必要的语法标记。在宾语关系词中，被修饰的名词充当宾语从句的宾语，如“I was scared of the boy (that) you chased”，关联标记是可选的，且经常省略。Schuele和Tolbert（2001）比较了一组5～7岁的特异性语言损伤儿童和一组较年幼的3～5岁典型发展儿童。研究发现，典型发展儿童从不遗漏主语关系词中的标记，但特异性语言损伤儿童组中63%以上的被试，都遗漏了主语关系从句的关系词标记。与之类似，其他研究也发现，与语法的其他领域一样，特异性语言损伤儿童复句发展比同龄的典型发展儿童晚。Schuele和Dykes（2005）的研究发现，特异性语言损伤儿童5岁时才会使用复合句，典型发展儿童是在3岁时开始使用。另一项研究发现，大多数有语言障碍的学龄儿童似乎能够产出一系列复杂的结构（Marinellie, 2004）。然而，这些儿童容易遗漏必要的语法标记。与之类似，Schuele和Dykes（2005）在他们的纵向研究中发现，特异性语言损伤儿童常常遗漏不定式to、内嵌从句中的WH代词和主语关联标记。Schuele和Nicholls（2000）在对一个家庭中三个特异性语言损伤儿童进行的研究中发现了主语关联标记遗漏的具体例子：

She’s got all the dishes ____ need to be washed.

And the man ____ owns it, he said.

We got one girl ____ have a birthday in March.

对于英语以外的语言，研究者也发现了特异性语言损伤儿童关系从句关联标记遗漏现象。例如瑞典特异性语言损伤儿童的语言被报告有关联标记遗漏情况的记录（Håkansson & Hansson, 2000）。此外，根据前人的研究，宾语关系词遗漏问题同样出现在说希伯来语的特异性语言损伤儿童的理解和产出中（Novogrodsky & Friedmann, 2006）。

相关研究发现，威廉姆斯综合征儿童以及唐氏综合征儿童，在复合句的习得方面，也存在损伤，主要表现为习得复合句的时间较晚，存在发展迟缓现象。例如，Grant、Valian 和 Karmiloff-Smith（2002）的研究借助了一项围绕关系从句设计的模仿任务，考察了 14 名威廉姆斯综合征患者（年龄为 8 岁 1 个月到 30 岁 9 个月，平均年龄为 17 岁 11 个月）复合句的学习情况。实验中，威廉姆斯综合征组儿童词汇测试的平均心理年龄为 8 岁 9 个月。将他们的表现分别与三组 5 岁、6 岁和 7 岁的典型发展儿童进行比较，实验结果表明，在主语关系词方面，威廉姆斯综合征组儿童与其他三组典型发展儿童之间没有差异，但在宾语关系词方面，威廉姆斯综合征组儿童的表现与 5 岁儿童相似，但是与 6 岁和 7 岁组的儿童有显著差异。研究者认为，上述研究结果显示了在患有威廉姆斯综合征的大龄儿童和成人中，句法能力表现为显著发展迟缓。上述实验结果还表明，威廉姆斯综合征人群句法能力发展迟缓与心理年龄有关。研究者对威廉姆斯综合征组结果的进一步分析发现，他们在不同类型的关系从句中的反应模式与所有典型发展儿童相似，亦即对所有儿童而言，主语关系词比宾语关系词都更容易习得。Zukowski（2004）对威廉姆斯综合征儿童关系从句的产出进行了研究，结果显示威廉姆斯综合征儿童比典型发展儿童犯了更多的错误。但是，10 个被试中有 9 个能够产出至少一个正确的关系从句，这表明这一结构存在于他们的语法库中，但是无法经常被启动。

此外，威廉姆斯综合征儿童对关系从句的加工，往往受到关系从句先行词在从句中原始位置的影响。对于主语关系从句而言，其先行词位于从句中主语的位置，宾语关系从句的先行词位于从句中宾语的位置。Zukowski（2009）考察了威廉姆斯综合征儿童关系从句的产出能力，被试为 10 ～ 16 岁的威廉姆斯综合征儿童和青少年，总智商和词汇知识相匹配的 4 ～ 7 岁的典型发展儿童和典型发展成人控制组。结果显示，几乎所有的威廉姆斯综合征被试都能成功产出主语关系从句和宾语关系从句，并且既能在右向分支又能在中心嵌入位置产出关系从句，但是宾语关系从句频率不及主语关系从句。在典型发展儿童组也发现了相同的模式，但他们在主语关系从句和宾语关系从句上的表现差异没有威廉姆斯综合征儿童显著。研究者认为，威廉姆斯综合征儿童后期具备关于关系从句的结构和意义的知识，但是诸如先行词位置等一些句法加工方面的因素会使威廉姆斯综合征儿童关系从句的产生过程受到强烈干扰。

汉语的研究表明，汉语特异性语言损伤儿童关系从句产出上的问题主要体现在由于复杂句法知识损伤导致的大量替换性错误，以及移位的句法依存损伤引起的空位填充的错误句。因此，汉语特异性语言损伤儿童复杂句法结构能力是存在损伤的，这种损伤在于移位的句法依存表征的损伤，与语音工作记忆无关。何鹏（2015）依据标准化语言测试量表以及智力量表选取了16名汉语特异性语言损伤儿童，并依据语言能力和生理年龄分别匹配了两个对照组，采用句图指认任务、关系从句产出任务考察了他们在复杂句法理解和生成两方面的能力表现。根据实验结果发现，在句图指认理解任务上，汉语特异性语言损伤儿童对关系从句的理解能力明显不如生理年龄匹配儿童，但与比他们年龄小的语言能力匹配儿童是相当的，表明汉语特异性语言损伤儿童复杂句法的理解能力存在障碍。在分析了句长对关系从句理解的影响和工作记忆与关系从句理解的相关性后，作者指出，语音工作记忆对汉语特异性语言损伤儿童关系从句的理解不存在影响，但是功能性工作记忆的损伤可能导致他们在关系从句理解上的某些损伤，主要表现为影响对嵌入宾语位置的关系从句的理解。在分析了汉语特异性语言损伤儿童关系从句理解的错误模式后，作者进一步指出，他们的错误主要在于关系从句中题元角色分派错误以及所在主句的题元角色错误，这与句法结构知识损伤有关，前者主要在于移位的句法依存关系表征损伤，后者可能与功能性工作记忆的损伤有关。在关系从句产出任务上，汉语特异性语言损伤儿童不如生理年龄匹配儿童，也不如比他们年幼的语言能力匹配儿童，说明汉语特异性语言损伤儿童关系从句的产出也存在损伤。在具体产出错误模式上，汉语特异性语言损伤儿童“句子替换”型错误明显高于生理年龄匹配儿童，但是与语言能力匹配儿童相当，在“题元角色”型错误上与两个匹配组不存在显著差异，在“错误句”型错误上数量明显高于两个匹配组儿童，而在“错误句”中主要是产出了大量填充了空位的关系从句。

第三节　词汇—语义障碍表现

语言是音义结合的符号系统，词汇是表达语言意义的重要载体。词汇—语义是词汇所表达的内容，反映的是词汇的概念意义、联想意义和主题意义（Leech, 1981），因此词汇—语义障碍是语言的内容障碍之一。

一、什么是词汇—语义障碍

词汇的广度与深度被认为是词汇能力的两个重要维度（Henriksen, 1999）。词汇广度是指词汇量的大小，在研究词汇量时，可以从理解（接受）和表达（产出）两个角度来考察。理解性词汇是指儿童能够辨认和理解，但不一定能正确表达使用的词语；表达性词汇是指儿童在口语表达和阅读中能够正确发音而且能够积极使用的词语。从典型发展儿童词汇—语义发展历程中，可以看到理解性词汇的发展要早于表达性词汇。词汇广度可以反映儿童语言的多样性与丰富度。当然词汇学习不仅仅是量的增加，更重要的是词汇掌握的质量，也就是词汇深度的发展。词汇知识涉及句法、语用、读写、语义等多个方面，本节主要关注的是语义方面，包括词汇语义表征以及词汇组合。词汇语义知识的深度较难量化，但可以通过定义任务、多词义索引知识评估或词汇关联任务来检测被试的语义网络。随着词汇语义深度的增加，儿童能够在不同的语境中更灵活地使用词汇，词汇语义不仅包括特定词的意义，还包括如何将词嵌入到更大的上下文中使用所涉及的意义。除此之外，研究者还会关注儿童的词汇通达，也就是如何将思维转换为词语表达并进一步转换为声音这样一个词汇化的过程，但有词汇—语义障碍的儿童经常会在这个过程中发生问题，使得他们无法顺利提取词汇，出现“找词困难”（word-finding difficulty），从而影响其言语表达。

词汇—语义障碍表现在三个方面，包括词汇广度不足、词汇深度不足和找词困难。从词汇广度不足来看，最突出体现在词汇发展的滞后，包括理解性词汇量和表达性词汇量，与生理年龄匹配的典型发展儿童相比存在差距，例如典型发展儿童在进入词汇飞跃期前，即18个月左右，已经掌握50个表达性词语，而存在词汇—语义障碍的儿童要到3岁甚至更晚才能达到这一水平。从词汇深度不足来看，比如存在词汇—语义障碍的儿童对于多义词的理解存在困难，英语中的“run”既可以表示“跑”，也可以表示“经营”“通过”之意，其解释需依赖语境，研究发现，存在词汇—语义障碍的儿童常常会固着于最先学到的意义，而无法理解该词在其他情境中表现出来的其他意思。从找词困难来看，虽然典型发展儿童或成人偶尔也会一时间“话到嘴边说不出来”，但对于存在词汇—语义障碍的儿童来说，他们的问题要更严重一些，因为他们可能找不到词语来命名事物、表达他们的情感、在课堂上回答问题或者给抽象概念贴标签，这种困难还可能发生在对话、叙述和结构化的任务中。

二、儿童词汇—语义障碍的表现

（一）词汇广度不足

1. 词汇发展滞后

如果一个儿童有词汇—语义方面的问题，最早的表现就是首词出现时间晚，或者是在首词出现后没能习得大量词语，与同龄典型发展儿童相比是滞后的。在 18 ～ 24 个月之间，可能会出现没有词汇飞跃现象发生的情况，他们无法把两个词组合成双词句，无法从独词句阶段进入双词句阶段。此外，有些语言障碍儿童只能习得部分词语，他们的词汇量是有限的，无法随着年龄的增长发展到典型发展儿童的水平。如果一个 2 岁幼儿的表达性词汇量低于 50 个而且没有双词句产出，那么应对其加以关注。当然，有些幼儿只是学习速度慢，之后会赶上同龄儿童，这种在后期逐渐恢复正常发展速度的儿童被称为“late bloomer”（迟熟者）。但是有些在 2 岁前表现出表达性语言发展缓慢的幼儿在语言发展上会持续落后，纵向研究显示，这些儿童中有不少在整个学龄前和学龄期的语言发展都是落后的。

典型发展儿童的首词大约出现在 1 岁左右，Trauner 等（2000）基于 71 位特异性语言损伤儿童父母的报告所进行的研究结果显示，特异性语言损伤儿童首词获得的平均年龄在 23 个月。相较于同龄的典型发展儿童，特异性语言损伤儿童表现出词汇匮乏的情况，Weeks（1974）曾报告一名特异性语言损伤儿童到 2 岁 4 个月时所说的词语才达 50 个，而典型发展儿童在进入词汇飞跃期（18 ～ 24 个月）之前词汇量就已经接近 50 个。此外，特异性语言损伤儿童的首个词汇组合也比年龄匹配的典型发展儿童出现得晚，特异性语言损伤儿童的首个词汇组合出现的平均年龄是 37 个月而典型发展儿童的是 17 个月。特异性语言损伤的儿童很难习得形态复杂的形容词。Ravid 等（2003）研究了特异性语言损伤儿童和典型发展儿童的希伯来语形容词和名词的理解和产出，结果显示特异性语言损伤组在名词上的表现与对照组没有差异，但在形容词上的表现明显较差。Fürst 等（2011）以 5 ～ 8 岁的德语特异性语言损伤儿童以及年龄和语言年龄匹配的典型发展儿童为对象，从他们的话语中提取形容词的比较级和最高级，结果表明典型发展儿童在比较级和最高级产出方面均优于特异性语言损伤儿童，典型发展儿童在8岁时使用比较级和最高级的正确率达到80%，而特异性语言损伤儿童在8岁时使用比较级的正确率仅为40%，使用最高级的正确率仅为20%。

尽管有些自闭症谱系障碍儿童的词汇习得出现了延迟，但自闭症儿童是可以习得大量词语的，而且随着年龄的增长，他们的词汇量会稳步增加。在词汇多样性方面，自闭症儿童在自发语言样本中产出不同类型词汇的数量似乎少于年龄匹配的典型发展儿童（Condouris, Meyer, & Tager-Flusberg, 2003），但不一定低于非语言心理年龄或接受性语言匹配的典型发展儿童（Eigsti et al., 2007）。另外也有研究发现，自闭症儿童和典型发展儿童所产生的特定类型或类别的词语可能没有实质性差异，如第一章第三节中提到典型发展儿童的"名词优势"，而自闭症儿童的词汇同样主要由名词组成。

智力障碍儿童的词汇发展情况各有不同。唐氏综合征儿童通常在12～24个月之间产生第一个词，总的来看唐氏综合征儿童首词出现的时间并不比典型发展儿童晚很多，但与智龄匹配的典型发展儿童相比，他们的词汇习得速度较慢（Berglund et al., 2001）。关于唐氏综合征儿童词汇飞跃期的出现，有学者（Oliver & Buckley, 1994）认为最早可能出现在30个月时，但也有记录发现是在5岁半到6岁半之间，并且只有部分唐氏综合征儿童会出现词汇飞跃（Caselli et al., 1995）。脆性X染色体综合征儿童与典型发展儿童相比，在习得第一个词方面有明显延迟（Hinton et al., 2013），研究者采用父母报告的方法研究发现脆性X染色体综合征幼儿在21个月时说出他们的第一个词，脆性X染色体综合征和自闭症谱系障碍共患的幼儿在这之后的10～12个月才能说出第一个词。许多脆性X染色体综合征儿童会保持长时间的非言语或最少言语状态，Brady等（2006）发现，研究中超过79%的脆性X染色体综合征幼儿（3岁以下）仍然是语前交流者，即很少或没有使用自发的词汇，Levy等（2006）还发现47%的脆性X染色体综合征儿童在9～13岁时仍然是非言语或最少言语者，这不仅显示了脆性X染色体综合征儿童语言习得的延迟，也表明脆性X染色体综合征患儿群体内部存在个体词汇能力的显著差异。此外，脆性X染色体综合征、脆性X染色体综合征和自闭症谱系障碍共患的儿童在会话中词汇的多样性低于智力年龄匹配的典型发展儿童（Kover et al., 2012），脆性X染色体综合征和自闭症谱系障碍共患的儿童与典型发展儿童相比，做出了更多非常规的词汇选择（Goodkind et al., 2018），在这些研究中，脆性X染色体综合征、脆性X染色体综合征和自闭症谱系障碍共患的儿童在表达性词汇方面没有发现统计上的显著差异。患有威廉姆斯综合征的儿童首词出现的时间也比较晚，典型发展儿童在12～13个月时可以掌握10个词语，而威廉姆斯综合征儿童要到28个月才能达到这一水平（Mervis et al., 2003）。30个月大的威廉姆斯综合征儿童平均掌握132个表达性词语，而30个月的唐氏综合征儿童仅平均掌握79个表达性词语，30个月的威廉姆斯综合征儿童表达性词汇量显著大于唐氏综合征儿童（Mervis & Robinson, 2000），Vicari等（2002）还发现威廉姆斯综合征儿童的表达词汇量与年龄稍大的唐氏综合征儿童的表达词汇量相当，其词汇量大小与智龄相匹配。

有研究认为，与同龄人相比，人工耳蜗植入儿童的词汇量可以达到正常水平（Hayes et al., 2009; Connor et al., 2006）。他们认为听力损伤儿童如果能在很小的时候就植入人工耳蜗，那么是有发展词汇的潜力的，会类似于听力正常的同龄人。Hayes等（2009）评估了5～8岁的人工耳蜗植入儿童接受性词汇的增长情况，利用生长轨迹预测了2岁前植入的儿童会达到正常的范围，而2岁后植入的儿童没有达到正常的水平。利用生长曲线模型，Connor等（2006）发现，30个月前植入人工耳蜗的儿童到6岁时理解性词汇量达到了平均标准。Lukehurst等（2013）将人工耳蜗植入儿童的理解性和表达性词汇与生理年龄和非语言智商匹配的听力正常儿童的进行了比较，结果发现在30个月前植入人工耳蜗的儿童的词汇得分与听力正常的同龄人相当。但也有研究认为人工耳蜗植入儿童无法达到年龄匹配对照组儿童的水平（Davidson et al., 2014; El-Hakim et al., 2001; Nott et al., 2009）。El-Hakim等（2001）通过计算比较了2～12岁人工耳蜗植入儿童与听力正常儿童的表达性和理解性词汇的增长曲线，他们发现在5岁之前植入人工耳蜗的儿童其发育速度和听力匹配儿童一致，但词汇增长并不快于听力正常儿童，因此人工耳蜗植入儿童不太可能发展出与同龄儿童相当的词汇。Davidson等（2014）评估8～9岁人工耳蜗植入儿童的接受性词汇知识，结果发现人工耳蜗植入儿童的接受性词汇知识显著低于听力正常儿童。Nott等（2009）使用父母日记法评估了人工耳蜗植入儿童和听力正常儿童的词汇增长，在匹配家庭语言（英语）、地理和教育（儿童保育中心）后，人工耳蜗植入儿童说出第 1 个词、前 50 个词、前 100 个词和第 1 个词组合都明显晚于听力正常儿童，人工耳蜗植入儿童获得词汇的速度比听力匹配的同龄人要慢。在汉语听力损伤儿童词汇发展研究方面，白银婷和唐文婷（2012）对上海 146 名 3 ～ 5 岁听力损伤儿童的形容词理解能力进行研究，发现听力损伤儿童对性质评价形容词理解较好，对品性行为形容词和机体感觉形容词的理解相对较弱；林宝贵（1994）通过词类归类分析发现，在听力损伤儿童已学得的词汇中名词占绝大多数，动词及形容词所占的比例较少，他认为学前听力损伤儿童所能理解的词类范围与类型没有典型发展儿童那么广。

一般来说不会用词汇和语言智商缺陷作为识别和诊断发展性阅读障碍儿童的标准，而且发展性阅读障碍学龄儿童能发展出和年龄相适应的口语能力（Snowling et al., 2000）。但研究也发现在学龄前阶段的不同时间点，发展性阅读障碍儿童的词汇量存在差异，如 Scarborough（1990）发现发展性阅读障碍儿童在 30 个月时的词汇量与对照组没有差异，但在 36 个月和 42 个月时比对照组小。同样，Lyytinen 等（2004）发现 12 ～ 30 个月之间的儿童的词汇量无组间差异，但 30 个月后发展性阅读障碍儿童的词汇量低于对照组。

2. 新词学习困难

从开始说出第一个词开始，到 6 岁学龄前可以说出数千个词，再到成年后掌握 5 万到 10 万个词语，人们处于一个不断学习新词语的状态之中，研究发现学龄期儿童每年大约可以习得 3000 个新词（Nagy et al., 1985），平均每天能习得 10 个左右。如此多的新词都是靠传统的他人讲授方式来学习的吗？答案是否定的，其实人们大量学习词汇的方法是“词汇附带学习”，或者说是“词汇无意学习”（Nagy, 1985），由于某些新词会反复出现，通过不经意地刺激听觉和视觉系统从而让学习者产生熟悉感，有研究认为在丰富情景中记忆词语要比单独特地来记词语有效得多（陈菁，2002）。

一般认为自闭症儿童的社交性较差，为了了解自闭症儿童是否可以通过无意听到他人的对话来学习词，Arunachalam 和 Luyster（2018）教 4 岁和 5 岁自闭症儿童两个新名词，每一个都处于对话（addressed condition）或无意中听到（overheard condition）的状态，结果发现自闭症儿童在两种状态中的测试成绩都显著高于随机水平，说明至少有一些自闭症儿童是能够从无意听到的言语中学习新词语的，而且两种状态下的正确率没有差异，没有证据表明在一种情况下学习比在另一种情况下更容易。但自闭症儿童在学习词语时使用的策略和偏好与典型发展儿童有区别，他们不太能利用物体的形状来学习新词语，而典型发展儿童的这一偏好在 24 个月时就稳定存在了，比如典型发展儿童在学到自己喜欢的玩具车是“车”后，会迅速把其他有轮子形状的物体也称为“车”，但自闭症儿童做不到。

听力损伤儿童新词习得很多都要依赖于视觉通道输入材料，依赖他人教授学会新词，这不同于典型发展儿童在环境中无意习得。这些儿童在嘈杂的环境下听新词和学习新词时会发生“不触发”（under-triggering）现象，不触发是指儿童无法检测到一个新词的存在，或者不能识别出它是一个未知词，这可能会导致儿童由于无法理解部分词义而产生更高的交流中断率，进而导致词学习效率降低，最终使得掌握理解性词汇的能力较差。在嘈杂的环境中，新的、未知的词语可能更容易被忽视或无法被正确地感知，这让人工耳蜗植入患儿更难理解和学习这些词语，这种问题在低频词语中尤其明显。

对新词特别是低频词语意义学习较差的情况也发生在特异性语言损伤儿童身上（Nash & Donaldson, 2005）。总体来说特异性语言损伤学龄前儿童学习新词的速度要比正常同龄人慢（Gray, 2005），他们差不多需要比正常儿童多听两倍才能理解新词，然后需要更多的次数去练习使用新词，才能最终掌握新词。此外，Munro（2011）给特异性语言损伤儿童和对照组儿童教授一个已知物体的新词，用“jum”指“小鸟”，并说明“jum”来自一种小狗的语言，以供他们在 8 周的时间里学习。新词以图片和句子的形式呈现出来，目的是丰富语义表达（如“this is a jum, a jum flies, a jum has wings”）。为了测试语义学习效果，研究者用新学到的词作为刺激来激发词联想，结果发现，典型发展儿童比特异性语言损伤儿童产出了更高比例的语义相关词，包括语义关联词（如“jum-kookaburra”）和目标词在英语中的名词（如“jum-bird”），而特异性语言损伤儿童则产出更多的铿锵声（clang）和不相关词。马笑和梁丹丹（2019）对汉语特异性语言损伤儿童的词语学习能力进行了考察，发现这些儿童在词语理解和产出上都显著弱于典型发展儿童，存在词语语义重心意识发展滞后的问题，而且检索激活语素义的能力也不如典型发展儿童，这可能是弱的语义表征和存在缺陷的语音工作记忆共同导致的结果。

（二）词汇深度不足

1. 词汇—语义组织稀疏

词汇—语义组织通常利用网络模型构建，在这个模型中，词由概念节点表示，每个节点通过链接连接到共享语义关系的其他节点。当一个节点被处理或刺激时，这种激活会沿着网络路径扩展到其他节点。在一个丰富的语义网络中，有许多连接节点的链接，使得一个节点的激活会协同激活其他许多相关节点。例如，“手指”可以很容易地激活“脚趾、拇指、手臂、大腿”等，所有这些词语都与“手指”属于同一语义类别。它还可能唤起人们对另一组词的思考，如“指甲、五、敲击、戒指、手套”，所有这些词都与手指有主题关系。在语义网络模型中，当激活从原点向外传播时，它会逐渐减弱。与源节点具有最强链接的节点是第一个被访问的节点。链接的可访问性取决于用户使用或遇到特定节点对的频率。例如，“手指”和“脚趾”的连接可能比“手指”和“手套”更紧密，频繁地连接“手指”和“脚趾”，可以巩固两者之间的联系。建立一个高效的语义网络需要在词节点之间形成多个连接，并在某些节点之间形成强连接。

Sheng 和 McGregor（2010）对特异性语言损伤儿童的词汇—语义组织进行考察，他们采用词关联任务，要求儿童说出听到提示时想到的第一个词。他们将儿童的回应编码为三种：语义关联、铿锵声和错误。语义关联包括类别、功能、主题、因果等关联，铿锵声是指与提示不符、押韵但与提示没有语义联系的词或合成词，错误包括没有回应、对提示的重复、提示的屈折变化或与提示之间没有可感知语义联系的词。与生理年龄匹配的典型发展儿童相比，特异性语言损伤儿童产生的语义关联回应少，铿锵声多，错误多；与表达性词汇匹配的典型发展儿童相比，特异性语言损伤儿童的语义关联回应少，错误多。参与实验的特异性语言损伤儿童对熟悉词产生的不相关联想（如勺子—迪斯尼）显著高于典型发展儿童，词语间缺乏联系，显示出词汇语义激活的扩散性弱，说明他们的词汇—语义网络连接稀疏。Sheng 和 McGregor 在后续实验（2010b）中发现，由于特异性语言损伤儿童语义网络连接是稀疏的，虽然他们的词汇网络在结构上与典型发展儿童的词汇网络相似，但语义存储不够精细，与语义相关词的连接较少，导致他们的命名准确率落后于年龄匹配典型发展儿童，他们和表达性词汇匹配对照组的准确率是相似的。Ponari 等（2018）对发展性语言障碍儿童的抽象词命名与定义情况进行了研究，发现与年龄匹配的典型发展儿童相比，发展性语言障碍儿童在命名抽象词和具体词方面有受损的情况，但与词汇量匹配的典型发展儿童相比，他们是能够正确命名等量的词的，包括抽象词和具体词，但不能提供相同质量的定义。

针对自闭症儿童的词汇—语义组织的研究结果存在分歧。一方面，有研究发现自闭症个体能够根据语义关联组织词汇形成词汇—语义网络。例如，采用语义启动任务的研究发现，在加工启动词后，自闭症个体能够通过启动词和目标词之间的语义关联扩散激活目标词（López & Leekam, 2003）。Haebig 等（2015）采用词汇判断任务比较了自闭症儿童对词汇—语义网络密度较大和较小的词汇的识别速度，结果发现，自闭症儿童和典型发展儿童识别语义网络密度较大的词汇的速度均显著快于识别语义网络密度较小的词汇，说明两类人群存在相似的语义网络结构。另一方面，有研究发现自闭症儿童的词汇—语义组织方式有别于典型发展儿童。在分类任务中，自闭症儿童可以按照给出的分类规则对词进行分类，但在不给出分类规则时，自闭症儿童便无法完成词汇分类任务（Minshew et al., 2002）。在词汇流畅性测试中，自闭症儿童可以根据给出的类别词产出所属类别的词，并且表达的流畅度与语言能力匹配组一致，但是自闭症儿童产出的词远离类别原型，而且他们还会产出不属于目标类别的词（Dunn et al., 1996）。在记忆任务中，要求被试记住一系列事物名词，然而进行回忆。结果发现，典型发展个体倾向于打乱呈现顺序而运用语义关联进行回忆，而自闭症儿童则倾向于刻板地按照词汇呈现的顺序进行回忆（Hermelin et al., 1967）。

Nash 和 Snowling（2008）采用语义—语言流利性任务，对唐氏综合征和典型发展儿童的词汇—语义组织进行了研究，任务要求儿童在 60 秒内尽可能多地产出某个语义类别中的词，结果发现唐氏综合征儿童比典型发展儿童产生的词语要少，但两组儿童的语义类别下属子类别数量是相似的，例如在食品类别中儿童都能产出子类别如水果、肉类和快餐等。唐氏综合征儿童根据共同的感知属性（大小、形状和颜色）而不是抽象的类别（水果、衣服和家具）对物体进行分类。有关威廉姆斯综合征儿童的词汇—语义组织研究结果存在分歧，有研究认为此类儿童的语义组织是不正常的，Bellugi 等（1994）比较了威廉姆斯综合征儿童、智商匹配的唐氏综合征儿童、生理年龄匹配的典型发展儿童关于动物类别的语义组织，发现威廉姆斯综合征儿童比其他两组更可能产出不常见（词频低）的动物，由此推断威廉姆斯综合征儿童的语义组织是不正常的；但其他相关研究表明，威廉姆斯综合征儿童的语义组织正常，Volterra 等（1995）对说意大利语的威廉姆斯综合征儿童的研究结果表明，他们的语义组织与智龄匹配的典型发展儿童相似。

此外，听力损伤儿童在语言加工的过程中无法依情境、刺激或是语义情境需求而激发或连接某个词语，将其说出来或者解释它的意思。

2. 词语理解和表达困难

听力损伤儿童的词汇运用能力较弱，他们会省略代词和虚词，导致指代不明；对词语的表达意义不明确，不符合汉语习惯；在连接词的使用上有不清楚或者是错误的现象；会过度使用多用途词语，如“这个”“那个”“东西”等。他们在语言表达时会使用与语境不合的词语或是自创在语言系统中不存在的词，例如“这支铅笔有多高、两双头”等。听力损伤儿童以有限的方式使用词的具体的和字面的意义，他们掌握的同义词很少，常以不自然的方式使用词语，没有太多词语来表示词义之间的变化。他们的语义概念发展是滞后的。相较于时间等概念，类似尺寸和面积这些通过视觉感知的概念他们学起来更容易，学会得也更早。Reed（2017）发现在理解多义词例如“bear”（熊/忍受）的时候，听力损伤儿童倾向于将其理解为动物“熊”。

自闭症儿童在人称代词、表示心理状态的词、抽象词语的掌握上存在困难。人称代词使用的混乱或者逆转是自闭症儿童的一个重要特征，Arunachalam 和 Luyster（2018）通过实验发现，自闭症儿童对第二人称代词“你”的理解整体表现都很差，说明第二人称习得对其来说是一个巨大的挑战。Tager-Flusberg（1992）研究发现自闭症儿童在生活中很少运用与心理状态有关的词，特别是心理动词，如“想、假装、猜测”等；Song 等（2017）对汉语高功能自闭症儿童话语产出时的表现进行研究，发现高功能自闭症儿童存在心理动词语义理解上的缺陷，这使得他们更倾向于产出包含心理动词的简单动宾词组（如“我怀疑妈妈”），而不是包含小句的复杂句（如“我怀疑妈妈吃了这块蛋糕”）。林宝贵（2016）指出自闭症儿童在理解抽象化的词汇上存在困难，经常会发生词汇与语义表征的连接错误。

威廉姆斯综合征个体在使用词汇时会倾向于使用罕见的或者低频的词语，因此威廉姆斯综合征个体的言语被描述为“充满意想不到的词汇选择”（Bellugi et al., 1994），即个体会展现“对不常见词使用的癖好”，这些不常见词汇的选择往往不能完全适合说话时的语境，但也不是完全不恰当，而是其所使用的低频词是“讲究且轻微地偏离目标的”，附加了非语境必要的细节，甚至是表示额外细节意义的不正确使用。此外，发展性阅读障碍儿童在低频词的理解上存在困难。他们虽然可以阅读书本，但是很难理解书中印刷字的含义（Nation & Snowling, 1998），当他们在必须依靠上下文语义来正确理解某个词语时特别容易出现困难，比如对低频词的理解。

（三）找词困难

找词困难是一种研究较少的儿童发展性语言障碍，表现为难以准确、快速地找到要使用的词语。找词困难主要发生在那些有命名或者词语检索困难的儿童身上。前文提到过词语命名会受到如词频、习得年龄和词汇邻域等因素的影响，所以无论是典型发展儿童还是语言障碍儿童都可能在某些情况下无法产出词语（Newman & German, 2002）。儿童无法产出某个词语还有可能是因为这个词语儿童还没有掌握。但找词困难和词汇缺乏不同，找词困难是儿童难以产出在理解评估中可以识别的词语，词汇缺乏是儿童的心理词典中本就不存在这个词语，词汇缺乏会在理解和产出中都有困难，而找词困难通常发生的情况是，实际产出的词汇量明显比依照儿童的理解能力所预期的词汇量小，也就是说，存在找词困难问题的儿童是在理解和表达词之间有差距。

如果找不到合适的词，障碍儿童常常会使用替代行为，如试图重新表述；重复先前的话语；使用 ah 或 uhm 之类的填充词或像 stuff、thing 之类的空词，长停顿，替换等，来补偿这些困难（Messer & Dockrell, 2006）。比如在学龄前期，儿童经常使用语义替换的方法，如用“裤子”指代“裙子”；或者用在视觉上和预期目标词相似的替换词，比如用“老虎”来替换“狮子”。找词困难的行为还表现为直接说“我不知道”；或者自造词，如用“水桶机”代替“饮水机”；试图用词组或句子来解释一个词的词义，如用“给马穿的鞋子”代替“马蹄铁”一词，以及偶尔会出现的语音形式错误。有找词困难的儿童倾向于使用词义或语音或两者兼有的策略来弥补。Johnson 和 Myklebust（1967）在书中提供了一个 9 岁找词困难男孩的例子（画线处）：

Well what sort of models do you make?（你想做哪种模型？）

Oh, airplanes and ships.（飞机和船的。）

How do you make them? Tell me about it.（你要怎么做呢？跟我说说。）

Well, out of... im... out of... oh... what-you-ma-call-em... out of... what... you-ma-call-ems... I can’t uh... let’s see... out of... plastic. Good!

关于如何评估儿童是否存在找词困难的方法有两种，一是标准化测试，二是非标准化测试。标准化测试工具可以用来确定儿童词汇表达困难情况是否比基于他们词汇理解能力的预期更严重。German（1989）根据美国标准设计出了现行使用最广泛的评估方法，其中包括三类：找词测试第二版（Test of Word Finding 2th Edition, TWF-2, 2000）、青少年 / 成人找词测试（Test of Adolescent/Adult Word Finding, TAWF, 1990）、语篇内找词测试（Test of Word Finding in Discourse, TWFD, 1991）。TWF-2 和 TAWF 测试项目包括不同范畴词汇的图片命名、完成句子和描述命名以及给类别进行命名，还会考察被试能否理解在评估中出现困难的词语。TWFD 要求儿童参考图片来讲故事，然后对产出的故事以及找词行为的出现进行评估。非标准化测试中有些是用于研究而不是临床诊断的。比如词汇命名测试（Word Naming Test）最初是用来测试脑损伤儿童的词汇检索问题的，包括图片命名、词语定义以及押韵提示。波士顿命名测试（Boston Naming Test）评估命名的准确率。快速自动命名测试（Rapid Automatized Naming Test, RAN）是一个快速命名 50 个视觉刺激的测试，由给定类别（如字母、数字、颜色和物体等）中的 5 种符号组成，按随机顺序呈现 10 次。快速交替刺激测试（Rapid Alternating Stimulus Test, RAS）从快速自动命名测试发展而来，主要用来评估阅读障碍儿童。快速交替刺激测试与快速自动命名测试的不同在于，前者中不同类别（如字母、数字等）的刺激是在 50 个项目的同一序列中交替出现（如先是一个字母，然后是数字，接着呈现字母，然后又出现一个数字）。但这两种测试都是对系列命名速度或者自动性的评估，这种速度或者说自动化其实依赖于高效的词汇通达。

词汇通达过程也就是词汇化的过程，在此过程中，人将思维转换成词语表达并进一步转换为声音。词汇通达包括两个阶段，一是语义激活和特定词汇选择，也就是在心理词典中激活对应的语义和句法表征，然后进行词条提取或者说是词汇选择；二是音韵编码，在词条水平上的激活进一步扩散到特定词语的音韵表征上，使得说话者能够提取词汇的音韵形式（张清芳、杨玉芳，2003）。为了了解找词困难儿童的词汇通达情况，需要确定儿童的潜在受损部分，考虑损伤是如何影响词汇命名和词汇检索的过程的。由于还没有词汇通达的发展模型，我们可以参考成人的词汇通达模型。目前有两种主流词汇通达模型，一是独立两阶段模型，二是两步交互激活模型。独立两阶段模型认为命名过程是一个从概念到词语选择最后进行词语音韵编码的过程，这两个阶段相互独立且没有重叠；而两步交互激活模型认为概念节点与词条节点和词条节点与音素节点的激活方式是交互的，联系是双向的，这两个阶段在激活时间上存在重叠。两种模型都指出了心理词典中的词条在快速、准确的词汇选择中的重要地位，此外在概念激活之后，会有多个与概念相关的词相互竞争，但最终只会对一个词进行音韵编码，在竞争过程中可能会出现错误。

参照成人词汇通达模型，可以发现找词困难作为一种快速准确提取词汇的障碍，面对它，应着重关注障碍儿童在语义和语音水平上的表征。

从语义表征困难角度来看，不少研究都将找词困难与词汇表达困难相联系，研究发现找词困难组儿童比年龄匹配组儿童的命名错误率要高得多，而且语义错误是命名错误中最常见的类型（McGregor, 1997），由此他们认为不充分的语义表征是引发找词困难的原因。但找词困难儿童的语言发展比年龄匹配组儿童要差，而语言发展不好的儿童当然会比典型发展儿童产生更多错误，因此这类数据只能暗示语言发展水平与发生语义错误情况相关，而不能说明找词困难儿童特别容易犯这类错误。Dockrell 等（2001）研究发现找词困难儿童、语言能力匹配儿童和生理年龄匹配儿童的错误有相似之处，在物体命名上，找词困难儿童与语言能力匹配儿童的错误比率接近，两组儿童都要比生理年龄匹配组的表现差。尽管找词困难儿童在词汇命名时常会发生语义错误，但典型发展儿童也经常会犯这种错误，而且找词困难儿童所犯的语义错误比例并没有显著高于语言能力匹配组，实际上，相比于语音错误，语义错误的比例是比较低的。而且也有推测认为语义错误的发生，是由于没有激活目标词的语音表征，反而激活了语义相关词语的语音表征（McGregor, 1994）。

借鉴对特异性语言损伤儿童的研究可以发现，当通过描绘目标物的方法进行评估时，命名错误和不够具体的表征有关（McGregor & Appel, 2002），体现在找词困难儿童在对词语进行定义时表现出的语义上的差别。Dockrell 等（2003）发现找词困难儿童对物体的定义和年龄匹配组一样多，对动作的定义和命名能力匹配组一样多，由此推断找词困难儿童的定义和对照组是类似的，但找词困难儿童在物体命名上的准确度要显著低于年龄匹配组和接受性语法测试（Test of Receptivity of Grammar, TROG）匹配组的水平。找词困难儿童在定义中检索到物体语义类别特征的比例最低，但对物体外观描述的比例最高，这种情况与年龄匹配组不同，但和年龄更小的儿童是类似的。

许多研究都将关注点放在找词困难儿童的语义表征困难上，其实也有不少研究发现找词困难儿童的语音表征存在问题，主要是语音表征存储和语音表征产出两方面。通过对儿童进行语音干预可以减少其语音和语义的错误（McGregor, 1994）。Faust 等（1997）研究也发现障碍儿童可以提供关于他们无法正确检索的词汇的语义信息，但无法像对照组儿童一样提供目标词的有效语音信息。German 和 Newman（2004）发现词汇的邻域密度以及邻域频率会影响儿童的命名准确性、替代词的选择以及出现的错误类型，儿童已经获取了语义水平的表征，但在语音水平上遇到困难，可能是错误或者不充分的音韵编码让儿童无法通达目标词的完整语音形式。如果目标与错误之间是没有明显语义关系的，例如目标词是“grass”，实际产出却是“glass”，这被认为属于语音错误；如果目标词是“spanner”（扳手），实际产出是“hammer”（锤子），这就兼属语音和语义的错误。

第四节　语用障碍表现

语言运用，简称语用，是指交际双方在特定的语言环境中，为了特定的目的，以某种方式进行的言语交际活动。儿童语用障碍是发展语用学视域中的一种语言障碍。

一、什么是语用障碍

最新的美国《精神疾病诊断与统计手册》第5版（DSM-5）对于社会语用障碍的诊断标准如下：

语言和非语言手段的使用在社会性应用高的沟通中出现持久困难，特征为：

（一）社会情境下以适当方式沟通有缺陷，比如不能以适当方式进行问候或分享信息，难以实现这些行为的社会性目的；

（二）为了符合情境或听者需求而改变沟通的能力缺陷，如在教室和操场使用不同的表达，与儿童和成人用不同方式交谈及避免对儿童用过于正规的语言；

（三）难以在对话和讲故事中遵循规则，如对话中的轮替，当理解错误时重新描述、懂得如何用语言或非语言信号调节互动；

（四）难以理解不明确的陈述（如推理）、非字面意思或意思模糊的语言（如谚语、幽默表达、隐喻及需要根据情景确定意思的歧义表达）。

语用障碍的症状通常始于儿童发育早期，但其缺陷要在社会交流需求超过其能力的上限时才会充分暴露出来。儿童的语用障碍主要表现在共同注意（如共同注意行为不足等）；会话层面（如话题发起、话轮转换、话题维持等）；叙事层面（如叙事结构、衔接手段、叙事组织能力等）；非字面语言层面（如隐喻、笑话等）。研究者一般围绕这四个层面进行研究。

二、儿童语用障碍的表现

（一）共同注意缺陷

在儿童咿呀学语的阶段，具备良好的共同注意是其语言发育与成熟的重要保障。共同注意一般分为两种类型：1. 响应性共同注意（Responding to Joint Attention, RJA），是指个体对他人发起的眼睛注视或手指指示做出回应；2. 主动性共同注意（Initiating Joint Attention, IJA），是指个体通过眼神交替、手势等行为，主动引发他人对自己感兴趣的物体或人的注意。

共同注意障碍即很少有共同注意行为。共同注意缺陷在自闭症儿童群体中具有基础性、典型性与普遍性，是自闭症儿童的核心障碍之一。

自闭症儿童的共同注意缺陷主要表现在三个方面：首先，自闭症儿童很少有共同注意行为；其次，与典型发展儿童相比，自闭症儿童在共同注意方面表现出特有的认知行为障碍；最后，自闭症儿童的共同注意缺陷存在差异，具体表现为响应性共同注意和主动性共同注意的缺陷程度不一致。

典型发展儿童在3个月时已经开始出现与照顾者间的互动，自闭症儿童则没有，对声音和人脸也无反应；5～7个月的典型发展儿童在被叫到名字时会有转头现象，自闭症儿童通常无反应；在1岁左右，自闭症儿童的主动性共同注意行为几乎为零，响应性共同注意行为显著少于典型发展儿童，即使有注视行为，其维持时间也很短，约在1～2秒之间（Dawson, MunsonJ, & Estes, 2002）；直到20个月左右时，自闭症儿童才出现短暂的看人行为，但仍无法追随他人视线看向其他人或物体（Carpenter, Pennington, Sally, & Rogers, 2002）。

自闭症儿童的社会沟通能力出现顺序与典型发展儿童不同。针对9～15个月大的典型发展儿童的纵向研究发现，典型发展儿童社会沟通能力出现顺序为：主动性共同注意、响应性共同注意、模仿、他人导向游戏及语言能力；而自闭症儿童社会沟通能力出现的先后顺序为：物体模仿、动作模仿、语言、他人主导的游戏、响应性共同注意与主动性共同注意（吴进钦，2010）。由此可见，自闭症儿童和典型发展儿童在共同注意的发展顺序上具有不一致性，通常儿童的主动性共同注意在12～13个月时即可完成，响应性共同注意在15～18个月时发展成熟，但是，自闭症儿童的发展顺序与此则相反（Carpenter, Pennington, Sally, & Rogers, 2002）。

相关研究发现，自闭症儿童共同注意障碍以主动性共同注意缺陷为主，主要表现在：很少能用手指指示行为或向对方主动展示自己感兴趣的对象（如玩具等）（Leekam, Christopher, & Ramsden, 2006），也很少与成人进行眼神接触（周念丽、杨治良，2005）。

（二）会话技能缺陷

会话技能指运用恰当的言语和非言语行为与他人进行面对面交流的能力，它包含会话发起、会话转换、会话维持、会话修补和会话结束。儿童需要具备一定的会话技能，才能运用语言与他人进行交往。下面从会话语言、会话内容、会话发起、会话转换、会话维持、会话修补六方面介绍儿童会话技能障碍的表现。

1. 会话语言

会话语言“不恰当”“不适宜”是会话技能低下的表现之一。这种表现在自闭症群体中尤为常见。自闭症儿童很少使用信息共有或要求提供信息的词句，并经常使用一些与社会规则或语言环境相矛盾的用语，或者不根据讲话者的相互关系进行会话。此外，自闭症儿童与人交谈时更可能使用过度正式或正规的词语，并经常出现古怪的措辞。Lord（1996）表示，语用障碍可能反映了，至少是部分反映了该人群缺乏与同伴交往的经验。如果儿童极少有和同龄儿童交谈的经验，相反，通常是和成人进行交流，那么他们最终会使用类似成人的言语，而且可能无法学会有典型年龄特征的词项。在语言上，自闭症儿童语言还有一个显著特点是存在“你”“我”不分的现象，他们常常用“你”代替“我”，或用“我”代替“你”，Kanner（1946）将这种异常化表现称为“人称代词逆转”（pronominal reversal）。有些自闭症儿童为了避免出现这些人称代词的错误，会采用人名去替代人称代词。

2. 会话内容

会话时出现大量重复性话语也是会话能力低下的表现，其中，回声式语言和持续言语比较典型。回声式语言是自闭症儿童语言表达障碍中较为典型的特征。回声式语言常常有两种不同的情况。一种是即时性回声语言，即儿童会重复刚刚听到的所有或部分话语。另一种是延迟性回声语言，指儿童重复在过去的某一时刻听到的声音或句子。Prizant 和 Duchan（1981）发现，在自闭症儿童的话语样本中，超过 33% 的回声性话语有话轮转换功能，25% 的回声性话语有宣告功能。当自闭症儿童表现出理解困难的迹象时，回声性话语便有可能出现（Curcio & Paccia, 1982）。而随着自闭症儿童发展出更多的自发性沟通言语后，这种回声性话语有可能减少（Howlin, 1982; Rydell & Mirenda, 1994）。持续言语（perseveration）指对词、短语、句子或话题的过度自我重复现象。脆性 X 染色体综合征个体频繁的持续言语是其最为显著的行为特点，严重影响其会话能力。

3. 会话发起

会话发起障碍表现为存在较多会话发起失败的现象，难以引起沟通对象的注意，清楚地表达或说出沟通信息。对汉语自闭症儿童会话的研究发现，自闭症儿童会话发起频率不低，但存在较多会话发起失败的现象（冯晨，2017）。针对特异性语言损伤儿童会话技能的研究表明：与典型发展儿童相比，特异性语言损伤儿童在和成人说话时不太可能先发起话题，回应他人的能力较差。同时有语言理解和表达缺陷的特异性语言损伤儿童，其回应较少，衔接性也较差，所回应的内容会出现无关或不适当的情况（Craig, 1991）。研究也发现威廉姆斯综合征儿童会话发起存在以下缺陷：不恰当的会话开端、会话开展异常、不能充分使用语境等。

4. 会话转换

会话转换障碍表现为对话轮转换规则的掌握较弱，一个人独占话题，随意打断或改变对方的话题。自闭症儿童在会话中通常拘泥于某一细微处，会对某一话题做无数次重复，在会话中独占话题，随意打断或改变对方的话题。针对汉语自闭症儿童的研究发现，儿童话轮转换频率不低，但对话轮转换规则的掌握较弱（冯晨，2017）。对唐氏综合征儿童会话领域的研究发现，在获取话轮时，他们对会话的贡献通常是简单地回应、对事物贴标签还有表达感谢。一些研究表明很多听力损伤儿童不能学会控制会话的规则，比如话轮转换、补救策略、澄清和话题协商。Duchan（1988）回顾了有限的研究后发现，这些儿童经常面临会话处理技能的挑战，比如话题开启、话轮获取和话题维持。

5. 会话维持

会话维持障碍表现为：会话维持数量较少，会话维持较为被动；会话中的信息交互度较低；回应他人的能力较差，所回应的内容会出现无关或不适当的情况；拘泥于某一细微处，对某一话题做无数次重复。

对汉语自闭症儿童在母子会话情境中的会话能力研究发现自闭症儿童会话能力低。虽然其整体会话结构与普通儿童一致，但其整体会话能力的发展程度较低，且在会话维持方面的差距最为显著，会话维持数量较少，较为被动，且会话中的信息交互度较低。张文杰（2014）对汉语自闭症儿童会话维持能力进行了研究，他选取20位自闭症儿童样本及80位3、4、5、6岁普通儿童样本，通过平均话语长度（Mean Length of Utterances, MLU）配对将两类儿童会话维持特征进行对比，发现自闭症儿童在会话维持上表现为：能够掌握基本的会话维持能力，各种会话维持方式均有所发展；话题维持长度与普通儿童无差异，但话题参与度不高；会话维持方式缺乏适切性，会话维持言语质量低；对交互性要求高的言语类型发展滞后且交流规则的欠缺制约其不同会话维持方式的选择。

特异性语言损伤儿童在会话技能上的问题主要表现在话题维持上，特异性语言损伤儿童在维持话题时会添加大量没有意义的填充语（Miranda, McCabe, & Bliss, 1998），经常难以维持话题，导致话题中断。Brinton 和 Fujik（1988）从会话管理（conversational management）的角度来看特异性语言损伤儿童的会话能力，发现他们在话题维持上有三方面的困难：他们会大量使用没有意义的填充话语，例如“嗯”“我知道”来跳过该他说话的那一轮。话题转换的速度较快时，他们会出现跟不上的现象。当对方已经觉得某话题说得差不多时，特异性语言损伤儿童可能无法察觉，仍会滔滔不绝。但这种情况相对于前两种现象较少出现。而且，特异性语言损伤儿童无法依照交流者预设和回应来修改和调整说话的内容，在与人不能进行良好沟通时，特异性语言损伤儿童亦无法对信息进行补充或是澄清（叶丽莉，2004）。

6. 会话修补

会话修补障碍主要是会话修补能力缺损或不稳定，会话修补类型较为简单且存在较多不适当修补。自闭症儿童存在会话补救技能缺陷。典型发展儿童通常在 5 岁时就出现补救技能，在童年后期还会持续提高，年龄越大，儿童表现出来的补救策略和产出的信息就越多（Brinton, Fujiki, & Sonnenberg, 1988）。自闭症儿童一般不能对误解进行补救，他们产生的不适切反应更多（Geller, 1998; Volden, 2004）。汉语自闭症儿童的研究也发现，自闭症儿童的会话修补能力不稳定，会话修补类型较为简单且存在较多不适当修补（冯晨，2017）。

（三）叙事能力缺陷

儿童在叙事时要具备多重语言能力，如：基本的词语、语法，适当的连接词，清楚的指称用语等。除此之外，还需要认知领域的技能，如：记忆、把事件按时间或因果顺序组织起来的能力。因此，叙事需要儿童的语言、认知能力都达到相当程度。叙事能力是预测儿童语言能力并判断其是否具有语用障碍的重要指标。对于语用能力较弱的儿童来说，叙述一个连贯的故事是一种挑战。下面从叙事结构、衔接手段、叙事组织能力三个角度，介绍儿童叙事能力障碍。

1. 叙事结构

完整的叙事结构包括摘要、情况介绍、行动、观点、解决方法、结语。叙述能力发展不足的儿童在叙述过程中很难完整出现上述全部内容。由于在言语信息学习上的限制，聋童在发展故事结构上存在困难（Yoshinaga-Itano & Snyder, 1985; Griffith, Ripich, & Dastoli, 1990; Marschark, Mouradian, & Halas, 1994; Klecan-Aker & Blondeau, 1990）。表现在他们会产出更少的情况介绍、结构可变性更少的短句或不完整句；会遗漏副词和连词，在观点评价成分上也有困难。有研究评估了 8 ～ 9 岁人工耳蜗植入儿童（在平均年龄为 3 岁或 5 岁时植入）的叙述能力，方法是通过看 8 幅系列图画故事后要求他们讲述故事（Crosson & Geers, 2000; Crosson & Geers, 2001）。针对叙事结构类型，每一个句子被编码为:（1）环境判定（提供叙事的情景）;（2）复杂行为（指的是按时间先后顺序排列的事件）;（3）评价（提供角色对事件的反应）;（4）解决办法（发生在高潮后，是解决行为）。另外，连词和指示词（如名词性词、代词、修饰词）的使用被分析为衔接手段。结果表明，植入耳蜗使用 4 ～ 6 年后的儿童的叙事能力和言语感知之间相关联。从人工植入耳蜗中受益的、有更强听觉能力的儿童会使用更少的环境判定（30%，和弱感知者的 46% 相比），更多的评价（28%，和弱感知者的 19% 相比），并且更有可能在叙事中使用并列连词和时间连词来连接语义关系。因此，这些好的感知者相比低水平的言语感知者而言，会使用更正常的模式（正常模式即 22% 的环境判定和 30% 的评价）来组织故事。虽然他们对从属连词的使用可能没有听力正常的儿童发展得好，但因受益于植入，所以比低于平均听力水平的聋儿高。Tager-Flusberg（1995）利用无字图画书引出叙事，评估自闭症儿童在叙事结构上的组织能力，也评估他们运用评价性话语丰富叙事的能力，发现自闭症儿童在特定类型的叙事评价上表现出困难。

2. 衔接手段

衔接手段是构成连贯叙事的必要条件。胡壮麟（1994）从音系层、词汇层、语义层、语法层和社会符号层五个层面讨论衔接，主要分为显性衔接（指称、结构衔接、逻辑连接和词汇衔接等）和隐性衔接（情景语境、文化语境、语用知识和心理认知）两大类。典型发展儿童 6 岁左右就注意到语篇的连贯性，并开始使用衔接手段。存在语用障碍的儿童在叙事中比较容易忽视语篇的连贯性，缺乏衔接手段的使用。作为一种重要的衔接手段，代词在口语和书面语中使用十分频繁。它的正确使用是儿童语言习得过程中需要掌握的重要语用技能。在叙事中，自闭症儿童倾向于重复先前话语中提及的名词，而较少使用代词去保持语篇的连贯性（Colle et al., 2008）。他们产出的代词常常缺少明确的指称对象（Novogrodsky, 2013）。Tager-Flusberg（1995）分析了自闭症儿童的指称机制，发现自闭症儿童明显倾向于采用定指名词短语形式引入故事角色，而且叙述中会使用很多指示性代词，与典型发展儿童相比差异显著。Norbury 和 Bishop（2003）也发现，自闭症儿童在故事讲述时更倾向于产出含义模糊的指称形式。

在汉语衔接手段的研究中，刘晓欣（2014）采用无字图画书故事讲述任务，观察自闭症儿童的指称能力表现。研究认为自闭症儿童仅部分指称能力完好，总体指称能力存在明显损伤。引入故事角色时，自闭症儿童指称能力损伤明显，产出不定指形式显著少于典型发展儿童；过度依赖整体标记不定指形式，对双重标记不定指形式的使用发展不充分；对非显著性角色，多次出现引入指称忽略现象。保留故事角色时，自闭症儿童对已引入故事角色采用不定指形式指称，对故事角色生成歧义代词形式，引发听话人理解困难。杨婉晴（2017）考察了 6 ～ 7 岁汉语高功能自闭症儿童叙事语篇中的衔接手段，发现高功能自闭症儿童在代词的使用上弱于典型发展儿童，会更多地产出歧义代词。梁丹丹和宋宜琪（2015）对 4 ～ 5 岁和 6 ～ 7 岁有智力障碍的儿童指称引入的研究发现，有智力障碍的儿童指称引入发展明显滞后，表现在与不定指形式相比，有智力障碍的儿童过量地使用定指形式；从定指形式的使用来看，有智力障碍的儿童更多地使用指示性指称；在不定指形式的使用上，有智力障碍的儿童表现出对整体标记的过度依赖。

连词是一种重要的逻辑衔接手段，可以将不同的句子成分连接起来，并且保持语句连贯。自闭症儿童在连词加工上存在障碍，甚至到青年时期，他们联合连词的偏误依然大于同龄人（Morsanyi, Handley, & Evans, 2010）。台湾学者 Sah 和 Torng（2015）对 18 例汉语高功能自闭症儿童叙事语篇中的因果关系衔接进行了分析，结果发现自闭症儿童的叙述中因果连词较少，连贯性较差。

3. 叙事组织能力

叙事组织能力指在讲述故事时通过使用恰当的词汇、语法、句法来计划和执行对故事情节的创造的能力。叙事能力发展不足的儿童往往叙事组织能力低下，对故事情节创造能力弱。Loveland 等（1990）研究发现，在心理年龄或言语能力上相匹配的自闭症儿童和唐氏综合征儿童，在故事文法元素产出上都有困难，自闭症儿童更倾向于嵌入无关紧要的语言破坏叙事的情节结构。Molly Losh 和 Lisa Capps（2003）研究发现，在无字图画书叙事中，自闭症儿童倾向于描述更少的故事情节，也表现出因果语言的有限使用，他们不太容易在叙述中包含因果解释。Tager-Flusberg 和 Sullivan（1995）也发现，自闭症儿童可能在叙事中包含因果语言，但是在解释人物的想法和情感时有困难。而 Rollins（2014）比较了自闭症儿童和唐氏综合征儿童在故事组织和因果连贯性上的叙事能力，发现自闭症儿童有更少的因果连贯性和组织性。尽管他们能够使用心理状态动词和副词，但他们更喜欢用描述性片段，更少用因果关系结构。Diehl 等（2006）对 17 名高功能自闭症儿童的故事回述和叙事文本进行了匹配分析，结果发现，虽然高功能自闭症儿童在故事长度或句法复杂性方面和典型发展儿童不存在显著差异，但他们在叙事的连贯性上要明显弱于典型发展儿童，高功能自闭症儿童并不能很好地利用故事要点来组织叙事语言。汉语叙事组织能力研究方面，梁丹丹、靳羽西和冯文静（2022）通过无字图画书故事讲述任务，考察了 5 ～ 6 岁汉语高功能自闭症儿童在宏观叙事、微观叙事以及叙事观点三个维度的表现。结果发现，相对于同年龄段的典型发展儿童，5 ～ 6 岁汉语高功能自闭症儿童存在明显的、全面的叙事能力损伤。

（四）非字面语言理解缺陷

非字面语言的理解障碍表现在，儿童在理解非字面语言表达时，通常只做字面解释，无法发现非字面意义并理解说话者的真实意图，进而无法恰当地参与到交际性的对话中。研究发现自闭症个体和威廉姆斯综合征个体倾向于对非字面义语言只做字面意义上的解释（Rundblad & Annaz, 2010）。对自闭症儿童非字面义语言障碍的考察主要集中在隐喻和转喻上。最早显示自闭症儿童存在隐喻理解缺陷的研究来自 Happé（1993），研究发现自闭症个体在表征目的所需的一级心理理论上的缺陷与其隐喻理解障碍紧密相连。Dennis、Lazenby 和 Lockyer（2001）发现，相较于口语词汇任务和歧义任务这种非目的性任务，自闭症儿童在解释隐喻这种目的性任务上有更多的困难，作者由此推论，自闭症儿童在隐喻理解上的困难并不是由话语本身含有多重意义这个事实造成的，而是因为他们在发现话语背后的目的上有困难。Rundblad 和 Annaz（2010）发现自闭症儿童在隐喻和转喻的表现上都差于控制组；转喻理解好于隐喻理解。Melogno、D'Ardia、Pinto 和 Levi（2012a, 2012b）的研究则发现，自闭症组虽相对于 6 岁典型发展儿童存在部分滞后，但有一定的隐喻加工能力，他们可能会以特别的方式加工隐喻刺激。

威廉姆斯综合征儿童在非字面义语言的理解上也存在困难。Sullivan 等（2003）比较了 8 ～ 17 岁的威廉姆斯综合征儿童及青少年、Prader-Willi 综合征和非特异性学习障碍儿童及青少年的非字面义语言的理解能力，发现仅有少数威廉姆斯综合征被试能够区分谎言和玩笑，大部分被试会将谎言和玩笑都判断为谎言，在要求解释他们的回答时，与对照组不同，威廉姆斯综合征儿童更少提及心理状态。威廉姆斯综合征儿童在习语理解上也存在困难（Mervis, 2003）。Annaz 等（2009）考察了威廉姆斯综合征儿童对隐喻和转喻的理解能力，结果显示威廉姆斯综合征儿童转喻理解表现显著差于典型发展组，隐喻理解也低于根据接受性词汇知识预测到的水平。研究者认为转喻可能是词库的一部分，转喻用法被威廉姆斯综合征儿童当作多义词词义的一种，而隐喻需要语言之外的认知机制，威廉姆斯综合征儿童相关认知机制的发展具有非典型性。

在汉语非字面语义研究中，Zheng、Jia 和 Liang（2015）发现，汉语高功能自闭症儿童的转喻理解比隐喻理解困难更大，语义知识与其隐喻理解相关，而与转喻理解无关；但研究认为接受性词汇知识并不能完全有效地预测其隐喻理解的表现，可能与其语义知识表征和加工的特殊方式有关。靳羽西、梁丹丹（2022）采用事件相关电位技术考察了 6 ～ 11 岁汉语高功能自闭症儿童常规转喻和新奇转喻的认知加工过程及发展轨迹。脑电结果显示，6 ～ 8 岁高功能自闭症组和典型发展组加工常规和新奇转喻的 N400 波幅无差异，未出现常规度效应，两类转喻波幅与错误句也无差异。9 ～ 11 岁高功能自闭症组对新奇转喻 N400 波幅负于常规转喻，出现常规度效应，典型发展组则没有。6 ～ 8 岁高功能自闭症组仅对常规转喻的 N400 差异波负于 9 ～ 11 岁，6 ～ 8 岁典型发展组对常规和新奇转喻的 N400 差异波均负于 9 ～ 11 岁。高功能自闭症组转喻 N400 波幅都负于典型发展组。研究结果表明，从6岁到11岁，典型发展儿童的常规和新奇转喻加工能力都得到提高，高功能自闭症儿童的常规转喻加工能力有所发展，但发展速度慢于典型发展儿童，新奇转喻加工能力没有显著发展，对比典型发展儿童存在滞后性。

第五节 读写障碍表现

继语言出现后的人类发展里程碑是文字的发明，因为文字打破了时间与空间的限制，允许语言跨时空传播。如今，在信息技术发达的现代世界中，无法阅读会产生深刻的社会和心理后果（Maughan, 1995）。但也正因如此，阅读是一种“非自然行为”（Gough & Hillinger, 1980），需要一系列复杂的认知技能。读写障碍也相对于语言障碍更为内隐、更难定义及更难辨别。

一、读写障碍的定义

（一）定义综述

读写障碍（dyslexia），又称阅读障碍，该词源自希腊语，字面的意思是“受损的词”。研究者对读写障碍下过很多定义，简单明了地说，读写障碍是一种神经疾病，会在基础阅读和拼写技能的发展上引起显著障碍。具体来讲，读写障碍会在词水平上表现出缺陷，它会影响解码（读出书面形式的词）和编码（拼写词）。因此，读写障碍是一种会影响读写能力发展的、神经源性的复杂认知疾病（Vellutino & Fletcher, 2007）。读写障碍个体在一般智力、动机、生活环境和教育条件等方面与其他个体没有差异，也没有明显的视力、听力、神经系统障碍。

（二）定义的复杂性

长期以来，读写障碍的定义和解释一直存在问题。从家长的角度来看，读写障碍是儿童容易遇到的阅读与书写问题。从特殊教育老师的角度来看，即使给予读写障碍儿童适当指导，他们还是无法学会如何阅读。从教育心理学家的角度来看，读写障碍是一种阅读困难，这种困难表现在儿童的阅读能力与同龄人应该达到的阅读能力不相符。这些定义似乎表明有读写障碍的人在阅读方面有困难，但是读写障碍也可能影响拼写及一般信息加工技能。事实上，有读写障碍的成年人在读写能力方面可能不会表现出明显的问题，而主要是在记忆和注意力方面出现问题。读写障碍的严重程度也有所不同，读写障碍人群往往表现出极大的个体差异性。

读写障碍的定义需要包括四个不同的层面：行为的、认知的、生物学的和环境的（Frith, 1999）。

1. 行为层面

行为层面上似乎有一个共识，读写障碍表现在阅读问题上。然而，读写障碍的行为定义是不够的，原因如下。首先，造成阅读困难的因素有很多，不仅仅是读写障碍一种原因。因此，儿童在阅读测试中的糟糕表现并不是读写障碍的充分诊断标准。其次，随着年龄的增长和阅读方面的练习，读写障碍者的阅读技能得到提高，阅读问题的严重程度会下降，但其他方面的读写障碍问题（如拼写困难）可能仍然存在。只将读写障碍在行为水平层面进行定义，意味着读写障碍是一种儿童长大后就会摆脱的状况，而事实并非如此。

根据阅读测试表现来定义读写障碍，就像把麻疹定义为体温升高一样。然而，体温升高仅仅是感染的迹象，而不是疾病本身。前人研究表明，读写障碍并不是一种伴随学习而来、随着成年而离开的障碍，往往是伴随一生的负担（Frith, 1999）。

2. 认知层面

读写障碍定义的困难在于认知层面上。认知层面需要对该障碍造成的阅读问题进行解释，这些解释与读写障碍者的认知功能有关。它们既要说明读写障碍和普通的阅读能力较弱者之间的差异，又要能够区分读写障碍和其他类型的特异性学习障碍（如多动症）。

阅读能力差的人被分为普通的阅读能力较弱者（Garden-variety Poor Reader）和障碍性的阅读能力缺陷者（Dyslexic Poor Reader）。普通的阅读能力较弱者出现阅读困难的原因是混合性的，可能是缺乏文化环境，没有足够的阅读训练，也可能是缺乏动机或教育机会，还有可能是存在情绪问题或认知问题。而读写障碍者只表现出特定认知加工过程中特定能力的缺陷。

3. 生物学层面

在生物学层面上，为了理解读写障碍的根本原因和开发有效的干预方法，需要对不同认知功能的神经 / 遗传原因进行进一步的探索，这对读写障碍的诊断十分重要。因为根据智力—成就差异模型进行筛查，儿童要在进入学龄阶段很长一段时间后，出现阅读学习方面的落后情况时，才会被诊断为读写障碍。而这种等到儿童经历失败才被确认为读写障碍的筛查方法，可能会导致儿童严重的情感与心理问题，并可能导致儿童在学校整体学习成绩不佳。在学龄阶段早期的补救和干预是至关重要的，如果不能根据神经病学的发现制订适当的筛查方法，宝贵的干预时间可能会被浪费。

4. 环境因素

环境因素主要指社会因素及教育因素。包括接触印刷文字、家庭的读写环境、经济地位、阅读教学的有效性等。前面章节已提到，儿童前书写行为的发展受家庭社会经济地位的环境影响巨大。这些阅读经验和读写经验的差异导致部分儿童在前书写发展的过程中开始落后，在学龄阶段发展为读写障碍。

二、读写障碍的表现

（一）读写障碍表现的历史描述

要描述读写障碍的具体表现，可以从历史的角度进行追溯。儿童读写障碍最早出现于19世纪后期。先是由医生们注意到一群令人困惑的儿童，这些儿童似乎具备成为良好读者的所有条件：聪明、有动力、父母关心、接受了阅读的指导，但是他们仍在学习阅读时存在困难。

1676年，德国医生Johann Schmit记录了一位65岁中风后无法阅读的男性患者，记录中他使用了“词盲”一词。此时它是指获得性失读症（acquired alexia）。1877年，德国神经学家Adolph Kussmaul则用“字词盲”（word blindness）一词描述过这种情况，将其定义为一种只有文字阅读、识别能力存在缺陷，而智力和语言表达能力都完整的障碍。他认为这种障碍源于脑后部左侧角回附近区域的损伤。

1884年，德国眼科医生Rudolf Berlin出版了《一种特定的词盲》一书，讲述了6个阅读困难者的案例。该书中他使用了“读写障碍”（dyslexia）一词，用来解释因特定脑损伤产生的阅读能力丧失，并表现出特定形式的词盲现象。如果脑损伤非常严重，就将其定义为获得性失读症；如果损伤是局部的，可能只在文字符合的理解上表现出很大程度的困难，这被称为读写障碍。

1895年，苏格兰眼科医生 James Hinshelwood 在《柳叶刀》发表了一篇先天性词盲案例的论文，报告了一名58岁的男子阅读困难的情况。第一次明确了读写障碍并不是由特定脑损伤带来的视敏度造成的。

术语“字词盲”和“读写障碍”交替使用到20世纪60年代，此后，读写障碍（dyslexia）才成了通用术语，用于表示阅读困难。第一例读写障碍的描述源于获得性读写障碍，它是指由于大脑受损导致人失去阅读能力。而发展性读写障碍，是指儿童没有遭受脑损伤的情况下，在学习阅读的发展阶段表现出困难。第一例发展性读写障碍是由英国医生 Pringle Morgan 报告的。1896年11月7日，《英国医学杂志》发表了一个14岁的男孩 Percy F. 的报告。

Percy F.——一个14岁的成熟小伙子——是聪明父母的长子……他一直是一个聪明伶俐的男孩，擅长玩游戏，丝毫不逊于同龄人。他最大的困难一直是——现在也是——他无法学会阅读。这种无能是如此显著，如此明显，以至于我毫不怀疑这是由于某种先天缺陷……已经尽了最大努力教他阅读，但是尽管进行了这种艰苦而持久的训练，他还是很难拼写出一个音节的词……教了他几年的校长说，如果学校教学完全是口头的，他将是学校里最聪明的孩子……他的父亲告诉我，最大的困难是教这个男孩字母，他们认为他永远也学不会（Morgan, 1896, p. 1378）。

正如上文介绍，在该领域的早期研究阶段，读写障碍被认为是一种医学问题，大部分关于阅读困难的工作是由医生进行的。20世纪60年代初，美国和英国的公众开始关注读写障碍，教育心理学家也开始对读写障碍进行研究。当使用阅读理论解释阅读困难，语音缺陷被确定为读写障碍的主要原因时，读写障碍的病因研究就取得了重大突破（Vellutino, 1979）。自20世纪80年代以来，读写障碍的研究已经在许多学科中展开：教育心理学、语言学、发展和认知心理学、神经语言学、神经心理学和遗传学。尽管我们对读写障碍的认识还远远不够全面，但来自不同科学领域的探索有望帮助我们理解阅读困难的原因，并找到合适的方法来支持读写障碍儿童。

（二）读写障碍表现的行为描述

读写障碍儿童的行为表现主要发生在词语水平上的字词识别环节，不包括更高水平的阅读理解障碍。但是字词识别是阅读理解的基础，准确的字词识别是儿童实现阅读理解和流畅阅读的前提，读写障碍儿童在字词识别上表现出的困难会影响高级阅读过程。

1. 低学龄读写障碍儿童的典型表现

字形识别中，二年级英语儿童表现出只认识字母表中的部分字母，对字母字形和发音对应关系记忆模糊，常常学过就忘（Mather&Wendling, 2012）。汉语低学龄儿童表现出普遍的识字量差，比同年级的儿童平均识字量低 1 ～ 1.5 个年级。他们常常混淆形状相似的字，不明白所学字词的意义，或忘记一个学过的字怎样写，经常写错别字，形似字、近义字、同音字替代的现象特别多（舒华、孟祥芝，2000）。

语音意识方面，汉语低学龄儿童往往拼音掌握得不好，声调混淆现象很严重。有些儿童的基本辨音能力正常，也能够完成一些基本的语音任务，如判断同音节、押韵判断等，能够完成在音节、韵律水平上的语音操作。但在更精细的实验任务中，如音位分割中有困难，难以完成音位水平上的语音操作；当实验为挑异音这样的综合性任务，需要在短时工作记忆中进行语音操作时，读写障碍儿童在声调水平的操作成绩远远落后于正常儿童；即使降低挑异音的实验难度，将听觉呈现改为视觉呈现，减轻了语音工作记忆的负担，读写障碍儿童在声调水平的成绩也并没有得到提高，表现出对声调这一特殊语音特征的加工困难。语音意识测验结果表明读写障碍儿童在精细的语音加工（音位、声调）方面会表现出明显缺陷（栾辉、舒华、黎程正家、林薇，2002）。

2. 高学龄读写障碍儿童的典型表现

对于高学龄阶段（如小学高年级、中学）的读写障碍儿童来说，阅读任务更加复杂，读写困难的表现也更为综合，不仅体现在语言层面，还会在非语言层面有所体现。

形音对应方面，中学的英语儿童经常混淆相似发音的字母，比如将 every 发成 efry。当读写障碍儿童发特定的多音节词的时候，这些细微的声音困扰也会明显出现在话语中。比如，当儿童想说 specific 的时候，他会说成 puhsific。儿童的词汇量很好，但他还是可能会说“那本书真的记起（memorized）了我”，而他实际要表达的是“那本书真的迷住（mesmerized）了我”。他们会主动避免说一些对读音没把握的词。

字词书写方面，读写障碍儿童在拼写上有很大的困难，他们更倾向于按照词发音的方式去拼写词，比如把 they 写成 thay。这种现象在英语儿童和以英语为第二语言学习的汉语儿童中都有发生。

台湾大学儿童心理卫生中心整理了 1978 ～ 1983 年前往治疗的个案，共有 20 名儿童被诊断为读写障碍，其中包括 19 名男孩和 1 名女孩，年龄在 7 ～ 13 岁之间。从形态上可以把这些儿童的读写错误分成 5 种类型：（1）相似形状的字在读、写时产生混淆的发生比率是 100%；（2）发音相似的字在书写时产生混淆的发生比率是 85%；（3）同一字中部件位置错误的发生比率是 35%；（4）短语中字序混淆的发生比率是 35%；（5）镜像书写的发生比率是 15%（转引自孟祥芝、舒华，1999）。

读写花费时间方面，读写障碍儿童阅读速度慢，经常无法按时完成作业或测验。儿童经常在作业上花费更多时间，但在考试中只能完成一半左右的题目，剩下的题目即使会做也没有足够的时间完成。有些汉语儿童在听说任务中也表现较差，会因为语句写不通顺而抗拒写作文。

（三）读写障碍表现总结

由历史与行为描述可以发现，儿童读写障碍的主要表现是阅读和拼写困难，以及记忆和组织方面的问题。但是个体的读写障碍表现在严重程度上有所不同，并不是所有的症状都存在于每个人身上。

1. 读写障碍的语言问题

阅读困难主要表现在词识别上，这是由形—音对应困难造成的。读写障碍儿童往往在识别现有词和解码非词方面有困难。每一种书写系统都利用了语音信息（Goswami & Bryant, 1990）。在字母和音节书写系统中，语音可以用单位来表示（即字母系统中的音素和音节系统中的音节）。因此，当儿童学习读和写时，他们首先要做两件基本的事情：将口语词分割成相关的单元，以及学习特定的单元在书写中是如何表示的（即正字法）。在字母书写系统中，后一个过程是音素到字母的映射，正是这个过程给读写障碍者带来了最严重的困难。这些困难可能导致缓慢且不准确的词识别。探讨解码技能发展状况最直接的方式之一就是观察儿童读假词（符合正字法规则但无语义的词）的水平。7 岁的典型发展儿童在读类似 pim 或 zot 这种从未见过的假词时毫无困难。读写障碍儿童与学龄匹配、阅读能力匹配的儿童相比，读假词时均存在困难。

读写障碍儿童的另一个显著表现为在进行篇章阅读时似乎没什么问题，但阅读孤立的单字、词时表现出明显的识别困难。这是因为单字识别时读写障碍儿童无法依赖上下文信息与语义信息帮助辨别。一个令人惊讶的事实是，读写障碍儿童经常在大声朗读一段话时会遭遇困难，但借助正常发展的语义理解能力，他们会表现出对这段话的合理理解。

影响读写障碍的一个重要因素是儿童学习阅读的语言本身。一些语言，如意大利语、德语、捷克语或匈牙利语，有相对简单的语音字母转换规则和可预测的书写系统，称为透明正字法。在其他语言中，如英语和法语，音素到字素的映射是复杂的，有时是不可预测的，而习得这类正字法系统可能会给读写障碍儿童带来严重的问题。由于书写系统的不同，阅读困难在不同的语言中可能表现不同。意大利或德国的读写障碍儿童可能阅读速度慢，但总体上阅读准确，而母语为英语的读写障碍儿童在阅读速度和准确性方面都可能存在差异（Paulesu et al., 2001）。德语读写障碍儿童的早期音素意识困难会在上学后的第二年得到克服，而且阅读准确性与年龄匹配组没有显著差异，虽然他们的确会读得更慢而且会出现很多拼写困难（Wimmer, Mayringer, & Landerl, 2000）。与以上研究不同，Markéta Caravolas, Jan Volín 和 Hulme（2005）使用了比 Wimmer 等研究德语儿童更敏感（而且更难）的音素意识测量，比较了英语和捷克语读写障碍儿童的认知损伤，结果显示出被试在口语词中操作音素的严重问题。这些发现表明，音素操作技能是读写障碍儿童的核心问题，不管其正字法是规则的还是不规则的。汉语是另外一种情形，汉语中音素水平的技能不那么重要。

读写障碍儿童遇到困难的另一个主要方面是拼写。在一些读写障碍儿童的表现里，拼写困难可能是读写困难的唯一标志。就像词识别一样，拼写需要将口语词分割成音素，并将这些音素转换成字母或字母组合。Ehri（1997）认为阅读和拼写几乎是相同的过程，因为两者都依赖于相同的知识库——关于字母系统的知识和关于特定词拼写的知识。不同之处在于阅读和拼写是不同的反应。“阅读的行为包括一种反应，即读出一个词。相比之下，拼写的动作包括多种反应，即按照正确的顺序写几个字母。准确拼写词比阅读词需要更多的信息。”因此，读写障碍儿童会发现学会拼写要比学会阅读甚至更难。拼写问题是读写障碍的常见相关因素，经常出现在那些阅读能力不符合读写障碍诊断标准的高危阅读者身上。

此外，读写障碍者在将词分割成声音和学习形—音对应规则方面有困难，这两者都涉及语音加工。然而，语音加工不仅涉及阅读和写作，还涉及言语感知和言语产出。研究证据表明，读写障碍者在处理口头信息的准确性和速度上都存在差异（Bowers & Swanson, 1991）。与典型发展儿童相比，读写障碍儿童在声音辨别和词重复测试中的表现明显更差（Adlard & Hazan, 1998）。这两项任务都涉及语音短时记忆。Baddeley（1986）认为，语音短时记忆在学习新词时起着至关重要的作用，它通过存储不熟悉的声音模式，同时建立长期表征，这就预先假定了短时记忆和词汇的长时记忆之间的直接联系。语音短时记忆和语音加工方面的损伤通常会导致语音延迟，语音速度变慢，有时发音不清晰，接受和表达的词汇范围更小（Scarborough, 1990）。读写障碍儿童不仅在词汇量上往往比典型发展的同龄儿童要少，而且当必须说出图片的名字时，他们检索词的速度也会更慢。

2. 读写障碍的非语言问题

大多数读写障碍者不仅在读写技能方面表现出困难，也表现出其他认知能力的差异。研究证据表明，读写障碍人群的工作记忆广度也较短（Jeffries & Everatt, 2010）。这也许可以解释为什么许多读写障碍儿童也存在计算障碍（如背诵乘法表有问题、算术困难）。工作记忆容量的减少使得读写障碍人群同时在工作记忆中拥有几段信息，而数学通常需要同时能够阅读和听写长文本。

持续注意缺陷的问题在读写障碍儿童和成人中也很常见，即使这些人没有多动症的共病（Frank et al., 2004）。有限的注意力持续时间会在普遍的学习环境中造成困难，不仅会影响与读写相关的知识和技能的学习，还会导致在获取一般知识和技能方面出现问题。对输入刺激的注意是学习新信息的先决条件，由于持续注意的问题，读写障碍者不能长时间地专注于新的输入刺激，可能需要反复接触才能获得新知识。注意力对于监测输出也是必要的，因此读写障碍学生很容易犯错误，这也是他们经常被认为粗心和不仔细的原因。

此外，读写障碍儿童和成人还在运动技能方面存在困难（Nicolson, Fawcett, & Dean, 2001）。书写需要精细的运动技能，这就解释了为什么大量读写障碍儿童的书写笔记很难辨认。读写障碍儿童的研究中也报告了其严重的运动协调问题，如骑自行车和游泳方面的困难，以及学习新技能时自动化速度慢的问题。

在适当的干预指导和家庭环境的支持和练习下，读写障碍者的阅读和拼写困难可能会减少，但读写障碍者还存在其他与读写障碍有关的问题，如工作记忆问题、持续注意问题和运动技能的协调问题。因此，与非读写相关的困难可能是大龄读写障碍者的重要标志，需要教师在课堂上给予更多的关注。

表 2-2　读写障碍者的行为表现

语言问题	非语言问题
将词分割成语音单位的问题	工作记忆的范围小
形—音对应的问题	算术和记忆乘法表的问题
词识别的问题	书写的困难
阅读速度慢	运动协调问题
拼写困难	持续注意的问题
词汇量小	新技能自动化的困难
词汇检索缓慢	时间管理和组织工作的困难
语音迟缓	
发音问题	
在语音短时记忆中保存口头语料的问题	

第三章　儿童语言障碍的干预方法

第一节　语音障碍的干预方法

一、概述

语音治疗是指对儿童语言系统的重新组织（Dodd, 2008），语言病理学家对特定儿童的治疗方法最初直接派生于语音评估的诊断和分类框架，同时，许多治疗方法得到了贯彻，它们可能在结构、实施或关注点上有些许差别。广泛可用的治疗方法通常可分为感觉—运动干预法和认知—语言干预法。尽管二者有明显的差别，但在临床治疗上均得到认可。对于言语声音障碍（speech sound disorder, SSD）的治疗方式主要有两类：构音治疗（articulation therapy, AT）和音韵治疗（phonological therapy, PT）。构音治疗的主要目的是让儿童学习如何发出单独音素，从而提高言语可懂度。多年来最典型的治疗方法是传统发音训练法（Van Riper & Emerick, 1984)，在这种方法中，总体目标是让儿童学习如何表达单独音素，从而逐渐提高话语的清晰度和可懂度。Ingram（1976）把研究问题的焦点从构音障碍（关注单独的音素）转变为语音障碍（关注音素加工）。从构音训练到音韵训练的转变，是从一个单独音素的学习变为对音素加工的分析，所以掌握语音特征是有必要的。这样一来，干预的重点不在于单个语音或音素的产出，不再像以往那样一次干预仅针对一个语音，而是通过语音加工这个具体过程来消除错误模式，进而改变儿童的语音系统。

由于语音障碍的表现不同，所以在干预方面也使用不同的方法。本节将从四个层次论述语音障碍干预的方法，具体包括语音可懂度干预、音位干预、韵律干预和语音加工技巧干预。

在选择干预方法时，语言病理学家应该使用哪种治疗模式对儿童进行干预？一种干预方法是否适合语音障碍程度不同的儿童？ Williams

（2000）认为一种治疗模式可能不会适合所有儿童，或者在整个干预过程中渐渐与儿童情况不匹配，干预模式要随着儿童的发展做出调整。另外，不同的干预方法的结构不同，有些从词或韵律层面展开，也有部分干预方式是从对话形式展开。下面将从不同角度具体介绍几种目前常用的语音障碍干预方法。

二、语音可懂度干预

（一）传统声音训练法

传统声音训练法是最典型的构音治疗训练法，重在提高语音可懂度。考虑语音的感知，也考虑语音的产出，并随着水平不断提高，逐渐提升语言的复杂性（Winitz, 1969）。

治疗通常对耳朵进行听力“轰炸式”训练。让儿童听到目标语音并判断目标声音的准确性，以便提高儿童语音意识和语音的自我监控能力。听力训练结束后，儿童进行语音产出训练，儿童产出目标语音单位的复杂性逐渐增加。也就是说，语音产出可以从孤立状态开始，如先产出单个音素（如［s］），然后扩展为音节（如［sa］［as］［asa］），之后是词、短语、句子，最后是对话语言。在每种情况下，儿童最初都只能模仿给定的语言模型，随着时间的推移和能力的提升，这种模仿行为逐渐减少，儿童可以自发地发出目标语音。此外，可以将目标语音放入限制性语境中，首先是词的起始位置，接下来是词的结束位置，然后是词的中间位置。

传统声音训练法被认为是语音训练治疗的感觉—运动方法（Bernthal & Bankson, 1993）。虽然它提供了一种具体方法来改善与运动困难相关的构音技能，但这一方法往往被广泛应用于治疗语音障碍。

（二）循环语音训练法

Fey（1987）描述了两种治疗结构：垂直治疗和横向治疗。垂直治疗法通常仅选择一个目标（声音或语音模式），然后根据计划干预。另一种干预结构是横向治疗法，即在预定时间内同时选择好几个目标（声音或模式）。此外，还有第三种方法同时包含了垂直和横向两种结构，即循环语音训练法（Hodson & Paden, 1983）。

循环语音训练法基于语音理论、认知心理学理论、语音习得理论，以及临床语音学研究。像传统声音训练法一样，循环训练法包括听力

“轰炸式”训练和语音产出。首先要对儿童进行测评，弄清楚儿童产出目标语音时的错误音以及声音错误的模式，这些语音会依次被引入之后的连续治疗中。

具体干预过程中，医生选择一些干预目标，这些干预目标以周为单位，可能会进行调整（如目标为爆破音进行一周，目标为减少辅音丛进行一周，目标为滑音再进行一周），然后这些目标内容开始进行循环（如在第四周重新开始爆破音的练习）。也就是说在引入后续干预目标声音之前，儿童不需要完全掌握之前的目标声音；相反，儿童是在整个治疗序列中，循环对目标声音进行学习（Williams, 2000）。

三、音位缺陷干预

（一）基于一致性的语音干预

1. 最小对对比法

最小对对比法（Weiner, 1981）使用包含最小对的成对词，将儿童发出的错误音和目标音进行对比（Blache & Parsons, 1980; Ferrier & Davis, 1973）。

最小对是由两个不同的词组成的，这两个词只相差一个音素，这两个音素之间只有一个语音特征不同。如 seed 和 deed 两个词不同，就是因为二者只有首音［s］和［d］不同，而这两个音素的不同是由于发音部位不同而导致的；spot 和 pot 的区别仅仅在于它的初始辅音丛不同。在上例中，seed-deed 和 spot-pot 都是最小对（Bauman-Waengler, 2008）。

在常规治疗中，最小对对比法会将目标语音和儿童的错误替代音相联系。也就是说，如果儿童产出［f］作为目标音 /s/ 的替代音，那么在训练中，［f］和［s］这两个音素均要引入进行对比。临床医生会比较音素的发音部位、发音方式或发音的清浊（如 car-tar、sea-tea、pin-bin），从而寻找不同的最小成对词（或接近最小成对词），以减少儿童语音系统简化的错误（如“发音部位靠前”“爆破”“浊化”以及同音词）（Grunwell, 1982）。这些具体的音素会呈现在词中，如 sun-fun 或者 sit-fit。

Dodd 等（2008）在对语音障碍儿童的干预中使用了最小对对比法，所选的词对在发音清浊、发音方式或发音部位上不同。这组词对比的是儿童的目标音和错误音。例如，如果儿童的错误发音模式是舌根音发音部位靠前，那最小音素对可以包括 car-tar、key-tea。对于辅音丛的训练，也是用错误音对比目标音。如儿童出现删除首辅音 /s/ 的情况，那么训练时对比的是没有 /s/ 的词和“/s/+ 辅音”的词，就像 top-stop、pin-spin 这样的词对。许多辅音丛都可以用于干预儿童的语音模式，如“s+ 塞音”可以包括 /sp/、/st/、/sk/ 等词。

Crosbie、Holm 和 Dodd（2005）认为儿童的每一种错误模式都有四个阶段：听觉辨别、词产出、短语产出、会话中句子产出。从一个词到一个短语再到一个句子，需要一个 90% 的准确率训练标准（基于课程中最后 20 个目标项目的结果）。治疗的第一阶段是听觉辨别。这一过程要确保刺激词是儿童熟悉的，并且能够准确地从图片中被识别出来。要求儿童能够准确区分（例如，区分末尾有声音的词和末尾没有声音的词）并识别每组词对。然后，要求儿童语音产出最小对，最初是模仿老师，然后要自发产出。针对目标模式，临床医生必须做出反馈，如什么样的词可以选用干预（例如“bee-beep、bee 的末尾没有声音，beep 的末尾有声音”）、什么是词末尾的声音（例如，“beep 的末尾有一个 /p/，bee-p”）、儿童是否使用正确声音（例如，“当你说 beep 的时候，我听起来很像 bee”）等。在干预的每个阶段、针对每个错误模式，都会给出类似的语言和交流反馈。对比的意义或沟通基础在整个干预过程中被最大化。如果儿童没有使用正确的形式，就会导致沟通障碍。

许多实验研究评估了最小对对比法。一些研究显示这种做法具有良好的成果，仅接受 6 小时治疗，儿童不仅在准确性方面，而且在泛化方面都会取得显著成效。Weiner（1981）用最小对对比法来控制两个学龄前男孩的三种发音错误模式（如摩擦音的滑动、停顿、末尾辅音删除）。每个错误模式都以四组最小对为目标，其中一组共接受 6 小时的治疗，另一组共接受 14 小时的治疗，每周安排 3 次，每次 1 小时。结果表明，在检验中，90% 以上的错误模式得到控制。Tyler、Edwards 和 Saxman（1987）报道了两名儿童每周接受 3 次 1 小时的训练情况。在总共 8 小时和 9 小时的治疗中，三种错误模式均要使用 5 ~ 10 个最小对来练习。Crosbie、Holm 和 Dodd（2005）的报告指出，8 名儿童对 8 小时的最小对训练反应良好，每周安排 2 次，每次 30 分钟，这使标准化评估的准确性和跨等级概括的准确性均显著提高。

但是仍有研究指出最小对对比法存在不足。Baker 和 McLeod（2004）

的研究显示，不同儿童对于最小对对比治疗的反应存在显著差异。受训练的两个儿童接受同一位治疗师完全相同的干预方案，二人干预的语音特征也一致。其中一名儿童经过 12 节课（7 周），便可以正确地在对话中产出辅音丛 /s/，而另一名儿童经过 32 节课（5 个月）才达到这一目标。

Crosbie、Holm 和 Dodd（2005）的研究表明，虽然最小对对比法对偏差错误一致的儿童而言，治疗效果良好，但对于偏差错误不一致的儿童，这一方法往往起不到良好的效果，也即最小对对比法可能更适合表现出轻度到中度语音障碍的儿童（Williams, 2000）。

总体而言，最小对对比法的教学目的是引导儿童明白必须用两种不同的语音表达语义不同的词。如果目标音和替代音二者在发音上没有区别，那么对方很可能混淆，不明白儿童的意图，导致交流中断。当儿童表现出明显的语音错误模式时，通常使用最小对对比法。它被认为是“语音教学的一种概念形式，经常用于治疗由认知或语言障碍引起的语音障碍”（Gierut, 1998）。

2. 最大对对比法

Gierut（1989）在最小对对比法的基础上进行了改进——不将目标语音和儿童的错误音进行对比训练，而是将另外的独立语音与目标语音进行比较，且要与目标音最大程度上不同。Williams（2000）认为，儿童学习的目标语音与其错误语音之间的对比越明显，越容易学习，目标是以最少的干预量实现最大的语音重组。如一个不使用擦音的儿童，其目标音位为 /s/，那么治疗师将使用 /s/ 和 /m/（如 sum-mum、sit-mitt）的对比来训练，因为 /m/ 和 /s/ 相比，不同之处最多（发音部位、发音方法和发音清浊）并且十分独立（即不属于儿童的错误形式）。Gierut（1989）认为，选择与目标语言相比更复杂的音素，可以在干预过程中促进语音学习。具体地说，当目标音位和这些音位差异最大时（根据不同的语音特征），学习的普遍性将得到加强。对于非主要的语言差异，应该减少变化。

鉴于目前缺乏直接比较最小对对比法和最大对对比法效果的证据，Dodd 等（2008）的研究比较了语音治疗中两种不同的对比选择方法，不仅考察了单个辅音，还考察了辅音丛（以“/s/+ 其他辅音”为例，最小对对比法：“top-stop”“pin-spin”；最大对对比法：“mop-stop”“heart-start”）。研究未能发现两种方法在干预效果上的差异，但不管使用哪种方法，对于儿童辅音的改善似乎超过了以往报告的最大对对比的治疗效果。

但是在实际临床实验评估中，很少有利用最大对对比法治疗的结果。在现有的少量研究中，研究对象通常是儿童（3 岁～ 4 岁 6 个月），且缺乏儿童语音系统的信息，故无法区分儿童的语言系统属于哪种类型（典型发展、延迟，还是与典型水平相偏离）。另外，最大对对比法仅局限于目标治疗，不需要考察儿童自发产出的话语，即不可利用长期的随访数据。对于临床医生来说，还有其他几个显而易见的困难：首先，在这种方法下用作目标的音位，通常不在典型儿童音位系统的发展进程之中（如 3 岁 8 个月儿童以音位 /t/ 为目标）。虽然有令人信服的理论可以解释这一选择，但它可能会导致发音和语音目标干预的混乱。此外，在之前的研究中，仅对比了两个单音素的干预效果，也就是说在干预效果方面，最大对比法对音节层面的对比没有进行过多的关注，尽管音节层面的辅音丛减少是许多儿童语音迟缓或障碍的显著特征。

3. 多组对对比法

语音干预的多组对对比法（Williams, 2000）是一种同时将多个目标音与儿童错误音进行多组对对比的方法。在很多情况下，儿童语音产出的错误可能是将很多不同音位当成一个音位导致的，比如儿童将全部首音为清塞音的词的开头均发音为 /t/，那么在干预中，多重对立处理集可能包括［t］—［k］（发音部位不同），［s］（发音方式不同），［tʃ］（发音部位和发音方法均不同），并以此为对比来训练词，例如 tip-kip、sip、chip。因此，这种方法要使用更大的治疗集，并对儿童的错误模式进行干预，而不是解决儿童系统或规则的孤立方面。

该训练法要从音素角度进行干预目标的选择，类似于 Gierut（1989）提出的最大对对比法，目标声音要在发音位置、发音方式和发音的清浊方面与儿童的错误有最大程度的不同。在具体干预过程中，要依照儿童独特的声音系统来选择干预目标，选择对语音重组有最大潜在影响的声音。

多组对对比法针对每个儿童的具体方案都是不同的，因为它指导儿童改善自身独特的语音模式，所以，多组对对比法需要儿童将自身语音策略和需要学习的知识联系起来，然后根据新掌握的语音信息来修正他们的语音策略。干预的目标是通过诱发音位分裂来消除由大量音位折叠导致的同音异义词。表现出广泛音位折叠的儿童，其语音损伤必然更严重，因此不易理解，所以说多组对对比法是针对严重语音障碍的儿童的一种干预选择。

这些声音包括儿童语音极端困难的代表声音，其发展是为了补偿相对于成人声音系统的有限声音系统。例如，儿童可能会在一开始就把非唇清塞辅音 [t] 作为许多词的首音，这会导致高度折叠，如图 3–1 所示：

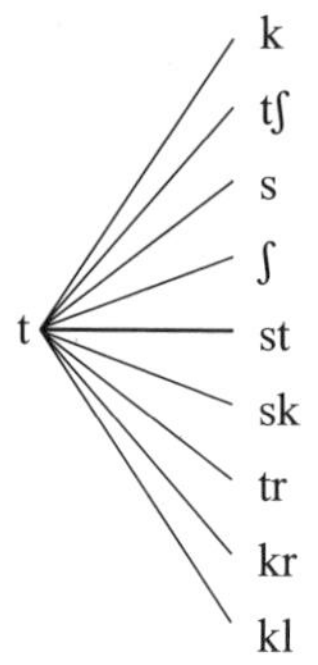

图 3–1　非唇清塞辅音 [t] 的发音

这种音位折叠表明儿童发展出了一种补偿策略来适应有限的声音系统。具体地说，该儿童把几个非唇清塞辅音丛（voiceless nonlabial obstruents and clusters）折叠成一个非唇清塞音。根据上述原则，多重对比法的目标语音可包括 [t] — [k, tʃ, s]。声音被最大程度地分类，并且最大程度地不同于 [t]（发音位置、发音方式以及单独辅音和辅音丛的关系）。更进一步，通过从 [t] 的单独音位扩展到儿童的非唇清塞辅音丛，可以完善儿童的语音系统。

（二）基于不一致的语音障碍

Forrest 等（1997）认为语音对比法适用于一致性语音障碍，而对于患有不一致语音障碍的儿童而言，它和传统声音训练法未能达到良效。因为对这一亚类儿童而言，干预目标的选择较为困难，干预者多会使用许多不一样的语音来代替目标音，而这些音在发音方式、发音位置以及语音的清浊方面均有不同（Crosbie, Holm, & Dodd, 2005）。

核心词汇法可以有效提高词产出的一致性（Holm & Dodd, 1999）。核心词汇治疗不关注表面错误模式和特定的声音特征，它的目标在于整个词的产出。该法针对语音计划中的根本缺陷，指导儿童学习一致地说出一组高频功能性词汇，提供有关有限词的具体信息，并通过持续性地系统练习这些词语的使用，从而提高在线创建语音计划的能力（Crosbie, Holm, & Dodd, 2005）。

Crosbie、Holm 和 Dodd（2005）研究了核心词汇法对不同儿童的治疗效果。在实验中，他们对 18 名 4 岁 6 个月～ 7 岁患有严重语音障碍的儿童进行能力测试，评估了其语音障碍的严重程度、语音障碍亚类的分类、口腔运动结构和技能、接受性语言程度、非言语技能、听力水平和语言背景。其中 10 名儿童属于非一致性语音障碍，8 名儿童属于一致性语音障碍。两组均使用两种治疗方式。

在核心词汇法的具体干预方面，首先由儿童、家长和教师选出 50 个词，对于儿童而言，这些词的功用十分“强大”，包括人名、宠物名、地点、功能词（如请、对不起、谢谢）、食物以及儿童最喜欢的东西。这些词经常出现在儿童的功能性交际中，儿童对这些词的理解力越强，他们在产出时的一致性也越强。教师利用音素分割、模仿或提示发声等方法进行教学。如在教授“Joseph”这个人名时，医生会说：“‘Joseph’有［dzoo］和［sef］两个音节，第一个音节有［dz oo］两个音，/dz/ 和 /oo/，第二个音节有［s e f］三个音，/s/、/e/ 和 /f/。你来试一试，［dzoo］！”儿童首先模仿，医生给予反馈，儿童再试一次。然后再进行［sef］的发音，儿童回应，医生反馈，再试一次。最后将两个音节拼在一起，即［dzoo sef］。通常语音不一致儿童能够模仿所有（或大部分）的声音。如果不可能得出正确的结果，那么最好的结果就是儿童产出一些发展性错误（例如 Joseph 读为［doosef］，camera 读为［taemre］）。

在核心词汇治疗中，重要的在于明确治疗的目的、错误的性质以及如何纠正错误。如果儿童产出的目标与最佳产出不符，医生要模仿儿童的语音，并清楚解释这个词与目标音不同以及在哪些方面不同。例如，儿童的目标词是“sun”，但是他发出了［gʌn］。临床医生要告诉儿童：“［gʌn］，这个音和我说的不同。你发的音刚开始有一个［g］的声音，但是你需要把它变成一个［s］，发为［sʌn］。”

在第二周的课时结束时，要求儿童能够产出 3 次这 10 个词，然后将这些能用一致性语音产出的词从 50 个词的列表中删除。产出不一致的词仍然在名单上，下周的 10 个词是随机选择的。

四、韵律缺陷干预

韵律特征是指大于一个音位的语音单位所表现出来的音强、音长、音高等语言特征。重音、声调和语调都属于韵律特征，在声学上体现为音高、音强、音长和停顿等特征的协调变化。语言韵律缺陷是指能听会说，但说话时存在韵律失调，表现为频率（基频）、时长和强度等方面的异常。

（一）韵律感知缺陷干预

1. 音调分辨训练

主要针对音高和语调进行分辨训练。林茂灿（2004）认为，与中性语调相比，生气、厌恶语气的语调后面会呈现下降趋势，高兴、惊讶语气的语调后面会呈现上扬趋势。语调包括升调、降调、平调、升降调、降升调等。由于情感韵律是负载在语言基础上的，所以对语调的分辨可以训练儿童对情感韵律的感知与识别。在方法上可选用模仿发音法和分辨图文版训练法。

模仿发音训练法是听说复述类活动的一种，要求儿童聆听并模仿干预者给出的声音，让其结合发音的过程感受声音的不同，从而更准确地分辨声音。

2. 时长分辨训练

节奏主要通过话语的停延和时长体现，对时长进行辨别训练，有利于提升儿童对节奏的感知。干预材料主要是单元音、日常词和日常句子，干预者控制材料的长度，内容分为三个层次，分别为单音节（长音 a 和短音 a）、词（西红柿 / 西）、短语或句子（去超市 / 妈妈今天去超市）。儿童在听音后判断哪个材料更长。具体操作方法可借鉴模仿发音训练法。

3. 语速分辨训练

语速分辨训练常用的材料是单元音、词语及句子，其中单元音为核心韵母，词语一般选择可控制速度的动词，句子为常见的简单句（主谓宾结构）。干预者控制速度读出这些材料，内容从易到难分为三个层次，分别为快速 / 慢速、中速 / 慢速、快速 / 中速。如单元音：a（快）/a（慢）、词语：跑（快）/ 跑（慢）、句子：妈妈去超市（快）/ 妈妈去超市（慢）。具体方法可选用听觉反馈、模仿发音、分辨图文版训练法。

干预的最终目标是培养儿童在真实情景下对韵律的感知能力，进而更好地融入社会，因此在干预中干预者可以截取动画片、影视剧或者讲故事的音频中表达情感的语句作为材料。

（二）韵律产出缺陷干预

1. 语调缺陷干预

对语调产出障碍进行干预时，主要调整语句音高特征、语气语调整句的基频值和自然语调特征。在具体的干预方面，要结合不同儿童的具体特征选择合适的干预方案。例如，自闭症谱系障碍儿童个体差异较大，在话语产出时，其基频范围可能远大于或小于普通儿童，在语气语调方面，自闭症谱系障碍儿童存在陈述语调夸张的问题，同时无法正确表达疑问语调，在情感语调方面，自闭症谱系障碍儿童产出不同情绪的语句时，基频范围明显不同于典型发展儿童。以汉语儿童为例，具体干预思路和方法如下：

对于某些口腔运动技能存在问题的儿童，首先可以进行基础性训练，即训练声带的协同运动能力，为语调自然发音奠定良好的生理基础。

接下来可进行针对性训练。针对性训练是结合特定的声调和语调进行语调表达的训练，包括两个相互独立而又逐步递进的训练过程（易玲，2013）。首先，干预者进行声调巩固训练，包括单字调和双字调的训练。可让儿童通过仿说复述出不同的单字词或双字词（如干预者说“我”，儿童复述“我”，干预者说“买菜”，儿童复述“买菜”）。同时可结合多感官刺激法，如使用实时言语测量仪，该仪器可以显示声音的基频与强度，儿童在发音时可以通过视觉、听觉双通道及时将声音信号反馈于大脑。其次，进行语调整句强化训练，可以采用逐字增加句长法，通过逐渐增加句子长度来进行产出训练，如兔—白兔—大白兔—大白兔有肚—大白兔有大肚子；另外可以采用句子升降调训练，在句子中标出音调变化的位置，通过理解和表达语句中音调的起伏变化，来增加儿童语调的升降能力。干预时，要求儿童大声朗读，并运用给定的语调进行变化（箭头向上表示音调上升，向下表示音调下降）。同时也可进行多感官的刺激，进行实时显示，使儿童及时观察到语调的整体音高走向。

另外，自闭症谱系障碍儿童缺乏语调控制能力，表现为语调单一。在干预中可利用自闭症谱系障碍儿童对音乐感知的知觉优势，利用“乐调匹配法”或“音调梯度训练法”来提高或降低音调，提高音调控制力（王玉珏，2018）。

2. 节奏缺陷干预

在话语交流时，语音障碍儿童常表现出语速不恰当（语速较快或较慢）的特征，因此在干预中需要重视对语速控制能力的训练。

在语速仿说的训练中可以使用重读治疗法，使用不同的节奏类型（如慢板、行板、快板等）提高障碍儿童的语速控制能力。重读训练法以肌群的节律练习作为训练核心，因此有利于节奏的改善。

总体来看韵律干预，最主要的是针对音高基频的训练。基频有几种潜在的问题：基频不当、基频模式不当、基频调整不足或语音单一。语音单一是由于基频起伏变化较少而产生的，因为调节基频的能力弱，所以语音单调，听起来好像只有一个恒定的音调。

在传统的语音治疗中，干预者采用不同的方法来帮助被干预儿童寻找更合适的基频模式：练习不同的重读、练习不同的语调轮廓、练习发音的速度以及停顿能力。同时，在传统的语音干预中，具体的干预目的是增加基频的调整，在听觉反馈之下，干预者给被干预儿童提供基频模型，然后要求儿童尽可能复述（如干预者说“你好”，儿童复述“你好”）。在儿童每次产出之后，干预者对儿童产出语音的基频调节进行口头评估。然后干预者与被干预儿童一起比较儿童产出的语音和标准语音，培养儿童的自我监控和自我纠正意识。比如干预儿童自己可以做出评价，说“我在第一个音上发音不太规范”。

而相较于传统干预，视觉反馈法的过程与之相似，但是对于儿童语音的反馈是可见的，干预者不需要进行口头反馈。随着计算机技术的发展，计算机可以为治疗提供客观视觉反馈，提供更为准确客观的数据。在具体干预过程中，干预者可以从不同儿童的特点出发，选择或结合两种形式，以达到干预效果的最大化。

五、语音加工技能缺陷干预

（一）语音意识干预

前文已提到，语音意识作为对口语声音的意识，包含对词内部结构成分，例如对音节和单独的音素的认识和操作能力。研究表明，有语音障碍的儿童在语音意识测量方面表现不佳（Larrivee & Catts, 1999），即语音障碍会影响语音意识，语音系统受损的儿童可能在特定的语音表征上有明显的语音遗漏和替换。语音障碍要结合年龄，观察言语产出的可懂度。语音障碍甚至对成人也会产生影响，障碍个体会在拼写、写作、阅读、学习技巧以及自信心方面出现缺陷（Lewis & Freebairn, 1992）。

通常，言语语言病理学家致力于解决儿童的语音障碍，重点是提高言语发音的可懂度。儿童把注意力主要集中在词的发音或在感知和产出对比音时，干预可能间接地以语音意识知识为目标。然而，对于儿童来说，有意识地从口语声音结构获得相应信息的能力如何并不明确。Dodd（1994）发现临床医生可以提高语音障碍儿童语音表达的技能，但是儿童有意识地运用语音知识的能力，以及抽象出从说到写的语言规则的能力并没有得到发展。Gillon（2000）探讨了综合语音意识干预方法对早期阅读迟缓的口语障碍儿童的疗效。实验共 91 名 5 ～ 7 岁的儿童，其中 61 名口语障碍儿童和 30 名典型语言能力发展儿童。所有语言障碍儿童都表现出表达—语音困难，有些儿童还存在语义和句法发展迟缓的现象。为了观察实验效果，实验要进行前测和后测，其中包括言语产出测试、语音意识测试。经前测，发现口语障碍儿童在言语产出中存在遗漏、替换等现象。在具体干预的安排方面，儿童需每周接受两次 1 小时的语音意识干预，干预时长共 20 小时。具体干预活动如下：

1. 押韵活动

押韵游戏通常使用“图片押韵 bingo（picture rhyme bingo）”游戏和“奇怪分子请离开！（odd-one-out）”游戏，来让儿童识别口语词对之间的语音相似性。临床医生需要将儿童的注意力集中于词的押韵单位。

2. 语音中单独操纵音素游戏

这项活动改编自听觉深度辨别计划（Lindamood, 1969）。该计划要求儿童把在纸张顶部框中的彩色方块转移到底部框中，彩色方块的挪动用于表示听到语音的数量和异同。儿童被要求复述听到的声音。例如，治疗师说：“给我 /p/、/p/”，儿童需要重复“/p/、/p/”，并把两个相同颜色的方块从顶部挪到底部前两个方框。然后治疗师再说：“如果我说 /p/、/p/，给我 /s/、/p/”，这时儿童要复述“/s/、/p/”，然后将第一个方块放回顶部，再把一个不同颜色的方块放回第一个方框的位置。

3. 音素识别游戏

通过在游戏板上使用彩色图片开展的各种活动，儿童需要识别首音和尾音。对于语音意识水平较高的儿童还要进行中间音素的识别。儿童在识别音素的时候必须清楚地说出这个词。如果儿童拼错了词，训练师要示范正确的读音，并且鼓励儿童尝试再读，以更接近目标词。

4. 音素切割和混合游戏

通过一系列活动，让儿童练习在词中切分音素以及把不同的音素拼起来的拼音游戏。活动中主要使用双音素词和三音素词，偶尔引入四音素词。活动包括用彩色木块追踪词的声音（音素）变化，把整个词分出具体的音，把具体的音拼成词，以及在图片板上移动木块来代表在一个词中听到的声音的数量。

训练师说："下面我会说一些词，你来用彩色色块表示听到的声音。我先来演示一下：比如 arm，这个词我听到两个声音 ar-m（切割词），所以我会拿出两个不同颜色的方块组成 arm。那么现在我要换了，我现在说 art，art 有两个声音，arm– 和 art–，它们只有最后一个声音不同，所以我只改变最后一个彩色块（触按第一块可听到 ar 声音，触按第二块可听到 t 声音）。"如果 art 也成功了，就再换为 oot（比如 boot）。

5. 连接语音和拼写

这一级别的活动包括字母—音素对应游戏、真词和非词 bingo 游戏，以及用带有词的字母块拼词。后一个活动改变了通过彩色色块跟踪词的方式。通过添加、删除或更改一个声音，使用下列字形块拼出词：m/ch/f/a/ee/t/p。

训练师："给我 at。"

儿童：儿童需要把 a 字形块和 t 字形块放到一起，然后说出"at"。

训练师："刚刚我说的是 at，现在给我 fat。"

儿童：儿童需要添加一个字母 f 在 at 前面，然后说出"fat，我加了一个字母"。

训练师："刚刚我说的是 fat，现在给我 feet。"

6. 活动调整

与以上活动相结合的是附加刺激项目，其结构与项目相同，但由儿童语言病理学家设计，以满足儿童个体的语音表达需求。例如，如果一个儿童舌根音发音存在问题，发音太靠前，那可以通过以下方式将注意

力集中在正确的 /k/ 的发音上——如果给定的发音内容为 ar，那么儿童要说出“ark”；如果给定的发音内容为 ark，那么儿童要说出“bark”；如果给定的内容为 bark，儿童要说出“book”。活动的重点仍然放在提高语音意识和字形音素转换知识上，这种方式为儿童的言语产出提供了适当的机会。

在干预过程中，为了保持儿童对 1 小时课程的兴趣，通常在课程中进行 5 ～ 10 分钟的活动。典型任务包括押韵活动、音素识别游戏、音素切割和混合游戏、用彩色块跟踪声音变化、字形音素对应游戏和用字母块跟踪词。当然，并非所有的活动都必须出现在一个任务中。相反，重点要根据儿童的能力发展水平而改变。在干预早期，重点是开发押韵、音素识别、音素分割和字形音素规则知识，而在后来的项目中，重点是使用字母块和语音规则的文字游戏来跟踪声音。

Gillon（2000）的研究显示，5 岁 6 个月到 7 岁 6 个月的语音障碍儿童可以通过语音意识干预改善其语音情况。Gillon 研究中的语音意识干预侧重于在音位层面上发展语音意识。研究表明，与传统的改善发音和语言技能的干预方法以及只接受最低限度的提高语言产出技能的干预相比，接受完整语音意识干预的语音障碍儿童在音位水平的语音意识技能上有明显的提高，同时，儿童的语音清晰度也有所提高。

（二）语音短时记忆干预法

语音短时记忆是指人对以言语为基础的刺激进行加工和编码的记忆，主要特点是短时保持和容量有限。言语短时记忆是认知能力的重要组成部分，它与个体语言能力发展有关。语音回路理论认为，言语短时记忆在言语信息的编码和储存中发挥着重要作用。

造成语音短时记忆障碍的原因有以下一些解释。首先，在言语信息进入短时记忆前，先经过语音信息的接收和辨别阶段，此阶段受到个体听力和语音识别能力的影响。另外，Hulme 和 Mackenzie（1992）认为个体的语言能力会影响其言语短时记忆，他们认为如果儿童语言词汇知识足够丰富，在短时记忆测试中可借助原有知识进行猜测。其次，Baddeley、Hitch 和 Bower 等（1974）从加工机制的角度提出了工作记忆模型，用来描述短时记忆对当前信息进行暂时性储存和加工的功能。言语短时记忆主要由语音环路系统调节，语音环路系统一是对言语信息进行被动储存，二是对言语信息进行主动激活。而中央执行系统是环路的核心部分，负责注意资源协调、策略的选择和计划，所以弱的中央执行功能可能是造成语音短时记忆障碍的原因之一。与此同时，语音意识缺陷也与语音短时记忆有关，这是因为语音意识缺陷意味着难以对音位进行准确地切分和操作，因此影响亚词汇语音表征的建立（Beaton, 2004），使得这些语音表征薄弱、不稳定且模糊不清（Blomert & Mitterer, 2004）。由此可见，造成语音短时记忆障碍的原因不同，在干预方法的选择上也有所不同。

1. 复述策略干预

Baddeley（1986）的工作记忆模型指出了复述过程在语音回路中的重要作用，即个体复述的速度越快，则语音储存中维持的记忆信息量越大；反之，复述需要花费的时间越长，材料将越难被记住。“词长效应”也可能揭示了复述的实际存在，即被试需要回忆的项目越长，越需要更多的时间来复述。

复述策略干预方法基于以下假设，即认为个体隐蔽的不出声的复述与外显复述这两者的速度是等同的。Comblain（1994）使用该方法对被试进行复述策略训练，过程如下：依次给被试呈现一组图片，如猫、狗、大象、猴子等（训练时可以采用不同语义类别的图片）。先呈现猫的图片，要求被试回忆“猫”，接着呈现“狗”的图片，要求被试回忆“猫、狗”，接下来要求被试回忆“猫、狗……”，以此类推，直到被试无法记住新图片为止。经过 8 周每次 30 分钟的复述策略训练，通过测试发现被试的短时记忆广度有了显著提高。多数研究者均取得了显著的即时性效果，此外还有研究者将此方法扩展到重度阅读障碍儿童的研究上，Hulme 和 Mackenzie（1992）对一组有重度阅读障碍的被试进行每天 10 分钟，持续 10 天的复述训练，10 天后的短时记忆广度测试中，数字广度得到了非常显著的提高。

沈玫（2007）进行了汉语唐氏综合征儿童的言语短时记忆的干预研究，具体干预步骤如下，干预者向儿童呈现一幅图片，告诉儿童图片的名称，并让儿童即刻复述名称，然后，干预者将图片翻转至正面向下，要求儿童进行回忆，如果儿童可以正确回忆，干预者将刚刚的图片再呈现一次，并再次告诉儿童图片的名称，随后向儿童呈现另一张同语义类的新图片，以相同形式要求被试重复与回忆，一直到儿童无法正确回忆为止。在此研究中，对唐氏综合征儿童进行每天 1 次，1 次 20 分钟，共持续10次的短时记忆水平干预，在即时性及持久性效果方面均有显著提升，表明出声累计的复述策略有助于唐氏综合征儿童言语短时记忆的提高。

2. 音乐治疗策略

从音乐治疗的动力和干预内容的角度看，音乐治疗“是一个系统的干预过程，在这个过程中，治疗师运用各种形式的音乐体验，以及在治疗过程中发展起来的，作为治疗动力的治疗关系来帮助治疗对象达到健康的目的”（Bruscia, 2005）。

宁夏（2010）研究了短期的奥尔夫音乐干预对唐氏综合征儿童短时记忆的作用。在这一研究中，唐氏综合征儿童接受了每天1次，每次30分钟，为期1个月的集体音乐干预。干预内容包括“节奏即兴感知”“声势体验”“交响演奏”“带着动作的歌唱”和“音乐游戏”等。音乐治疗内容以奥尔夫音乐活动为主，每次活动都设计三个环节。

具体干预安排如下：第一阶段主要让被试熟悉并接纳治疗师和治疗小组，因此音乐活动的环节设计相对简单，主要有节奏感知、带着动作的歌唱和音乐游戏；第二阶段是被试完全参与音乐治疗活动的阶段，因此音乐活动的环节设计加入了简单的节奏训练，主要有声势体验、带着动作的歌唱和音乐游戏；第三阶段主要是强化被试的音乐感受力，因此音乐活动环节引入了奥尔夫音条乐器及一些简单的打击乐器，主要安排有敲敲打打、带着动作的歌唱、即兴音乐游戏；第四阶段主要是鼓励被试即兴创作及表演阶段，主要有带着动作的歌唱、即兴音乐游戏、交响演奏。经过干预，唐氏综合征儿童的数字短时记忆广度有所提升。

3. 语音意识干预

发展性阅读障碍儿童在进行数字广度和汉字广度任务（言语复述任务）时，表现出一定的滞后性，当记忆负荷增大时，发展性阅读障碍儿童的工作记忆容量明显降低。这主要是因为发展性阅读障碍儿童的语音环路中发音控制存在缺陷，导致其在加工需要语音储存和激活的信息时发生困难（Siegel & Ryan, 1989）。由于发展性阅读障碍儿童的语音意识存在缺陷，语音表征薄弱，语音信息之间的相互激活较弱，所以无法从语音通路中提取语音信息进行激活，再加上加工负荷提高，他们就表现出言语工作记忆广度的缺陷。

对于此类语音短时记忆障碍的干预，可先从语音意识的角度出发，进而提升语音短时记忆。

具体语音意识干预方法见“第三章第五节读写障碍的干预方法”部分。

（三）元语音干预

元语音法（Metaphon threrapy）起源于20世纪80年代中期，它改变了传统对改善言语清晰度的追求，逐渐将注意力转向儿童对语音模式的学习过程（Dean, Howell, Waters, & Rein, 1995），研究者提出了一个将语音障碍理论和儿童学习风格相结合的语音训练法（Dodd & Bradford, 2000）。元语音法试图在互动学习中，针对元语言意识的各个方面来影响语音产出，因此，有研究者认为该法旨在提升儿童的元语音意识，促进语音变化，从而改善语音的产出，对儿童的语音系统进行更全面的重新组织（Reid, Donaldson, Howell, Dean, & Grieve, 1994）。和最小对训练法一样，元语音训练强调言语声音及声音特性之间的对比。

通常而言，干预分为两个阶段。每个阶段侧重于元语音意识的不同特定方面。第一阶段的主要目的是促进音位特征（语音意识）的了解，第二阶段则是为了证明这些对比对于有效沟通（交际意识）的重要性。

第一阶段包括概念层级、声音层级、音素层级和词层级。第一阶段是元语音最重要的阶段，也是最有别于其他语音治疗方案的部分。目的是使儿童对成人目标语音产生兴趣；提醒儿童注意声音的特性及其对比性质；通过对比声音之间的不同，来掌握语义，并帮助儿童认识到可以通过操纵特征来增加被理解的可能性（Dean, Howell, Waters, & Rein, 1995）。具体而言，训练的第一阶段涉及一些相反特点的概念，如（发音持续时间的）长和短、（发音部位的）前和后、（发音方式的）清和浊。在第一阶段中，需要让儿童注意到言语系统中的对比特征（这些对比特征与儿童发音特定简化过程有关，该简化过程与目标有关）。第一步，通过用一些对儿童而言有意义的词汇，向儿童介绍一些能够吸引其注意的显著语音特征的定义。如果儿童总把擦音发为爆破音，那么词“长”和“短”便可以用来对应擦音和爆破音。治疗要以游戏形式展开，游戏要能够解释这两个概念之间（长和短）的对比，比如把长香蕉和短香蕉钉在树上。接下来，活动将集中在非言语声音的对比上，例如用小号进行长时间吹奏和短时间吹奏。之后的活动需要让儿童和治疗师轮流扮演说话者和倾听者的角色，对一系列爆破音和摩擦音做出反应。说话者产出爆破音或摩擦音，听话者做出相应的反应，如在花上画一根长茎或短茎。在第一阶段结束时，治疗师使用最小对比词（如 sew/toe）促进儿童对词的语音的感知，并向儿童展示语音特征的变化与不同语义相对应的关系。最小对比词用于说明这些概念之间的差异和语音对比。某种程度上，元语音训练与最小对比训练法相似，因为它为儿童提供了进行音位对比的机会，使儿童意识到，交流的失败是由于语音（音位）对比出现了问题（比如产出同音词）。

第二阶段的治疗旨在发展儿童的交流意识，通过对比不同的语音特征——持续时间（如长—短）、发音部位（如前—后）、发音方式（如清—浊），鼓励儿童将第一阶段所学的知识转移到交际情境中，为儿童提供机会监控自己产出的话语，并进行必要的自我纠正。儿童和治疗师再次轮流扮演说话者和倾听者的角色。选择一组可视化的最小对，例如 tea/sea。将每张照片的 6 ～ 8 个复印件面朝下放置成一堆，再将一对最小成对词朝上放置在桌子上。说话者从一堆图片中选择一张并命名，听话者根据听到的词从桌上的两张图片中选择。最小成对词可以被看作是种秘密信息，该术语很容易吸引儿童的注意力。第二阶段的最后目标是将这些词用于具体的上下文中。一旦儿童可以熟练区分最小成对词，那么接下来就在句子里训练这些词。例如，说话人可以对听话人提出指示“把 tea/sea 藏起来”。

相比于最小对比训练法，元语音训练法更具独特性。因为元语音训练法包含了一个完整的教学组块（block），包括语音识别、匹配和分类能力，而这些能力与元语言和早期阅读技能有关（Bleile & Hand, 1995; Goswami & Bryant, 1990; Swank & Catts, 1994）。Dean、Howell、Waters 和 Rein（1995）提出了三条重要的干预原则：（1）治疗应建立在精确和详细的语言评估基础之上；（2）治疗应注重通过提高元语言意识来实现语音变化；（3）要注意最大限度地给儿童提供学习的机会。第二条特别指出了元语言意识对语音干预的作用。

第二节　句法障碍的干预方法

形态句法障碍会阻碍儿童日常口头和书面交流活动，因而在恰当的时间对其进行干预至关重要。干预者必须认识到，只有在儿童已经能够轻松地参与日常活动、熟悉与日常事件相关的概念和词汇、开始形成基本的句子结构时，形态句法方面的干预目标才是合适的。作为儿童语言障碍干预重要的一环，形态句法障碍的干预旨在提高儿童充分参与日常生活活动和有效沟通的能力。

一、形态障碍的干预方法

英语、法语、俄语等印欧语系的语言拥有较为丰富的形态标记，如规则复数标记（-s）、所有格（'s）、系动词（is）、助动词（is, are, was, were）、时标记（规则过去时 -ed）、时一致标记（规则的第三人称单数现在时 -s）等。汉语中也有少量表示时体概念的标记，如“着、了、过”。患有语言障碍的儿童通常在这些形态标记的使用上存在缺陷，如延迟习得、缺失遗漏、不当泛化等。隐性的语法促进法和显性的视觉编码法都被用于儿童形态障碍的干预。隐性的语法促进法包括示范法、聚焦刺激法、诱发产出法、模仿法和会话重铸法，显性的视觉编码法包括形状编码法和颜色编码法。这些方法通常会结合使用以更好地促进干预效果。

（一）隐性的语法促进法

隐性的语法促进法是干预研究中使用最广泛的方法。它旨在使目标形式出现得更频繁，这可以帮助儿童识别语法规则，并使儿童在他们易于忽略的形式上进行产出练习。语法促进法的重点是提高儿童表达性语言，很少涉及接受性语言。

1. 示范法（Modeling）

在早期的示范法中，儿童不需要回应，只是听取目标结构的例子。通过示范将儿童的注意力引导到刺激，但不要明确指出哪些需要注意。示范后可能会有诱发产出。在这种情况下，儿童产出一个与示范有相同结构的新句子，最后接受反馈。早期的示范法不强制要求儿童反馈，因而，干预者总是将其与诱发产出法结合一起使用。在后期改进的示范法中，干预者会先将包含指定形态结构的句子全部示范完毕，不要求儿童在每个句子后进行模仿，而是全部结束后进行模仿产出。

Smith-Lock 等（2013）将这种方法用于儿童名词所有格 's 的干预。他们对 20 名患有特异性语言损伤的儿童进行为期 8 周的干预，每周 1 次，每次 1 小时。干预以游戏的形式开展活动，如识别属于海盗的物品。干预者先让儿童识别哪些是海盗的物品，然后将物品放在桌子中央。干预者指向每个物品，让儿童轮流指认。干预者说“The beard belongs to the pirate. Whose beard is it? It is the pirate's beard"，并指明海盗的词尾添加了所有格 's 以表明胡子属于海盗，重复并强调这一规则。最后由儿童轮流扮演海盗，说出含有名词所有格的句子。

但由于示范法不要求儿童立即模仿，因而对儿童的言语工作记忆要求较高，故在具体干预过程中需要结合图片或物品等视觉材料进行辅助干预。

2. 聚焦刺激法（Focused stimulation）

聚焦刺激法是让儿童处于有意义、自然的沟通环境下，重复集中接收特定呈现的语言目标，如语法结构，让儿童更清楚这些语言形式的使用。但不将儿童的注意力引导到示范的刺激上，而是制造机会让儿童自动表达语法目标，聚焦刺激之后可能会有诱发产出。

这种方法被用于儿童名词规则复数 -s 的形态干预。Seeff-Gabriel 等（2012）对一名 5 岁 1 个月患有言语和语言障碍的儿童进行了复数 -s 的干预，干预每周 30 分钟，持续 5 周。这名儿童在精确产出方面存在困难，他们针对 -s 的产出对其进行单独干预，然后在词尾位置使用聚焦刺激法对其进行干预。

聚焦刺激法作为一种基础的形态干预方法，通常需要结合诱发产出、会话重铸等方法一起进行干预，否则就会过于机械，难以吸引儿童的兴趣。

3. 诱发产出法（Evoked production）

诱发产出法通常在聚焦刺激之后使用。在这种情况下，儿童会产出一个与所示范的句子有相同结构的新句子，最后接受反馈。Weismer 和 Murray-Branch（1989）比较了示范法和示范加诱发产出法的干预效果，发现示范加诱发产出法对形态标记的干预效果好于单独使用示范法。因此，干预者常常将示范法、聚焦刺激法和诱发产出法一起使用。

Seeff-Gabriel 等（2012）还对那名 5 岁 1 个月的儿童进行了过去时 -ed 的干预。干预共 10 周，每周 1 次，每次 30 分钟。干预者选择了 35 个简单易懂的规则过去时动词进行干预。具体干预步骤如下：

第一步，规则讲解：通过动作的角色扮演和视觉提示（使用彩色方块或手势）来演示当某个动作已经发生时，需要有标记加到词尾。

第二步，集中刺激：在前两次干预开始时的短故事阅读中使用一般过去时。

第三步，判断：在接下来的干预中，儿童必须判断干预者是否正确说出了句子，这时采用角色扮演和句子判断任务。

第四步，产出：每次课至少抽取 20 个目标语素进行产出训练。干预者给儿童提供由易到难两种帮助：给予儿童两种选择，比如“The boy jump”或“The boy jumped”；或干预者先说句子，儿童补充完整，例如“the children went on holiday and … in the sand”。最后，干预者让儿童在类似的句子中使用目标语素之前，先在一个句子中使用目标语素，比如干预者和儿童轮流寻找隐藏的卡片，描述一个已经进行的活动。

4. 模仿法（Imitation）

模仿法通常是干预者提供一个非语言刺激（例如图片）和一个目标形式的示范，儿童立即模仿，并接受正确产出的强化。干预者的强化会逐渐减少，使得儿童在仅有非语言刺激的时候也能产出目标。模仿法被用于儿童系动词和助动词 is 的形态干预。

Hegde（1980）对一名年龄为 5 岁 10 个月的语言发展迟缓的儿童进行系动词 is 的干预。干预训练每周 3 次，每次 45 ～ 50 分钟。干预者先给儿童呈现一张图片，然后问一个问题（Who is happy?），接着干预者立即示范正确的回答（Say, the girl is happy.），重音强调系动词 is。干预者会用食物和口头表扬来强化儿童的正确模仿，用“no”指明错误回答。一旦儿童连续给出四个正确的模仿回答，干预者就停止示范。儿童连续 6 次在无示范的情况下回答正确，则进入下一个句子。Culatta 和 Horn（1982）对 2 名语言障碍的儿童进行系动词 is 的干预，2 名儿童年龄分别为 4 岁 6 个月和 9 岁 4 个月。干预者采用了四步干预法。在每一步中，干预者都会通过游戏扮演的方式——使用真实场景或事件（经营商店、全家出游、准备上学）来诱发儿童产出目标刺激。

第一步，干预者在自己 75% ～ 100% 的话语中示范使用含有系动词 is 的目标形式，并每一次都着重强调 is。儿童被强制在超过 75% 的交流场景中使用含有系动词 is 的目标形式。如，干预者说“When people come into the store you tell them about this soap and give them this free sample”，儿童产出“This is soap for clothes. This is good soap. It washes dirt. It is gentle. Here is free soap”。

第二步，干预者在自己 50% 的话语中示范使用含有系动词 is 的目标形式。儿童被强制在 50% ～ 75% 的交流场景中使用含有系动词 is 的目标形式。

第三步，干预者在自己25%的话语中示范使用含有系动词is的目标形式。儿童被强制在25%～50%的交流场景中使用含有系动词is的目标形式。

第四步，干预者在自然语境中示范使用含有系动词is的目标形式。儿童被强制在25%～50%的交流场景中使用含有系动词is的目标形式。

在这四个步骤中，如果儿童产出了错误的目标形式，干预者会扩展错误的目标形式，并使用正确的表达。如，儿童对干预者说“This free soap”，干预者可以不相信地说“It is free soap? I can have this? Tell my friend Mrs. Smith, Soap is free”。这些借助游戏和角色扮演的干预方法也被称作结构化角色扮演干预法（Brooks & Benjamin, 1989）。

Hegde等（1979）对一名3岁9个月的语言发展迟缓的儿童进行助动词is的干预。干预训练总共4周，每周4～5次，每次45～50分钟。干预者在儿童面前放一张图片，并问一个问题（What is he doing?），然后立即示范正确的回答（He is carrying the milk.），儿童要模仿完整的句子。在儿童连续给出4个正确答案后，干预者停止示范，儿童必须自发地回答问题。如果儿童在前两次自发回答中回答错误，或者连续3次回答错误，干预者就会重新示范。Hegde（1980）又对一名年龄为5岁6个月的语言发展迟缓的儿童进行了助动词is的干预。干预训练每周3次，每次45～50分钟。干预者先给儿童呈现一张图片，然后提一个问题（Who is running?），接着干预者立即示范正确的回答（Say, the boy is running.），重音强调助动词is。干预者会用食物和口头表扬强化儿童的正确模仿，并用“no”指明错误回答。一旦儿童连续给出4个正确的模仿回答，干预者就停止示范。儿童连续6次在无示范的情况下回答正确，则进入下一个句子。

5. 会话重铸法（Recasting）

会话重铸法是非侵入式对话过程干预法。干预者不直接开始教学，而是操纵游戏活动，增加儿童使用目标语法形式的机会。当儿童没有使用目标形式或发生错误时，干预者会立即在儿童之后说包含目标形式的修改版本。如果干预者的话语在语义与语境上和儿童之前的话语有关联，那么儿童更有可能对成年人说的话感兴趣。两种形式之间的直接对照也可能将儿童的注意力集中在不同话语的特征上。此外，儿童不需要分析干预者话语的意义，因此儿童应该有更多的加工资源用于分析会话重铸中的目标形式。助动词和第三人称单数现在时 -s 的干预都用到了这种方法。

Leonard 等（2003）对 11 名平均年龄为 3 岁 7 个月的特异性语言损伤儿童进行针对助动词 is、are、was 的形态干预。干预分为 48 次，每周 4 次。干预者在每次干预中讲述一个故事，在这个故事中，每个助动词出现 4 次，填充 4 个非限定形式的动词。在每个故事中，干预者会故意制造一个关于助动词形式的错误，并立即纠正（Wes getting hungry. Whoops, I mean Wes is getting hungry.）。在游戏阶段，干预者提供 12 个包含助动词 is、are 和 was 的重铸会话。目标刺激一共是 1152 个。同时，他们还对 17 名平均年龄为 3 岁 5 个月的特异性语言损伤儿童进行干预，干预目标主要针对这些儿童在第三人称单数现在时 -s 这种形态标记上的使用缺陷。干预分为 48 次，每周 4 次。干预者在每次干预中讲述一个故事，在这个故事中，包含第三人称单数现在时 -s 的不同动词至少有 6 个，第三人称单数现在时 -s 出现 12 次。为了让儿童更清楚地了解第三人称单数现在时 -s 的语法特征，故事中还包含第三人称复数现在时的动词形式、不规则动词过去式和动词的非限定形式。比如有的故事片段包含了动词 eat 的不同形式，就像下面这段话："The girls eat food. But look what Hungry Bear eats. Soccer balls! Look, he ate it! Did you see Hungry Bear eat the ball?" 在每个故事中，干预者会故意制造一个关于第三人称单数现在时 -s 的错误，并立即纠正，如"Do you know where Bobby's grandmother lives? She live on a farm. Whoops, I meant to say she lives on a farm"。故事一结束，干预者就鼓励儿童去玩故事中使用的玩具角色和道具。干预者会引入更多的玩具和道具，以供儿童产出。在游戏阶段，干预者提供 12 个包含第三人称单数现在时 -s 形式的重铸会话。儿童需要在游戏中产出一定数量的句子，如果不行，干预者则会给予一定的帮助，如用玩具摆出一些动作或提供选择问题。目标刺激同样是 1152 个。

研究表明，要使会话重铸的效力最大化，需要使用高密度的会话重铸，且保证儿童使用目标的效率。

（二）显性的视觉编码法

显性的视觉编码系统使用形状和颜色将形态标记用可视化的方法凸显出来。需要强调的是，在形态干预中，这种显性的视觉编码系统只是作为语法促进法的辅助，主要采用的还是上述几类隐性的语法促进法。

这种视觉编码最常用的是箭头编码。在抽象的时标记干预中，Ebbels（2007）对9名11～13岁的特异性语言损伤儿童进行了过去时标记-ed的干预。干预持续整个学期，每周1小时。干预者指导儿童把时标记和时间线联系起来，现在时在时间线的中间，过去时在时间线的左边。在过去时动词下面的水平线左侧和现在时动词下面的中间画一个垂直箭头。儿童需要找出句子中的动词，然后看这个动词的时标记。干预者告诉儿童规则：所有的主句有且只有一个向下箭头，整个段落箭头必须保持不变。儿童写出符合特定模式的句子，检查句子的时态错误，并最终通过在动词下面画出符号来检查自己和他人的句子，如果句子不符合所学的规则，就需要进行修改。Kulkarni等（2014）使用同样的方法对特异性语言损伤儿童进行了过去时-ed标记的干预。

有关汉语的形态干预方法在具体的干预案例中较少出现，一是由于汉语缺乏严格的形态标记（除了一些构词词缀“者”和时体标记“着”“了”“过”）；二是汉语形态干预的研究还不够充分。

二、句法障碍的干预方法

句法干预涉及动词论元干预、不同句类和句式的干预。患有语言障碍的儿童通常在这些句法的理解和产出上都存在缺陷，如延迟习得、遗漏论元、错误理解等。相较于比较丰富的儿童形态障碍干预方法，句法障碍的干预方法则较为集中且多是几种方法结合使用。由于句法规则的复杂性，要求在理解和表达两个层面进行干预，因此在讲解句法规则和诱发儿童产出时通常使用视觉编码法，包括颜色编码（Lea, 1970）和形状编码（Ebbels & van der Lely, 2001），同时辅助以隐性的语法促进法。

（一）隐性的语法促进法

单独把语法促进法用于句法干预的研究并不多，首先是由于句法规则的复杂性，其次是由于语法促进法的局限性。句法规则的变换难以在没有视觉辅助的情况下给儿童留下深刻的印象，进而影响干预的效果。

Wilcox和Leonard（1978）对24名3岁8个月到8岁2个月的语言障碍儿童进行了WH疑问句的干预，主要采用模仿法。玩具熊作为一个模仿者，通过录音机发出声音。刺激图片是由干预者按照预定的顺序呈现的。在每一阶段开始时，玩具熊会先做示范，然后由儿童提问题。

干预者先选择一张图片，向玩具熊展示，并说："问我 Where is the boy going?"。为了区分正确和错误提问，玩具熊会出现 25% 的错误，只有正确的提问会得到强化。玩具熊先问 10 个问题，然后儿童问与玩具熊相似的问题，以使正确的问题得到强化。因为这项干预的句法内容只涉及简单的疑问句产出，儿童在产出时可能只是机械模仿，并不了解其中隐含的句法规则。

（二）显性的视觉编码法

患有语言障碍的儿童以隐性方式学习句法可能有困难，但明显能从视觉辅助干预中获益。因此显性的视觉编码法在句法干预中运用广泛。视觉编码系统使用形状和颜色将短语中的词分类，每个颜色都表示一个特定的句法类别，每个形状表示一个特定的题元角色。

1. 颜色编码法

Bryan（1997）提出色彩语义的概念。句子主题角色的颜色编码是为了帮助儿童识别主题角色并创造各种各样的论元结构，每个颜色都表示一个特定的句法类别，如黄色代表动词。颜色编码法最常用于动词论元结构的干预。

Bolderson 等（2011）对 6 名年龄在 5 岁 3 个月到 6 岁 6 个月的特异性语言损伤儿童进行动词论元结构的干预。干预总共 8 周，每周 30 ～ 45 分钟。论元教学的顺序是：（1）施事 + 动词；（2）动词 + 客体；（3）动词 + 处所；（4）施事 + 动词 + 处所；（5）动词 + 修饰；（6）施事 + 动词 + 客体 + 处所；（7）施事 + 动词 + 客体 + 接受者 / 目标。动词用黄色编码，施事橙色，客体绿色，处所红色，修饰蓝色，时间棕色，接受者 / 目标粉色。干预者先用可视的时间表展示干预的内容。干预采用新闻讲述的形式，儿童与干预者分享新闻，干预者通过示范句子让儿童重复来纠正和帮助他们。在随后的课程中，新闻故事被写下来或画出来，干预者帮助儿童对句子进行颜色编码。干预的主要内容是通过听和说两种游戏形式来理解和表达论元结构。在听的游戏中，干预者给儿童看四个场景的图片。干预者示范一个句子，儿童必须找到正确的场景。然后，干预者把独立的卡片分别放在用颜色编码的板上，构造出这个句子。儿童重复听这个句子，用颜色编码的提示说出这个句子。在说的游戏中，儿童从四张场景图片中选择一张，然后找到组成这个句子正确的成分卡，把它们放在颜色编码板上，最后说出这个句子。干预者指出每种颜色代表的成分，以此来强化句子。

这项动词论元的干预方法以示范法进行辅助，同时兼顾理解和产出两个层面的干预。

2. 形状编码法

颜色有时并不足够，干预者又引入了形状元素。它最初的构想为“颜色模式方案”和“色彩语义”系统的组合，但是进一步发展后，它能展示复杂句子结构。每个形状表示一个特定的题元角色（主语、宾语等）；形状可以互相嵌入，移动时留下痕迹，黑色箭头表示移动的成分和痕迹之间的关系。动词论元和一些复杂的句式、句类的干预都采用了形状编码法，这些干预包括规则讲解、理解和产出任务。

首先是动词论元的干预。Ebbels 等（2007）采用形状编码系统对 27 名年龄在 11 岁到 16 岁 1 个月的特异性语言损伤儿童进行动词论元结构的干预。干预总共 9 周，每周 30 分钟。形状编码系统用六边形编码动词短语。动词论元出现在六边形内，形容词出现在六边形外。必有论元用实线，可选论元用虚线。干预时，将特定的句法结构（以形状模板表示）与两种一般动词意义联系起来，这两种一般动词意义指的是位置的移动和状态的变化。位置变化动词（put）与主语、动词、宾语、介词短语相关联。状态变化动词（decorate）与主语、动词、宾语和可选的介词短语相关联。前两次的干预重点是位置变化动词，后四次的干预重点是状态变化动词，最后三次是交替动词（wipe）。对于位置改变动词，干预者先介绍“移动”动词的概念。儿童在干预者的指导下尽可能多地写下与物体运动有关的动词，然后干预者开始介绍形状模板。干预者让儿童写下三个有针对性的位置改变动词。干预者和学生轮流作为扮演者和观察者。扮演者对日常事物做一个动作，这个动作可以用一个目标动词来描述。观察者必须构造一个与模板匹配的句子来描述动作。扮演者判断观察者是否构造了一个与模板匹配的句子，并给出反馈。当儿童在使用模板造句子和判断干预者的句子两方面都很准确时，移除模板，重复这个活动。状态变化动词主要关注论元是否以正确的顺序产生以及论元与句法位置的连接是否正确。因此，干预者的反馈在于长方形中的词（直接宾语）是改变（正确）还是移动（错误）。之后干预的重点是交替动词的使用。干预者需要向儿童指明：一些黄色词既可以使用移动的模式，也可以使用变化的模式，但不要把它们混在一起。动作、造句、判断活动照常进行。在造句时，儿童要首先选择想要使用的模板并指向它。如果儿童选择移动的模式，他们必须确保其包括介词短语（半圆）；如果选择变化的模式，他们必须确保变化的对象在长方形中。

其次是疑问句、双宾句、并列句和被动句等复杂句的干预。Ebbels和van der Lely（2001）对4名11～13岁的特异性语言损伤儿童进行WH疑问句的干预。干预共10周，总计7～8小时。WH疑问句包括when、what、which、where等疑问句。在英语中，这些疑问词要放在句首。干预者先要利用干预前的13次课程讲解编码规则。在形状编码系统中，椭圆形和长方形分别编码施事和受事，六边形编码动词短语。儿童要明确WH疑问句中的空位，并把它与移位的成分联系起来，分配正确的题元角色。同时，干预者还要讲解do的作用和形态变化规则。Ebbels（2007）采用形状编码系统对2名9岁的特异性语言损伤儿童进行了比较问句的干预。这2名儿童是Ebbels和van der Lely（2001）研究中的干预对象。同样，干预者先向儿童介绍形状编码模板，然后介绍比较句（a cow is bigger than a cat），最后介绍比较问句（What is a cow bigger than?）。形状编码系统中，椭圆形编码句首第一个词，菱形编码助动词，云朵编码比较结构，云朵里的比较对象用长方形编码。儿童可以在椭圆和长方形的背面写下不同的名词使句子保持正确。当儿童正确理解比较句的形状编码系统后，再介绍移位后的比较问句形状编码系统。从比较句开始，翻转矩形卡片，比较对象后面是疑问词what，此时的句子转换成“a cow is bigger than what”。然后干预者告诉儿童疑问句需要把what这个疑问词提前到句首，且留下痕迹，菱形编码的助词需要跟随。疑问词在第一个，那么助动词就要在第二个位置。因此助动词也提前，并留下痕迹，转换为“What is a cow bigger than?”。在接下来的干预过程中，干预者给儿童两个可能的形状模板供他们选择，问一个比较句的问题，儿童选择与之匹配的模板。选择了正确的模板之后，儿童必须回答问题。在干预者给予反馈之前，儿童需要先将疑问词填上答案，通过移位将句子还原成一个比较句。这样，儿童就能知道自己是否给出了正确答案。

Ebbels（2007）对3名年龄12～14岁的特异性语言损伤儿童进行了双宾句的干预。干预者先利用较为简单的介宾句让儿童熟悉形状编码系统。干预者先讲解规则：接受者在每个模板中都有相同的形状，且半圆中的名词接受了长方形中的名词。椭圆里的动物发出动作（the cow），长方形里的动物移动（the pig），半圆形里的动物（the sheep）接受长方形里的动物。玩具动物放在桌子上，形状模板画在一张纸上。然后，当儿童听到一个句子（The cow is giving the pig to the sheep.），他们必须把正确的动物放在正确的形状上，并重复句子，接着用动物进行表演。当儿童掌握了介宾句的形状模板的原则后，就介绍双宾句的形状编码模板。干预者告诉儿童这两个句子的意思是一样的，但当没有 to 的时候（give the pig the cow），半圆和长方形的顺序互换了，所以他们必须非常仔细地听 to。在接下来的会话中，儿童可以任意选择介宾句或双宾句模板。干预者说一个匹配其中一个模板的句子，儿童选择使用哪个模板，把这些动物按照正确的形状放在正确的模板上，然后再把这个句子表演出来。干预者和儿童可以交换角色。

Ebbels 等（2014）对 14 名 6 ～ 9 岁的接受性和表达性语言障碍儿童进行了并列句的干预。干预总共 8 次，每周 1 次，每次 30 分钟。具体干预目标有 14 步。干预者先向儿童介绍形状编码系统，主语用椭圆形编码（the cow and the dog），助动词用菱形编码（are），动词短语用六边形编码（jumping），形容词短语用云朵编码。干预者用形状编码模板进行示范，向儿童介绍并列句的规则，即 and 表示两个名词短语同时进行同一个动作。干预者和儿童轮流用 and 造句和表演。

Ebbels 和 van der Lely（2001）对 2 名 11 ～ 13 岁的特异性语言损伤儿童进行被动句的干预。干预共 10 周，总计 7 ～ 8 小时。干预者先要利用 13 次课程讲解编码规则。先明确椭圆形和长方形分别编码施事和受事，六边形编码动词短语。干预者还要告诉儿童被动句中的空位，并把它与移位的成分联系起来，分配正确的题元角色。同时，干预者还要讲解形态变化规则。儿童需要知道特定动词所需的论元数量。在主动句中，"踢"需要一个施事（运动员）和一个受事（球）。但转换成被动句时，"踢"之后没有合适的名词短语，所以它移到了前面并留下了一个空位。儿童先编码，然后识别从主动句的主动位置移位而来的施事。他们依据 Fillingham 等（2003）的零错误学习原则，主要借助电脑程序进行干预训练。其中被动句的干预内容是可逆被动句的理解。这个程序以游戏的形式呈现，在这个游戏中，当儿童听到一个可逆的被动句时（The plant is hidden by the dog.），他需要从 3 个图片中选择正确的图片，并拖动其中一张图片，使其掩盖另一张图片。如果儿童的回答符合一个时间标准，这个时间标准将随着程序的进行而变得越来越短。如果儿童回答正确且速度快，会有奖励出现。如果儿童回答错误，则什么也不会发生。程序会一直等待，直到儿童给出正确的回答。

汉语的句法干预研究并不多，方法也大多参照英语的干预研究。但汉语中的特殊句式较多，在句法障碍的干预方法方面，应该大有可为。

（三）从句介入法

从句介入法主要针对嵌入从句的干预，以教授规则的方式进行干预。儿童从句的干预方法主要有从句介入法。류정선（柳正善）和김문정（金文正）2018 年的一项研究对 10 名 6 ～ 7 岁的韩语特异性语言损伤儿童进行了嵌入从句的干预，包括对名词从句、修饰名词的从句、状语从句、引语从句（quotation clauses）四种嵌入从句的干预。第一，干预者给儿童教授正确的词序，然后儿童用谓词填空。第二，在儿童听到主句后，让他们用一个嵌入从句填空。第三，干预者让儿童指出主句和嵌入从句的主语。第四，干预者给儿童看主句的主语。

第三节　词汇—语义障碍的干预方法

一、概述

语义系统特别是词汇的发展情况可以强有力地预测学业能力和社会性表现（Gertner, Rice, & Hadley, 1994; Walker, Greenwood, Hart, & Carta, 1994）。幸运的是，语义系统是可塑的，并且能够在整个生命周期内进行更改（Neville & Bruer, 2001）。因此，促进发展性语言障碍儿童的语义发展不仅是一个有价值的目标，也是一个可以实现的目标。

词汇—语义的干预既可以侧重于单个词语的发展，也可以将词整合成有意义的短语、句子和文本。在最一般的层次上，干预目标可能包括增加词汇的广度或深度。为了增加词汇的广度，儿童要学习新词和新习惯用语，或者是旧词的不太常见或不太字面的意思（比如，“大方”除了表示对于财物不计较外，还可表示言谈、举止自然，不拘束）。此外，对于有较高语言功能的儿童来说，通过学习构词法或者词语搭配以构建新的意义可能是拓展语义系统广度的适切方法。为了增加词汇深度，需要丰富儿童对旧词和短语的理解，例如，需要学习词语之间的语义关系，这些语义关系可能包括上下位关系（如，动物和小鸟）；同义关系（如，美丽和漂亮）；反义关系（如，大和小）等。而对于存在找词困难的儿童来说，干预目标则在于帮助他们增加词语的语义表征和语音表征，以及加强语义表征和语音表征之间的联系。

干预目标内容的设定需综合评估结果并参考儿童的现实需求。不同的儿童和他们的家庭对于干预的需求是不同的。例如，对于那些尚未使用语言或其他符号来交流的儿童来说，他们迫切需要掌握的词汇通常包括重要人物的名字（如，妈妈、爸爸）、喜爱的物品（如，苹果、鸡肉）以及表达某种需要和愿望的方法（如，请帮忙、多一点儿）；对于年龄较大、语言功能较强的青少年来说，他们需要的是与学业和社会环境等相关的词汇。同时，目标的选择除关注儿童的功能需求外，也应该考虑儿童的典型语言发展模式，从而为干预目标的顺序选择提供思路。比如，典型语言发展儿童的语义习得中，表达指称、复现和不存在的语义联系要先于那些表明物体性质的表达。因此，干预中要强调出现更早的语义联系，如在“实体＋性质”（“车大”）、“性质＋实体”（“大车”）之间应先选择“大车”类的目标进行干预，因为“大车”首先是一个指称。此外，目标除了注重干预内容外还需要关注策略，这些策略包括学习策略，如从上下文中推断意义的技巧；记忆策略，如词或意义的记忆方法。

二、干预方法

词汇—语义目标的干预会为儿童提供一个有意义、有趣的情境，让他们可以作为一个积极的学习者参与其中，当然，情境中会涉及对目标内容的多次重复接触。以下将分为三个部分分别概述关于增加词汇广度、增强词汇深度以及提高儿童找词能力的干预方法，说明这些一般原则的有效性，并举例说明具体的操作步骤和注意事项。

（一）词汇广度不足的干预方法

1. 词汇发展滞后的干预方法

（1）环境教学法

Yoder 和 Alpert 早在 1991 年就使用过此方法，他们在游戏环境中教授发育迟缓的学龄前儿童新的事物名称。此方法是说教式的，在干预者示范事物名称后，要求儿童模仿，然后让儿童再回答一个需要额外产出该名词的问题。干预者在儿童达到目标的时候给予其相应的奖励，随后干预者需利用该名词扩展出更长的句子。例如：

目标：学习“火车”。

情境：干预者和儿童一起玩火车。

首先，干预者一边和儿童玩，一边指着物品说“火车”。

然后，干预者等待儿童的反应。

接着，如果儿童无反应，干预者需给出指令：“告诉我，这是什么？”如果儿童的反应错误，干预者再给出该名词的示范“火车”。如果儿童的反应正确，干预者立即给予奖励，确认答案。如，“对了，真棒”（击掌）。

最后，干预者把词语扩展成句子，“这是一辆火车”。

环境教学法虽然采用的是说教的方式，但是并没有忽视儿童的兴趣。整个教学过程都是在游戏情境下进行的。在 Yoder 和 Alpert 的研究中，一半词的学习是在儿童对物体表现出兴趣的时候进行的，另一半是在他们的注意力集中在物体上的时候学习的。结果表明，虽然词语学习在两种情况下都发生了，但在尊重儿童兴趣的情况下更有利于儿童的学习。

（2）实物—泛化法

在儿童的干预训练中，往往都会选择直接从图片开始入手，再泛化到生活中。实际上，三维立体的具象物品更能吸引儿童的注意，激发儿童的学习兴趣，从而完成既定目标。例如：

目标：理解动词“切”。

教学用具：塑料制的水果和蔬菜魔术贴、一把塑料制的刀。

首先，干预者一边演示切的动作，一边说“切苹果（胡萝卜等）”。值得注意的是，为了让儿童理解动作的意义，该过程至少需重复 5 次，具体重复次数需视儿童的个体情况而定。

然后，儿童亲身体验动作。干预者发出指令“切香蕉（西红柿等）”并等待儿童的反应，如果儿童的反应正确，就要立即给予回馈，可赞扬“做得好，真棒”并与他击掌，也可以奖励儿童玩一会儿该物品，还可以奖励儿童喜欢的强化物，如零食等。如果儿童的反应错误，也要立即给予纠正。无论儿童的反应正确还是错误，在给予回馈后，也要多次重复进行该步骤，目的是确定儿童是否真正理解了“切”的意义。

最后，泛化到不同的教具、不同的情景中理解“切”的概念，如

“切蛋糕”情境等。

教学中，干预者在演示过程中可以向儿童提问“干预者在干什么？”，让儿童尽量说出“切”。在儿童亲身体验以及泛化过程中也可以随时向其提问“你在干什么？”。同样，如果儿童反应正确，需要即刻给予奖励回馈；如果儿童反应错误，需要立即对其进行纠正。反复训练，让儿童真正掌握动词“切”。

（3）重复模式法

语言障碍儿童在词汇理解方面也存在缺陷（特别是与心理理论相关词汇的理解上，但此类词汇的掌握与心理理论能力密切相关，故具体方法详见205页语用障碍部分关于心理理论的干预），重复模式法是一种有效的干预方法。创造和利用重复模式下的情境和经验，降低任务要求的复杂性，能够帮助儿童发现一些规律性的东西从而理解词语意义。梁丹丹（2017）曾援引其他研究者的例子说明如何使用重复的方法帮助儿童掌握词义。

目标：帮助儿童发现“more”表达“重现”的意义。

首先，干预者控制一个音乐玩偶盒。在一开始呈现“玩具的动作”后（这样做是为了使儿童高兴），立刻让儿童去玩，然后关上盒子，最后问儿童：“More? More?”短暂的停顿后，成人重复这个序列。为了让儿童理解，整个过程需重复几次。

然后，干预者在再次说“more”和打开盒子之间停顿更长的时间，目的是希望儿童可以说出“more”。如果儿童真的这样说了，干预者需立刻打开盒子。虽然儿童可能开始在这个情形下使用“more”，但还不能确信儿童已经发现了这个意义。可能儿童已经将小玩偶、弹出的动作或上发条和这个词联系起来了。

最后，为帮助儿童发现“more”的意义，需要引入一些突显意义的额外活动。如，款待活动，在玻璃杯里给儿童只能抿着喝的一小点儿果汁，在儿童喝完之后，成人问：“More？”然后倒得更多一些。

值得注意的是，在询问儿童是否想要更多果汁和提供果汁之间要暂停，看儿童能否开始恰当地使用表达。

2. 新词学习困难的干预方法

（1）支持式的学习环境

此方法是说教性的，干预者在日常会话中会反复提供新词的模式，新词被建模给儿童后，再马上提供语音线索（例如，首字、音节或韵律）或语义线索（例如，类别、功能、物理特征），并在随后的游戏环节中提示儿童产出该词，同时干预者需就儿童产出的词的准确性提供相应的反馈。Gray 在 2005 年的时候就曾使用过这种方法教授特异性语言损伤儿童新词。结果表明，这些儿童的表达性学习和接受性学习分别得到了增强，但不同的线索可能有助于新词学习的不同方面，语义线索对于理解更有帮助，而语音线索对于产出更有帮助。

（2）随机教学法

这种方法和支持式的学习环境教学法的一个重要区别是没有直接的指导，儿童只是在一些情境中顺便学习新词。Rice 和她的同事们在一系列的研究中（Rice, Buhr, & Nemeth, 1990; Rice, Oetting, Marquis, Bode, & Pae, 1994; Rice, Cleave, & Oetting, 2000）探究了特异性语言损伤儿童从卡通故事中随机学习新词的能力。他们采用的方法如下：

目标：学习名词“knife”等 5 个词；动词“cut”等 5 个词；形容词“bad”等 5 个词；情绪词“proud”等 5 个词。

情境：两个 6 分钟的动画片。选取的动画片具有以下特征：动作和角色描述清晰，两部动画片加起来的总长度不超过 15 分钟。故事叙述中包含 20 个目标词，且每个目标词在每一部动画片中均出现 5 次。

在观看视频之前，儿童被告知要仔细观看，因为干预者稍后会就视频内容提出问题。观看之后，干预者会对儿童的新词理解程度进行测试。

研究结果显示这些儿童确实会在观看卡通故事的同时学习到一些新词，但学习的数量比同龄儿童要少。随着词出现频次的增加（从 3 次增加到 10 次），特异性语言损伤儿童的新词学习能力提高到了与同龄儿童相适应的水平。

“支持式的学习环境”和“随机教学法”的教学过程都是在由儿童的兴趣和注意决定的活动中进行的，二者之间最大的不同在于是否有直接的指导。那么，哪种方法更有利于儿童的词汇学习呢？ Nash 和 Donaldson（2005）比较了特异性语言损伤儿童在两种方式下的词汇学习。结果显示，这两种方式对新词形式的学习都是有效的，但说教式的教学方式能更好地促进语义学习。具体来说，在以识别或产出正确词的数量为主的词汇能力测试中，特异性语言损伤儿童以及与他们智力、年龄相匹配的典型发展儿童在支持式的学习环境中表现出了更好的学习能力。对于这一实验结果的认识，应该避免两个误区：

其一，这并不是说对定义的反复重复是教学的首选方法。对有语言障碍的青少年来说，在词汇教学中更应侧重于词汇之间的语义关系，包括语义排序、语义搭配、语义网络等。可采用如完形填空、补全句子等方法。对年龄较小的儿童来说，也应该适时地加强其语义深度。结合儿童的认知特点，可以通过一些活动来强调目标词之间的语义关系。例如，分类游戏，和儿童一起为不同的物品分类；找相同和找不同游戏，和儿童一起找出语义或语音相近的词语以及语义或语音相反的词语等（更多方法详见第二章第三节第 121、127 页）。

其二，这并不是说随机教学法就不能用于语言障碍儿童的干预中，相反，这种干预方式对于儿童看护者来说是一种很好的方法，因为他们可以随时随地将这种方法加入到日常生活情境中。比如，儿童的母亲带着儿童坐地铁的时候可以教授“地铁”。她可以这样说“地铁，看，这是地铁，我们要乘坐地铁。我们现在坐在地铁里。地铁也是一种交通工具。我们乘坐地铁要到……现在我们要下地铁了。我们乘坐地铁从……到了……”。

（3）对话阅读法

阅读法对于存在词汇—语义障碍的儿童来说是一种重要的干预方法。虽然这种方法并不能适用于所有受语言障碍影响的儿童，但是这仍然是语义干预中的一个重要内容。因为书面文本的内容具有主题性，在同一主题下，新词及其概念与相关词及对应的概念一起被引入，这有助于促进儿童对词语意义的理解以及语义关系的认识，从而促使新词融入儿童现有的语义网络中，所以，对于语言障碍儿童来说，和干预者联合阅读书籍，不仅有利于单个词的学习，还有利于增加词语之间的搭配组合。

在联合阅读中积极参与的儿童会比消极参与的儿童学到更多的词。而激发儿童积极性的干预方法被称为对话阅读法。对话阅读即干预者用故事书搭建儿童的体验框架，让儿童成为最终讲故事的人，如让儿童回答一些问题等。对话式教学需要在一个轻松平等的环境中进行，整个过程可以分为两部分（Fung, Chow, & McBride-Chang, 2005）：

首先，干预者提示儿童说一些关于书的内容，可以包括时间、地点、人物、事件起因、事件经过、事件结果等。例如，“这个故事发生在什么时候？”；“故事发生在哪里？”；“是谁……”；“他在做什么？”；“他是怎么做的？”等。如果儿童正确回答出了问题，则给予儿童相应的赞扬和奖励，并重复儿童所说的话；如果儿童回答错误，则需提供给儿童相应的帮助。在儿童熟悉了第一部分内容之后，进行下一个教学环节。

然后，干预者提出开放性问题。例如，“你喜欢……吗？为什么？”；“这个故事告诉我们一个什么道理？”；“如果你以后遇到了这个问题，应该怎么做呢？”。儿童回答之后，干预者针对儿童的回答做出评价并进一步扩展。

在对话阅读中，需要注意以下三点：

其一是书本的选取，应尽量满足以下条件。第一，书本需附带色彩丰富的插图。这样儿童可以根据图片叙述故事，而无须完全依靠文字。第二，插图和文字中要出现新的词汇，使儿童可以接触新词。第三，文字篇幅不要太长，这样可以增加干预者与儿童互动的可能性。第四，书籍要与儿童的年龄范围相符合。

其二是阅读的形式。为了吸引儿童的兴趣，调动儿童参与的积极性，可以丰富阅读的形式。例如，遮盖法，将书中的主要人物或情节用蜡遮掩掉部分，让儿童一边看一边刮；角色扮演法，干预者与儿童扮演故事中的不同人物，模仿书中的语言、动作再现故事情节。

其三是阅读后问题的提出需要以儿童的能力为参考。问题的设置既不能超过儿童的能力范围以免打击儿童的积极性，也不能过于简单致使儿童不能沉浸于书本内容，应该在考虑儿童能力的基础上设置层次性的问题。首先，可以提问一些在书本上可以直接找到答案的问题，如，人物、事件、地点、事件起因、事件经过、事件结果等。其次，可以提问一些关注书本细节内容的问题，如，人物的表情、心情、动作、心理等。最后，可以提问一些开放式问题。

（4）关键词法

词语的数量巨大，仅对目标的内容进行教学干预不足以满足儿童的学习需求，因此，可以通过一些学习策略的教学进行补充，以帮助他们未来自主学习。关键词法是一种应用广泛的记忆策略，这种方法旨在帮助儿童构建一个视觉图像，将目标词或短语与一个熟悉的形式相似的词联系起来。例如，在学习“barrister”（律师）时，首先，创建一个关键词；对“barrister”来说“bear”（熊）就是一个很好的关键词，形式相似且对于儿童来说是简单熟悉的。然后，创建视觉图像。需要注意的是，创建的图像中关键字和目标字之间应该是相互作用的，而不是简单地呈现在同一幅图片中，一张关于熊和律师的照片并不能很好地帮助记忆，因为这两种元素之间没有相互作用。更好的视觉图像是一只熊在法庭上扮演律师。这样，当儿童看到“barriste”时，他们可以通过相似的词的形式检索出“bear”，然后回忆起一只熊在法庭上扮演律师的图像。关键词法已被用于对有语言障碍的儿童（Condus et al., 1986）以及有行为障碍的儿童（Mastropieri, Emerick, & Scruggs, 1988）的干预中。从逻辑上讲，这一记忆策略对那些在词和意义联系方面存在记忆缺陷的儿童最有用。同时，这种方法在第一语言和第二语言的词汇学习中都显示出了实用价值。

（二）词汇深度不足的干预方法

这一部分将主要介绍情境多样性法，此外，第一部分中的对话阅读法以及第三部分中关于增强语义表征的方法也适用于本部分内容。

1. 情境多样性法

通常在上下文中遇到一次词，就会建立一个记忆轨迹，对这个词及其上下文进行编码。因此，在多样的情境中学习词语，比在单一情境中学习该词更有助于加深词汇知识（Bolger, Balass, Landen, & Perfetti, 2008）。举例说明：

教学目标：学习词语“勇敢”。

首先通过多种情境下的阅读学习词语。如，“小偷在超市里偷东西，许多人都假装没看到，只有小明勇敢地站了出来，抓住了他”。“小明成长了，在单独睡觉这点上，他克服了恐惧，克服了紧张，并因此变得更加勇敢了。”在每次阅读之后，引入这个词语的定义“不怕危险和困难”。

然后在游戏活动中运用该词语。如，让儿童说出“勇敢”的意义或者同义词并使用该词语说出一个句子；提供上下文语境，让儿童从四个选项“勇敢”“善良”“美丽”“聪明”中选择词语补全句子。如果回答正确则给予相应的奖励，回答错误则进行纠正。

教学步骤中阅读之后的定义引入环节，可以根据词语类别的不同选取不同的定义方法帮助他们理解意义从而构建语义网络。例如,“锹”“缺口”等具体名词，可以向儿童展示物品模型或图片，提供视觉支持来帮助他们理解记忆；对于“家具”等抽象名词，可以画出网络图表明“家具”包括他们熟悉的“床、柜、桌、椅”等；而“端”“提”等动词，可以通过具体的动作或者手势来帮助他们辨别词语意义；像“勇敢”“善良”一类的形容词，可以通过同义词的列举、手势等帮助他们理解含义。

（三）找词困难的干预方法

1. 语义表征困难的干预方法

（1）关联词汇

向儿童展示一系列的照片，并要求儿童找到两张有关联的照片并生成三个相关物品。例如，展示图片“短袖、裤子、沙发”，儿童需找出“鞋子、裤子”并说出“裙子、上衣、毛衣”等服装类的词语。

（2）联系

干预者准备好一组卡片，然后依次翻过来。要求儿童命名并说出一些语义联系。语义联系包括：功能，即卡片中物品是用来干什么的（“苹果——吃的”）；类别，卡片中物品所属的分类（苹果——水果）；属性，卡片中物品的特征（“苹果——圆的”）；部件关系，即卡片中物品所具有的整体或部分（“苹果——果皮”）。以“苹果”为例，干预者指着卡片提问：“苹果是用来干什么的呀？”如果儿童的回答是对的，可以把这张卡片奖励给他，并重复正确答案；如果儿童的回答不正确，干预者可以做出提示——做出吃苹果的动作。同样，儿童回答正确之后，干预者给出肯定并扩展句子，“对，很棒，吃的，苹果是用来吃的”。在儿童掌握了这组所有卡片的“功能”联系之后再进入下一语义联系的学习。此方法可以使儿童围绕一个词语建立多种语义联系。

（3）联系的解释

向儿童展示一组图片，比如，“鞋、袜子、牛仔裤”，然后要求他们找到两张需要放在一起的图片，并解释为什么把它们放在一起。

（4）图片排序

向儿童展示物品模型或者照片并要求他们按照给定的标准分类。例如，动物 / 非动物；四条腿动物 / 两条腿动物。

（5）剔除法

向儿童展示物品模型或图片，例如，“狗、袜子、猫”，“猫、狗、鸡”要求儿童必须剔除一个并解释为什么。

（6）混合图片

向儿童展示一组图片，然后干预者给出一个主题让儿童选出和主题相关的图片并解释原因。例如，给出图片“狮子、同学、老虎、桌子、椅子”，干预者让儿童选出和“学校”相关的图片并说一说为什么；给出图片“冰激凌、鸡汤、雪、冰、汤圆（冒着热气的）”，让儿童选出和“凉的”相关的图片并说一说为什么。

（7）对立

要求儿童对所提供的词语进行相反的绘画处理。例如，干预者：画长发；儿童：画短发。

（8）图片分类

向儿童展示物品模型或者照片，要求儿童回答二者之间的相同或不同之处。例如，“鞋子、袜子”——“都是穿在脚上的”；“水杯、水壶”——“水壶可以烧水，水杯不可以”。

（9）找特征法

干预者先说出一组词语，要求儿童依据给出的词语再说出其他类似的词语。如，“小猫、小狗、兔子……”，“大、小、高……”。

2. 语音表征困难的干预方法

（1）首音提示法

按照24个英文字母的顺序，每周讲一个首音即首字母（Lewis & Speake, 1997），以p为例。

首先，干预者读一个故事，故事中所有首音为p的词都被强调。然后，看着故事书中的图片，找出首音为p的词所代表的图片。其次干预者说一个词，儿童判断它的首音是否为p，这些词语具有密切的语音干扰，例如，“pig, book, black, pocket, pillow”。然后根据首音对图片进行分类，这是一个无声的游戏，要求儿童回忆出头脑里储存的语音表征。

再次，儿童回忆所学的以“p”为首音的词语并尽可能地画出来，如果儿童表现出迟疑，便给出语义线索的提示。如果他仍然觉得困难，那么会给出故事中的图片（上面所提到的）让他们参考。

最后，由儿童从混合图片中识别出首音为p的图片。图片所表示的词语既包含语音干扰又包含语义干扰，鼓励儿童要专注于词的首音进行判断。

（2）找特征

找出语音相似的两个词，然后让其区分说出不同之处。如“pen、pin”“bad、bed”。

（3）节拍法

图片被简单命名后，告诉儿童词的音节数和首音。例如“这是一个

kite（风筝），它有一个拍子，并以‘k’开头”。然后鼓励儿童和干预者一起打拍子，并说出首音。

（4）图片排序

根据音节数量为图片排序。例如，三个纸盒上分别被标记为1、2、3，数字代表音节数量。儿童每次翻过一张图片，先打出节拍然后将其投放到正确的盒子中。

3. 语义—语音联结困难的干预方法

儿童在建立了语义和语音表征之后，需要将二者整合到产出中。本部分的干预方法旨在帮助儿童建立语义和语音之间的联系，故可对以上方法的使用进行部分改动。举例说明，首音辅助法可加入语义活动，在学习首音p时，儿童除需找出首音为p的图片外，还需说出图片中物品的功能、位置、类别、属性等。另外，还有一些方法也可用于帮助儿童整合语义和语音信息。

（1）线索游戏

例如，干预者和儿童轮流说出“海边以s开头的东西”。

（2）轮替猜词法

展示出一组图片，根据语音和语义线索猜出所描述的词语并选出相应的图片（Lewis & Speake, 1997, 2003）。例如，以“van”为例，干预者描述“一个音节，以‘v’开头，有四个轮子，邮政员驾驶它”。然后，儿童猜测词语并选出对应的图片。接下来，由儿童提供语音和语义线索让干预者来猜。按照这样的程序依次轮替下去。

（3）层级提示法

干预者按照一定的顺序给予儿童提示直到其产出正确的词语，顺序为语义信息、语音信息、视觉支持、选择性的支持。下面展示教学过程：

第一步，提问这是什么？

第二步，要求儿童描述物品的功能；

第三步，要求儿童用手势表示物品的功能（即如何使用该物品）；

第四步，干预者描述物品的功能；

第五步，干预者描述并用手势展示物品功能；

第六步，句子补全；

第七步，句子补全+首字提示（只做口型不发音）；

第八步，句子补全+首字提示（发音）；

第九步，句子补全＋目标词的前两个字；

第十步，干预者说出物品名称，儿童复述，说“_______”。

以“浇水”为例进行说明：

第一步，仅出示图片，问：这是什么？

第二步，问：这是在干什么？

第三步，图片＋句子补全：花很干，我们给它______。

第四步，图片＋句子首字提示：花很干，我们给它浇______。

总而言之，针对词汇—语义障碍的干预方法是多种多样的，具体方法的选择需要结合儿童的实际干预目标以及哪种方法能吸引儿童的兴趣，并促进其积极参与。

第四节　语用障碍的干预方法

在与人交流的过程中顺利地表达与理解想法与意图离不开良好的语用能力。儿童在语用能力方面存在的缺陷会严重阻碍其正常的社会交往，因此，对语用能力的各个方面进行干预十分必要。较早的、有效的干预方法能够帮助存在语用障碍的儿童更好地进行社会交流。

一、共同注意干预

正如第一章第四节所提到的，早在前语言发展阶段，儿童的交际行为就已经开始出现，其典型特征包括微笑、手势、目光凝视等（Snow et al., 1996）。其中，共同注意作为儿童最早出现的交流形式之一，是儿童形成有效社会交际、发展语言—交流能力不可缺少的心理基础（杨广学，2007）。因此，共同注意的有效干预对于提高儿童语用能力来说至关重要。

（一）象征游戏参与调节法

共同注意象征游戏参与调节法（Joint Attention Symbolic Play Engagement and Regulation, JASPER）是目前较为有效的共同注意干预方法（Kasari et al., 2008, 2010）。Kasari 等（2006）采用随机对照实验法对该干预方法的干预效果进行了验证。在实验中，治疗师对 26 名年龄在 3 ～ 4 岁之间的自闭症儿童的共同注意进行了干预，干预频次为每天 30 分钟，共持续 5 ～ 6 周。每位自闭症儿童在接受干预之前需要进行评估测试，以明确每位儿童现有的共同注意水平。根据干预前的评估结果并参考典型发展儿童共同注意的发展历程，确立了每位儿童的干预目标。该干预方法主要分为两个环节：

1. 桌上游戏（把玩具放桌子上玩）。儿童与治疗师会进行大约5分钟的桌上游戏，整个游戏过程以治疗师为导向，在与儿童进行游戏互动的过程中，治疗师对共同注意的目标技能进行干预。

2. 环境教学（把玩具放地上玩）。桌上游戏结束后进入环境教学环节，整个环节持续大约20分钟。该环节的干预目标与桌上活动的干预目标相同，不同之处在于活动的场地从桌子移动到地板上，这样做的目的是为儿童创造一个更为自然的学习环境，便于目标技能的泛化。还需注意的是，不同于桌上游戏以治疗师为导向的教学原则，在整个环境教学过程中，治疗师要以儿童的兴趣为主，讨论儿童正在做的事情，利用环境有策略地对儿童的共同注意技能进行促进。该干预方法的结果显示，接受干预儿童的共同注意能力有了显著的提高，他们展示物品以及回应他人发起的共同注意的次数明显增多。此外，他们在与母亲进行互动时共同注意的发起次数也显著提高，表明儿童在干预过程中学习到的新技能得到了较好的泛化。

（二）基于发展性社会语用原理的干预方法

发展性社会语用（Developmental social-pragmatic, DSP）干预法是近年来广泛采用的对自闭症谱系障碍儿童的语用能力进行干预的有效方法（Smith & Iadarola, 2015; Binns & Cardy, 2019）。该方法以语言习得的社会语用模型为理论基础，强调增加成人对儿童的回应，在成人与儿童之间建立平衡的轮替（Mahoney & Powell, 1988）。这类干预法大多采用父母实施的方法，通过对父母进行培训，提高父母对儿童行为的反应能力（Ingersoll et al., 2012）。来自典型发展儿童和自闭症儿童的研究也表明，父母对儿童回应能力的大小与儿童共同注意能力以及语言能力的发展密切相关（Tamis-LeMonda et al., 1996; Siller & Sigman, 2002）。Schertz等（2018）采用父母实施的干预方法对144名年龄为16～30个月大的儿童的共同注意和社交能力进行了干预。该方法主要对家长进行培训，由家长对儿童进行干预。该干预方法的干预目标主要涉及以下三个方面：

1. 视觉同步参与（对人脸的注视）。

2. 互惠互动（轮替意识）。

3. 共同注意（回应父母的共同注意并且发起共同注意）。

在整个干预期间，家长每周需要进行1个小时的培训，共持续32周。研究人员每周向父母提供一个干预指导手册，每本手册包含一个单元的学习内容。每周的家长培训主要包括以下几个环节：

1. 家长与治疗师回顾每周的干预日志。为了监测儿童的进步，家长需要对儿童每周的干预情况进行记录，对儿童每周干预计划的完成情况进行反馈。

2. 家长与儿童进行游戏互动。治疗师与家长讨论完干预日志后，家长开始与儿童进行游戏互动，治疗师在旁边观摩与指导。在与儿童互动的过程中，家长对目标技能进行干预。下面是一些例子，说明父母如何对儿童的共同注意进行干预。例如，家长戴上傻傻的帽子，系上花哨的领带，或者戴上有趣的围巾。当儿童的眼神在家长的脸和衣服之间交替的时候，通过微笑或者咯咯笑来强化儿童的行为。治疗师会将家长与儿童的玩耍过程录下来，然后与儿童的家长一起观看。在观看过程中，治疗师会鼓励父母去识别哪些方面进行得很好，哪些方面仍存在挑战。当父母发现一些存在的问题时，研究人员会播放一些视频范例，同时还会通过提问的方式引发父母的新想法。这样可以发挥家长的长处，同时提高家长的自信心。

3. 制订新的干预计划。视频观看完后，治疗师会介绍新的干预材料，每一组材料都辅以文字解释和视频片段，视频片段以其他自闭症儿童通过干预实现当前目标的情况为例，展示了他们的父母如何对目标技能进行干预。之所以选择其他儿童的例子而并非采用专业的模式化样例，是想强调父母要根据他们对自己孩子兴趣的了解来创设各种不同的活动，很多时候往往家长创设的活动是合适的。该方法的干预结果显示，接受干预组儿童自发性共同注意的次数与控制组相比得到了显著提升。此外，针对应答性共同注意，干预结果发现自闭症严重程度越高的儿童干预效果越好。

二、会话技能干预

儿童会话技能的干预往往采用示范法，该方法通过某种方式或手段建立一个标准的会话模型，以此来展示会话过程中的要素。示范法通过建立一种相对宽松的结构化教学环境使得被干预者能够将学习到的技能泛化于不同的场景与人群（Charlop, Schreibman, & Tryon, 1983），这被认为是改善儿童行为问题和提升社交技能的有效方法。其中，录像示范法、社会故事、同伴介入或教师示范法是较为普遍的示范方法。

（一）录像示范干预法

录像示范法是一种较为有效但成本相对较高的示范方法，干预者通过录制短小的会话视频，向儿童展示会话过程中的某些关键元素。Charlop 和 Milstein（1989）采用录像示范法对 3 名高功能自闭症儿童的提问能力进行了干预。干预者设计了 5 个不同主题的对话脚本，其对话内容主要涉及儿童感兴趣的玩具。每个脚本都会被录制成时长为 45 秒左右的对话模拟视频，脚本中的对话者由两名成人充当，不同脚本中出现的对话者是不同的。这些成年人面对着摄像机，拿着与对话主题相关的玩具，轮流说出台词。每个对话脚本中的第一句台词只包含一个问题，其他所有台词都是以先回答上一个问题再提出一个新的问题的形式出现。干预过程中，每名儿童先观看 3 次示范录像，然后干预者和儿童拿着和示范录像中一样的娃娃，模仿视频中的对话。干预者发起每组对话中的第一句台词，以便儿童的最后一个问题能得到回答。在整个模仿过程中，干预者要对儿童做出的正确回答给予反馈，如“是的，没错”。如果儿童说出了完整的对话，干预者需要对儿童进行表扬，如“哇，你太棒了”，并给予儿童食物奖励。儿童需要重复 3 次对话，如果 3 次中有 2 次都通过则达到标准。如果儿童没有达到标准则再观看一遍视频，视频观看结束后再次进行测试，这样的步骤一直重复到儿童达到标准为止。

（二）社会故事法

社会故事是指以绘本形式呈现社交情境和社交规则的漫画故事（王永固、党昕、张庆、李晓娟，2018）。社会故事往往从儿童视角编写，能够为儿童提供关于社交互动的精确线索和正确示范（Scattone, 2008）。社会故事篇幅短小，一般只包括 2 ～ 7 句话。Gray（2004）对社会故事的形式内容和编写原则进行了详细的说明（见表 3–1）：

表 3–1　社会故事的形式、内容和编写原则

社会故事编写时建议使用的 7 种类型的句子：
1. 描述句：描述故事发生的时间、地点、人物、人物在做的事以及他们为什么要这么做。
2. 观点句：描述其他人物的想法或感受。

3. 配合句：用来提醒成人如何帮助儿童学习一个新的技能。
4. 指导句：用来说明儿童需要做出的合适回应。这类句子一般不用“我将”“我会”作为句子的开头，而是选择“我会试着”“我会努力尝试去”作为开头，这样会使得句子内容更加有灵活性。
5. 肯定句：一般用来强调社会故事中的指令。
6. 控制句：由儿童来编写，帮助他们记住指令。
7. 填空句：需要儿童提供正确的答复。
社会故事的编写原则：
1. 以一种积极的态度描写社会信息，至少 50% 的故事内容应该是赞扬某种成就。
2. 整个故事要包含开头、主体和结尾。
3. 需要包含问题。
4. 需要以儿童的视角编写（例如：第一人称或第三人称）。
5. 需要描述积极的行为。
6. 需要包含描述句，同时也可以使用 些其他类型的句子。
7. 描述行为或事件而不是指令。
8. 故事的编写要考虑到儿童个人的能力和兴趣。
9. 可以使用视觉支持或者插图。
10. 具有与上述适用标准一致的标题。

（引自 Gray, 2004）

王永固、党昕、张庆、李晓娟（2018）利用社会故事对 3 名自闭症儿童的打招呼技能和分享技能进行了干预。整个干预过程共分为 3 个阶段：

1. 社会故事绘本阅读与理解。干预者带领儿童进行社会故事的阅读，其中儿童为阅读的主体，当儿童遇到不理解的故事情节时，干预者要讲解。在阅读社会故事的过程中，干预者需要重点讲解社会故事中体现的社交线索，如在《打招呼》这一社会故事绘本中，干预者要向儿童强调打招呼时眼睛要看着老师，向老师挥手，说“你好”。最后儿童需要复述社会故事。

2. 社会故事绘本理解测试。干预者通过简单提问的方式测试儿童对社会故事的理解，如“XX和老师打招呼时，应该怎么说？”“ZZ可以做什么动作和老师打招呼呢？”。

3. 社交技能目标行为演练。干预者为儿童创设相应的社交情境，引导儿童练习通过社会故事学习到的目标行为。在目标行为演练过程中，干预者对儿童进行动作或语言的适当提示，随着儿童对目标行为的掌握，干预者逐渐撤销动作或语言提示。对于儿童未表现出来的社交技能和目标行为，在下一次的干预中进行重点讲解、提示和辅助。

（三）同伴介入或教师示范

同伴介入干预是用于促进语言障碍儿童社会互动能力的常用方法。许多研究表明，在群体干预中借助典型发展同伴的帮助可以增加语言障碍儿童和青少年的社会互动，并有助于社交技能的长期维持与泛化（Watkins et al., 2015）。典型发展儿童需要接受训练，成为整个干预计划中的主要实施者。在整个干预过程中，同伴可能需要承担许多职责，例如为适当的行为建模、实现提示过程和加强目标行为（Chan et al., 2009）。

Harrell等（1997）采用同伴介入并辅以沟通系统的方法对3名自闭症儿童的社交技能进行了干预。在正式干预之前，干预者先要教会儿童如何使用沟通系统。沟通系统是一种视觉辅助交流工具，由沟通板、图标、词卡、短语卡等组成。沟通系统的使用能够更好地帮助自闭症儿童与同伴进行交流。随后，干预者要对典型发展儿童进行培训。在培训过程中，典型发展儿童在学习如何使用沟通系统的同时还要接受社会技能训练。社会技能的训练内容包括会话发起、回复、话轮转换、分享等。每种社交技能都由干预者先演示，然后由典型发展儿童通过角色扮演进行练习。进入正式干预阶段后，每位接受干预的自闭症儿童与5名典型发展儿童组成小组并完成一系列合作活动，每次活动大约持续20分钟。儿童进行活动的场景包含多处，比如语言课堂、餐厅、电脑室、操场等。在语言课堂上，自闭症儿童和典型发展儿童会一起做一些和阅读、认词有关的游戏。在餐厅就餐时，干预者会为儿童提供话题卡，以此协助儿童间的互动。话题主要包括最喜欢的课间游戏、电影、电视剧节目、动物、实践活动等。经过干预后，3名自闭症儿童与同伴互动的时间有了明显增加。与此同时，他们使用沟通系统的次数也有了明显增加。这说明，3名自闭症儿童的社交技能得到了显著提高。

除了同伴介入外，干预者在很多时候也会直接为儿童示范会话过程中的要点。Nuernberger 等（2013）分别对 1 名自闭症儿童、1 名脑瘫儿童以及 1 名中度智力损伤儿童的社交技能进行了干预。首先，干预者为儿童书面呈现如何拥有一段合适的对话并为儿童大声朗读。然后，2 名干预者根据书面描写做示范。接下来，儿童与其中一名干预者进行对话的排练，另一名干预者进行观察。排练结束后，干预者要对儿童的表现给予即时反馈。如果儿童没有将会话步骤准确完整地表现出来，那么需要重复排练。在排练过程中，干预者要对被试不明白的问题给予解答。该干预课程中，会话任务被分解为 10 个步骤：

1. 身体朝向对方并且与对方保持至少一臂的距离。

2. 看对方的脸。

3. 和对方打招呼。

4. 问一个与某一合适的主题相关的问题。

5. 适当等待对方回应。

6. 针对同一主题进行评论或者问一个问题。

7. 适当等待对方回应。

8. 针对同一主题进行评论或者问一个问题。

9. 适当等待对方回应。

10. 当对方对你的谈话不感兴趣时，或者当对方结束谈话时，结束谈话。

可以看出，通过不同的方式为障碍儿童建立标准的会话模型能够有效提升他们的会话技能和社会交流能力。但很多时候，单单建立会话模型是不够的。大量关于社会技能干预的研究表明，示范离不开指导以及带有反馈的行为训练，三者的结合是教授会话技能合适且可行的策略（Gresham, 1981）。其中，指导是指对会话模型中的关键要素进行解释，并指出其在现实生活中可应用的场景。带有反馈的行为训练是指儿童对会话模型中的关键技能进行演练，随后干预者针对儿童的具体表现给予即时的反馈。

Bradlyn（1983）对 5 名 14 ～ 18 岁智力落后的青少年的会话技能进行了干预，其中包括提问、自我表达、表示强调与赞美等。训练由指导、建模、行为排练以及反馈 / 强化组成。每堂课开始，干预者会对本节课学习的技能进行介绍。干预者会举一些与目标技能相关的例子并讨论与目标技能相关的基本原理。然后干预者为儿童示范如何真正地使用这些技能，儿童观察其中一名治疗师如何在一个简短的会话模型中向另一名治疗师提出问题以及表达自己的兴趣爱好等。干预者大约会示范5分钟，并且强调儿童需要注意观察干预者正在示范的技能。在小组演练课上，儿童会讨论他们会在怎样的情况下使用这些会话技能，然后他们会和别的儿童或者干预者进行一个简短的会话练习。在练习期间，治疗师会对儿童的表现进行反馈，夸赞儿童做得好的地方，修正儿童做得不好的地方。在训练的过程中，干预者要经常鼓励儿童发展一些一般性的会话技能，而并不仅仅是生硬地记住在社会互动中应该说些什么。例如，相比直接告诉儿童提出什么样的问题，干预者更愿意引导儿童通过提问的方式去发现对方的兴趣并且通过提问的方式保持会话的进行。

三、非字面义干预

（一）隐喻干预

1. 基于关系理论的隐喻干预方法

目前关于隐喻干预的研究大多基于关系结构理论。该理论认为，个体能够将一个事物与另一个事物进行关联，而各种关联方式被总称为“关系结构”。此外，关联被概念化为广义的操作行为，关系结构的形成是过去多次示范训练的结果。

就隐喻而言，协调、层级、区别是三种重要的关系结构（Stewart & Barnes-Holmes, 2001）。协调是指把两种或两种以上的刺激物联系起来，认为它们相似或相同。如，将口语词“苹果”和物体“苹果”联系起来，认为二者相似，即为协调。区别指将一个刺激区别于另一个刺激，如，我们可以将苹果与石头区别开。层次可看作层级结构，指一个概念属于另一个概念，如词“哺乳动物”与“狗”“海豚”“鲸”有关，因为后三个词均为“哺乳动物”的例子；此外，一个物体或概念的特征也属于其层级结构关系，“苹果”可以和“水果”“你可以吃它”“长在树上”联系，这三个特征都属于苹果。

关系结构理论视角下的隐喻推理被看作是在两种或多种刺激间进行多种关联的行为（毛晓翎、王分分、曹静、祝卓宏，2017）。例如，就“苹果是糖”这个隐喻来说，个体需要经历以下过程理解其隐喻内涵：个体首先通过层级关联将本体与其特征进行联系（将“苹果”与其特征进行联系，其中包括“很甜”这一特征），个体还需通过层级关联将喻体与其特征进行联系（将“糖”与其特征相联系，其中包括“很甜”这一特征）。最后，个体还需识别本体与喻体之间的相似属性（“苹果”和“糖”都很甜）。

Persicke（2012）基于关系结构理论，采用多次示范训练法对3名5～6岁自闭症儿童的隐喻能力进行了干预。整个干预过程主要分为以下几个步骤：首先，干预者给儿童讲隐喻背景故事，故事讲完后，儿童需要回答一些与故事内容相关的问题以确保儿童理解了故事内容。随后，干预者提出隐喻相关问题，如果儿童回答正确，即说出本体和喻体之间的相似特征，干预者要给予口头奖励进行强化（如你说得对！太棒了！）。如果儿童回答错误，干预者要通过引导性问题帮助儿童说出本体与其特征之间的层级关联，喻体和其特征之间的层级关联，本体和喻体之间的区别性关系和一致性关系。如果儿童在引导性问题的指导下还是无法说出两种事物的共同特征，主试通过回声性提示说明事物间的共同特征。干预故事及问题举例如下：

我的同事上周买了一个蛋糕。这个蛋糕有毛茸茸的糖霜，闻上去很香，但是这个蛋糕里面很硬。

（1）如果我说这个蛋糕是香水，我的意思是？（这个蛋糕闻上去很香。）

（2）如果我说这个蛋糕的糖霜是云朵，我的意思是？（这个糖霜是白色的并且毛茸茸的。）

（3）如果我说这个蛋糕是石头，我的意思是？（这个蛋糕很硬。）

2. 思维导图法

思维导图以语义学、认知心理学为理论基础，通过将文字与网状、树枝状、桥状、圆圈状的形式相结合来呈现，是用于对比和描述客观对象的可视化学习辅助工具。思维导图作为一种视觉辅助工具常与基于关系理论的隐喻干预方法相结合，用于隐喻理解能力的提升。通过思维导图，隐喻加工的过程得以清晰推演，儿童可以借此确立形象概念的定义、拆解和关联过程，从而深入理解本体与喻体的相同和不同之处（袁文晗，2018）。

Mashal和Kasirer（2011）借助思维导图（见图3–2），对60名12～13岁之间的自闭症儿童、学习障碍儿童的隐喻理解能力进行了干预。在每次干预课程中，儿童通过思维导图学习5个不同的隐喻表达。干预者在黑板上写出隐喻表达，如“思想的火车（train of thought）”，随后儿童将本体和喻体写入思维导图所呈现的两个中央泡沫里并在思维导图对应泡泡里写上与本体和喻体有层级关联的特征（如“引擎”“汽车”“连续性”等）。随后，干预者鼓励儿童思考本体和喻体所包含的共同特征（如“连续性”“连接”），然后将这些共同特征写入连接两个词的气泡中。建立共同连接后，干预者和儿童一起讨论如何理解整个隐喻表达。为了增加隐喻的理解程度，干预者还向儿童展示了嵌入语境中的隐喻性表达，如：考试时，儿童听到嘈杂的敲门声，他们的**思路**被打乱了（During the exam children heard noisy knocks on the door and their **train of** thought was disrupted）。随后，干预者引导儿童阅读句子并注意粗体表达，儿童还需要判断这些表达是否有意义。

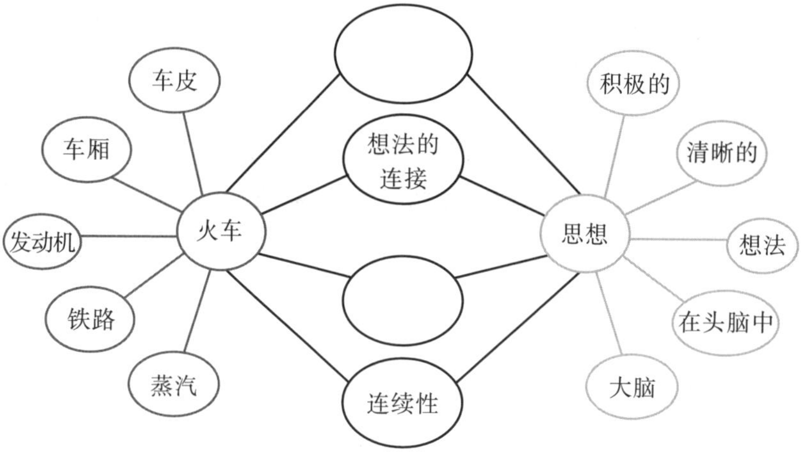

图 3-2　思维导图示例（引自 Mashal & Kasirer, 2011）

（二）反讽干预

讽刺表达涉及将字面义与其真正想要传达的内在含义相联系，尽管这不同于隐喻表达所体现的关联形式，但根据关系结构理论，这种能力依旧可以通过多次示例训练进行学习与强化。因此，针对反讽能力的干预多采用多次示例训练的方法进行言语指导，并结合实际的练习与反馈。Persicke、Tarbox、Ranick 和 Clai（2013）采用上述方法对 3 名 6 ～ 7 岁自闭症儿童的反讽能力进行了干预。该干预过程共分为两个阶段：

1. 规则与录像。规则与录像阶段由以下几个步骤组成：提供规则说明、示范、练习、提供反馈。每节课的开始，干预者向儿童解释什么是“讽刺”：当一个人说出的意思与真正想表达的意思相反时，他们很可能在表达讽刺。随后，干预者向儿童展示一个大约 10 秒的录像视频，视频包含清晰的上下文线索，儿童据此可以将讽刺性评论与真实的评论进行对比。例如，在一个视频中，一个儿童正在以极慢的速度滑滑板，关于这一语境的讽刺评论为“哇，他滑得好快啊！”。视频播放完毕后，干预者告诉儿童“这是一种讽刺表达”。随后，干预者再做出真实的评论。此外，干预者会问儿童一些关于评论的问题，包括“刚才视频里说了什么”“刚才老师所说的是否为视频中要表达的意思”“为什么要这样说”以及“如何对评论做出合适的回复”。提问题的目的是帮助儿童养成通过问自己问题来确定模糊评论的真正含义。儿童正确回答问题后干预者要给予强化，如果儿童没有正确回答问题，干预者就通过前面的引导性问题进行修正。当儿童连续 3 次正确率都在 80%以上时，则该训练阶段结束。

2. 泛化训练。该阶段包括规则说明以及在真实场景中的训练。每次课程大约需要进行 10 ～ 12 次练习。课程开始，干预者再次向儿童说明什么是讽刺，儿童需要对这些规则进行重复。然后，通过自然的交际对话引出讽刺评论和真实评论。儿童正确回答问题后干预者要给予强化，如果儿童没有正确回答问题，干预者就通过前面的引导性问题进行修正。在干预的最开始，干预者需要通过夸张的表情和语调表达讽刺，随着课程的推进，表情和语调的夸张逐渐减小，直到最后不采用夸张的表情和语调。儿童需要在三个不同的场景（如家、公园、咖啡馆）中与三个不同的人物（如两个不同的治疗师和父母中的一个或保姆）进行练习，以便促进泛化。在每节课开始之前，干预者还会通过示范、练习、反馈等方式对参与干预儿童的照顾者进行培训。当儿童连续 3 次正确率都在 80%以上时，则该训练阶段结束。

（三）习语干预

尽管儿童习得习语的机制仍然存在争议，但许多研究表明，将习语放入语境是提高典型发展儿童和语言损伤儿童习语理解能力的有效方式（Bernstein, 1987；Norbury, 2004）。Nippold（1991）指出，相比学习单个的习语，将习语放入语境当中更有利于儿童学习，与此同时，通过提问题的方式将儿童的注意力放到寻找支持习语意义的语境线索上更有助于儿童的习语学习。

Ezell 和 Goldstein（1992）通过将习语放入语境的方法对 4 名 9 岁的轻度智力损伤儿童的习语理解能力进行了干预。该干预课程每周 4 次，每次 25 分钟。干预材料包括习语、图片、支持习语解读的小故事。每个习语对应的图画描述包括习语的修饰意义、习语的字面意义、修饰意义的变体以及字面意义的变体。例如，“to wet his whistle” 包括“一个男人正在喝酒”“一个男人用哨子蘸水”“一个男人坐在沙发上聊天”“一个男人在吹哨子”几个意思。整个干预过程共分为两步。第一步包括三个部分：

1. 干预者通过简单介绍“修饰性语言”来引入第一节训练课，然后用一个习语例子来开始训练。

2. 干预者解释每个习语的意思，一次一个，并要求儿童指出与这个意思相对应的图片。选对图片后，儿童重新解释一遍这个习语的意思。干预者根据儿童是否解释出意思的关键成分进行打分，并给予反馈。例如，“to let the cat out of the bag” 的意思是“告诉某人秘密”，那么这个俗语解释的关键成分为“告诉秘密”。

3. 干预者给儿童呈现体现习语修饰义的短文。干预者先将图片面朝下放在桌子上并且阅读短文，这样做是为了让儿童把注意力集中在故事上，并消除图片中可能有助于解释习语含义的线索。随后，儿童需要根据短文解释习语的意思。干预者根据儿童的回答给予反馈，然后再次让儿童指出习语对应的图片，干预者再次对被试指出的图片给予反馈。如果儿童连续 2 天对习语进行口头解释的准确率不低于 88%，对图片选择的准确率不低于 100%，那么就进入干预课程的第二步。

第二步的内容包括：干预者呈现体现习语字面意思和修饰意思的文本，然后，儿童根据短文解释习语的字面义与修饰义，这一步的目的是进一步教会儿童根据文本区别字面义与修饰义。干预者根据儿童的回答给予相应的反馈。

四、叙事干预

叙事能力是儿童语用能力的重要组成部分，被称为“儿童最早出现的思维能力之一，也是组织人类经验最广泛使用的形式之一”。良好的叙事能力与儿童的社会化能力以及学业能力密切相关（Duinmeijer,

DeJong, & Scheper, 2012)。许多儿童在叙事能力上存在明显的缺陷，如句法简单、复杂句数量少、叙事内容不连贯、因果逻辑性差、表达人物心理状态的内容十分有限等。目前来说，基于叙事的语言干预方案以及观点采择法是两种较为有效的叙事干预方法。

（一）基于叙事的语言干预方案

基于叙事的语言干预方案（Narrative-based Language Intervention, NBLI）旨在提高儿童叙事的宏观结构表现，所关注的叙事宏观结构包括故事元素、内容组织、故事顺序和连接词的使用（Dodd et al., 2011）。Gillam（2015）采用三阶段叙事干预方案对5名8～12岁的自闭症儿童的叙事能力进行了干预。儿童每周接受两次干预课程，每次课程50分钟，根据儿童水平的不同，总课程数在21～33节不等。该干预方法主要分为三个阶段：

1. 治疗师教授故事元素。首先，治疗师通过讲故事的方式向儿童教授故事中的核心元素，包括：角色、背景、初始事件、内部回应、计划、尝试、后果和反应。故事内容是对一幅无文字图片的描述，每一个故事元素都要在图画中体现出来（如微笑的脸是对事件的内部回应、火箭起飞是最初事件）。在治疗师讲述故事的时候，每一个故事元素都要给出定义并且提供例子。所有的故事元素都讲完之后，儿童需要重复刚才所讲故事的故事元素，并且用这些元素讲一个新的故事。新的故事同样需要无文字图画书的支持，其包含的故事元素与上一个故事相似，只是有个别故事元素不同（如不同的角色、不同的动作）。当儿童在图片支持下能顺利讲出所有故事元素时，可以尝试让儿童在脱离图片的情况下再次讲述。当儿童达到以下标准时可以进入下一个干预环节：（1）能够说出第一个故事中的所有故事元素并举出合适的例子。（2）能够在第二个新故事中保持所有的故事元素。（3）能够回答出所有和故事元素有关的问题。

2. 连接与丰富故事。阶段二强调连接故事语法元素的重要性，治疗师指导儿童使用心理状态词以及表示因果关系的语言。例如，鼓励儿童使用连接词because和so去解释故事中人物的感受以及不断变化的行动。此外，治疗师还会指导儿童采用对话来丰富故事内容（如说、喊、告诉）。当儿童达到以下标准时可以进入下一个干预环节：（1）儿童在讲述图片故事的时候能够说出故事中的所有元素。（2）在叙事过程中使用

because 和 so，一个或两个表示感觉或心理状态的词语，一个或多个副词，一个或更多个名词词组。（3）回答出理解性的问题。

3. 创编故事。阶段三让儿童在没有故事图片支持的情况下自己去创编、修改他们自己的自发性叙事。最后要对儿童创编的故事进行打分，分析其故事结构复杂度以及心理状态词和因果连接词的使用。

三阶段叙事干预方案的干预结果显示，接受干预的儿童在故事复杂度、故事结构、心理状态词以及因果连接词的使用上都有了显著的提高。

（二）观点采择法

观点采择干预法（Perspective-taking Intervention, PTI）以叙事为基础，主要针对儿童叙事时心理状态词的使用和观点采择能力进行干预（王娟、沈秋苹，2017）。Moreau（2006）在故事语法标记中提到了观点采择方案的基本框架。Dodd 等（2011）采用观点采择法对 9 名 9 ～ 12 岁自闭症儿童的叙事能力进行了干预，重点关注自闭症儿童对故事人物的情感理解以及这些儿童从不同人物角度讲述故事的能力。儿童每周进行 3 次干预课程，每次课程 30 分钟，总共持续 6 周。观点采择法主要分为 6 个阶段：

第 1 阶段，治疗师向儿童介绍一本选好的故事书，并让儿童大声朗读。读完故事书，治疗师利用故事语法标记重述故事。然后，儿童利用故事语法标记重述故事。

第 2、3 阶段，每位儿童在治疗师的指导下完成故事语法标记字符地图（Character Map），治疗师通过开放性的问题对儿童进行引导。在完成地图的过程中，儿童要先对故事角色有一定的了解（如性别、外貌特征、职业等），随着故事的推进，儿童需要判断故事人物的情感变化并说出原因。

第 4、5 阶段，治疗师指导儿童利用故事语法标记观点采择地图，从不同人物角度对故事进行讲述。

第 6 阶段，儿童从不同人物角度重述故事。经过为期 6 周的干预，儿童从不同人物角度讲故事的能力有了显著提高。此外，儿童能够更好地理解故事中人物的情绪并分析出产生某种情绪的原因。

五、心理理论干预

（一）故事法

早期关于心理理论的干预一般采用心理理论故事的干预方法。心理理论故事干预法是指直接给被干预者讲述心理理论故事或者利用图片、短片等间接呈现心理理论故事，并借助讨论、反馈等来训练个体心理理论能力的方法（张彩迪、王娟，2017）。Clements、Rustin 和 McCallum（2000）采用故事法对 27 名典型发展儿童的错误信念理解能力进行了干预。在干预过程中，干预者给儿童念一个错误信念故事，如果儿童回答错误，干预者要为儿童详细解释他们为什么错了以及正确答案为什么是对的。通过该方法，儿童的错误信念理解能力得到了提高。值得一提的是，除了接受干预的儿童以外，还有另外两组儿童参与了此次实验。与接受干预的儿童不同的是，这两组儿童中有一组儿童听完故事且回答完问题后，干预者不提供反馈与解释，而另一组儿童回答问题后，干预者只告诉他们答案正确与否，不提供解释。实验结果表明，这两组儿童的错误信念理解能力并没有得到显著的提高，这说明为错误信念故事理解提供反馈与解释才能更好地提高儿童对其的理解能力。

（二）认知补偿法

自闭症儿童虽然在心理状态的表征上存在困难，但有研究表明，他们在物理状态的表征上并不存在困难。自闭症儿童能够较好地理解图片 / 图像表征（Wellman et al., 2002），明白图片内容可以与现实内容不同（Leslie & Thaiss, 1992）。因此，对物理状态的表征能力可以作为一种替代策略去帮助自闭症等人群理解心理状态并据此推测他人的行为。

1. “头脑相机”

“头脑相机”是较早用于心理理论能力干预的认知补偿策略，该策略通过向被干预者传递“眼睛就像相机一样，人们能在头脑中留下有关想法的图像”这一概念，使得被干预者利用对物理状态的完好表征来弥补其在心理状态理解上的缺陷，能够有效提高自闭症等人群的错误信念理解能力。Swettenham、Baron-Cohen、Gomez 和 Walsh（1996）采用“头脑相机”对 8 名自闭症儿童的错误信念理解能力进行了干预。该干预过程共分为 4 个阶段，各阶段具体内容如下：

（1）为儿童讲解“头脑相机”的基本规则

步骤 A：干预者先用宝丽来相机拍几张照片，以此方式让儿童熟悉相机。然后，干预者看向一些物体，并通过睁大眼睛和用力眨眼来强调这一动作。随后，干预者向儿童解释道“当我看向一些物体时，这些物体的图像就印在了我的脑子里”。随后，干预者要求儿童认真看着干预者的眼睛然后回答“什么时候我的脑子里会出现一些物体的图像？”，儿童回答完毕后，干预者再次看向房间里的不同物体，同样睁大眼睛并且用力眨眼以吸引儿童的注意力。通过这样的方法，干预者向儿童传递“当一个人看向某个物体，该物体的图像就留在这个人的脑子里”这一概念。

步骤 B：干预者把五个物体排成一列（包括：球、汽车、水杯、书包、盒子），随后，Sally（人物模型的头）依次看向这 5 个物体，每当 Sally 看向一个物体的时候，干预者都会询问儿童：“Sally 正在看哪个物体？”这样做是确保儿童能够知道 Sally 正在看向的物体，这是确保训练能够进行的起点。

步骤 C：干预者正式向儿童介绍“头脑相机”的概念。干预者再次提醒儿童“当一个人看到一些物体时，这些物体的图像就印在了这个人的脑子里”。干预者在提醒的同时还要为儿童做演示，如，当 Sally 看向某一物体时，干预者就要拍下这个物体的图片并插入 Sally 的头部。当 Sally 转向另一物体时，干预者要更新 Sally 头脑中的图片。

步骤 D：Sally 看向不同的物体，干预者问儿童：“现在 Sally 头脑中的图像应该是什么呢？”然后儿童在 5 张图片中选择正确的图片。这一步的目的是检测儿童是否明白看到某一物体后，脑中就会产生该物体的图像。

步骤 E：这一步和步骤 D 一样，只不过在这一步中，儿童还需将选择的正确图片插入 Sally 的头部，通过动作强化“头脑相机”这一概念。

步骤 F：现在 Sally 正看向某一物体，并且头脑中有该物体的图像。接着，Sally 离开该物体所在场景，干预者将 Sally 放到一个儿童看不到的新地点。然后干预者问儿童：“现在 Sally 头脑中的图片是什么？”儿童的任务是正确说出 Sally 头脑中的图像内容。儿童回答完毕后，干预者将 Sally 头部的照片拿出来给儿童看。这一步的目的是检测儿童是否理解即使 Sally 离开了物体所在的场景，她头脑中关于该物体的图像并不会发生改变。

步骤 G：像步骤 F 一样，Sally 正看向一个物体，并且头脑中有该物体的图像。然后，Sally 离开该物体所在场景，Sally 所看到的物体也被拿开。这时，干预者问儿童：“Sally 头脑中的图片是什么？”回答完毕后，干预者将 Sally 头部的照片拿出来给儿童看。这一步的目的是检测儿童是否能在看不到物体的条件下正确说出 Sally 头脑中的内容。

步骤 H：干预者告诉儿童“在头脑中保持一个图像十分有用，因为当你想要寻找一些东西时，你可以通过你头脑中的图像查找”，随后，干预者向儿童描述以下内容：

a. Sally 把物体 X 放在了 A 处。

b. Sally 的头脑中形成了“X 在 A 处”的图片。（在 Sally 的头部插入相应图片。）

c. Sally 离开，“X 在 A 处”的图片留在她的头脑中。

d. Sally 回来并且说“我想找 X”。

e. Sally 想了想他头脑中的图片说：“啊！ X 在 A 处！”

f. 然后 Sally 去 A 处找 X。

然后干预者问儿童：“在 Sally 头脑中的图像里，X 在哪儿？”如果儿童回答正确，干预者就接着演示 Sally 去 A 处寻找 X。如果儿童错了，干预者就取出 Sally 头脑中的图片给儿童看，并告诉儿童，在 Sally 头脑中的图片里，X 在 A 处。这一步的目的是告诉儿童，Sally 会根据头脑中的图像去寻找 X。

步骤 I：干预者告诉儿童“如果物体移动或者改变，而你没有看到它的移动或改变，那么你头脑中关于这个物体的图像不会发生变化”。这一步涉及第二个娃娃“Anne”。干预者向儿童演示以下内容：

a. Sally 把 X 放在了 A 处。

b. Sally 的头脑中形成了“X 在 A 处”的图片。（在 Sally 的头部插入相应图片。）

c. Sally 离开，但是“X 在 A 处”的图片仍然停留在 Sally 的头脑中。

d. Anne 走了过来，并且把 X 从 A 处移动到了 B 处。

然后干预者会问儿童三个问题：

a. Sally 能看到 Anne 移动了物体 X 吗？（正确答案：不能。）

b. Sally 头脑中会形成“X 在 B 处”的图像吗？（正确答案：不会。）

c. Sally 头脑中的图像是什么？（正确答案：X 在 A 处。）

如果儿童不能正确回答问题，干预者提供正确答案并且给予相应的解释。随后，干预者向儿童演示“Sally 去 A 处找 X”。这一步是想让儿童明白，如果 Sally 没有看到 Anne 把 X 从 A 处移动到了 B 处，那么 Sally 头脑中的图片不会发生改变。

（2）评估儿童利用“头脑相机”规则自发解决错误信念问题的能力

这一阶段的内容与阶段1步骤I相似，但是干预者并没有为儿童演示Sally的想法和行为，而是直接让儿童来推断和预测以下内容：

a. Sally认为X在哪儿？

b. Sally会去哪里找X？

干预者记录儿童是否能自发解决这些问题。

（3）明确照片与心理状态的连接规则

在这一阶段，干预者教授儿童如何通过照片的内容推测Sally的信念。

步骤A：阶段3的第一步是阶段1步骤的分解。Sally看向5个物体中的一个，然后儿童选择Sally头脑中的图片。儿童将正确的图片插入Sally的头部，然后儿童再次说出Sally头脑中的内容。这一步的目的是检测儿童是否掌握在阶段1中学习到的基本规则。

步骤B：把物体放在Sally前面。首先干预者告诉儿童照片里桌子上的东西和Sally所想的内容是一样的。然后干预者问儿童两个问题：

a. 照片里有什么？

b. Sally认为桌子上有什么？

如果儿童回答错误，干预者提供正确的答案并给予相应的解释。这一步的目的是检测儿童是否理解照片里的内容就是Sally头脑中所想的内容。

步骤C：接着第二步，在Sally和物品中间放置一个屏幕，接着干预者问儿童Sally是否能看见该物品。然后用一个新的物品代替该物品，然后干预者问儿童两个问题：

a. 照片里是什么？

b. Sally认为桌子上是什么？

如果儿童回答错误，干预者提供正确的答案并给予相应的解释。这一步的目的是检测儿童是否能够在看不见物体的情况下正确说出照片的内容并据此推理Sally的信念。

（4）教授图片与行动连接的明确规则

在这一步，干预者教授儿童通过Sally头脑中的图片来预测Sally的行动。干预者向儿童演示以下内容：

a. Sally把X放在了A处。

b. Sally的头脑中形成了“X在A处”的图片。（在Sally的头部插入相应图片。）

c. Sally 离开，但是“X 在 A 处”的图片仍然停留在 Sally 的头脑中。

d. Anne 走了过来，并且把 X 从 A 处移动到了 B 处。

干预者问儿童：“Sally 头脑中的图像是什么？”如果儿童回答正确，那么干预者告诉儿童：“如果 Sally 想要找到 X，她会根据图像里 X 的位置找到 X。”然后干预者问儿童：“Sally 会去哪里找 X？”干预者根据儿童的回答给予适当的反馈。

经干预，8 名自闭症儿童在错误信念理解任务中的表现都有了明显提升。通过该策略，自闭症儿童能够理解人物看到的物体与图片上的内容相对应，并且也能明白“如果人物没有看到物体的移动或改变，那么图片内容也不会改变”。同时，儿童也能够通过图片内容推测人物的行动。但需要注意的是，儿童在阶段 3 中的表现并不理想，他们并不能通过图片内容推测人物的心理状态，也即他们无法将照片内容与人物的心理状态画等号，因此，该干预方法可能并不能从根本上解决自闭症人群在心理状态表征上的困难。

2. 思维泡泡

思维泡泡也是干预心理理论能力常用的认知补偿策略。与“头脑相机”类似，思维泡泡通过一种直接的具象方式描绘一个人的思想，帮助自闭症儿童推理心理状态和行为。此外，与“头脑相机”相比，思维泡泡更加自然、更加实用，经常出现在儿童的读物当中，因此也更易于被儿童理解。Wellman 等（2002）通过思维泡泡对 10 名 5 ～ 17 岁的自闭症孩子的心理理论能力进行了干预。该干预过程共分为 6 个阶段，前 5 个阶段又分为演示，问题和反馈两个阶段。具体的干预过程如下所示：

（1）介绍思维泡泡

A. 演示阶段。干预者为孩子演示“当人们看一些事物的时候，他们的脑海里会出现一些像是思维泡泡的东西”。例如，干预者对孩子说：“这是 Sally，Sally 正在看着一个球，所以 Sally 的头脑中会出现一个有球的思维泡泡（干预者加入相应的思维泡泡），这意味着 Sally 正在想和这个球有关的事情，当人们看一个东西时，他们就在想关于这个东西的事情。”这一段演示至少进行 3 次。

B. 问题和反馈阶段。整个演示阶段，Sally 需要看 5 个不同的物体，每当 Sally 看向一个物体时，干预者都会问孩子：“Sally 在看什么？ Sally

的思维泡泡里有什么？”然后把正确的思维泡泡展示给孩子，然后问孩子：“Sally 在想什么？”当孩子连续回答正确 3 道题时，他们就进入第 2 阶段，如果他们没有连续回答出 3 道题，则继续重复该阶段。在重复阶段 1 的过程中，干预者要为儿童进行更细致的讲解。

（2）想那些看不见的，但却保持原样的东西

A. 演示阶段。干预者向孩子演示“人们能够想他们此刻看不见的东西”。干预者向孩子演示 3 次 Sally 正在看着某样东西并产生思维泡泡的例子，每次演示时干预者都需要问孩子：“Sally 正在看什么？ Sally 的思维泡泡里有什么？”然后，干预者把 Sally 和她的思维泡泡都拿到屋子外面，并且说：“看，Sally 走出了屋子，看，她的思维泡泡和她一起走了出来。她看不到屋子里有什么，但是她还能够用她的思维泡泡想它。”

B. 问题和反馈阶段。干预者向孩子演示 Sally 正在看 5 个不同的物体，然后问孩子：“Sally 能看到这个物体吗？ Sally 正在想什么？ Sally 认为门的另一边是什么？”该阶段通过标准同阶段 1。

（3）想那些看不见的，但却发生改变的东西

A. 演示阶段。干预者向孩子说明“人们关于这个世界的想法取决于他们看到了什么。所以如果世界改变但是人们没有看到世界改变，那么他们关于世界的想法保持不变”。在该阶段的演示中，当 Sally 离开屋子时（正如阶段 2），干预者首先问孩子：“Sally 认为门的另一边是怎样的？她的想法正确吗？ Sally 能看到门的另一边是什么吗？”然后，当干预者换掉屋里的东西时，干预者告诉孩子：“如果我们拿走 X，把 Y 放在这儿，Sally 看不到我们做了什么，那么她的思维泡泡里还是 X，当 Sally 回到房间的时候，她看到她的思维泡泡是错的，然后她得到了一个新的关于 Y 的思维泡泡（干预者改变思维泡泡）。”

B. 问题和反馈阶段。干预者进行 5 次改变物体的操作，然后问孩子：“Sally 认为门的另一边是什么？ Sally 能看到它吗？她是对的吗？她能看到物体 1 吗？”该阶段通过标准同阶段 1。

（4）预测未移动的隐藏物体的位置

A. 演示阶段。干预者告诉孩子：“当人们想要找到一个东西的时候，他们可以使用思维泡泡。看，Sally 正在把她的球放在盒子里。所以她有一个球在盒子里的思维泡泡。”然后，干预者将 Sally 与思维泡泡拿出屋子并对孩子说：“Sally 现在不能看到她的球在哪儿，但是她能够通过思

维泡泡想到她的球。所以当她回到房间，她知道去哪里找球。”干预者需要将上述过程通过 3 个不同的物体演示 3 次。

B. 提问和反馈。Sally 在屋外，她的思维泡泡里是一个物体在一个容器里。干预者问孩子：“Sally 认为物体在哪儿？ Sally 会去哪里找她的物体？”

（5）预测移动的隐藏物体的位置

A. 演示阶段。阶段 4 引入一个新角色——Anne，她把物体从盒子里拿到了篮子里。最开始，Sally 把她最喜欢的玩具放进了盒子里，接着孩子选择思维泡泡，表明 Sally 所想的玩具的位置。然后 Sally 离开，干预者问孩子：“Sally 认为玩具在哪儿？”（在盒子里）“实际上玩具在哪儿？”（在盒子里）。然后 Anne 拿走了玩具，干预者问孩子：“Sally 看到 Anne 做了什么吗？”（没有）所以 Sally 的思维泡泡依然是玩具在盒子里，但实际上玩具在篮子里。“Sally 会根据她的想法找玩具。她会去盒子里找玩具。但是她是错的，因为玩具在篮子里！哈哈！ Anne 是不是开了个有趣的玩笑？”

B. 提问和反馈。干预者将上述过程重复 5 次，每次干预者都需要问孩子：“球在哪里？ Sally 认为球在哪儿？ Sally 到哪儿去找球？”

（6）没有思维泡泡的 Sally-Anne 任务

干预者与孩了玩一个和上述内容相同的游戏，但是这次没有思维泡泡。干预者告诉孩子思维泡泡实际上是在人的脑子里，我们看不到。然后，孩子接受 5 次 Sally-Anne 测试，测试中有 3 个问题，分别是“X 在哪儿？”，“Sally 认为 X 在哪儿？”（心理状态问题），“Sally 去哪里找 X？”（行动问题）。经过 5 次课程约 300 分钟的干预后，多数孩子的错误信念理解能力都有了显著的提升。不仅如此，孩子通过思维泡泡理解人物心理状态的能力也有了一定程度的提高。

可以看出，“头脑相机”和思维泡泡能够较为有效地提升自闭症等人群的心理理论能力，但需要注意的是，“头脑相机”和思维泡泡都是作为一种补偿策略来帮助自闭症等人群提升心理理论能力，它们并不体现典型发展儿童心理理论的习得方式。

3. 假装游戏

假装游戏是一种采用两个物体相互代替或者赋予某一物体新概念的形式展开的互动性的模仿游戏（郭力平、张晔，2002）。假装游戏与心理理论存在密切的关联，较高水平的假装者对他人心理状态的理解也较好。尽管二者之间作用的方向尚不明确，但已有研究证明，假装游戏中的假设情境和装扮经验对错误信念的理解具有促进和易化作用（Hickling, Wellman, & Gottfried, 1997）。Ozonoff 和 Miller（1995）采用假装游戏法对 9 名平均年龄 13 岁的自闭症孩子的心理理论能力进行了干预。首先，干预者让参与训练的孩子帮助蒙住眼睛的同伴通过迷宫，让孩子从被蒙住眼睛的同伴的视角考虑问题。这样做的目的是让孩子能够明白，不同的人会有不同的物理视角。完成这一步后，干预者引入认知视角的概念，据此让孩子明白不同的人知道的东西也是不同的。此外，干预者还向孩子强调，知觉影响知识，一个人看到或听到的事物决定了他所了解的内容。最后，孩子通过角色扮演练习这些原则。角色扮演的内容和标准一级错误信念任务的内容相似。此外，孩子还通过角色扮演的形式进行了 3 次课程的二级错误信念任务训练，角色扮演的内容和标准二级错误信念任务的内容相似。肖晓、杨娜、钱乐琼、周世杰（2014）采用假装游戏方法对 20 名平均年龄为 57.97 个月的汉语自闭症儿童的心理理论能力进行了干预。整个干预过程共分为 3 个环节。在环节一中，儿童练习简单假装小游戏并不断进行重复练习。练习过程中，干预者慢慢减少对儿童的提示和帮助，最后让其独立完成游戏。环节一共包括 5 个课时，每个课时 30 分钟。在环节二中，干预者选取两段简单的动画视频，每节课在课堂上播放两遍。在播放第二遍时，干预者向儿童讲解动画中人物的语言、动作以及形象特征，可以适当暂停播放视频进行介绍。然后，干预者引导儿童扮演动画中的角色。通过重复表演，干预者逐渐减少对儿童的帮助和指导，直至儿童能在很少的指导下基本完成角色扮演。环节二共包含 12 个课时，每个课时 30 分钟。除上述两个环节外，干预者同样安排了一个“我是小向导”的游戏，该游戏主要是让一名儿童帮助其他的儿童完成一系列任务，以此让儿童从他人的角度去看问题，从而进一步理解他人的心理状态，推测其行为。该游戏首先让儿童用眼罩遮住眼睛，体会黑暗是什么感觉，并且通过练习让其不害怕黑暗。然后，干预者带领或言语引导蒙眼儿童完成某一行为或绕行障碍物通过设定路径。最后，由儿童主动带领或言语引导某一蒙眼儿童完成任务。环节三共包含 12 个课时，每个课时 30 分钟。与 Ozonoff 和 Miller（1995）不同的是，该干预环节没有向儿童强调认知视角的概念。

在上述几种干预训练中，被干预儿童的心理理论能力都有了一定程度的提高。但需要注意的是，儿童在会话或社交情境中利用这些策略的能力依旧是受限的。这也许在一定程度上说明，经过训练的儿童能够较好地完成心理理论任务，但是，他们在理解心理状态上存在的缺陷没有得到根本的解决。尽管如此，还是不能否认上述训练方法在提升儿童心理理论能力上的有效性，自闭症等人群的心理理论能力能够通过一定的方式与策略得到补偿。

第五节　读写障碍的干预方法

读写障碍给学生学习带来严重的影响，造成拼写障碍、解码词困难、朗读不流畅等多种障碍，还可能导致组织学习策略、语言发展、运动发展等方面的问题。有研究表明，如果儿童在一年级时是读写障碍者，那他有 87% 的几率以后仍是读写障碍者；Shaywitz 等（1995）发现，如果读写障碍儿童在 9 岁前没有被识别并给予干预，那他们中至少有 74% 的儿童到高中仍有阅读困难。Lyon 等（2001）的研究表明，如果在早期对有阅读问题的儿童进行识别和干预，通过特殊教育或补救教育项目，可以使多达 70% 的学生摆脱阅读问题。所以针对读写障碍儿童进行早期的筛查和相应的干预十分重要。

一、读写障碍干预的原则

读写障碍自发现以来，研究者一直在寻找有效的干预方式，产生了大量的研究成果与相关训练方法。这些干预方法基本都遵循四种基本原则。

1. 让儿童体验成功的喜悦；
2. 提供反馈；
3. 提供充分、反复的练习，进行过度学习；
4. 制订个性化学习步骤。

二、读写障碍的多层面干预研究及方法

研究者将读写障碍的成因机制归结为语音加工障碍、视觉空间认知障碍、工作记忆障碍和元认知能力障碍等几大假说。其中，语音意识的

缺陷导致拼音文字的读写障碍被广泛认可，系统的语音意识干预训练对读写障碍儿童有很大帮助。汉语读写障碍的研究者们结合汉字具有表意性的特点，根据读写障碍儿童的不同缺陷类型，对语音意识、正字法意识、语素意识、快速命名、工作记忆、阅读流畅性等多个层面进行了不同的干预研究。

1. 语音意识干预方法

语音意识（phonological awareness）是对各种语音单元进行识别、鉴别和操作的能力。语音意识由音节意识、首音—韵脚意识、音位意识组成，每种形式对应一种把词分割成声音的方法。

第一种形式是音节意识，是指能把词分割成音节的能力。测试时需要儿童数出一个词中有多少个音节，因为音节直接与口语中的声音相对应，因此音节意识是语音意识中最为简单的。

第二种形式是首音—韵脚意识。首音—韵脚意识可以帮助儿童把词中的每一个音节分割成音节内单位，如首音（音节内的第一个音）或韵脚（音节内除第一个音以外的部分）。测试时经常以寻找押韵词的方式来检测儿童的首音—韵脚意识。

第三种形式是音素意识。音素意识是指辨别和操纵基本语音单位的能力，包括将单个音组合为词以及将词拆分为单个音的任务。音素意识是语音意识中最难的，需要经过文字学习才能充分发展起来。音素意识和词认读能力之间存在一种互相支持的关系。

常用的语音意识干预方法包括音素分割、音素组合、音素分辨、音素省略、音素转换任务。

（1）音素分割：是对词中单个音素的感受能力。如词 pet，儿童需清楚地意识到有 3 个音素，并准确地指出 /p/、/e/、/t/。

（2）音素组合：是把一系列单独的音素拼在一起，变成一个整体的词。如向儿童依次呈现 /p/、/e/、/t/ 三个音素，让其拼出 /pet/ 这个词。

（3）音素分辨：含有多种任务形式，可以在口语发音中确定某个音素是否存在，如词 school 中是否存在音素 /h/；或者进行首音尾音比较，呈现一个目标词和两个以上的其他词，要求儿童分辨出带有某首音或尾音的目标词，如找出词 pig、bag、pet 中首音或尾音不同的词；也可以要求儿童在一组词中发现不同类的词，找出哪个词没有此组中其他词都共有的音素。

（4）音素省略：是让儿童按要求从某词中删去一个特定的音素，如先向儿童呈现 cat 的图片或字形，让他读出这个词，然后问他这个词如果没有了 /k/ 这个音，应该怎么读。

（5）音素转换："Pig-Latin" 词游戏，要求儿童把 pig 的第一个音素移到最后的位置上，并加上给定的音作为词缀，如 ay，这样 pig 就变成了 ig-pay，最后念出这个新词。类似的对应还包括 language-anguagelay、which-ichway。

对汉语读写障碍儿童语音意识的干预包括声调意识的教学，让儿童听三个读音，选出其中声调不同的一个读音；韵母意识与声母意识的教学，让儿童听三个韵母或声母相同的音，指出其中相同的音；声母—韵母对应意识的教学，让儿童自己组合分别写有声母、韵母的卡片，看看哪些音是能发的，哪些音发不出来，掌握声母—韵母对应规则；音素意识的教学，包括多种任务，音素计算、音素删除与音素替换，每次干预之前都与儿童进行音素意识练习任务，加强其操纵单个音素的能力。

在对学龄儿童进行语音意识干预训练时，可采用看图认音任务，进行拼卡片游戏。教师提前准备好三种颜色的卡片纸，分别写有声母、韵母、声调，让儿童看图认音，选取合适的卡片进行拼图。拼写正确后，教师可以进行首音替换（Spoonerism）任务，训练儿童操作单个音素的能力。具体方法是将声母或韵母卡片调换顺序，让儿童重新认读，并判断新组成的音是否可以读出来。本任务包含项目多，通过颜色、卡片调动儿童视觉、触觉来进行多感官刺激，是一个较为综合的训练语音意识的任务。如图 3–3 所示。

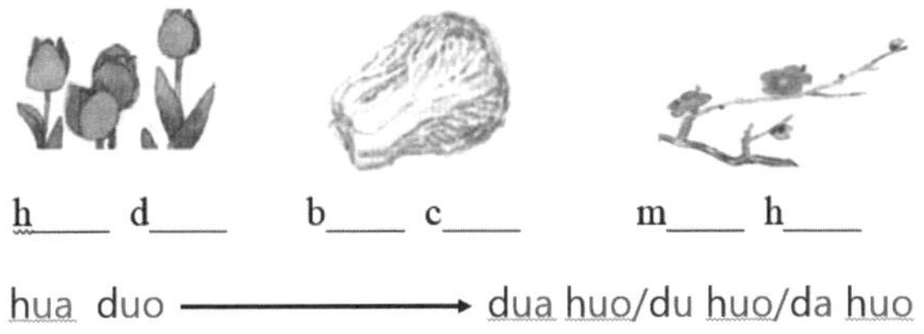

图 3–3　看图认音与 Spoonerism 任务示例

2. 语音指导干预方法

语音指导和语音意识干预有所不同，语音意识干预的目标是操纵词中的音素，而语音指导不仅包括词的拆分和混合，还包括词阅读中的指导和练习，教给学生字母编码以及怎样使用这些知识来阅读词。系统的语音指导不仅包括字母和声音对应规则，还包括字母和声音的混合能力。

语音是指理解每个字母和声音之间的对应关系，并使用这些关系来阅读词。如字母和声音的对照规则就是要知道哪个声音对应哪个字母（b 代表声音 /b/，声音 /a/ 代表字母 a）；规则的词拼写表示每个字母代表它最常用的读音（如 fast、hat）；而高级的语音技能说明拼读的词包括多音节和更高级的拼写模式（如 mu-sic、re-port 等多音节词）。

常用的语音指导方法包括合成式语音法、分析式语音法、嵌入式语音法、类推式语音法、首音—韵脚语音法、自然拼读式语音法六种。

（1）合成式语音法：采用从部分到整体的练习途径，首先教儿童根据字母形状将其转换成音素，再把音素合成为一个可识别的词。如，先让儿童对 stop 一词中的每个字母进行发音：/s/— /t/— /ɒ/— /p/，然后再把这些音素合起来读。

（2）分析式语音法：采用从整体到部分的方法，避免让儿童指着词单独发每个字母的音，而是有意强调词中的形—音对应规则。如老师写几个首字母是 P 的词 put、pig、play，他会先帮助学生读词，使学生意识到这些词都是以 P 开头的词。

（3）类推式语音法：教学生使用已知词的某些部分去认识新的词。如学生学过词 tent、make、pig，就可以把这些词拆分进行新的组合，来解码不熟悉的词 rent、bake、jig。

（4）自然拼读式语音法：教学生分割并写下每个音素，拼读法就是教学生使用字母—声音对应规则和课文背景线索认识不熟悉的词。

在实际干预中，很多系统的语音指导项目包括两种或两种以上的方法。此外，Lovett 等（2000）发明了两种有效的语音指导方法：（1）语音分析和混合（phonological analysis and blending, PHAB）；（2）词识别策略训练（word identification strategy training, WIST），教儿童使用已知词的子部分去阅读新的词。

PHAB 项目采用的是直接指导模型，口头教儿童拆分和组合词。该项目教给学生从左到右的解码策略，再教他们将字母组合成词。在 PHAB 项目中，字母的发音是按特定顺序引入的，所有的发音都是通过累积而不是同时的方式教授，确保儿童有足够的机会学习和保留每个字母的发音。这种训练强调词内的小单位和单个发音，不要求音位的分辨。

WIST项目教儿童学习使用四种不同的词识别策略。这四种策略是：（1）类比识别词；（2）发现已知词的组成部分；（3）尝试可变元音的发音；（4）去掉多音节词的前、后缀。WIST项目会先教儿童120个英语拼写中的高频词，每天学习5个，其次学习不同元音的发音，不同元音组合（如ea, oo, ow, ie）和词缀（pre-, re-, un-, -ing, -ly, -ment）的发音和使用。

实验结果表明，两种方法均对学生阅读理解和词阅读成绩有显著提高，采用综合的、大单元的方法进行系统的语音指导对帮助有严重读写障碍的儿童是非常有效的。

语音意识干预结果表明，儿童年龄越小，干预效果越好；语音指导一般用于年龄大一些的学龄儿童（2～6年级）。

3. 词汇干预方法

词汇意识是指理解和使用词来获得信息和传递意义的能力。词阅读是指从词拼写形式得出其发音和词义的能力。读写障碍儿童存在读词困难，表现为认识、解码词时犹豫，发音不正确，而且不确定所读词的意思。研究表明，在解码和词阅读准确性上的提高要比阅读流畅性和自动化上的提高容易得多。

Wolf、Miller和Donnelly（2000）提出一种综合性的、基于流畅性的阅读训练程序RAVE-O项目（Retrieval, Automaticity, Vocabulary Elaboration, Orthography），主要针对学龄期读写障碍儿童。其中阅读活动的形式包括：

（1）把词印在卡片上，配以图片提供视觉线索或用于正字法分类游戏；

（2）在卡片上印上一些高频的首音、韵脚和后缀等，进行正字法学习，使用卡片介绍一些新词，让学生练习词的组合和拆分；

（3）用图片表示出每个词的两种意思，介绍词的语义信息，和正字法卡片一起使用进行匹配和记忆游戏；

（4）词网：每周用一个词的多种意思及与每种意思相联系的语义内容组成一个结构图。这样可以增强儿童关于词汇的语义联系，并更多地了解与该词有关的其他词，扩大词汇量；

（5）分钟故事：在一两分钟内读一个简短的故事，讲解文章的结构联系及理解技巧。这个故事包括一周学习的核心词，通过这个故事阅读，使学生可以应用学到的语法和语义策略，并增强阅读流畅性；

（6）词义游戏：给学生提供明显的语义及与词相关的线索；

（7）神秘词游戏：学生两人一组，一个学生给出词的意思及相关联的内容等，另一个学生在有限的时间内猜出词。

此外，还可以使用元认知方法来帮助读写障碍儿童提取词。Sam Spade 策略就是一种记忆词的元认知方法，让儿童提出四个以 S 开头的问题，包括：（1）starts with?（词的第一个字母是什么？）（2）sounds like?（发音像什么？）（3）similar to?（与什么词含义相近？）（4）short word?（是一个短音节词还是一个长音节词？）儿童可以通过这些线索提示更快地提取词。

4. 字形加工干预方法

汉字字形的加工是汉语阅读的第一步，对读写障碍儿童的汉字字形进行干预，可以提高儿童的读词水平。研究发现，读写障碍儿童在汉字阅读过程中不能有效地利用声旁线索。刘翔平、杜文忡、王滨和吴思为（2005）采用结构意识教学对一二年级小学生中识字困难的儿童进行干预研究，实验组采用结构意识教学法，在现场教学过程中强调汉字的构造规则，并利用象形、指事、会意、形声四种造字法进行具体教学，让学生了解汉字的内部规则演变规律，利用形旁意识和声旁意识来识别汉字。控制组采用传统的识字教学法。结果显示，实验组学生的形旁意识和汉字学习成绩有显著提高，结构意识教学有助于学生的汉字学习。在读写障碍儿童识字的过程中，对其进行字形加工的指导和干预，能够提高儿童的识字成绩。

对读写障碍儿童进行字形加工干预时，可以采用多感官结构教学法（Multi-Sensory Learning），充分利用图画、物体、颜色和感知活动等方式，调动读写障碍儿童各类加工通路来增强其对字词的识别。这样做是因为有些读写障碍儿童可能视觉识别通路受到一定阻碍，会对听觉、触觉、动觉等刺激信息更为敏感。此外，多种色块的使用也可以帮助读写障碍儿童进行词汇切分，锻炼儿童依靠词边界信息进行字词识别的能力。在进行汉字正字法干预教学时，为了让读写障碍儿童对汉字结构有更清晰的认识，可以用不同色块区分汉字的部件，再让儿童进行汉字结构的辨认，如图 3–4 所示。或是在儿童进行初次阅读后，将读错的字词进行涂色高亮度处理，再让儿童朗读，如图 3–5 所示。

奥——上下结构
特——左右结构
曼——上中下结构

图 3–4　不同色块区分汉字部件示例

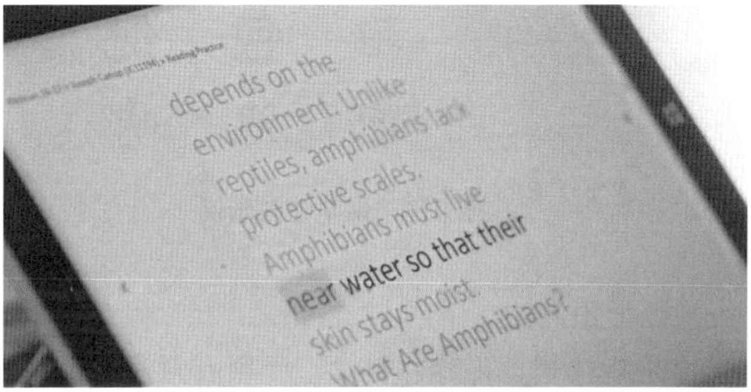

图 3–5　微软学习工具逐词高亮度

此外，在汉字学习初期，还可以让读写障碍儿童拼组汉字部件积木，熟悉汉字的部件、结构。通过反复拼接、组合来熟悉汉字的结构，强化正字法意识。当儿童熟悉了基本汉字部件后，可以归类组字。如图 3–6 所示。

动手做，拼拼看。看看下面的部件可以拼出几个字？

亻　氵　ス　才　ネ　丿

乃　丂　幺　力　丩　卜

想一想，用“门”可以组合出哪些字？

闷	问	闹
闻	门	间
闯	闲	闪

“包”是怎么写的？用它能组合出哪些字？

饱	抱	袍
跑	包	刨
炮	泡	咆

图 3-6　拼字任务示例

5. 阅读流畅性干预方法

阅读流畅性是指快速、平稳、自动、无须有意注意阅读机制而进行文章阅读的能力。准确性方面要求学生能准确阅读符合学龄水平的课文，速度方面要求学生在阅读时能达到快速、自动化的水平。

杨靖（2016）研究采用了阅读加速度干预方案（Reading Acceleration Program, RAP）。RAP 是一种针对阅读流畅性的计算机程序，研究者首先编制出一系列的前测句子及每个句子对应的问题，输入到程序中，儿童登陆程序后，屏幕上显示一个句子，儿童默读句子后点击继续，会出现相关选择题需要作答。前测中，儿童做完前一半的句子后，计算机测算出儿童的初始阅读速度和问题回答的正确率，并在后一半句子中，将句子以相应的速度逐字消失，促使儿童快速阅读并回答问题。研究结果表明，阅读加速方案能够提高读写障碍儿童的阅读速度，同时对读写障碍组的加速效果比正常组更加显著。另外，在阅读加速条件下，阅读速度变快的同时并没有降低读写障碍儿童的阅读理解水平，而是保持了读写障碍儿童的相应理解水平。

重复阅读也可以提高读写障碍儿童的阅读流畅性。具体来说就是重复读一个短而有意义的段落，直到流畅性达到满意的水平。重复阅读文章 3 ～ 4 遍时，流畅性的平均效度比读 2 次要高出 30% 以上。Pany 和 McCoy（1988）关于矫正性反馈效果的研究显示，重复阅读干预要提高学生的整体阅读流畅性和理解能力，需包括 3 个必要的条件，大声朗读材料，对错误词给予纠正性的反馈，反复阅读直到达到一个成绩标准。使用成绩标准的干预比使用固定数量的阅读干预，在流畅效度上要高出 4 倍多。有研究者采用重复阅读训练的方法对小学三年级读写障碍儿童进行了 12 周干预，取得了显著的效果，重复阅读干预训练能够有效提高读写障碍儿童的口语阅读流畅水平和非口语阅读流畅水平。

在对汉语学龄期读写障碍儿童进行阅读流畅性干预训练时，可以采用快速辨词任务。该任务需要儿童尽可能快地读出每一对词，如“误，错误；娱，娱乐”，这些词由形近字或同音字组成。阅读过程中要求儿童尽可能保证正确率，记录其每组阅读的时间，反复练习，从而锻炼读写障碍儿童词汇提取的自动性。如表 3–2 所示。

表 3–2　快速辨词任务示例

误（错误）	娱（娱乐）
渴（渴望）	竭（枯竭）
怒（发怒）	努（努力）
残（残疾）	浅（深浅）
豌（豌豆）	惋（惋惜）
煎（煎熬）	剪（剪刀）
朝（朝代）	潮（涨潮）
稍（稍微）	梢（树梢）

6. 语义加工干预方法

语义加工的基础是语素意识。有研究者认为，语素缺陷是汉语读写障碍中普遍存在的一种缺陷。语素意识是对组成词的最小语义单位的意识及操作的能力，包括对词内在的语素结构意识以及运用这种结构的能力，是理解词义的桥梁，语素意识有利于词的解码、拼写和词汇的记忆，有助于文章的阅读理解。耿雅津（2014）从语素意识的四个维度进行干预训练，包括词素意识、同音语素意识、同形语素意识和形旁意识，研究者采用自编《小学生语素意识干预材料》，对小学四年级学生展开了为期16次的干预训练，并采用自编的《小学生阅读能力测评》和《小学生语素意识》进行前测和后测，研究结果表明干预训练促进了发展性读写障碍儿童语素意识和阅读成绩的显著提高，说明语素意识的干预有助于汉语读写障碍儿童的语义加工水平的提高。

7. 阅读理解干预方法

阅读理解的实质就是在阅读者头脑中建构一个关于文章内容与结构的表征系统，这个表征系统的质量取决于理解中的信息加工水平。阅读理解不是只发生在阅读之后，理解过程在阅读之前、阅读过程中以及阅读之后都可能发生。熟练的读者和不熟练的读者区别在于能否使用已有的先验知识理解文本意义，并从文本中得出正确的推论。读写障碍者理解词的能力、使用理解监控策略和理解修复策略的能力都存在缺陷。

孟祥芝课题组编制了“百句通阅读流畅性练习题”。该练习包括汉语所有的基本语法结构，用简单高频的汉字编成句子，每个句子配有4幅图画。读写障碍儿童根据句子的意思快速选择合适的图片。每次抽取100道题按照从易到难排列，并记录儿童每次阅读花费的时间，将其与同龄读者横向对比（孟祥芝，2018）。

当儿童阅读难度较大的文章时，可以教学生使用辅助阅读工具——KWL表格。KWL表格是一种互动式教学工具，可以鼓励学生进行自我提问。其中，K区域是Know，写下儿童已经知道的关于主题的知识，激活背景知识；W区域是Want，写下儿童想知道的知识，为阅读创造一个特定的理由；L区域是Learned，写下儿童读到的东西，把他们读到的信息（L）与他们以前知道的（K）和他们想知道的（W）联系起来。如图3–7所示。

阅读理解的干预方法众多，较为综合，包括自我调节策略、自我提问策略、关键词讨论和听力预习策略、总结策略、段落组织、同伴指导阅读等。对阅读理解干预来说，无论采用什么方法都是有效的，只要包含针对个体的问题领域的干预（如对读词困难的儿童增加阅读流畅性训练），儿童的阅读成绩就会显著提高。

我已经知道的是	我想要知道的是	我所学到的是

图 3-7　KWL 表格示例

三、读写障碍的家庭支持

目前汉语发展性读写障碍尚未令人熟知，医院往往也不会进行读写障碍的医学诊断。教育工作者和家长对这种障碍缺乏认识，常常导致儿童被贴上“懒惰”的标签。读写障碍儿童在阅读、拼写和书写方面遭遇失败后，往往不愿意再尝试，以此作为一种自我保护。读写障碍儿童并不是没有受过良好的教育，也不是懒惰或愚蠢，而是天生的大脑差异，这种差异与智力无关。如果读写障碍学生没有得到正确的干预或家庭支持，他们在学校的表现会越来越吃力。

当家长渐渐发现自己的孩子付出大量时间和努力后，仍跟不上学校学习的节奏，成绩不理想时，往往会经历三个心理变化阶段。首先是等待期，认为这只是暂时现象，过段时间会自然好转。其次是愤怒期，从等待失败的结果过渡到认知上的迷惑和情绪上的愤怒，这往往是对读写障碍儿童造成心理压力最大的时段。最后是无助期，经过等待期的平静和愤怒期的迷惑，家长会逐渐出现无助感。

出现上述心理变化阶段是正常现象，关键的是家庭应该如何支持。首先，家长应该去了解读写障碍并非罕见现象，了解孩子读写障碍的可能成因和表现特点，正视其存在。其次，积极与学校取得沟通。目前，学校老师也缺乏足够的读写障碍相关知识的学习与了解，很难辨别儿童是否存在读写障碍。家长应积极向老师介绍情况，争取学校的支持和老师的帮助，在课堂教学及考试中得到相应的支持。最后，也是最重要的，参与到读写障碍儿童的学习中。了解干预方法，采取有针对性的方法帮助儿童学习，干预介入越早，对读写障碍儿童的帮助也就越大。

下　编

第四章　句法干预案例：以发展性语言障碍儿童被动句干预为例

有关句法障碍的研究主要集中在发展性语言障碍（developmental language impairment, DLD）儿童身上。发展性语言障碍曾被称作特异性语言损伤（Specific Language Impairment, SLI），是一种流行度较高的发展性交流障碍。不同于自闭症、智力障碍、听障等由于认知、感知通道上有障碍而引起语言问题的个体，该人群的特征是理解和表达句法形态、词汇等存在损伤（Leonard, 1998），他们具有正常的非言语智商，没有明显的神经或心理损伤、情绪障碍以及可以影响语言运用的社交障碍等情况，但是他们在语言发展上明显迟缓（Bishop, 1997）。

越来越多的证据发现，语言损伤是特异性的这一说法无法解释有语言问题且非言语智商值低于 85 的儿童的表现，智商高于和低于 85 的儿童具有相似的语言特征，因此研究者认为语言损伤更可能来自其他认知问题，损伤的性质并不单纯。目前，已使用发展性语言障碍的说法来扩大语言障碍儿童的指称范围。（Volkers, 2018）本章统一使用“发展性语言障碍儿童”来指称该群体。

第一节　典型发展儿童的被动句习得与发展历程

一、被动句

被动句作为一种特殊句式，历来受到学者们的广泛关注。相对于主动句而言，被动句的基本语义格式是“受事 + 动作”，这可以看作是狭义的被动句。但占据被动句主语位置的语义角色不只有受事，还包括更为广义的语义范畴，如可以表示结果（如“灯笼糊好了”）、内容（如“故事讲完了”），这些均可以被看作广义的被动句。

“被动句”这个概念来自印欧语。在印欧语里，被动句有严格的形式标记。如英语被动句，其谓语部分强制要求由助动词 be 加上动词的过去分词构成。汉语则缺乏硬性的形式标记。按照有无被动标记来划分，被动句可以被分为有标记的被动句（如“小女孩被小男孩推倒了”）和无标记的被动句（如“球拿走了”）两类。一般来说，无标记被动句使用较多，而有标记被动句使用较少，这说明汉语的被动句基本上是一种受语义控制的句式，所以并不一定依赖于“被、叫、让、给”等标记。

二、典型发展儿童的被动句习得与发展历程

在了解儿童的被动句障碍特征之前，首先需要勾勒出典型发展儿童被动句发展的结构状况和语义状况的轮廓，明确儿童理解和使用被动句的特点。

（一）儿童被动句的习得晚于主动句

根据周国光等（1992）的研究，汉语儿童大约在 1 岁 5 个月开始使用主动句进行表达，而被动句的使用始于 2 岁这一年龄段，远远晚于主动句。田玮玮等（2008）采用了跟踪调查记录的方法来研究汉语儿童被动句的习得情况，同样发现儿童在 2 岁左右能够产出被动句。这些研究都是基于自发的言语产出，但儿童产出被动句也可能来自对成人话语的模仿，因此未必能够说明儿童是真正掌握了被动句这一句法结构。国内外许多研究均表明，儿童真正理解被动句要到 5 岁以后。

为何儿童习得被动句的时间要晚于主动句？首先，周国光（1992）认为，儿童习得句法结构的手段有模仿、替换、扩展、关联及句法同化。主动句和被动句在句法构成上的区别决定了二者在转换上的不对应性，而二者在句法构成上所要求的条件不同也决定了习得二者的语言基础不同。儿童习得主动句是建立在学会动词单纯形式或光杆形式的语言基础上的，而习得被动句的必要语言基础是儿童已经掌握了构成被动句所必需的词语和句法结构，如名词、动词、助词、动趋结构（如“拿起来”）、动结结构（如“打死”）等。在此基础上，儿童的被动句的结构逐渐变复杂。这也可以解释为何被动句的习得大约要比主动句的习得晚半年左右的时间，因为动词复合形式的习得显然要比动词的光杆形式的习得难度更大。

其次，从生成语法的角度来看，生成语法学家认为被动句表层是一个主动句移位生成的。被动句中的句法主语实际上是逻辑宾语，逻辑主

语是动词之后出现的名词短语。然而，被动语态的结构不仅仅是主动语态的倒置。被动句结构是由主动结构经一系列句法演算派生而来的。在英语中，被动语态动词上出现的形态标记与过去分词在语音形式上是相同的，因此，与被动语态标记清晰的语言（如葡萄牙语或塞索托语）相比，识别英语被动语态动词的难度更大。儿童必须根据这些细微的标记来识别句子是被动的，然后用不同于主动句的层次结构来解释它。同样，汉语主动句的典型语序是"施事—动作—受事"，被动句的语序是"受事—施事—动作"，因此有人认为被动句是经过主动句转换得来的，"施事—动作—受事"是汉语儿童的基本语序，而被动句的"受事—施事—动作"是派生出来的语序，因而习得难度更大。

最后，相比于主动结构，由于正常的语言学习儿童在日常会话中缺乏对被动结构的接触，因此加工起来更难（Tannenbaum & Williams, 1968）。Maratsos、Abramovitch（1975）认为，由于句子的被动形式通常比主动形式的对应形式长，因此引入了记忆元素，使得这种结构更难理解。

（二）无标记的被动句早于有标记的被动句

根据周国光等的研究，被动句产生于主动句之后，在儿童的被动句出现之前，其动词短语结构就已经有了相当的发展，即儿童开始学习被动句是建立在已经掌握了基本的谓语类型基础上的，如动趋、兼语、主谓等。大约在 2 岁左右，无标记被动句就开始经常在儿童口中出现，甚至在儿童 5 岁之前的语言中，无标记被动句始终是主要形式，如：

大灰狼打死啰！（2 岁）

球拿到了。（2 岁）

大蛋给我吃。（2 岁）

可以看出，儿童在 2 岁左右已经有意识地采用蕴含着"受事—动作"关系的句子，这是产生被动句的基础。相比于简单陈述句，被动句的一个显著特征是主语位置通常由受事成分来充当，如"小偷被抓了"，前文已提到，实际上能占据被动句主语位置的语义成分并不局限于受事成分，也可以是工具（如"绳子捆好了"）、结果（如"飞机叠好了"）等，这些可以看作是广义的受事主语句。2 岁以后，儿童掌握的被动句的结构更加复杂。

有标记被动句同样在儿童 2 岁左右产生，但使用频率远低于无标记被动句。在“被”“给”“让”“叫”几种被动标记中，“给”是儿童最常用的被动标记。如：

手给小朋友抓破了。（2岁半）

（三）可逆被动句与不可逆被动句

被动句可以分为可逆被动句和不可逆被动句两类。研究表明，儿童对于不可逆被动句的理解和掌握早于可逆被动句。例如，“水杯被小兔子砸碎了”是不可逆被动句，而“小男孩被小女孩推倒了”是可逆被动句，因为它可以施事受事倒置表示“小女孩被小男孩推倒了”。

儿童早期话语中的主语名词几乎都是有生命的对象，而宾语名词通常是无生命的物体（Bloom, 1970）。如果儿童在自发的话语中使用生命性来给名词指定主宾语位置，他们也可以用生命性作为句法结构的线索来理解语言现象，特别是在没有语境线索的情况下。生命性策略（animacy strategy）认为儿童在解释含有有生命和无生命名词的可逆被动句时，无论是语法主语还是语法宾语，他们都会选择有生命的名词来充当。如果是这样的话，像“男孩被球击中”这样的句子，其意义的颠倒应该比两个名词都是有生命或无生命的时候更频繁。儿童首先学会的句式是主动句，即N（施事）+N（受事）的情况。但是在被动句中N（受事）+ N（施事），与主动句是完全相反的，若施事和受事都是具有生命性的，这可能会使儿童产生混淆，无法分辨出哪一个是施事，哪一个是受事。在有生命—有生命和无生命—无生命的句子中，儿童因为无法按照生命性进行选择，所以不得不求助于结构关系的知识。

这说明儿童早期对于被动句的理解不是基于语序策略，而是事件可能策略。儿童在听到不同结构的句子时，会首先根据名词的语义是否有生命性确定句子的施事和受事。但当句中两个名词均为有生命的名词时，儿童便主要根据句子的语序判断施受关系。所谓语序策略是指儿童总是把从主动句中概括出来的词序规则——“名词—动词—名词”对应“施事—动作—受事”的语序，使用这一策略的儿童能正确理解主动句，但始终会颠倒被动句的施事和受事。而可能事件策略是指施受关系朝着更可能发生的事件的方向颠倒。儿童倾向于将可逆被动句的施事和受事颠倒，这恰恰说明他们没有完全根据句法信息来理解句子，而是按照事件可能策略进行理解的。正因如此，一些研究者认为儿童是在掌握了主动句以后经过转换才习得被动句的，儿童习得被动句要远远晚于主动句。有研究认为儿童至少要到6岁后才能基本理解被动句，到学龄后才能完全掌握。

（四）不同类型被动句的习得顺序

1. NP（受）+ VP

儿童最先习得的是NP（受）+ VP句型，此句型使用频率最高，说明早期儿童最早并最易习得这种句型，且在掌握这种句型后可以较好地运用。例如：

饭吃完了。

这类被动句中的主语绝大多数是由表示无生命的或者动物的名词来充当的，绝大多数主语都表示确指的事物，充当受事主语的有生名词尚未出现，整个句子是陈述一种已然的事实，句尾常带“了”字。这是因为在早期的儿童语言知识中，有生名词（特别是指人名词）才能充当施事，无生名词（包括一些有生的非人名词）只能充当受事，这与早期的施事成分多由指人名词和一些其他有生名词充当，同出一理。这也说明了早期儿童对语义成分的认识还较大程度上受制于词语的客观所指。

2. NP（受）+被（叫／让／给）+ VP

周国光、孔令达、李向农（1992）指出，儿童无标记被动句使用较多，有标记被动句在儿童2岁左右出现，2～3岁儿童的有标记被动句都是用“给”做标记。在对1～5岁儿童取样获得的语料中，无标记被动句占总数的59.7%，“给”字被动句占28.1%，“被”字被动句占11.8%，“叫”字被动句占0.4%，“让”字被动句未发现。

3. NP（受）+被（叫／让／给）+ NP（施）+ VP

随着儿童认知能力的发展，儿童被动句中的施事成分开始出现，且能够被正确地运用。儿童大约在2岁半左右便能习得NP（受）+被（叫／让／给）+ NP（施）+ VP句型，这表明其对被动句的掌握逐渐趋于成熟，能够完整地表达被动句的意思。如：

笔被那个猫咬坏了。

从受事成分来看，最早出现的是非生物，逐渐发展到动物或人；施事成分方面，从单纯指人，发展到动物。大约2岁半以后，被动句开始广泛用于询问，受事主语的处置意味随之有所减弱。由此可见，儿童随着认知能力的发展与增强，对受事与施事的选择范围在不断扩展，而不局限于单一的范畴。

（五）对动作动词被动句和心理动词被动句的理解

Maratsos等（1985）考察了儿童对动作动词被动句和心理动词被动句的理解。儿童在动作动词被动句上的表现比在心理动词被动句上的表现更好，这表明儿童以一种方式分析某些被动类型，而以不同的方式分析其他类型。这种理解上的不一致性意味着心理动词被动句的某些特殊性使其比动作动词被动句更难理解。杨晶晶（2016）观察了4、5、6岁的汉语儿童对含有心理动词和活动动词的长短被动句的理解情况。结果也发现4、5、6岁的儿童在理解含有动作动词和心理动词的被动句上存在明显差异，对含有动作动词的被动句的理解好于含有心理动词的被动句；从不同发展阶段来看，4岁儿童的表现差于5岁儿童，5岁儿童的表现差于6岁儿童，随着年龄的增加儿童对被动句的理解情况越来越好。

（六）儿童使用被动句的功能

周国光等（1992）的研究认为，儿童使用被动句的功能主要有表达功能和句段功能。

儿童早期使用被动句主要用来陈述事实或者表达自己的需求和意愿，句子主语通常具有被处置的意味。2岁半后开始用于表示询问，如“这能吃吗”，到3岁时用于评论，如“什么汤我都喜欢喝”。随着儿童被动句的发展，处置意思逐渐减弱。

句段功能是指儿童主要运用被动句来接续之前提到的话题，这是因为之前已经谈到的话题在后续谈话中往往被作为旧信息放在句首。

第二节　发展性语言障碍儿童被动句障碍表现及其原因

从各类语言障碍人群的对比来看，发展性语言障碍儿童在语言的各个领域虽然都表现出困难，但是句法形态上的损伤尤为严重，主要表现在复杂句法及不规则的话语标记的理解和产出方面。其中，被动句作为名词性成分移位句，在许多语言中表现出显著的非常规语序结构，在儿童的语法体系中发挥着重要的作用（Bever, 1970），同时也是语言障碍儿童习得较为困难的地方。

一、发展性语言障碍儿童的被动句障碍表现

（一）习得被动句显著滞后

早期有关发展性语言障碍儿童习得被动句的研究显示，发展性语言障碍儿童习得被动句明显滞后于典型发展儿童（Marshall et al., 2007）。

Bishop（1979）研究表明，发展性语言障碍儿童在使用被动结构时不如生理年龄匹配的典型发展儿童，但与年龄比他们小的语言能力匹配组儿童表现相似。van der Lely 和 Harris（1990）利用动作演示任务和指图任务来考察 4 岁 10 个月到 7 岁 10 个月的发展性语言障碍儿童对可逆的主动句和被动句的加工情况，研究显示发展性语言障碍儿童在被动句上的表现明显不如生理年龄匹配组儿童以及语言能力匹配组儿童。

汉语发展性语言障碍儿童的被动句研究起步较晚。Leonard 等（2006）比较了 4 ～ 6 岁的发展性语言障碍儿童英语和粤语被动句的产出情况，结果表明，说英语的发展性语言障碍儿童在对被动句的使用上不如更年幼的正常儿童以及同龄儿童，而粤语发展性语言障碍儿童在被动句的使用上不如同龄儿童，但与更年幼的儿童一样熟练。

（二）题元角色分派错误

有研究发现，发展性语言障碍儿童即使到了 10 岁以后，在分配完整被动句的题元角色上仍有问题。Stavrakaki（2001）及 Friedmann 等（2006）的研究也发现，发展性语言障碍儿童经常出现动词的施事和受事反向分派的错误，即将动词施事的题元角色分派给受事人物，而将受事的题元角色分派给施事人物。

van der Lely 和 Harris（1990）认为发展性语言障碍儿童在基于句法结构分派题元角色上存在障碍。van der Lely 等（1996）采用句图指认的方法考察年龄为 9 岁 3 个月到 12 岁 10 个月的发展性语言障碍儿童（句法损伤）对四组语义可逆的句子的表现，句子类型包括简单的主动句（the girl mends the teddy）、完整的被动句（the teddy is mended by the girl）、短的进行时被动句（the teddy is being mended）及短的语义模糊句（the teddy is mended）（mended 可理解为动词，也可理解为形容词）。发展性语言障碍儿童和控制组儿童在四种句子类型的逆序回答上水平都比较低，发展性语言障碍儿童在可逆被动句上犯的错误尤为明显，他们选择了更多错误的搭配。相比于语言能力匹配组，发展性语言障碍儿童在可

逆被动句上的表现与其他被试都存在显著差异。

（三）句法结构和句法规则归纳能力弱

张放放（2010）的研究表明，汉语普通话发展性语言障碍儿童在句法结构和句法规则归纳上能力较弱，这导致发展性语言障碍儿童难以掌握复杂结构，从而产生被动句加工困难。李珂（2013）探讨了汉语发展性语言障碍儿童对不同种类的被动句的产出和理解，比较了汉语较年长的典型发展儿童、较年幼的典型发展儿童与发展性语言障碍儿童对不同述补结构的被动句的理解和产出情况、施事与受事的掌握情况。结果表明，发展性语言障碍儿童在被动句的理解和产出上与较年长的典型发展儿童有着显著差异。控制实验结果显示：三组儿童产出的短被动句数量相当，在长被动句的表现上存在差异，产出长被动句数量最多的是较年长的典型发展儿童，其次是较年幼的典型发展儿童，发展性语言障碍儿童最少。李克（2015）利用自发语料分析汉语普通话发展性语言障碍儿童对“被”字句的习得情况，发现发展性语言障碍儿童产出“被”字句的总数少于年龄较大的典型发展儿童，且错误产出比年龄较大的典型发展儿童和年龄较小的典型发展儿童多；发展性语言障碍儿童对短“被”字句的习得不如长“被”字句，存在不对称性。发展性语言障碍儿童“被”字句习得总体上不如典型发展儿童，短“被”字句表现存在损伤。他们还认为是发展性语言障碍儿童句法缺损导致他们无法正确习得“被”字句和对其 VP 补语的要求。

（四）远距离、复杂句法结构上的困难

发展性语言障碍儿童在涉及远距离关系的句法结构方面表现出特殊的困难，例如关系从句（Friedmann & Novogrodsky, 2004, 2007; Frizelle & Fletcher, 2014; Hestvik, Schwartz, & Tornyova, 2010）和 WH 移动句（Deevy & Leonard, 2004; Hansson & Nettelbladt, 2006; Marinis & van der Lely, 2007; Friedmann & Novogrodsky, 2011）。

Deevy 和 Leonard（2004）发现发展性语言障碍儿童在短宾语和短主语 WH 问题上的表现与典型语言发展儿童相似，但在长宾语问题上的表现不如长主语问题上的表现。Fortunato-Tavares 等（2015）研究发现，工作记忆（增加一个介词短语，使反身代词和其先行词之间的距离更大）对发展性语言障碍儿童及其年龄匹配的对照组儿童的反身代词的句法分配有明显影响。相比之下，在不增加语法复杂度的情况下，增加句子中词的数量并不会像增加形态学复杂度那样影响句子回忆的准确度（Marton et al., 2006）。这表明，语言复杂性比句子长度对工作记忆的影响更大。

总的来说，英语发展性语言障碍儿童和汉语普通话发展性语言障碍儿童在被动句的表现上确实差于典型发展儿童，其主要损伤是语法规则发展的损伤、句法移位方面存在缺陷（移位的缺失或移位的选择性，将题元角色分派到移动成分的语迹上存在损伤）。

二、发展性语言障碍儿童被动句障碍原因

许多理论已经对发展性语言障碍儿童的句法障碍进行了解释，这些理论一般是在两种理论框架下进行的，一种解释是“领域特异性”理论（domain-specific），该理论将句法上的损伤归于语法知识本身的损伤；另一种解释是“领域一般性”理论（domain-general），该假说将其句法损伤归因于言语记忆加工等方面的缺陷。

（一）“领域特异性”理论视角

根据这一理论的描述，患有发展性语言障碍的儿童对语言的特定规则、原则或约束的了解有限，由此导致语法产出和理解的局限性。

1. 计算语法复杂性假说

在乔姆斯基理论的视角下，对儿童句法问题的解释是计算语法复杂性假说，它由 van der Lely 及其同事提出，被称为依赖关系的表征缺陷。

首先，由于被动句需要进行语言操作，发展性语言障碍儿童可能很难获得被动句。根据 van der Lely（1994, 1996, 1998）的依赖关系表征缺陷的研究，发展性语言障碍儿童在计算句法系统中存在缺陷，这使得动作操作是可选的。van der Lely（1996）认为，这种选择性导致语法语素从强制性语境中被省略，而不是在不恰当的语境中插入。

发展性语言障碍儿童似乎倾向于将无施事的被动句解释为形容词结构（参见 van der Lely，1996）。例如，像“The dog is chased ”这样的话语通常被赋予一种解释，即把 is chased 视作描述 dog 的一种属性，而不是一个主题。对于儿童的这种偏好有几种可能的解释。一种解释是，在结构上动词被动的句法表现可能比形容词被动的句法表现更复杂。这些儿童不区分 be 动词的系动词用法和助动词用法，在动词的过去分词形式和被动形式一致的情况下，倾向于将动词被动解释为形容词结构。尤其是对于说荷兰语和英语的儿童来说，过去分词和被动分词的音韵形式

通常无法区分。另一种解释是发展性语言障碍儿童不区分主动句和被动句。因此，The dog is chased 被简单地解释为主动句。

2. 论元链缺损假说

根据 Borer 和 Wexler（1992）的论元链缺损假说，儿童在理解和产出被动句上有困难是因为他们论元链缺损，所以儿童缺少在深层宾语和表层主语位置之间形成论元链（A-chains）的能力，不能完成被动句中论元链的建立和题元角色的分派。在一项涉及理解言语被动句的任务中，van der Lely（1996）发现了与她的假设相一致的证据。一组患有发展性语言障碍的儿童比年龄更小的典型发展儿童匹配组更容易出现逆转错误，例如根据他们在一组语言测试中的表现，他们会选择一张人在吃鱼的图片来回答“The man is eaten by the fish”。

Stavrakaki（2001）及 Friedmann（2006）等的研究也发现，发展性语言障碍儿童经常出现动词的施事和受事反向分派的错误，即将动词施事的题元角色分派给受事人物，而将受事的题元角色分派给施事人物。这种错误可能就在于他们句法移位能力的缺失，从而没有形成空位与空位算子之间的语链，因而移位成分就不能通过语链获得动词所分派的题元角色，从而出现了题元角色分派错误，本质在于还未完全建立起关系从句的中心语与空位范畴之间的同指关系，这表明他们在移位上是存在一定损伤的。

（二）“领域一般性”理论视角

有证据表明，患有发展性语言障碍儿童在许多认知加工任务（包括言语和非言语任务）中的表现都低于年龄水平（Johnston & Smith, 1989; Kamhi, 1981; Kamhi, Catts, Koenig, & Lewis, 1984; Miller, Kail, Leonard, & Tomblin, 2001），由此产生了领域普遍缺陷的观点。越来越多的重要证据表明，在发展性语言障碍群体中存在非语言缺陷。

1. 工作记忆假说

基于加工的理论认为发展性语言障碍儿童加工能力的普遍缺陷导致了特定的句法限制。

Gathercole 和 Baddeley（1990）提出的工作记忆假说认为，工作记忆的限制是发展性语言障碍儿童的基础性问题，工作记忆在发展性语言障碍儿童中是有限的，因而对依存距离越大的句子的加工难度就会越大。依存距离越大，需要填充物（filler）在被理解之前在工作记忆中储存的时间更长，因此加工的难度就会越大，损伤就会越严重。

Ullman 和 Pierpont（2005）认为发展性语言障碍儿童的语言障碍是加工上的损伤，而不是语言规则习得上的损伤，即发展性语言障碍儿童的语言损伤是普遍领域的认知损伤，是话语的语音加工的损伤或程序记忆中的缺陷导致的。Jakubowicz 和 Strik（2008）根据派生复杂性假说（Derivational Complexity Hypothesis, DCH）认为如果移位成分与空位之间的依存距离越大，那么移位成分在被完全理解之前需要在工作记忆中保存的时间越长，因而难度就会越大。这样，发展性语言障碍儿童理解复杂句法就可能涉及工作记忆的问题。

Montgomery（1995）利用非词重复任务考察了发展性语言障碍儿童的语音工作记忆。句子理解包括长句子和短句子理解，长句子与短句子的句法框架类型是一样的，不同点在于增加了一些形容词或副词性的修饰语。结果显示发展性语言障碍儿童在非词重复任务以及长句子句法理解上都存在明显的障碍，而且被试在这两个任务上的表现有强烈的相关性，表明工作记忆应该影响到了句法加工。

Norbury 等（2002）的研究已经表明工作记忆（即语音工作记忆能力）对发展性语言障碍儿童理解复杂语法有影响。他们研究的主要目的是确定发展性语言障碍儿童的总体句法理解概况是否与 van der Lely（1998）的依存关系表征损伤假说（representation deficit for dependent relationships, RDDR）的假设一致，研究者还评估了语音工作记忆和复杂句子理解之间的关联，并且得出结论，语音工作记忆与英语被动句理解之间存在相关性。Montgomery（2000）在一项离线语言理解的研究中发现，发展性语言障碍儿童与年龄匹配的典型发展儿童相比，在言语复杂记忆任务上表现较差，并且理解长句子较差，基于这一发现，研究者认为发展性语言障碍儿童的言语行为缺陷影响了其语言理解，因为这种理解范式所固有的附加信息处理需求超出了他们的工作记忆能力。

Montgomery 和 Evans（2009）考察了 6 ～ 12 岁的发展性语言障碍儿童语音工作记忆和功能性工作记忆与简单句和复杂句的理解之间的关系。复杂句是由可逆的被动句（如 the boy was kissed by the girl）及包含一个代词和照应语（回指词）的句子（如 Daffy Duck says Bugs Bunny is tickling himself）构成的。结果表明，发展性语言障碍儿童、生理年龄控制组儿童与语言和记忆控制组儿童在简单句理解上的表现相当，但是在复杂句理解上，发展性语言障碍儿童和语言匹配的控制组儿童比生理年龄匹配的控制组儿童表现差。生理年龄匹配的控制组儿童，两种工作记忆与简单句和复杂句的理解都无关，而对于发展性语言障碍儿童，语音工作记忆任务与简单句理解之间有相关性，功能性工作记忆则与复杂句的理解有相关性。因而，一些研究者认为，发展性语言障碍儿童在被动句等复杂句法上的表现不如典型发展儿童，是因为其工作记忆水平影响了其句法加工能力。

2. 表层假说

根据表层假说，语言障碍儿童的一个潜在障碍是被动句的动词形态。根据 Leonard 及其同事的表层假说（Leonard, Eyer, Bedore, & Grela, 1997），发展性语言障碍儿童的处理速度受到限制，这在语法语素持续时间较短时尤为明显。这类语素是辅音屈折和弱音节，很少出现在可以加长的句子位置。据推测，患有发展性语言障碍的儿童能够感知这些具有挑战性的语音形式。然而，当这些形式起到语素作用时，它们需要额外的操作。儿童不仅要感知它们，而且要保持足够长的时间来假设它们的特定语法功能，并将这些语素放在适当的范例中。由于儿童有限的处理速度，语素有时会被不完全地加工，因此儿童必须比平常更多地接触这个语素，然后才能充分地学习它。在英语助词中，从表面上看，最脆弱的是被动分词屈折 -ed。这种屈折通常是辅音的（[t] 或 [d]），并且在所有句子位置的持续时间都很短。

Leonard 等（2003）研究了发展性语言障碍儿童以及根据平均话语长度（MLU）匹配的一组较年幼的典型发展儿童的被动分词屈折的使用。使用的是完句任务，在这个任务中，主试给儿童提供句子的第一个 NP（如 cat），儿童被要求说出句子的剩余部分（如 got chased by the dog）。结果发现发展性语言障碍儿童使用分词 -ed 的频率明显低于 MLU 匹配组儿童。可以说表层解释预测儿童的错误通常表现为没有包括被动分词 -ed 和介词 by，但该假说没有解释语序的问题，即儿童为何会将句子处理为 The cat chase the dog。

通过以上研究可以发现，影响发展性语言障碍儿童被动句习得的因素主要有两个方面，一方面是语法规则发展的损伤，尤其是句法移位损伤导致了他们对相关句法理解错误；另一方面则是加工上的损伤，工作记忆（语音工作记忆或功能性工作记忆）缺陷影响语言上的表现。

第三节　发展性语言障碍儿童被动句句法干预研究

一、被动句句法的干预方法

针对学龄阶段语言障碍儿童语法的干预主要有隐性干预法和显性干预法两种，最广泛的隐性干预法为语法促进（grammar facilitation），包括模仿（imitation）、示范或集中刺激（modeling or focused stimulation）以及重铸（recasting）等；最常见的显性干预法为元语言方法（meta-linguistic methods），如色彩语义（colourful semantics）、形状编码（shape coding）等。

（一）学龄前儿童的干预方法

对于学龄前发展性语言障碍儿童进行干预治疗时，主要采用隐性干预的方法培养形态句法技能，如重铸、模仿和示范等方式（Fey & Proctor-Williams, 2000）。

有研究者提出了许多不同的策略，都在所谓的"隐性"方法框架内（Ebbels, 2014），确保发展性语言障碍儿童能够学到识别语法规则的关键，并且消除他们通常会出现的模糊形式或怪异形式，以及他们产出的不正确形式。Camarata 和 Nelson（1992）选取了 4 名（年龄 4 岁 9 个月到 5 岁 11 个月）发展性语言障碍儿童，随机分配干预目标和干预方法，通过诱发模仿和运用会话进行语言重铸两种方法，进行了每周 2 次、为期 16 周的干预治疗。他们比较了直接诱发模仿治疗和会话治疗（重铸）对动名词、冠词、被动句、不规则过去式、第三人称单数、关系从句的干预效果。研究结果发现，在会话治疗下（重铸）被动句的习得更快。除了隐性的重铸干预方法外，Nick 和 Riches（2013）选择基于使用的隐性方法，对 2 个发展性语言障碍儿童（年龄 8 岁 1 个月和 8 岁 2 个月）的被动句习得进行干预研究。根据典型发展儿童在语法结构方面的逐步发展，Nick 和 Riches 的干预逐渐帮助儿童建立一个完整事件的被动句，开始是状态被动句（如 I like my sausages chopped）；中间经历模糊被动句（如 I want my sausages chopped），可以理解为事件或状态；到最后是事件被动句（如 The sausages were chopped by the cat）。他们设置了"派对游戏"和"食物游戏"，用一张张图片来展示场景，给出场景描述需要用到的动词，展示一个从状态被动句到模糊被动句到事件被动句的过程。随着干预不断扩大动词类型，增加结构的复杂性，经过 3 期的干预，2 名有接受性和表达性发展性语言障碍的儿童在理解和产出被动句上有显著提高。研究者认为通过基于使用的方法产生的干预模型在治疗复杂结构（被动句）上是有效的。

（二）学龄期儿童的干预方法

对学龄前发展性语言障碍儿童的干预研究经常使用隐性地教授语言的方法（Ellis Weismer & Murray Branch, 1989; Camarata & Nelson, 1992; Camarata et al., 1994; Fey et al., 1997）。然而，学龄期的发展性语言障碍儿童持续的语言困难可能反映出其隐性学习语言的困难，使用重铸、模仿和示范等言语治疗并不能成功地纠正其持续存在的语法问题，这表明他们可能需要其他方法。对于发展性语言障碍儿童来说，显性的语法教学方法通常使用视觉编码法。大多数研究者普遍推崇这种显性的元语言治疗，即含有视觉辅助的显性干预方法。元语言干预的基本原理是年长的发展性语言障碍儿童已经拥有了一定的认知发展水平和语言经验，使他们能够反思语言。

形状编码法已经被多项研究证实有助于改善语言障碍儿童的形态句法表现。van der Lely（2001）对 4 名（年龄 11 ～ 13 岁）有严重接受性和表达性发展性语言障碍的儿童进行句法移位干预，研究使用视觉编码的元语言治疗。所谓视觉编码，就是使用形状、颜色和箭头等来教授语法规则。使用形状将短语中的词语分类，每个形状代表一个特定的题元角色，这些形状可以彼此内含且移动留下痕迹，黑色的箭头表示一个移动的成分和它的语迹之间的语链。颜色代表词的语法范畴。箭头系统表示时和体的屈折变化。具体要采取的步骤将取决于每个儿童个体所需要的干预重点，如是否需要对动词—论元结构、疑问句、句子理解、动词形态等进行干预。在选择了焦点区域之后，只使用形状编码系统中的某一部分解释和教授该区域所必需的那些特征。基线测试运用演示和图片选择任务考察发展性语言障碍儿童在理解和产出主动句、被动句和疑问句时，是否能正确分配题元角色。干预阶段首先教儿童识别和使用句法线索，教他们识别宾语问句和被动句中的空位，把这些与移位成分（或者 WH 词）联系起来，并指派正确的题元角色。接受了 10 周共约 7 ～ 8 小时的干预训练后，3 个儿童的干预效果明显。干预对包含移位（包含句子成分间的从属依赖结构知识）的语法结构的理解效果尤为显著，有效地提高了严重发展性语言障碍儿童被动句的理解和产出。

Ebbels（2007）通过研究也表明，运用形状、颜色、箭头使英语句法规则显性化的视觉编码系统，可以有效改善学龄期发展性语言障碍儿童句法、动词形态方面的损伤。Levy 和 Friedman（2009）也使用了显性的元语言方法对说希伯来语的发展性语言障碍儿童（年龄 12 岁 2 个月）进行了无对照个案的研究。研究是为了提高包含句法移位（关系从句和主题句）结构的句子的理解和产出能力。干预方法类似于色彩语义和形状编码，用颜色编码动词和论元，并且显性地教授移位，展示移动的成分和它的轨迹（与形状编码一样）。经过了 16 节课的干预，结果显示儿童在大部分的目标领域都有显著进步，并且还泛化到非目标区域，如未接受干预的疑问句。Bolderson 等（2011）使用色彩语义方法，用颜色对句子题元角色进行编码，通过颜色编码展示论元结构，以此帮助儿童识别题元角色，结果发现干预后被试的接受性语言和表达性语言都有所提高。Bolderson 和 Chiat 等（2011）调查了年龄较小的发展性语言障碍儿童是否也可以从元语言干预中受益。结果显示，基于色彩语义学的干预计划（Bryan, 1997）显著改善了 5 岁和 6 岁儿童发展性语言障碍的动词论元结构。

在对发展性语言障碍儿童的研究中，最常见的发现是他们对动词形态的掌握有困难。这些困难包括省略过去式和时态助词（如 is、are、was、were）和主谓一致性错误（如省略现在时态中的第三人称，或使用“was”代替“is”或使用“was”代替“are”)。形状编码系统可以用来教儿童时态和一致性的概念，以及语法规则。一旦学会了这些规则，这个系统就可以用来纠正他们在产出中所犯的错误。如果老师或治疗师用形状编码符号来标记他们的话语，儿童就能“看到”自己的错误；这就增加了他们的独立性，因为他们可以纠正自己的错误，也可以理解为什么自己错了。

二、工作记忆干预方法

工作记忆的干预训练受到越来越多的研究关注（Klingberg et al., 2002）。Klingberg 等（2002）在研究中采用了四种工作记忆训练任务：视觉空间工作记忆任务（A visuo-spatial WM task）、数字广度任务（Backwards digitspan）、词语广度任务（Letter-span task）、选择反应时任务（Choice reaction time task）。训练采用阶梯训练法，即根据每个被试在训练任务中的表现和得分，逐步调整训练难度。训练进行了 5 周，每周 4 ～ 6 天，每天最少 20 分钟。训练结果显示，被试的工作记忆能力得到了显著提高，没有经过训练的工作记忆任务的成绩和瑞文彩色推理测试的成绩也显著提高了。此外，核磁共振成像研究已经提供了工作记忆可潜在训练神经系统诱发可塑性的证据（Olesen et al., 2004; McNab et al., 2009）。

Hsu、Dorothy 和 Bishop（2014）探讨是否可以通过电脑培训提高简单的可逆句的理解成绩。研究发现，许多发展性语言障碍儿童，语言理解能力的测量成绩远远落后于他们的同伴，超过半数的发展性语言障碍儿童在可逆句上表现出困难，而同样的任务对与他们年龄匹配的典型发展儿童来说，却非常容易。研究同时发现，发展性语言障碍儿童在言语短时记忆上表现更差，研究者还对实验儿童进行了非词重复（nonword repetition）和词广度任务（the word span task）训练。非词重复主要是让儿童听到长度为 2 ～ 5 个音节的材料，之后进行口头复述。词广度任务是通过语言给儿童呈现一些简单的词汇，如 apple、star、box 等，这些一般都是在儿童 2 岁左右就已经掌握的词，语音一结束，就在屏幕上呈现出词汇对应的图片，让儿童根据语音的顺序对相应图片进行排序。结果发现，与接受非词重复训练的儿童相比，经过词广度任务训练的儿童，其对可逆句的理解表现更好。非词重复和词广度任务的训练结果表明，干预发展性语言障碍儿童的工作记忆也能促进其句法理解能力。

第四节　干预案例

一、干预方案

根据以上对发展性语言障碍儿童被动句研究及干预研究的综述可知，发展性语言障碍儿童被动句研究已经取得了一定的成果，但是其研究空间还很大。结合习得研究和干预研究可以看出：第一，研究方式上，国内对汉语发展性语言障碍儿童被动句的研究多采用控制实验和收集语料的方法，没有学者尝试对发展性语言障碍儿童的被动句做干预研究。因此，本书尝试对汉语发展性语言障碍儿童的被动句进行干预研究，探究干预是否能有效改善汉语发展性语言障碍儿童的被动句加工能力，汉语发展性语言障碍儿童的被动句主要受哪个因素的影响。第二，研究内容上，国内外研究都有证据表明发展性语言障碍儿童被动句习得存在句法移位上的损伤，但关于工作记忆是否影响汉语发展性语言障碍儿童被动句的习得，国内还没有明确的相关研究。因而，本书以汉语发展性语言障碍儿童被动句习得存在句法移位上的损伤，被动句的习得可能受到工作记忆的影响为出发点，基于句法移位和工作记忆对汉语发展性语言障碍儿童的被动句加工进行干预研究。

在了解了科学依据之后，我们将提供一项对发展性语言障碍儿童进行被动句干预训练的实例。本书设计了两个内容的干预训练，一是利用元语言的干预方法，显性展示汉语被动句的移位过程，对汉语发展性语言障碍儿童进行句法移位干预训练。二是利用重复策略，对发展性语言障碍儿童的工作记忆进行训练。最后检验干预训练的效果，并探究影响发展性语言障碍儿童被动句习得的主要因素。

（一）干预对象

在干预对象的选择上，因为 4 ～ 6 岁典型发展儿童的被动句表现还没有完全达到成熟水平，所以本书选取的都是 6 ～ 8 岁学龄初期的儿童，排除了自然语言发展不成熟的因素。我们一共选取了 6 名汉语发展性语言障碍儿童，随机选出 4 人接受干预训练，其中 2 人先接受句法移位干预，中测后再接受工作记忆干预；另外 2 人先进行工作记忆干预，中测后再接受句法干预。剩下的 2 名儿童不参与干预课程（作为对照组，以说明在相同的时间段内，干预组儿童的表现结果不是源自自然发展等其他因素，而是因为受干预课程的影响）。这 2 名儿童虽然不参与干预训练，但要与接受干预的儿童进行同时间、同内容的被动句理解和产出测试。所有被试均为右利手，没有听觉、发音或构音障碍，神经功能正常，社交互动发展正常，虽然处在方言文化中，但所有被试在校期间都使用普通话进行交流。

（二）句法移位干预材料

1. 汉语被动句的界定

现代汉语被动句一般是从语义角度、句法角度、句法语义结合的角度进行界定的。从语义角度出发，以施受关系作为界定的标准，王力（1981）认为“凡叙述词所表示的行为为主所遭受者，叫作被动式”。从句法角度出发，主要看句子形式标准特征，饶长溶（1990）认为“‘被’字句是以介词‘被’为标记的一种句子，介词不能单独成句，带了宾语也不能成句，还必须后有动词性谓语才成句”。而从句法语义结合的角度，有研究者认为“‘被’字句是指在谓语动词前面，用介词被（给、叫、让）引出施事或单用被字的被动句”（黄伯荣、廖旭东，1997）。因此，被动句所指的主语和谓语之间的关系是被动关系，主语是谓语动词所表示的行为的被动者、受事者。

汉语中的被动句可分为有标记被动句和无标记被动句两大类，普遍使用的有标记被动句有：“被”字句、“叫”字句、“让”字句、“给”字句四种形式，如“小红被小华推了一把”，其中的“被”字可以由“叫”“让”“给”三字取代而句形和意义不变，“被”字句是被动句中的典型，其他三种形式是前者在口语中派生出来的（张云秋等，2014）。无标记被动格式指的是主语为受事，但不带有表示被动语法意义的被动格式，如“饭吃完了”。

“被”字句是被动句中的典型句式，在语言使用中也最为常见，且完全被动句中成分更完整，因此，根据上述分析和研究需要，本书选取有标记的完全被动句为研究对象。

2. 被动句理解和产出材料

鉴于有关发展性语言障碍儿童工作记忆对被动句习得影响的研究多集中于国外，工作记忆是否影响汉语发展性语言障碍儿童被动句的理解和产出，我们不得而知，而根据 Deevy 和 Leonard（2004）的研究，移动的特殊疑问词和其最初的位置之间的距离增加了，这种长的依存会对儿童的工作记忆造成更大的负担。因此，本书除了选取典型的“被”字被动句，且是施事受事都存在的完全被动句外，干预材料还包括了增加移位距离的修饰施事的被动句和增加移位内容的修饰受事的被动句。

结合以往研究还发现，句子可逆性、动词类型、施事受事的生命性都会影响儿童对被动句的加工。因此，我们对动词的熟悉度、动词类型、施事受事的生命性、可逆与不可逆被动句也进行了平衡。

就与工作记忆密切相关的句子长度而言，朱曼殊等（1990）研究认为，儿童 6 岁时平均句子长度就达到 8.39 个词，史惠中（1986）研究认为 5 ～ 6 岁的儿童大部分句子含有 7 ～ 10 个词，我们同时参考了前人对汉语被动句研究所用材料的句长以及国内小学生基础阅读书目中小学低段（1～2年级）材料中的句长，将本书基线测试的句子的平均长度设置在4～7个词之间，以排除句长对发展性语言障碍儿童的影响。用作基线测试（前测和后测）的被动句理解材料为完全被动句（无修饰）："老鼠被小猫抓住了"；修饰受事的被动句："聪明机灵的老鼠被小猫抓住了"；以及修饰施事的被动句："老鼠被聪明机灵的小猫抓住了"。每个类型设置了16个句子，共48个句子。

为排除儿童对句子主要动词熟悉度对实验结果的影响，实验采用五点量表，选取了20名一年级儿童对40个动词的熟悉度进行了打分，并选取了平均熟悉度在4以上的动词。

考察儿童对被动句理解情况的任务主要有动作演示任务、口语回答任务、阅读并释义任务以及句图指认任务。其中动作演示任务是给儿童一些表示人物或事物的模型，然后给被试听一句话，让被试根据句子的内容用模型演示出来；口语回答任务是指给被试一句话，再让被试回答一些关于这句话所传达内容的问题；阅读并释义任务要求被试阅读一句话并进行解释；而句图指认任务中，每句话配2～4幅图画，其中一幅与句义相符，其余是违背句子语法点或语义的，让被试根据所听到的句子选择最合适的图画。句图指认任务是研究中使用最广泛的任务，它既能真实地反映被试对句子的理解情况，又能激发被试的兴趣，因此本研究的理解任务采用的就是句图指认任务。

被动句理解材料及图画举例如下：

示例一（无修饰被动句）：男孩被女孩欺负了。

示例二（修饰施事的被动句）：老鼠被聪明机灵的小猫抓住了。

示例三（修饰受事的被动句）：聪明机灵的老鼠被小猫抓住了。

在产出任务上，经常采用的任务有自然话语产出、句子重复任务、图画描述任务等。其中自然话语产出任务是记录儿童在自然环境下日常的话语产出，不利于对所要考察的目标句进行控制；句子重复任务是儿童通过模仿说出相应的句子，也用作考察被试的工作记忆；图片描述任务一般根据实验任务的目的，依靠图片诱发儿童产出目标句，可行性和效率更高。因此，本研究产出任务采用了图画描述任务。

产出任务一共16幅图画，每一幅图都能够引出相应的被动句，图画中所用到的动词都是经过儿童评量得4分以上的动词，名词都是儿童已经掌握了的、日常生活中很常见的词。为了确保图画的准确性，除了对图画的匹配度进行评量外，还请不参加实验的20名一年级儿童对16幅图画按要求进行了产出描述，并根据儿童的反馈对图画内容进行了调整。

图画描述任务一共16幅图画，共16个目标句。按句子表述情况进行记录，如果儿童产出句子中使用被动标记“被”或其他标记，且施事、受事表述正确，则标记为能够产出无修饰被动句（产出正确标记为1，产出错误标记为0）；如果被试能够产出施事受事正确的带有被动标记“被”或其他标记的句子，且对受事加以修饰的，则标记能够产出修饰受事的被动句（产出正确标记为1，产出错误标记为0）；被试能够产出施事受事正确的带有被动标记“被”或其他标记的句子，且对施事加以修饰的，则标记能够产出修饰施事的被动句（产出正确标记为1，产出错误标记为0）。

被动句产出材料及图画举例如下：

目标句：男孩/小明被闹钟吵醒了。

图4-1 被闹钟吵醒

（三）工作记忆干预材料

工作记忆干预主要是使用复述策略，提高发展性语言障碍儿童句法加工的语音工作记忆和功能性工作记忆。

结合干预目标和以往研究的干预内容，此次研究工作记忆的干预材料主要为数字词语广度（数字顺背倒背、词语广度）和阅读广度任务（音素判别、完成语言加工），对应于提高发展性语言障碍儿童的语音工作记忆和功能性工作记忆。

（四）干预流程

首先，进行测试材料和干预材料的编制，包括干预前和干预后测试材料（干预前测和后测的任务相同）、句法移位材料和工作记忆干预材料。同时，对测试材料和干预材料进行效度检验，由老师和年龄匹配的典型发展儿童做评估，进行预测验，修改和完善材料，检验测试的可信度。

具体干预流程包括前测、干预和后测。

1. 前测

干预课程实施之前，所有被试都要进行被动句理解和产出基线测试，以便了解发展性语言障碍儿童当前的被动句理解和产出水平。运用演示和图片选择任务考察发展性语言障碍儿童在理解和产出主动句、被动句和疑问句时，是否能正确分配题元角色。

2. 句法移位干预程序

句法移位干预课程有 6 节，每节 50 分钟。课程以 PPT 为辅助，每节课程会选择 2 个被动句作为目标句，每个句子配有一幅图画。具体操作可参考如下步骤：

①以第 1 课时为例，首先向被试展示一幅图画。

图 4-2　小猫打碎了花瓶

②引导儿童产出图片内容：小猫打碎了花瓶（对施事/受事进行修饰的例子如下图括号内所示）。然后对句子进行形状编码：用椭圆编码施事，用矩形编码受事，用六边形编码动词短语，用菱形编码被动标记“被”，用云朵状编码修饰部分。于是，儿童熟悉的主动句可以被编码为：

③然后，向被试展示如果“花瓶”放在句子前面（句子位移用动画展示），该如何描述这幅图画：

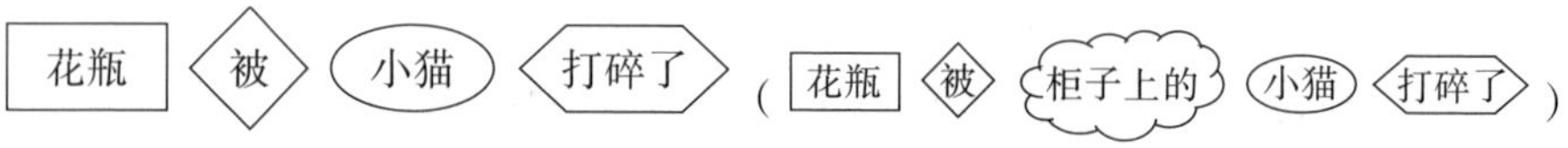

告诉被试规则：移位前的句子和移位后的句子表达的意思是一样的，当我们把受事（花瓶）放到句子前面时，要用被动句来表示，就是“花瓶被小猫打碎了”。在被动句中，“被”前面是动作的承受者，如图片中的“花瓶”，“被”后面是动作的发出者，如图中的“小猫”，是小猫推了花瓶，花瓶才碎的。

④再次展示受事“花瓶”放在句子前面如何表达。要求儿童说出被动句，并能通过句子分辨“谁是动作的发出者，谁是动作的承受者”。

⑤之后，再次展示图画，同时呈现形状编码系统，要求儿童把“花瓶”放在句子前面，用被动句描述图画。如果被试能够借助形状编码系统，正确表达被动句，便可撤去形状编码系统，只展示图画，让被试进行描述。

⑥最后，每节课结束时，要进行5个图片或视频的描述，要求儿童用被动句进行描述，并在撤去图片和视频时，能准确分辨出被动句中的施事和受事。测试正确率必须达到80%才能进行下一次的干预课程。

教学步骤见流程图：

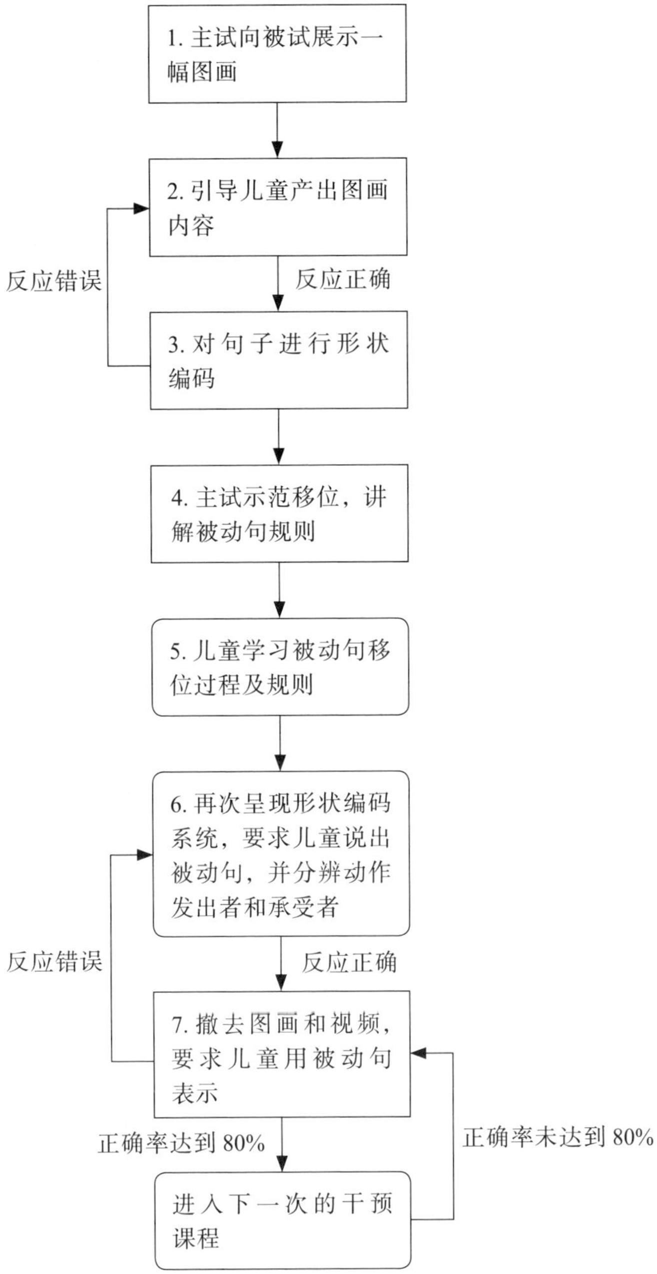

图 4–3　流程图

3. 工作记忆干预程序

工作记忆干预课程共 6 节，每节 50 分钟，每 2 个被试在独立的干预教室进行训练。课程包括数字顺背、数字倒背、词语广度、音素判别和完成语言加工 5 个内容的训练。以 PPT 为辅助，依据课程内容对被试进行复述训练。

以词汇广度训练为例，让被试看屏幕上不断出现的词汇，并进行记忆，呈现结束后，要求被试回忆并复述刚才看到的词汇，并通过逐渐增加呈现词语的数量，来不断提高任务难度。再以完成语言加工的复述训练为例，首先给儿童听一句话，听完之后先判断正误，然后按要求回忆句子的最后一个词，句子以层级为单位，第一层级有一句话，第二层级有两句话，以此类推。当层级增加时，句子也相应增加，儿童需要回忆的句子的最后一个词的数量也逐渐增加。

每节课结束后，要对被试进行 5 个题目的测试。要求儿童在数字、词语广度任务对应的句子长度测试中必须达到增加 2 个单位；音素判别能增加 2 组；完成语言加工至少能正确判断和回忆 4 个句子。

4. 后测

干预课程结束后，所有被试再次接受被动句理解和产出测试，注意应和基线期（A）测试时使用的材料内容和数量相同。

5. 数据导出和处理。

数据收集完毕并录入计算机，采用 R 语言对数据进行置换检验分析，同时结合目视分析法，对干预结果进行分析。整个研究过程如下图：

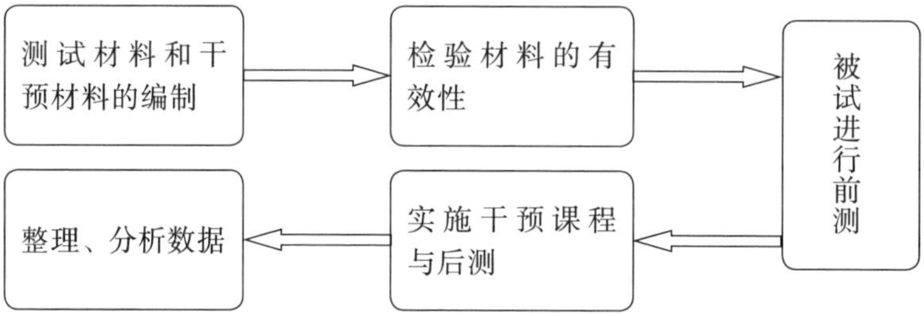

图 4-4　研究过程

二、干预成效

（一）单一的句法移位干预对被动句理解和产出的影响

先对被试 1 和被试 2 进行句法移位干预，结束后进行干预中测，之后再进行工作记忆干预。因此，干预中测的成绩可以用来检验单一的句法移位干预对发展性语言障碍儿童被动句理解的干预效果。

1. 被试 1 的被动句理解和产出成效

被动句理解结果：

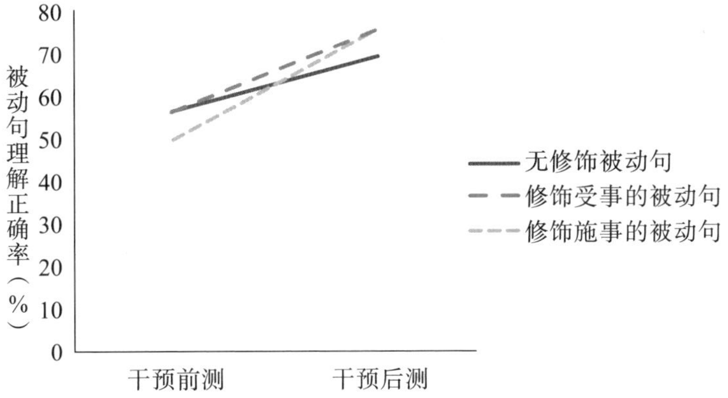

图 4-5　被试 1 的被动句理解结果

如图 4-5 所示，被试 1 接受单一的句法移位干预后，无修饰被动句、修饰受事的被动句和修饰施事的被动句理解成绩较干预前有所提高，但是其提高的程度并没有达到显著水平。同等干预条件下，修饰施事的被动句理解成绩提高幅度最大，其次是修饰受事的被动句理解成绩，无修饰被动句理解成绩提高幅度最小。

被动句产出结果：

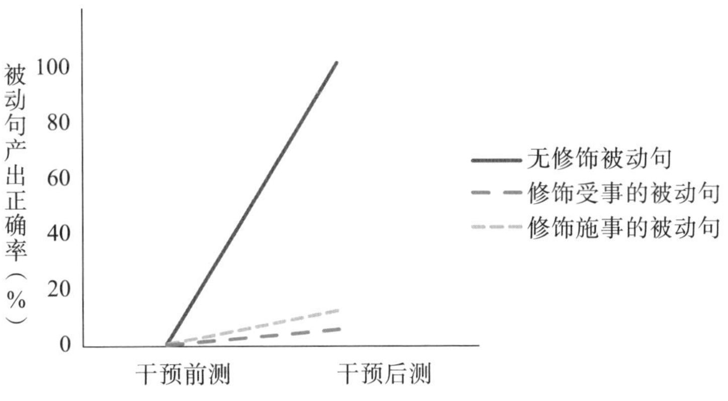

图 4-6　被试 1 的被动句产出结果

从图 4–6 可以看出，被试 1 接受单一的句法移位干预后，无修饰被动句产出成绩有了显著提高，且正确率达到 100%。相较于干预前测，干预后测的产出成绩也有所提高。但修饰受事的被动句和修饰施事的被动句产出成绩没有达到显著水平。

2. 被试 2 的被动句理解和产出成效

被动句理解结果：

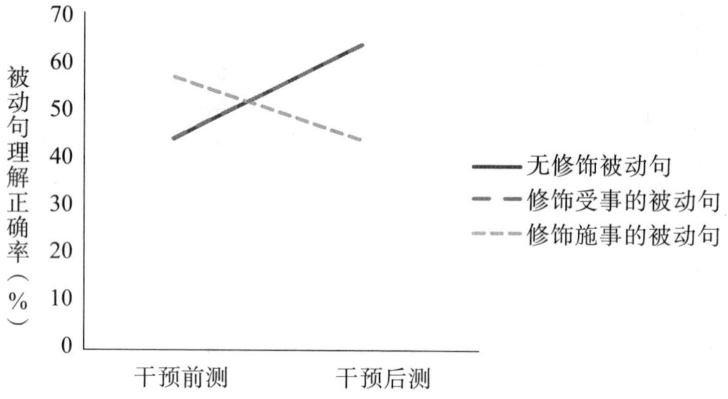

图 4–7　被试 2 的被动句理解结果

从图 4–7 可以看出，被试 2 接受单一的句法移位干预后，无修饰被动句与修饰受事的被动句理解成绩较干预前有所提高，但是其提高的程度并没有达到显著水平；干预后，修饰施事的被动句理解成绩有所降低，但与干预前测不存在显著差异。

被动句产出结果：

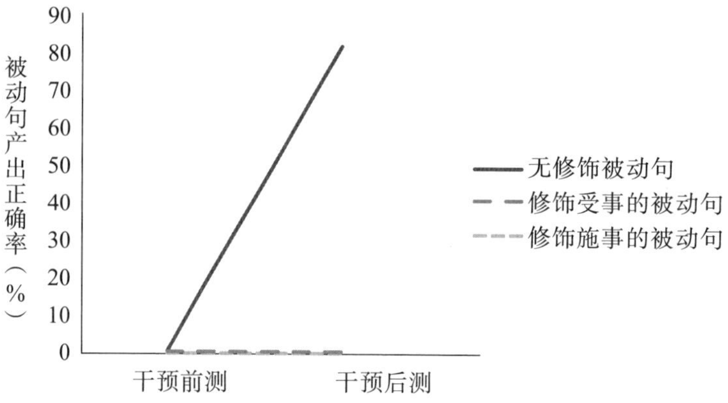

图 4–8　被试 2 的被动句产出结果

被试 2 接受句法移位干预后，其无修饰被动句的产出成绩得到了显著提高，但是修饰受事的被动句产出情况和修饰施事的被动句产出情况较干预前并无提高，与干预前表现一致。

总之，根据上述结果可以推论，进行单一的句法移位干预能够改善汉语发展性语言障碍儿童被动句的理解和产出表现，特别是无修饰被动句的产出，6 次的干预训练可以使发展性语言障碍儿童的无修饰被动句产出能力得到显著提高，但修饰受事的被动句和修饰施事的被动句增加了句子移位内容的长度和移位距离，需要发展性语言障碍儿童更强的工作记忆能力，因而其修饰受事的被动句和修饰施事的被动句产出能力并没有显著提高；同时因为干预时间较短，发展性语言障碍儿童的无修饰被动句、修饰受事的被动句和修饰施事的被动句的理解虽然较干预前测有所提高，但是没有达到显著水平。结果说明汉语发展性语言障碍儿童被动句表现一方面受到语法规则损伤的影响，不能识别被动句需要进行强制性句法移位，因而不能正确产出被动句；而工作记忆也影响被动句的产出，至少影响其修饰受事的被动句和修饰施事的被动句的产出。因此，仍有必要关注工作记忆干预的成效。

（二）单一的工作记忆干预对被动句理解和产出成效的影响

被试 3 和被试 4 先接受了工作记忆干预，工作记忆干预结束后进行干预中测，之后再进行句法移位干预。因此，干预中测的成绩可以用来检验单一的工作记忆干预的效果。

1. 被试 3 的被动句理解和产出成效

被动句理解结果：

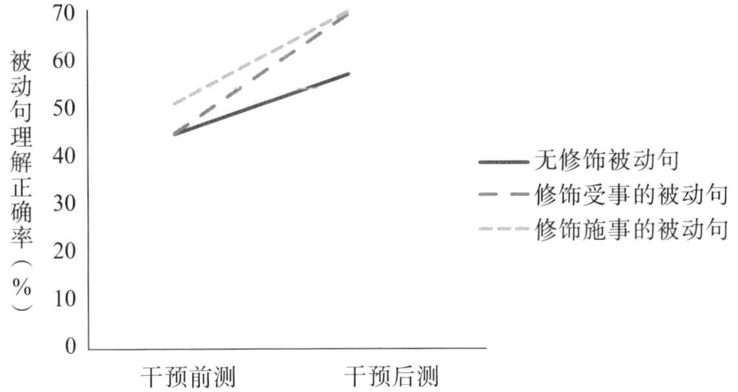

图 4-9　被试 3 的被动句理解结果

从图 4-9 可以看出，单一的工作记忆干预能提高被试 3 无修饰被动句、修饰受事的被动句和修饰施事的被动句的理解成绩，但是其提高的程度较干预前而言并没有达到显著水平。同等干预条件下，修饰受事的被动句理解成绩提高幅度最大，其次是修饰施事的被动句理解成绩，无修饰被动句理解成绩提高幅度最小。

被动句产出结果：

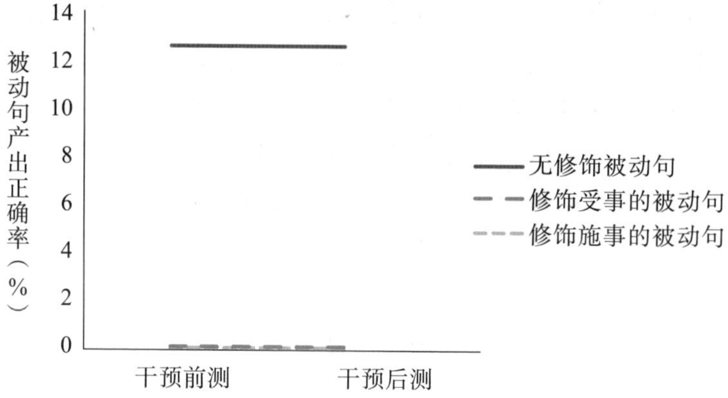

图 4-10　被试 3 的被动句产出结果

从图 4-10 可以看出，被试 3 接受单一的工作记忆干预后，无修饰被动句、修饰受事的被动句和修饰施事的被动句产出成绩均未提高，三种修饰类型的被动句干预前后并没有变化，单一的工作记忆干预没能提高被试 3 无修饰被动句、修饰受事的被动句和修饰施事的被动句的产出成绩。

2. 被试 4 的被动句理解和产出成效

被动句理解结果：

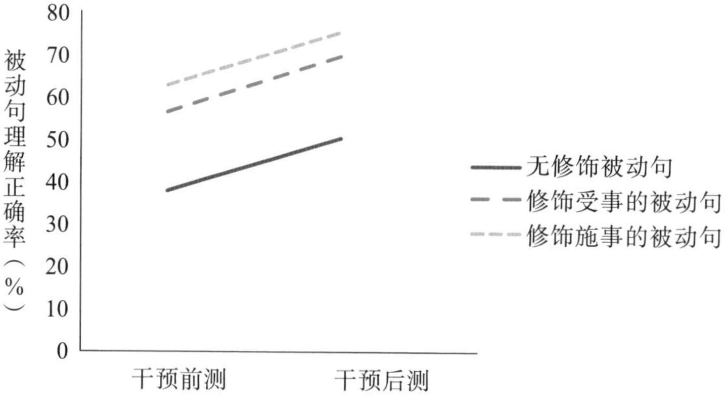

图 4-11　被试 4 的被动句理解结果

从图 4–11 可以看出，单一的工作记忆干预能提高被试 4 无修饰被动句、修饰受事的被动句和修饰施事的被动句的理解成绩，但是没有达到显著水平。干预后修饰施事的被动句的理解成绩最高，无修饰被动句的理解成绩最低。

被动句产出结果：

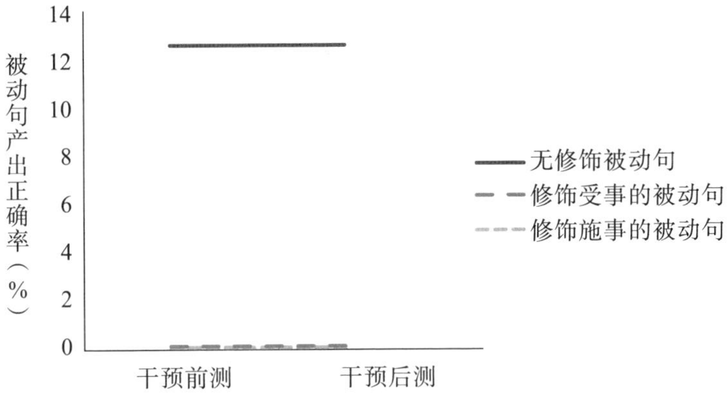

图 4–12　被试 4 的被动句产出结果

从图 4–12 可以看出，干预前后被试 4 对三种被动句的产出成绩几乎都没有变化，说明工作记忆干预不能提高被试 4 的被动句产出成绩。

总之，单一的工作记忆干预不能显著提高发展性语言障碍儿童的被动句理解成绩，也不能有效改善发展性语言障碍儿童的产出表现。说明发展性语言障碍儿童在产出被动句时可能既受到工作记忆的影响，也同时存在句法移位的损伤，所以单纯通过工作记忆增加其容量，其依然无法正确产出被动句。在被动句理解方面，与产出表现相比，被动句理解成绩虽然没有显著变化，但是相较于干预前有了提高，在相同的干预时间内，修饰受事的被动句和修饰施事的被动句理解成绩提高幅度高于无修饰被动句，说明当句子长度增加时，在已掌握的语言规则水平下，工作记忆的提高能帮助发展性语言障碍儿童更好地理解长句子。

（三）先句法移位后工作记忆相结合干预的结果

被试 1 和被试 2 先接受了句法移位干预，句法移位干预结束后进行干预中测，之后再进行工作记忆干预。接下来，通过对比单一的句法移位干预、工作记忆干预效果和句法移位与工作记忆相结合干预的效果，探究句法移位干预、工作记忆干预效果和句法移位与工作记忆相结合干预的效果是否存在差别。

1. 被试 1 的被动句理解和产出成效

被动句理解结果：

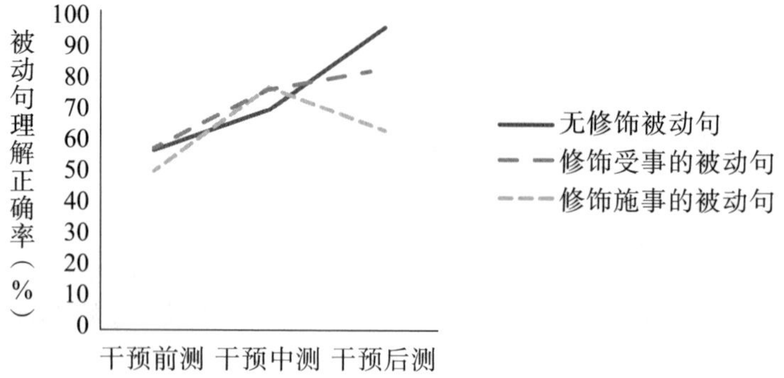

图 4-13　被试 1 两种干预后被动句理解结果

被试 1 接受句法移位和工作记忆相结合干预的训练后，无修饰被动句、修饰受事的被动句和修饰施事的被动句理解成绩较干预前有所提高，其中无修饰被动句的理解成绩有了显著提高，而修饰受事的被动句和修饰施事的被动句理解成绩提高幅度并不显著。比较单一的句法移位干预结果与句法移位和工作记忆相结合干预的效果，两者之间均不存在显著差异，无修饰被动句、修饰受事的被动句经过句法移位和工作记忆相结合的干预训练后成绩提高得更快，而修饰施事的被动句经过单一的句法移位干预后效果更好。

被动句产出结果：

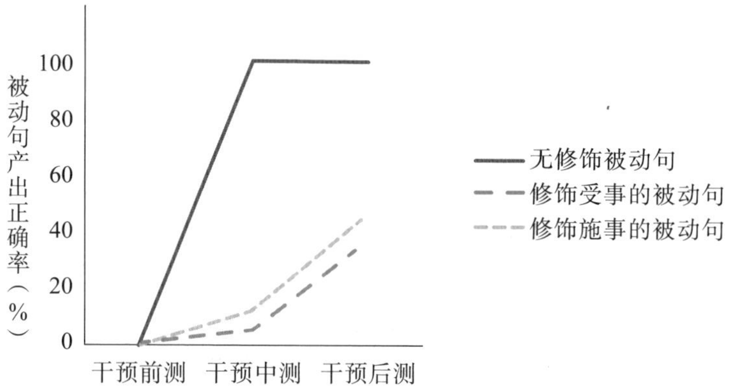

图 4-14　被试 1 两种干预后被动句产出结果

被试 1 接受句法移位和工作记忆相结合的干预训练后，无修饰被动句、修饰受事的被动句和修饰施事的被动句产出成绩较干预前都有显著提高。单一的句法移位和单一的工作记忆干预对三种被动句的干预效果均不如句法移位和工作记忆结合干预的效果，如图，干预句法移位后，再干预工作记忆提高了被试 1 被动句的产出能力，说明句法移位和工作记忆相结合的干预对被动句产出的训练效果更好。

2. 被试 2 的被动句理解和产出成效

被动句理解结果：

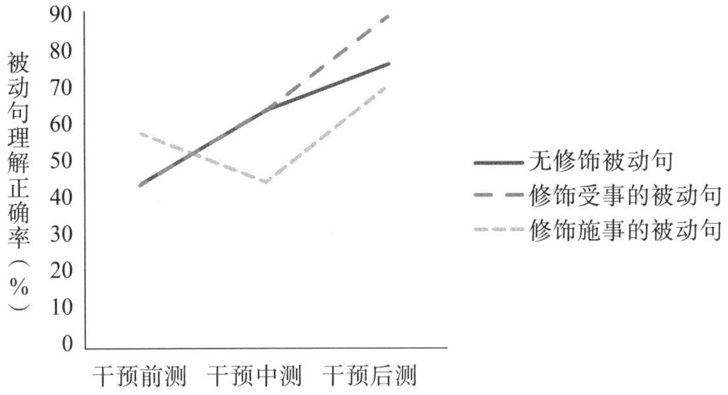

图 4-15　被试 2 两种干预后被动句理解结果

被试 2 接受句法移位和工作记忆相结合的干预训练后，修饰受事的被动句的理解成绩有显著提高，无修饰被动句也有所提高，修饰施事的被动句的理解成绩提高不明显。和单一的句法移位干预或单一的工作记忆干预相比，总体而言，句法移位和工作记忆相结合的干预对理解的训练效果更好。

被动句产出结果：

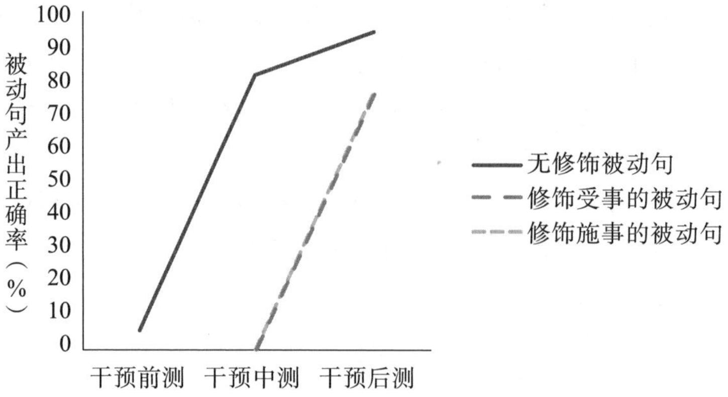

图 4-16　被试 2 两种干预后被动句产出结果

从图 4-15 和图 4-16 可以看出，句法移位和工作记忆相结合的干预训练能显著提高被试 2 无修饰被动句、修饰受事的被动句和修饰施事的被动句的产出能力。比较单一的句法移位干预结果与句法移位和工作记忆相结合干预的效果，无修饰被动句干预中测与干预后测之间不存在显著差异，这说明，单一的句法移位干预就可以有效改善被试 2 的无修饰产出情况，但句法移位和工作记忆相结合干预训练的效果更好，而修饰受事的被动句和修饰施事的被动句不能依靠单一的句法移位干预，必须再次进行工作记忆干预才能使其产出表现有所改善。

（四）先工作记忆后句法移位相结合干预的效果

被试 3 和被试 4 先接受了工作记忆干预，工作记忆干预结束后进行干预中测，之后再进行句法移位干预。接下来，通过对比单一的句法移位干预、工作记忆干预效果和工作记忆与句法移位相结合干预的效果，探究句法移位干预、工作记忆干预效果和工作记忆与句法移位相结合干预的效果是否存在差别。

1. 被试 3 的被动句理解和产出成效

被动句理解结果：

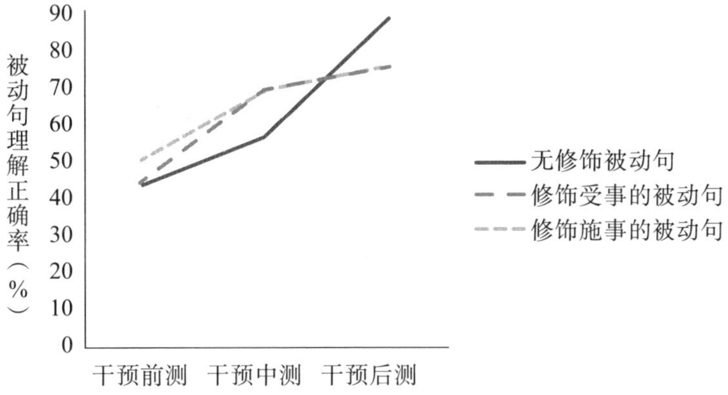

图 4-17　被试 3 两种干预后被动句理解结果

由图 4-17 可以看出，被试 3 接受工作记忆与句法移位相结合的干预训练，被动句理解成绩较干预前有所提高，其中无修饰被动句理解能力得到了显著改善，而修饰受事的被动句和修饰施事的被动句理解成绩提高幅度并不显著。单一的工作记忆干预后，句法移位干预依然能提高被试 3 理解无修饰被动句、修饰受事的被动句和修饰施事的被动句的能力，但效果并不显著。所以可以推断，相较于单一的工作记忆干预，工作记忆与句法移位相结合干预的效果更好。

被动句产出结果：

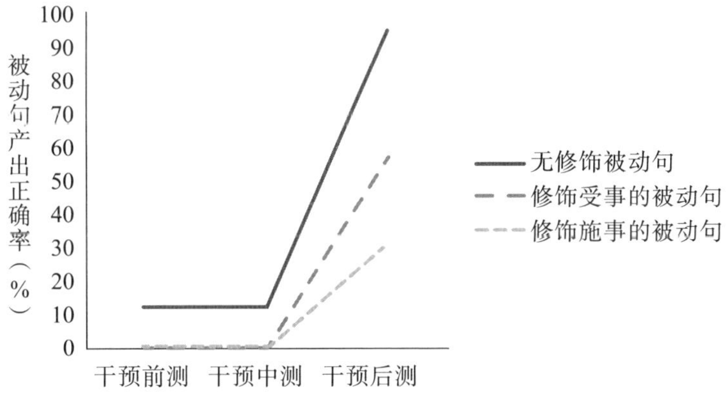

图 4-18　被试 3 两种干预后被动句产出结果

由图 4-18 可以看出，被试 3 接受工作记忆和句法移位相结合的干预训练后，无修饰被动句、修饰受事的被动句和修饰施事的被动句的产出成绩较干预前都有显著的提高。比较单一的工作记忆干预效果与接受工作记忆和句法移位相结合干预的效果，无修饰被动句、修饰受事的被动句和修饰施事的被动句干预中测和后测之间均存在显著差异，也说明，工作记忆干预后，句法移位干预能有效提高被试 3 的被动句产出能力。

2. 被试 4 的被动句理解和产出成效

被动句理解结果：

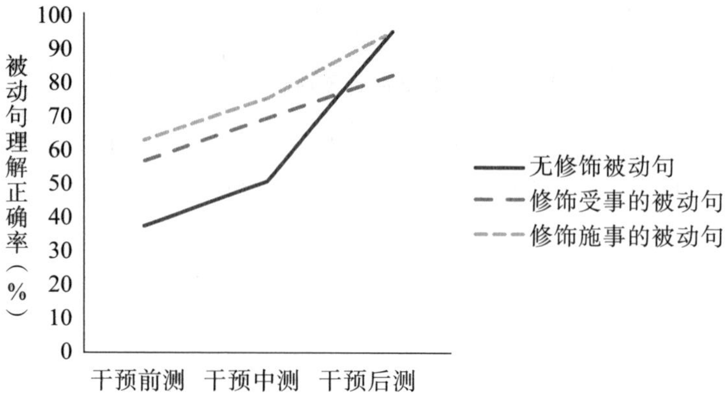

图 4-19　被试 4 两种干预后被动句理解结果

由图 4-19 可以看出，被试 4 接受工作记忆与句法移位相结合的干预训练后，被动句理解成绩较干预前和干预中都有所提高。与修饰受事和修饰施事的被动句相比，无修饰被动句的理解能力改善最为显著；在单一的工作记忆干预中，被试 4 的无修饰被动句理解成绩最低，表明两种干预结合对这一类句子的干预效果最佳。总体而言，相较于单一的工作记忆干预，在工作记忆之后再进行句法移位干预，效果会更好。

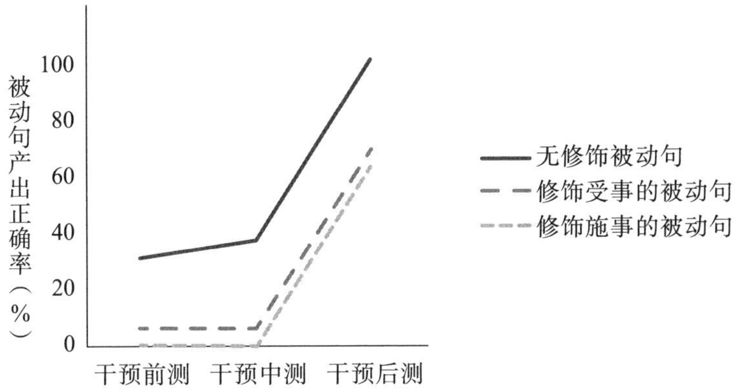

图 4-20　被试 4 两种干预后被动句产出结果

图 4-20 反映了先工作记忆后句法移位干预前后被试 4 被动句的产出表现，可以看出，被试 4 接受工作记忆和句法移位相结合的干预训练后，无修饰被动句、修饰受事的被动句和修饰施事的被动句的产出成绩较干预前都有显著的提高。比较单一的工作记忆干预的效果与接受工作记忆和句法移位相结合干预的效果，无修饰被动句、修饰受事的被动句和修饰施事的被动句干预中测和后测之间均存在显著差异，也说明，工作记忆干预后，句法移位干预能有效提高被试 4 的被动句产出能力。

总之，无论是先句法移位干预，还是先工作记忆干预，当发展性语言障碍儿童接受句法移位与工作记忆相结合的干预训练时，发展性语言障碍儿童的被动句产出成绩都有了显著的提高。汉语发展性语言障碍儿童被动句习得受到工作记忆的影响，在理解和产出增加长度而不增加句法复杂度的句子时依然需要更高的工作记忆水平。句法移位与工作记忆相结合干预的效果好于单一内容干预的效果。

（五）未接受干预儿童的被动句理解和产出水平

为了排除发展性语言障碍儿童的自然发展因素，突出干预训练的有效性，本次干预还选取了 2 名未经受训练的发展性语言障碍儿童，接受与干预训练儿童同时间、同内容的被动句理解、产出测试，但是不接受干预课程。对 2 名未接受干预训练的发展性语言障碍儿童前测与后测的被动句理解和产出成绩进行置换检验分析，结果如图 4-21 所示：

被试 5：

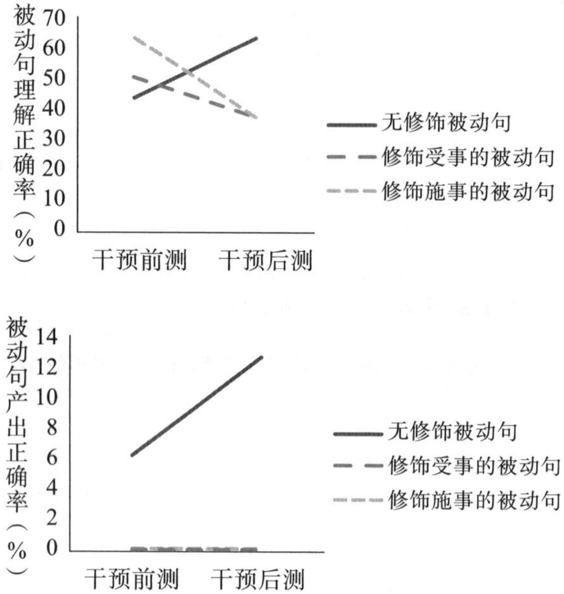

图 4-21　被试 5 被动句理解和产出结果

可以看出，被试 5 经过与干预训练的时间段相同的自然发展，他们的被动句理解和产出成绩并没有达到显著提高。

被试 6：

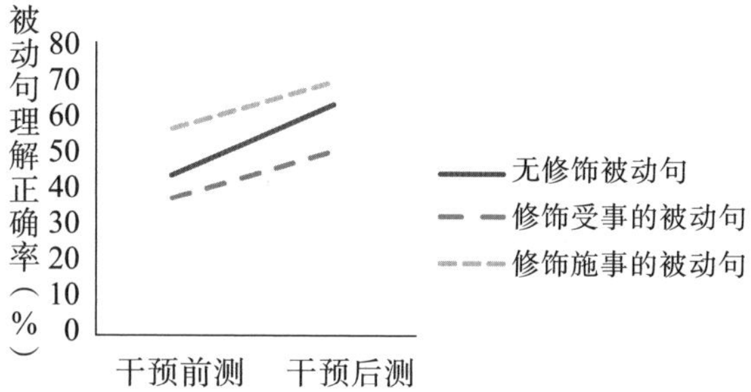

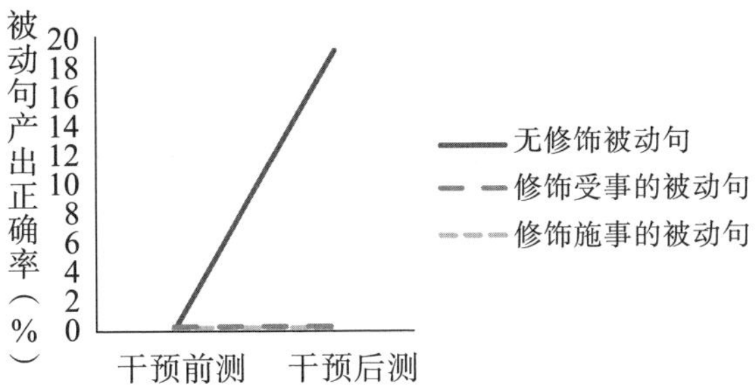

图 4-22　被试 6 被动句理解和产出结果

由图 4-22 可以看出，在干预训练的同时间段内，未接受干预训练的发展性语言障碍儿童被动句理解和产出成绩并没有达到显著提高。

由此可知，4 名接受干预的被试的被动句理解和产出水平的提高并非是自然语言发展的结果，而是直接受到本次干预的影响。干预方案对于提高发展性语言障碍儿童被动句理解和产出水平是行之有效的。

（六）干预成效总结

此次研究对汉语发展性语言障碍儿童进行了句法移位干预和工作记忆干预，检验了单一内容干预训练和两种干预内容结合的干预训练对发展性语言障碍儿童被动句理解和产出的干预效果，主要得出以下结论：

单一的句法移位干预能显著提高汉语发展性语言障碍儿童无修饰被动句的产出能力；两种干预内容结合的干预训练能显著提高汉语发展性语言障碍儿童无修饰被动句、修饰受事的被动句和修饰施事的被动句的产出能力；相较于单一的句法移位干预、单一的工作记忆干预，句法移位和工作记忆相结合的干预训练更能提高汉语发展性语言障碍儿童无修饰被动句、修饰受事的被动句和修饰施事的被动句的理解能力。

综合本章干预结果可知，汉语发展性语言障碍儿童理解和产出被动句受到其句法移位损伤和工作记忆损伤的影响；发展性语言障碍儿童在理解和产出增加长度而非句法结构难度的句子时，需要更高水平的工作记忆能力。

第五章　逻辑语义干预案例：以高功能自闭症儿童的因果连词干预为例

语言交流障碍和社会交往障碍是自闭症儿童在生活和学习中面临的主要难题。自闭症儿童往往不能连贯地会话和叙事，话语短句较多且没有连贯性，这些都不利于他们和同龄人正常地交流，严重阻碍了其各方面能力的发展。大多数研究都发现，智力正常的高功能自闭症者，对事件因果关系的描述能力都较差。他们虽然能记得重要的事件，但是无法将事件组织联结成因果网络，这可能是因为自闭症者无法了解故事中较深层的因果关系（Diehl et al., 2006）。

如果通过干预因果连词这种显性的语言标记来提高他们对事物间因果关系的理解，学会在会话和叙事中使用因果连词衔接语句，学会建立事件之间的原因—结果序列，那么对这个人群顺利地和别人沟通、交流都有很大的意义。

第一节　典型发展儿童的因果连词习得与发展历程

一、因果关系的理解

从儿童语言习得角度来看，虽然连词在汉语运用中出现的类型和频数都不高，但连词对儿童语言能力发展的意义重大。就因果连词而言，大多数学者都认为，孩子们在7岁之前就能表现出对因果表达的理解，且已经具备了产出良好的因果语句的能力。因果连词是语篇层面重要的语言建构之一，可以完整表达因果连贯关系，使儿童在沟通交流时表达更加连贯，衔接更加顺畅，促进儿童对因果关系的理解，培养连贯的表达能力和思维能力。理解因果连词，需要知道因果语句在语言和概念上的知识。Johnson和Chapman（1980）认为必须知道原因—结果关系的潜在概念，才会知道如何用语言把这种关系表达出来。

因果关系是原因和结果之间的依存关系。许多研究发现，学龄前儿童能发现不同颜色、形状、内部结构等表层特征与不同现象之间的因果关系，如红色积木能激活音乐盒，蓝色积木不能激活音乐盒（Bridgers et al., 2016; Walker, Lombrozo, Williams, Rafferty, & Gopnik, 2017），内部有特殊结构的玩具能激活音乐盒，无特殊结构的物体不能激活音乐盒（Sobel, Yoachim, Gopnik, Meltzoff, & Blumenthal, 2007; Walker, Lombrozo, Legare, & Gopnik, 2014）；也能发现相似性、数量差异等深层现象与另一个现象之间的因果关系。如两个玩具在一起才能激活音乐盒，任何一个玩具都不能激活音乐盒（Walker & Gopnik, 2014）；两个相同的玩具才能激活音乐盒，两个不同的玩具不能激活音乐盒（Walker & Gopnik, 2017），说明学龄前儿童不仅能进行原因的表面差异推断，也能进行原因的深层关系推断。

学龄前儿童不仅能发现可以观察到的因果关系，如哪个玩具能激活音乐盒，也能发现不可观察的因果关系。不可观察的因果关系包括两个层面：一是当因果关系不能用外部特征解释时，儿童倾向于通过事物的内部属性来对观察到的因果现象进行解释（Legare & Gelman, 2014）；二是对于无法直接观察到原因的因果现象，如疾病的产生（Kalish, 1996）、神话故事里的前因后果（Woolley, 1997）等，儿童也能像对待物理世界的因果关系一样给出合理的推论，说明学龄前儿童已经具备能够理解一定因果关系的能力。

儿童在2岁的时候就可以对事件的因果做出预测，进行因果解释，理解反事实的因果陈述（Harris, German, & Mills, 1996; Hickling & Wellman, 2001; Wellman, Hickling, & Schult, 1997）。儿童的因果知识会随着时间改变（Bartsch & Wellman, 1995），有证据表明这种变化是存在的（Slaughter, Jaakkola, & Carey, 1999），这表明儿童对因果结构的掌握也会有一个发展过程。

二、不同因果关系的发展

因果关系是自然界和人类社会普遍存在的一种联系方式。Wellman（1997）认为儿童在早期发展出三种独特的因果解释系统：心理因果即包含人的内在心理状态，如信念、情绪、渴望等；物理因果即对机械或物质现象的早期理解，如物体有质量，会碰撞、下落；生物因果是对日常生理状态和过程的陈述，如疾病、疼痛、出生、生长和死亡；剩余的概括为社会或常规因果，包括社会规则、文化习俗。因此，我们根据这个标准将因果关系分为四大类别：

物理因果：涉及物理因素的，比如重力、风或物理接触。

生物因果：涉及生理进程的，比如身体疲劳、疼痛、生长、健康。

常识因果：社会规约或文化习俗。

心理因果：涉及心理状态的，比如情绪或信念。本干预方案主要涉及开心、难过、害怕和生气四种情绪。

儿童如何以及何时习得这些知识以理解事件之间的因果关系呢？Wellman（1997）认为儿童至少在2岁时就具备了至少3种基本的日常推理系统——物理因果推理和心理因果推理，甚至还有初级形式的生物因果推理。这些因果关系在儿童的日常生活和会话互动中非常普遍和重要。许多研究也发现，儿童在1岁的时候就理解了日常的物理关系（Leslie & Keeble, 1987; Spelke, Breinlinger, Macomber, & Jacobson, 1992）、生物关系（Gelman & Wellman, 1991; Hatano et al., 1993）和心理关系（Flavell, Green, & Flavell, 1995; Gopnik & Wellman, 1994）的基本因果原则。各种研究已经提供了支持：3岁和4岁的儿童可以理解动植物而非无生命物的生长和愈合（Inagaki & Hatano, 1996），云、星星和动物等自然现象的出现是由于自然原因，而不是人为原因产生的；人（而不是玩偶或石头）可以思考和记忆，也可以感到快乐，还可以看见（Gelman, Spelke, & Meck, 1983；Johnson & Wellman, 1982）；思想和精神相关，是非物质的，而实体（如球和狗）是有形的和物质的（Wellman & Estes, 1986）。即使是婴儿，也会恰当地区分有生命和无生命的实体及其运动（Spelke, Phillips, & Woodward, 1995）。儿童最初将这些形式的因果融合在一起，尽管这些因果关系在成年人的思想中是截然不同的。许多当前的研究认为，即使是相当小的孩子也可能对心理、生物和物理现象进行不同而恰当的推理（Leslie & Keeble, 1987; Oakes & Cohen, 1990; Spelke, Breinlinger, Macomber, & Jacobson, 1992; Gelman & Wellman, 1991; Hatano et al., 1993; Flavell, Green, & Flavell, 1995; Gopnik & Wellman, 1994）。

何其恺（1962）对学龄前儿童的因果思维发展进行了研究，发现学龄前儿童因果思维发展的具体过程是：从外部的反映事物间带有因果关系性质的实践动作先向表象的动作（第一信号系统活动内暂时联系的积累和复活）、再向内部的简化的因果性思维活动转化的过程。作者认为，学龄前儿童的因果思维不是自发的，而是在具体生活过程中，特别是在教育影响的积极作用下，逐步发展起来的。随着儿童年龄的增长，生活经验的日益丰富和教育的影响，不同年龄的学龄前儿童对因果关系理解的深度和概括性会得到逐步提高。

三、因果连词的出现

在因果连词的习得上，Shapiro 和 Hudson（1991）认为 3 岁半的儿童可以使用各种类型的连词，尽管不是完全恰当。5 ～ 10 岁的时候，儿童对连接词的使用，尤其是对因果和时间连接词的使用越来越广泛、精确。一些研究表明儿童在 2 ～ 4 岁就可以恰当地使用因果连词，使因果关系更加明显（Hood & Bloom, 1979; Bloom et al., 1980; McCabe & Peterson, 1985; Bloom & Capatides, 1987; Levy & Nelson, 1994; Diessel, 2004）。例如 Diessel（2004）在 2 ～ 5 岁儿童的观察数据中发现，他们早期使用“because”通常是为了回答另一个说话者的“为什么”问题，通过使用“because”将两个子句连接在一个句子中。随着年龄的增长，他们对这个词的使用频率越来越高。他认为“because”子句涉及子句整合的过程，两个语法独立句子最初在说话人的话语中结合，然后孩子逐步学会使用“because”把两个子句合并成一个语法单位。也有研究表明在儿童发展出使用因果连词的能力之前，就可以使用语义上不太具体的连词“and”隐性地表达因果关系（Hood & Bloom, 1979; Bloom et al., 1980; Bloom & Capatides, 1987）。

还有一些学者认为年龄小的儿童不能理解因果连词。Bebout 等（1980）认为 9 岁以下的儿童不能形成恰当的“B because A”的句子。Emerson（1979）发现儿童在 9 岁之前不能恰当地区分“because”句。他的结论是，对于句子“A because B”，儿童最早 5 岁才能明白 A 和 B 之间存在的因果关系，但是直到 7 岁或 8 岁，他们才明白顺序成分，即“because”引入的是一个先行的子句。与这些研究相反，Hood 和 Bloom（1979）认为 2 ～ 3 岁的儿童就可以产出正确的因果连词“because”和“so”，他们的句子与这些连接词精确地编码了因果关系，并没有显示出时间序列的混乱。

这两组研究结果之间的差异已经被几个研究人员提出，他们认为这主要是由于任务需求的影响（Donaldson, 1986; Byrnes & Duff, 1988; French, 1988; Johnston & Welsh, 2000）。当实验任务以减少额外需求的方式设计时，儿童能够表现出对因果表达的理解且在7岁之前就能具备产出良好的因果复句的能力。例如Donaldson（1986）发现，5岁儿童可以回答"why"问题（如Why did the window break?），还能补充完整包含"because"的句子（如The pillow burst because …），以上实验材料是因果关系的事件序列，以图片或者录像的方式呈现给被试。

有研究表明口语叙事时，5～9岁的儿童很少使用因果连词（Hicks, 1990; Bamberg & Damrad, 1991）。而且，Donaldson（1996）发现，7～8岁儿童在独白语境中（讲故事任务）很少产出解释或因果连词，相反，他们在结构化语境中可以得到研究人员更多的提示，即以问题—回答的方式完成句子，据此产出完整的回答。

关树文等（1961）发现3～4岁的儿童掌握因果关系连词有困难，5～6岁的儿童才可以掌握因果连词。朱曼殊等（1986）发现，在幼儿阶段，儿童从2岁开始已经能够使用并列的、没有关联词的句子形式来叙述极简单的因果联系，而含有关联词的、具有完整结构的因果复句要到其5～6岁时才出现，而且其所使用的关联词类不多。Chan（1995）研究了6～15岁的粤语孩子对"因为"和"所以"的判断和使用，他们让粤语儿童判断"因为"在句首，"因为"在句中，"所以"在句中，"因为……所以"的因果句子的可接受性。结果表明句中"因为"是最难理解的，"因为……所以"最容易理解。儿童理解原因在前结果在后的因果连词更为精确。这一结果和Emerson（1980）、Johnson和Chapman（1980）的研究认识一致，要恰当地理解"因为"或"所以"的句子，只理解事件之间的认知因果关系还是不够的。儿童需要理解"因为"后面跟的句子是首先发生的事件。所以，儿童使用和理解因果连词时，需同时掌握因果连词的顺序成分和因果成分。

综上，儿童在7岁之前就能表现出对因果表达的理解，且已经具备了产出良好的因果语句的能力。只有掌握了因果连词的顺序成分和因果成分，即能够理解原因和结果之间的潜在关系及"因为"和"所以"后面跟着的句子描述的事件之间的先后关系，儿童才能正确使用因果连词。

四、因果连词的功能

Halliday 和 Hasan（1976）认为语篇在语言学里指的是任何口头或书面、长短不限的构成一个统一整体的段落。Brown 和 Yule（2000）认为按照产生方式的不同可以把语篇分成书面语篇和口头语篇。语篇是交际行为的文字记录。书面语篇在产出过程中，其写作者无法利用副语言提示，而且无法得到及时的反馈；口头语篇稍纵即逝，可以通过录音带、录像带式的记录保存下来。胡壮麟（1994）提出语篇指任何不完全受句子语法约束的在一定语境下表示完整语义的自然语言，是以言语、书面语或符号传递的语言活动的产物。

对于衔接和语篇的关系，Beaugrande 和 Dressler（1981）认为，衔接是建立在预先设定的连贯性基础之上的，重复、省略、替代、连接等衔接手段的运用使语篇在表达和理解上更简易，增强语篇的稳定性和经济性。Halliday（1985）提出衔接的功能就是“存在于篇章内部，使之成为语篇的意义关系”。他把语篇的衔接手段分为五大类：照应（reference）、替代（substitution）、省略（ellipsis）、连接词（conjunction）以及词汇衔接（1exical cohesion）。他认为前三种类型属于语法衔接手段，最后一类属于词汇衔接手段。连接词介于语法和词汇衔接手段之间，它们的连接性间接地依靠具体的语义实现，不依赖语篇的上下文去获得信息，而依靠它们本身的具体意义，预测着语篇中其他意义的出现。Haliday 和 Hasan（1976）按连接词的语义功能将其分为四类：附加（additive）、转折（adversative）、因果（causal）和时间（temporal）。连接成分自身具备某些逻辑关系，正是这些逻辑关系导致衔接作用的产生。连接成分在话语中表达了某种意义，预设了其他成分的存在，是对将要发生的事情与已经发生的事情如何系统地联系在一起的详细说明（杨一飞，2011）。胡壮麟（1994）也指出通过连接性词语的运用，人们可以了解句子之间的语义联系，甚至可经前句从逻辑上预见后续句的语义，此外他也提出了“隐含连接”的概念，认为“没有连接性词语就没有连接关系”的说法是站不住脚的。

Halliday 和 Hasan（1976）提出，通过研究衔接关系可以用来研究语篇连贯，因为“语篇与非语篇的根本区别在于是否具有篇章性，而篇章性是由衔接关系形成的，衔接是把句子组成语篇的主要手段”。这两位学者从语法和词汇角度说明了衔接标记对实现连贯的影响。其中衔接机制分为显性衔接和隐性衔接，显性衔接是指语篇通过明显的连接词和语法手段来实现语篇内句子之间、段之间的衔接。隐性衔接存在于语篇的底层，没有明显的衔接方式。Quirk（1985）将英语中衔接的手段概括为四种：词汇、语法手段、语用和语义隐含、超音段音位和标点。其中的词汇、语法手段属显性衔接，语用和语义隐含、超音段音位和标点属隐性衔接（王振福，2002）。Givón（1995）讨论了词汇和语法手段对语篇连贯的作用，认为语法就是作为一种加速篇章连贯解读过程的机制而发展起来的，并且词汇在语篇解读中的作用和语法的作用是平行的，显性的语法和词汇线索的作用在于指导读者建立连贯语篇的内部表征。这里的语法和词汇线索就是语篇中的各种衔接手段。Georgakopoulou 和 Goutsos（1997）认为语篇衔接手段是语篇中各部分之间逻辑语义关系和内容发展的路标，让读者在话语的迷宫里更容易地找到自己的路径。

Sanders 和 Maat（2006）认为连贯关系（coherence relations）是连接两个语篇片段的意义关系。Halliday 和 Hasan（1976）把衔接视为语义概念，那么，衔接也必然是连贯的，他们讨论的衔接可以看成是显性连贯（explicit coherence）。连贯关系可以通过两种关系建立，一种是通过对语篇中的同一事物或“心理实体”的指称所形成的连贯，这种连贯叫作指称连贯（referential coherence）（Ariel, 1990）。另一种则是通过像“因果关系”和“对比关系”这样的逻辑关系把语篇中的部分连接起来所形成的连贯，这种连贯叫作关系连贯（relational coherence）（Sanders, Spooren & Noordman, 1992）。关系连贯可以看成是不同事件之间的连贯，因果连贯关系也是其中的一种。在相关的两个事件中，如果一个事件是另一个事件的原因，或者一个事件是另一个事件的结果，那么这两个事件之间就存在着因果连贯关系。表示原因的称为原因事件，表示结果的称为结果事件。

衔接可以看成是组成语篇的重要手段之一，因果连词作为一种显性的衔接方式，它在语句中的运用可以表达因果关系，预设原因或结果的存在，人们可以据此了解句子的语义关系，建立因果关系事件完整的表征。因果连词不仅强调了两个从句中提到的事件/状态之间存在因果关系，而且表明了其方向性，“因为”引导原因，“所以”引导结果。因此，为了产生结构正确的因果句子，连接词的选择需要与从句所映射的事件因果结构的顺序相协调（Donaldson et al., 2007）。因果连词被儿童学会后，可以起到提示因果关系语义的作用，加深儿童对相对复杂的逻辑关系的理解，帮助其建立完整的语篇。

第二节　自闭症儿童因果连词习得障碍及干预研究

一、自闭症儿童因果连词习得障碍

自闭症儿童因果连词的研究成果很少，大部分是基于被试叙事或会话的语料研究自闭症儿童因果语言的使用，因果语言是从语义角度定义的，有些因果语言包括了因果连词的使用，有的未必。一些研究发现，与典型发展儿童相比，高功能自闭症儿童很少有因果语言。Baron-Cohen、Leslie 与 Frith（1986）探讨了自闭症儿童的叙事能力，他们的研究设置了自闭症组、唐氏综合征组和普通对照组儿童，共三组。自闭症组被试的平均生理年龄为 12 岁 4 个月，平均语言心理年龄为 5 岁 7 个月，平均非语言心理年龄为 9 岁 6 个月。结果发现，自闭症组排序物理因果关系图片以及描述物理因果关系的能力都高于两个对照组，但排序意图故事图片以及心理状态描述的能力比心理年龄较小的两个对照组差。Tager-Flusberg（1995）选取自闭症儿童、智力落后儿童及典型发展儿童各 10 名完成叙事任务，自闭症儿童生理年龄为 9 ～ 15 岁，智力落后儿童为 10 ～ 13 岁，典型发展儿童为 7 岁 6 个月～ 8 岁，三组匹配后的语言年龄分别为 6 岁 8 个月、6 岁 9 个月和 7 岁 3 个月。结果显示，自闭症儿童叙事长度比较短，命题数较少，句子结构不复杂，且故事事件之间缺乏因果关系的陈述，但情感面向的叙说强化手段或心理状态的语言使用与其他两组没有显著差异。Losh 和 Capps（2003）研究的自闭症被试总智商平均为 101.53，对照组为典型发展儿童。结果发现自闭症组在故事结构、背景描述、因果关系说明等方面表现较差，即对故事单一情节或整体故事明显缺乏潜在因果关联的叙说。Diehl、Bennetto 和 Young（2006）的研究中自闭症被试总智商平均为 104，对照组为言语智商和全量表智商配对的典型发展儿童。结果发现自闭症组语句间的平均因果连接数量明显低于对照组，在故事长度、句法复杂度、对故事中人与物名称等的回忆都没有显著差异。

陈冠杏和张正芬（2005）的研究中，自闭症组全智商及言语智商都高于75，对照组为典型发展儿童。研究发现，自闭症组在故事结构、背景描述、因果关系说明等方面表现较差。邹启蓉和张显达（2007）通过测量因果连接词发现自闭症儿童在建立因果关系的过程中与典型发展儿童对照组相似；然而，作者推测，自闭症谱系障碍儿童在处理故事中情景元素之间的潜在因果联系时可能有困难。Sah和Torng（2015）的研究中选用了18名高功能自闭症儿童和18名典型发展儿童作为被试，两组的心理年龄分别为8岁2个月和7岁，语言水平和智商相匹配。研究使用《青蛙，你在哪里？》作为测试材料，并根据因果关系语句和因果关系网络对儿童的叙事连贯性进行了评估。结果显示，在基本的叙事方法或显性的因果语句中，两组儿童没有任何组间差异。然而，自闭症谱系障碍儿童的叙事很少有因果关系，也不那么连贯。这些研究结果与他们的语用缺陷以及自闭症儿童的认知偏向有关。

大多数研究都发现，智力正常的高功能自闭症者，即使智商超过100，他们对事件因果关系的描述能力也较差。其中，Diehl等（2006）使用Trabasso等（1989）提出的因果网络分析法，分析故事中事件的因果联结程度，发现自闭症者虽然能记得重要的事件，但仍无法将事件组织联结成因果网络，他们认为这是因为自闭症者无法了解故事中较深层的因果关系。

前文已经指出，儿童要掌握因果连词，必须同时掌握因果成分和顺序成分。要想正确理解“因为”或“所以”的句子，只理解事件之间的认知因果关系还是不够的，还要能够理解“因为”和“所以”后面所跟句子描述的事件之间的先后关系。因此，从自闭症儿童习得因果连词的情况来看，不能正确产出因果连词包含两种情况：一是自闭症儿童认知能力不足，并不能理解因果关系，因而在使用因果连词上存在问题。儿童需要具备一定的认知能力，能够理解原因和结果之间潜在的关系概念，即事件必须以一种指定其顺序的方式相互关联——原因总是先于结果。二是自闭症儿童可以理解事件之间的因果关系，但在因果连词的使用上存在问题。儿童需要理解因果关系在语言里如何表达，即使自闭症儿童可以理解因果关系，但如果不具备一定的语言能力，那他们在因果连词的使用上仍然会面临问题。

二、因果连词的干预

因果连词的使用是自闭症儿童所面临的一大问题，而前人对因果连词的干预都放在了叙事或会话结构中，将其当作其中的一个微观结构进行干预。Petersen 等（2010）对三个具有神经语言障碍的儿童（6～8岁）分别进行了 10 次叙事干预，除了宏观结构目标外，还确立了一个微观目标：因果关系。在一次 45 分钟的干预中，主试示范或提示因果关系达到了 62 次。其中 55% 是短语示范（如“They're angry because they're sitting at a stoplight”），45% 出现在开放式问题中（如“Why were they happy?”）。结果显示，被试的叙事产出中宏观结构和因果连词的使用都有显著提升。

Gillam 等（2015）研究了三阶段叙事干预是否对自闭症儿童叙事产出中的故事结构、故事复杂性、心理状态词汇和因果连词的使用有干预效果。在所有干预课程中，重点是通过使用心理状态词和因果语言建立和维持故事元素之间的联系。鼓励儿童在创造故事的时候使用包含“因为”和“所以”的句子来回答：为什么某个角色有特定感受？为什么他会计划采取该行动？例如给儿童呈现一个情节（男孩从椅子上掉下来），然后问被试情节中人物的感受如何（儿童：“尴尬”）。下一步要求儿童解释为什么角色可能会有这样的感受（儿童：“因为他从椅子上掉下来”）。这两个答案由治疗师合并并且建模反馈给儿童（治疗师：“因为男孩从椅子上掉下来，所以他感到尴尬”）。这个程序为儿童提供了一个在复杂句子中使用因果语言的模型。

以上有关因果连词的干预方法虽然都取得了一定成效，但是如果将对自闭症儿童因果连词的干预仅作为叙事干预中的小目标，那么针对自闭症儿童因果连词使用的干预方法针对性可能会有所降低，不能排除干预过程中其他要素对因果连词习得的影响，那么就不好判断干预方法的有效性，也不利于方法的推广。

三、视觉支持法

视觉支持语言教学是近年受到研究者和教育者关注的一种有效的干预教学，它是综合运用各种视觉工具（包括图片、表格、实物、符号等）来帮助儿童紧跟日常活动，理解时间顺序，了解环境特点等的一种方法

（Twachtman, 1995）。语言干预时充分融入视觉支持策略，符合自闭症儿童的语言认知特点。

在临床研究中，自闭症谱系障碍儿童常被描述为“视觉思维者”或“视觉思考者”。著名的高功能自闭症谱系成人患者Temple Grandin（2006）在她的一本自传性书籍——《用图片思考》（*Thinking in Picture*）中对自己的语言和思维特点进行了总结：“词对于我而言就像第二语言。我把口语和书面语都翻译成彩色电影。我的头脑里就像在放映一段有声音的录像。别人跟我说话时，他的话立刻被翻译成图片。一般的人都是用语言来思考，而我是用视觉形象来思考。”一些临床研究人员也发现视觉工具是弥补自闭症者注意、听觉加工、顺序和组织方面能力不足的有效工具（Lal & Bali, 2007）。Toichi和Kamio（2001）发现，图形和语词都能够促进自闭症成人的语义理解，但图形的促进作用明显更强。

在脑功能成像研究方面，Gaffrey等（2007）研究者为10名高功能自闭症成人安排了语义判断任务（如判断“锤子”是否是“工具”）和知觉判断任务（如判断某个词中是否有字母“k”）。在激活模式上，控制组在语义判断任务中出现左额下回的大量激活，而自闭症组在这些区域的激活明显较少，相反，他们在双侧视觉中枢表现出明显更多的激活。Gaffrey等研究者认为这意味着知觉成分（可能是视觉想象）在自闭症个体的语义判断中扮演了十分重要的角色。Kana等（2006）通过功能性核磁共振研究了13名高功能自闭症成人在加工“高表象句子”（如“数字8在旋转90度后看起来像一副眼镜”）和“低表象句子”（如“加、减、乘都是数学技能”）时的脑激活状况。研究发现，在“低表象句子”任务下，自闭症组在与视觉表象有关的顶叶和枕叶出现明显的激活，这说明他们更加依赖视觉来进行语言理解。

视觉策略本质上是利用视觉工具和支持来加强交流过程。从面部表情、肢体语言、物体、图片到海报和图表，视觉工具促进有效的接收、加工、动作和表达。包含视觉信息的有效干预措施包括：图画交换沟通系统（Bondy & Frost, 2001），它使用标记作为交流中介；个性化的活动时间表，它使用图形或标记的序列来描述学习活动中或活动之间的具体步骤（Betz et al., 2013; Knight et al., 2015）；工作系统（Hume & Reynolds, 2010），通过安排真实物体或符号的序列为自闭症儿童活动序列中每一个步骤的完成提供线索；偶发事件地图，用于为儿童说明遵守或不遵守期望的后果。作业治疗师使用视觉支持和视觉图像来使工作任务更有顺序并促进独立性（Precin, 2010），而且已有研究证明在连环画中使用思维泡泡可以帮助自闭症儿童理解心理状态并学习社会技能（Gray, 1998; Wellman et al., 2002）。无论是患有自闭症还是没有自闭症的儿童，即使他们都没有通过标准的错误信念测试，也被证明能够理解思维泡泡代表思想，并可以以此推断未知的现实（Kerr & Durkin, 2004）。已有的视觉支持策略中，较常使用的两种工具分别是静态的图片工具和动态的视频工具。静态图片工具应用广泛，目前盛行的干预方案如“图片兑换沟通系统”（PECS）、“结构化教学”（TEACCH）等都应用了大量的图片、结构图和文字图。视觉工具和支持有助于自闭症儿童获得沟通技能。

Murdock 和 Hobbs（2011）利用视觉支持法对三个患有自闭症谱系障碍的学龄前儿童进行干预，教导儿童使用视觉支持（一个图形符号）代表“我能玩吗？”的请求进入游戏活动。图形符号使用源于自然干预策略的实施，该策略包括创造交流机会，提供期望行为的模型，促使参与者参与期望的行为，以及为参与者的适当反应提供自然结果。干预发生在课堂上正在进行的游戏活动中。结果表明，干预策略能有效地指导参与者进入游戏活动。曹漱芹、方俊明、顾未青（2009）通过综合运用图片和视频两种视觉支持策略对一例高功能自闭症儿童的语言交往功能进行干预。在他们的研究中，图片—句子教学和视频示范教学都充分借助了儿童的视觉能力。图片—句子教学中，研究者设计了一系列能够提供视觉支持的教材教具（语词语意图、事件语意图、语词卡、语句卡、情境相片）与结构化的教学步骤，并结合儿童亲身体验过的事件活动展开干预。之后的视频示范教学则进一步将图片—句子教学的成果加以整合，以多媒体视频的形式呈现出自然交往的过程。结果表明，除了非模仿性语言方面的提高不大显著，该例汉语高功能自闭症儿童在其他语言各方面都呈现出显著进步，说明视觉支持教学全面提升了该儿童的语言能力。

一系列的视觉方法已经被证明在自闭症儿童的各种教育和治疗环境中是有效的（Arthur-Kelly et al., 2009）。已有的语言干预实验说明，图片、实物、流程图、符号等视觉工具的使用是有效的途径，这些工具既能够单独使用，也可以结合到其他干预方案中。视觉工具的运用可以提升自闭症谱系障碍儿童的词汇数量、主动性语言表达的次数等（Lal & Bali,

2007）。

从自闭症儿童的视觉加工特征来看，自闭症儿童的颜色偏好显示出与典型发展儿童的差异。来自自闭症患者的父母、看护人、教师以及自闭症患者自身的一些证据表明，自闭症儿童对颜色的感知可能与典型发展儿童不同（Franklin et al., 2008b）。有研究表明自闭症儿童更加偏好绿色等冷色调（Silberman, 2015）。例如，研究者持续使用绿色吸管作为一个 11 岁自闭症男孩的刺激目的超过了 3 年（Silberman, 2015）。Brian 等（2003）在研究自闭症人群的抑制机制时意外地发现了颜色刺激的促进作用，而在典型对照组中没有观察到这种作用，研究发现，自闭症人群更容易对某一类刺激特征（如颜色）进行编码，因此这类刺激特征在一般情况下更容易被自闭症者监测到。Greenaway 和 Plaisted（2005）在提示任务中也发现了类似的效果，即无效的颜色提示导致自闭症被试比神经正常对照组花费更多精力。这些研究不断地发现，彩色材料对儿童的影响不容忽视。Ludlow 等（2006）的研究指出，透过特定颜色（薄荷绿、水绿等冷色）的彩色塑料纸看文章，自闭症儿童的阅读速度相对于对照组有显著提高。

曹漱芹等（2012）采用对偶比较法对 4 岁到 6 岁 6 个月的汉语自闭症幼儿的颜色偏好展开研究，结果表明，自闭症儿童有着不同于典型发展儿童的颜色偏好。汉语自闭症儿童在总体上偏好冷色调，颜色偏好的顺序为绿、蓝、红、紫、橙、黄；而年龄相匹配的典型发展儿童颜色偏好顺序为红、橙、绿、黄、蓝、紫。研究认为，这可能是自闭症者极不平衡的大脑功能状态所致，冷色调可以抑制自闭症人群视觉皮层的过度兴奋，使大脑可以在一种比较平衡的状态下工作，这种假设得到了一些研究的支持（Wilkins et al., 2010; Ludlow & Wilkins, 2009; Smeesters & Liu, 2011）。

我们在设计干预方案时考虑到自闭症个体视觉输入信息的特殊性，同时考虑到教学内容在个案日常生活中的实用性，结合个案年龄阶段的认知水平和语言能力，综合设计出本干预教学方法。视觉支持法在本方案中的应用主要是通过因果关系图片建立两个事件的因果关系，同时用绿、蓝两种颜色背景卡提示个案因果连词的先后顺序，以此帮助儿童建立因果关系。用于建立两个事件因果关系的图片包含两张，图片一表示原因事件，图片二表示结果事件，儿童需对图片上所描述的事件以及事件之间的因果关系进行理解把握。用于提示因果连词先后顺序的绿、蓝两种颜色的背景卡可以帮助自闭症儿童掌握因果连词的顺序成分，准确使用因果连词，更好地产出因果复句。

第三节 干预案例

一、干预材料

因果连词干预的材料包括评估材料和干预材料。评估材料作为测试个案因果关系能力的题目，共24个。干预材料是实际干预过程中使用的材料，共80个题目，每节课设置8个题目。每个题目都是一个因果关系事件，由原因句（A）和结果句（B）构成。在确定因果关系题目时，我们经过了一些筛选，综合考虑了以下几个方面的因素：

第一，选取生活中常见的因果关系的例子，并对这些因果关系做出分类。根据 Wellman（1997）对儿童早期因果发展的分类，我们把因果关系的材料分为物理、生物、心理、社会常识四类。

第二，考察因果关系语句是否符合4～6岁典型发展儿童的实际能力并进行修改。因为因果关系中有一些涉及生活常识，例如“升国旗的时候军人要敬礼”“房间里太黑了要开灯”等，还有一些涉及较为抽象的概念，要求接受测试的儿童具备一定的世界知识。因此我们通过发放问卷的方式请20名学龄前儿童对因果关系句的可懂度进行了打分，经筛选后得到92个句子。

第三，给筛选后的因果关系句配以对应的图片。图片均来自网络或美术专业的学生手绘，一组因果关系由两张图片构成，总计184张图片，图片规格为5寸（8.9cm × 12.7cm），5名成人指认的一致率达100%。

第四，使用制作好的图片和材料进行预测试，规范带有因果连词的目标句。研究者随机选取10名4～6岁的典型发展儿童进行测试，让儿童看着原因（A）和结果（B）两张图片，研究者提问“为什么……”，然后儿童会产出“因为……所以……”的回答，研究者对儿童的回答录音。这10名儿童均能根据图片正确回答，使用完整的复句，并且因果连词的顺序正确。研究者根据儿童回答的录音，整理产出因果连词正确的目标句“因为……所以……”。

因果连词干预材料示例：

（1）物理因果关系

①因为两个小朋友抢小熊玩具，所以小熊玩具坏了。

图 5-1　抢小熊玩具

②因为阿姨吹蜡烛，所以蜡烛灭了。

图 5-2　吹蜡烛

（2）生物因果关系

①因为小朋友吃了很多冰激凌，所以她肚子疼。

图 5-3　吃冰激凌

②因为小朋友给小树苗浇水，所以小树苗长高了。

图 5-4　浇树

（3）常识因果关系

①因为小朋友生病了，所以他要去医院。

图 5-5　生病去医院

②因为房子着火了，所以消防员来灭火。

图 5-6　消防员灭火

（4）心理因果关系

①因为小芳收到一个玩具熊礼物，所以她很高兴。

图 5-7 收到礼物

②因为小刚的玩具车摔坏了，所以他很难过。

图 5-8 玩具车摔坏了

此外，干预材料还包含其他工具，即颜色背景卡片。由于自闭症儿童对颜色，尤其是冷色调较为敏感，所以我们选择了绿、蓝两种颜色的背景卡片（21cm × 30cm），用来提示因果关系发生的先后顺序和因果连词的先后位置。卡片写有“因为”（yīn wèi）和“所以”（suǒ yǐ），用来提示儿童使用因果连词。强化物的选择包括食物和玩具各三种。

二、干预对象

选取的干预对象需要满足以下条件：

第一，生理年龄为 4 ～ 6 岁。儿童 5 岁的时候，产出大量的连接词（Spooren & Sanders, 2008），5 ～ 10 岁的时候，使用的连接词越来越宽泛、精确，尤其是因果和时间连接词的使用。因此，在儿童 4 ～ 6 岁时进行因果连词的干预是合适的时段，符合儿童的语言发展特点。

第二，儿童需要具备一定的认知能力，能够理解原因和结果之间潜在的关系概念，即事件必须以一种指定其顺序的方式相互关联：原因总是先于结果。同时，儿童也需要理解这种因果关系在语言里如何表达。Chan（1995）认为儿童使用因果连词要理解因果成分（causal component）和顺序成分（order component），因果成分就是因果连词连接的两个命题之间的因果关系，顺序成分表示这种关系的方向。所以，儿童只有具备了一定的认知能力，才能更好地掌握因果连词。

第三，用于因果连词干预的句子是"因为……，所以……"的形式，原因和结果句包括不同的具体概念、抽象概念，例如"气球、冰激凌、批评、表扬、开心"等，涉及从具体到抽象的不同概念。这就需要儿童有足够丰富的语义知识，以对因果关系的句子进行最基本的理解。

第四，干预对象可以理解事件之间的因果关系，但在因果连词的使用上存在问题。对自闭症儿童使用因果连词的能力进行干预，前提是干预目标和干预内容与儿童的能力、水平、需求相适应，只有这样介入语言干预才能更大限度地发挥干预的作用，提高儿童使用因果连词的能力。如果儿童已经在理解因果关系的基础上正确使用因果连词，例如产出"因为用针扎气球，所以气球破了"，则无须介入干预，否则干预成效不显著，缺少实践意义；如果儿童无法理解因果关系，不能用语言解释"气球破了"是因为"用针扎"，则表明儿童语言理解和表达能力较弱，基本的语言能力还未完善，此时介入干预，儿童的语用能力还未开始发展，同样无法突显干预效果。

第五，干预对象可以准确辨别绿色和蓝色两种背景卡片。干预过程中被试要借助绿色和蓝色背景卡片学习因果连词的前后位置，所以要具备辨别能力。

按照上述标准，我们对被试进行了严格筛选。评估后，最终筛选出较为适合的 4 名高功能自闭症儿童（其总智商均大于 80）作为此次干预研究的实验对象，个案的具体情况如下：

个案一，言语智商 94，操作智商 82，总智商 87，属正常智力。PPVT-R 得分为 98，表明个案词汇量在正常范围内，可以理解干预材料中大部分词汇概念。因果测试得分为 1.96，参考评分标准，得分接近 2 分，表明个案在干预前理解因果关系，但是因果连词使用不当，不能用语言把两个因果事件联系在一起。

个案二，言语智商97，操作智商95，总智商96，属正常智力。PPVT-R得分为108，表明个案词汇量在正常范围内。因果测试得分为2.58，参考评分标准，得分在2分之上，表明个案在干预前理解因果关系，但是因果连词使用不当，不能用语言把两个因果事件联系在一起。

个案三，言语智商84，操作智商97，总智商89，属正常智力。PPVT-R得分为114，表明个案词汇量在正常范围内，因果测试得分为1.96，参考评分标准，得分接近2分，个案会把原因和结果顺序颠倒，分不清楚原因在前，结果在后。

个案四，言语智商87，操作智商95，总智商90，属正常智力。PPVT-R得分为97，表明个案词汇量在正常范围内，因果测试得分为1.99，参考评分标准，得分接近2分，个案使用因果连词的时候会出现"因为"和"所以"的混淆。

因果连词使用的评分流程和评分表如下：

研究者邀请5位相关专业在读研究生为评定者，5位评定者不知道本实验的目的。5位评定者独立评定每名个案解释的恰当性，评定得分的标准及示例见表5-1。将5位评定者的评分相加，取平均数，即为儿童解释该目标句的恰当性得分。

表5-1　因果连词使用得分评定表

标准	得分	语料示例
使用完整的复句，因果连词顺序正确。	4	因为用针扎气球，所以气球爆炸了。
只使用一个连词"因为"或"所以"，连词顺序正确。	3	用针扎气球，所以气球破了。
没有使用因果连词，两个分句顺序正确。	2	用针扎气球，气球爆炸了。
使用因果连词，但顺序对应错误。	1	因为小朋友摔倒了，所以小朋友摔倒了。
没有使用因果连词，且顺序对应错误。	0	气球爆炸了，用针扎。

三、干预流程

本干预研究包括三个阶段，分别是基线期（A）、介入期（B）、维持期（A'）。基线期（A）的测试至少三次。基线期（A）内每次测试之间的时间间隔可以相同，也可以不同，因果连词使用测试得分为该资料点的数值。在介入期（B）对个案进行干预教学，观察每个个案行为表现并记录其得分。维持期（A'）移除所有的视觉支持和提示，对个案的表现进行评量、打分。基线期（A）测试有助于我们了解干预前儿童使用因果连词的能力水平，从而帮助确定最终的干预目标，选择合适的材料进行干预。研究人员主要以自编因果连词使用测试题目作为干预前后的施测材料。测试题目使用评估材料，包括24个因果关系事件，按照因果关系的类型分为物理因果关系、生物因果关系、社会常识因果关系和心理因果关系，每类各6个。维持期（A'）测试有助于我们更直接地看到干预方案的效果，其测试内容与基线期（A）测试保持一致。

干预共有10课时内容，每个课时设置了8个题目。每完成4个题目，干预者会让个案休息10分钟，期间用手机播放手指操，让个案模仿练习，调整学习状态。每课时结束后会对所学的目标句进行测试，考查学习效果。

下面我们将以问题“气球为什么爆炸了”为例，说明干预的具体流程：

在进行干预之前，干预者需提前在桌子上摆好绿色和蓝色两张背景板，绿色在左，蓝色在右（如图5-9所示）。

①图片排序。干预者拿出两张图片，图片一表示“一个人在用针扎气球”，图片二表示“气球破了”，两张图片上下随机排列。摆好后干预者对儿童说：“小朋友，老师给你看两张图片，你看看图片上的事情哪一件先发生，哪一件后发生，先发生的图片放在绿色的纸上，后发生的图片放在蓝色的纸上。”说完后再对儿童进行提问，保证儿童已经熟记绿、蓝颜色对应的先后顺序。

②纠正图片排序，提出问题。如果儿童图片排序有误，则干预者帮助干预对象调整顺序，让干预对象建立因果关系的先后顺序模式：原因在前，结果在后。图片排序无误后，干预者指着蓝色背景板上的图片二提问：“气球为什么爆炸了呀？”

③建立事件之间的因果关系。干预者引导儿童认真观察图片一的信息，找出“气球爆炸”的原因。如果儿童回答不出来或者回答错误，干预者给予提示：“左边的图片上是不是有人在用针扎气球？”得到个案肯定的回答后，干预者进一步引导：“针有什么特点呢？是不是尖尖的、硬

硬的，气球是软软的。那用针扎气球，气球会怎么样呢？”干预者用手指向图片二引导个案说出结果“气球爆炸了”。

④添加因果连词“因为”和“所以”，干预者示范完整的因果关系目标句。干预者把带有拼音的“因为”“所以”两张卡片分别贴到图片一和图片二的前面，用手指依次指着图片和卡片说出目标句“因为用针扎气球，所以气球破了”。

颜色背景板、因果关系图片、因果连词卡片摆放顺序如图 5-9 所示：

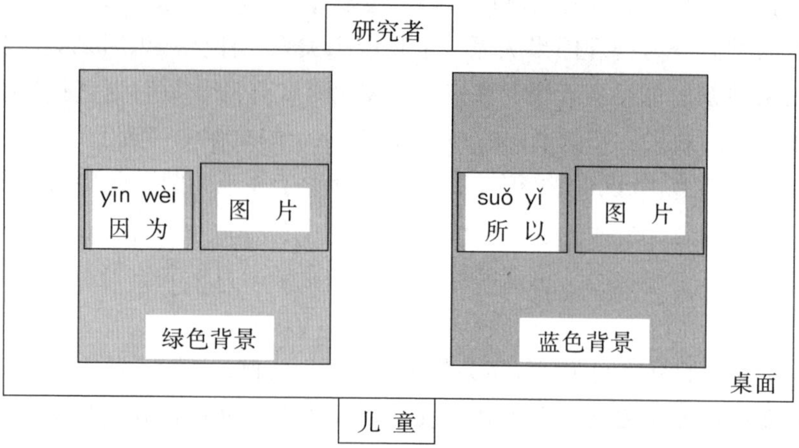

图 5-9　颜色背景板、因果关系图片、因果连词卡片摆放位置

⑤儿童在视觉提示下模仿复述因果关系句，答不出来或回答错误的情况下干预者可给予简单的言语和手势提示。

⑥去除视觉支持和语言支持。干预者取下颜色背景板和因果连词卡片，让儿童自己产出因果关系的句子，在此期间干预者不给予语言和手势支持。

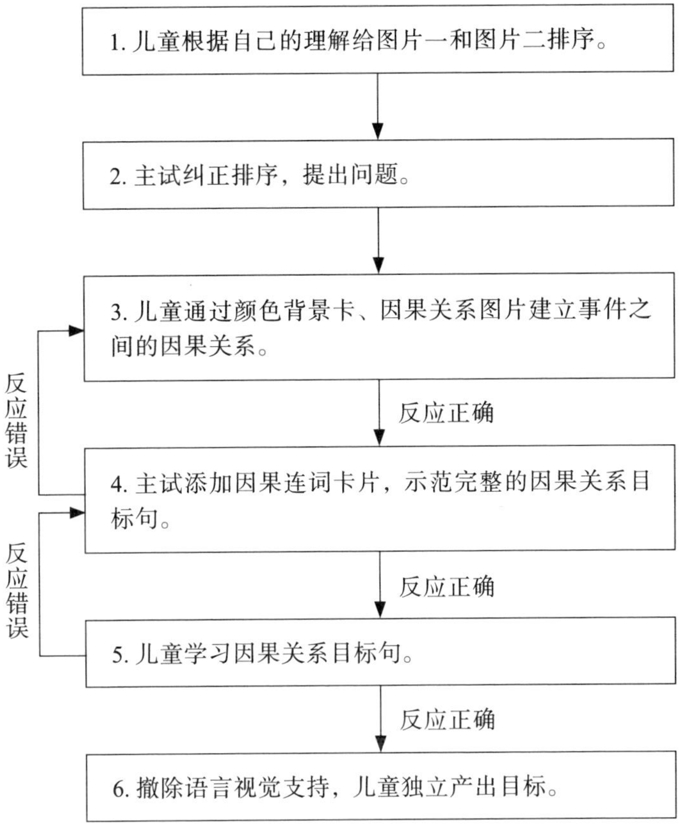

图 5–10　教学流程图

四、干预成效

下面分别对四位个案的干预成效进行说明。

1. 个案一干预成效

个案一在基线期（A）、介入期（B）和维持期（A'）三阶段的因果连词测试得分变化如图 5–11 所示，基线期（A）和维持期（A'）分别收集数据 4 次，介入期（B）教学 10 次。

个案一进入干预教学介入期（B）后，其使用因果连词的能力相较于基线期（A）有了明显提高。直观数据表明个案在基线期（A）测试平均得分为 1.96，在介入期（B）平均得分为 3.63，第一次接受干预教学后测试得分为 3.5，此后随着干预方案的深入，个案开始熟悉干预方案，并逐渐掌握了利用视觉支持产出“因为”和“所以”，撤除视觉支持后的测试得分介于3.13～3.88之间。这表明个案能在理解事件之间因果关系的基础上把“因为”或“所以”放置在正确的原因事件或结果事件前面。对基线期（A）和介入期（B）数据进行比较，经过C统计得C值为0.84，Z值为3.37**（P＜.01），表示达到非常显著的差异水平，说明视觉支持干预课程对个案使用因果连词产生了显著效果。个案在接受视觉支持的干预教学后，在使用因果连词能力上的测试得分与介入前相比有显著提高，干预呈现明显上升的效果，且趋势发展稳定。

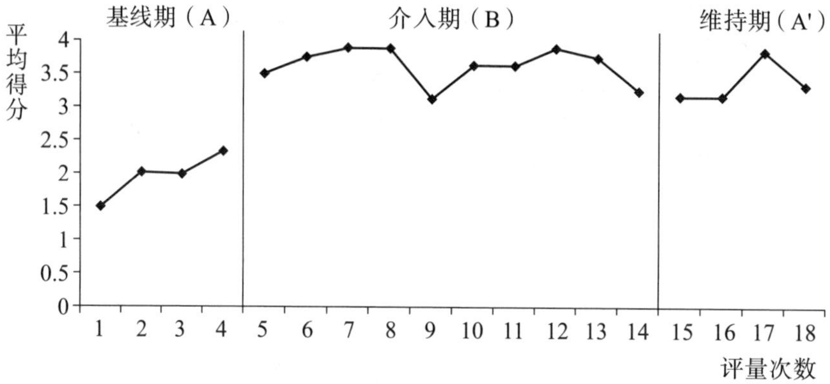

图5-11　个案一各阶段因果连词测试得分曲线图

进入维持期（A'）后，介入期（B）的干预效果得到了稳定的维持，整体呈现等速发展趋势。对介入期（B）和维持期（A'）数据进行比较，经C统计得C值为0.13，Z值为0.54（P＞.05），未达到显著差异水平，说明干预效果得到了稳定的维持，仍显示较完整的因果连词使用能力。这充分验证了个案的因果连词使用和理解能力可以进行干预且干预课程对该能力有明显的促进作用。

2. 个案二干预成效

个案二在基线期（A）、介入期（B）和维持期（A'）三阶段的因果连词测试得分变化如图5-12所示，基线期（A）和维持期（A'）分别收集数据4次，介入期（B）教学10次。

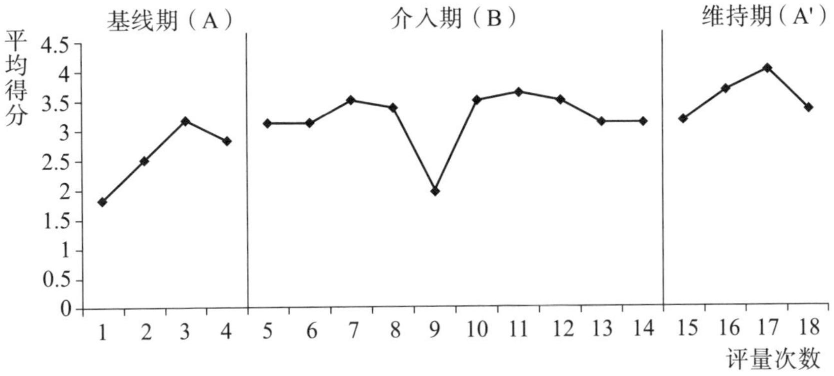

图 5-12　个案二各阶段因果连词测试得分曲线图

个案二经过干预教学后，平均测试得分由 2.58 上升到 3.20。随着课程的继续，个案受到情绪影响，第 5 次课程时得分为 2.00，出现一次明显下降。后期干预者适当增加了休息时间，配合强化物的使用，让个案避免了厌烦情绪，因果连词测试得分稳定在 3.13 ～ 3.63 之间。对基线期（A）和介入期（B）数据进行比较，经 C 统计得出 C 值为 0.31，Z 值为 1.24（P＞.05），未达到统计学上的显著差异水平，干预效果不明显。可能是该个案在基线期使用因果连词的能力较高，干预期间受情绪影响未能保持良好的学习状态，干预后与基线期（A）相比效果不显著。

干预结束后进入维持期（A'），个案在维持期（A'）的表现与相邻的介入期（B）相比出现上升，平均水平从 3.20 上升到 3.54。对介入期（B）和维持期（A'）数据进行比较，C 统计得出 C 值为 0.02，Z 值为 0.06（P＞.05），未达到统计学上的显著差异水平，干预效果得到了稳定的维持。询问家长得知，在介入期（B）课程结束后，家长会结合课上因果连词的使用方法教个案泛化到生活场景中，例如回家后房间很黑，家长开灯后提问个案："为什么要开灯？"家长的泛化训练让干预效果维持得更好。这也说明干预课程对个案的因果连词使用和理解能力有明显的促进作用。

3. 个案三干预成效

个案三在基线期（A）、介入期（B）和维持期（A'）三阶段的因果连词测试得分变化如图 5-13 所示，基线期（A）和维持期（A'）分别收集数据 4 次，介入期（B）教学 10 次。

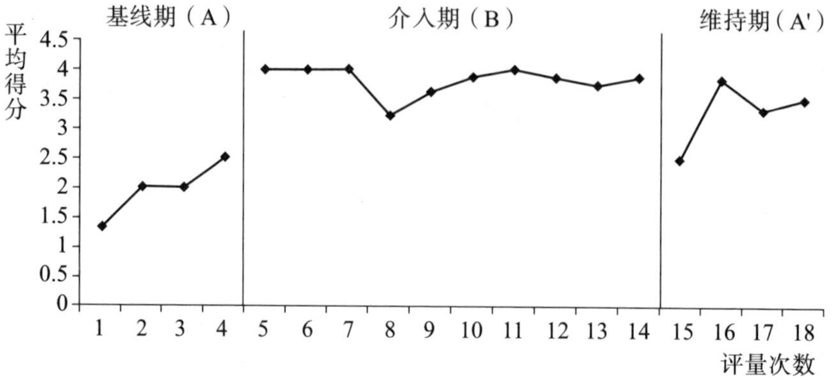

图 5–13 个案三各阶段因果连词测试得分曲线图

维持期（A'）平均水准 3.29，略低于介入期（B）表现。对介入期（B）和维持期（A'）数据进行比较，经 C 统计得 C 值为 −0.04，Z 值为 −0.18（P＞.05），未达到显著差异水平，说明个案进入介入期（B）后对因果连词的使用能力虽有变化但没有明显差异，干预介入的保留效果较好。个案在以后的学习中，还需要注意在生活中泛化因果连词的使用，稳固干预成效。

4. 个案四干预成效

个案四在基线期（A）、介入期（B）和维持期（A'）三阶段的因果连词测试得分变化如图 5–14 所示，基线期（A）和维持期（A'）分别收集数据 4 次，介入期（B）教学 10 次。

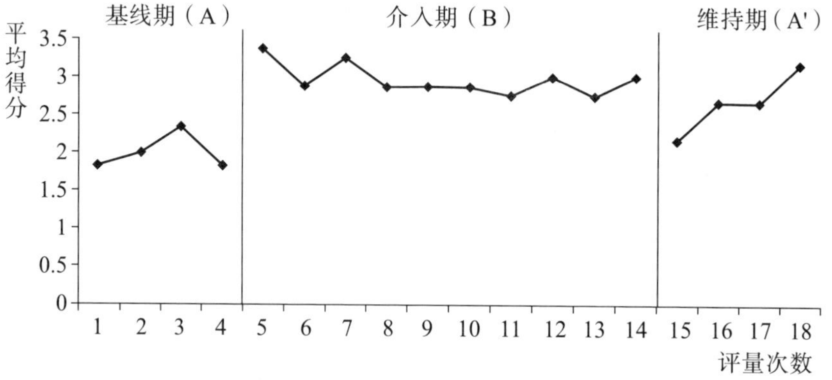

图 5–14 个案四各阶段因果连词测试得分曲线图

个案四在接受干预前的平均水准为 2.00，介入期（B）的平均水平提升到 2.97，接近 3.00，有明显的效果，对基线期（A）和介入期（B）数据进行比较，经 C 统计得 C 值为 0.45，Z 值为 1.82*（P＜.05），通过两阶段数据的比较发现，达到显著的差异水平，说明此次视觉支持干预教学对个案有显著的促进作用，个案使用因果连词的能力有了较大提升。

个案在维持期（A'）平均水准为 2.67，尤其是维持期（A'）第一次测试降至 2.12，说明结束干预课程后，干预介入的影响略有下降，个案未能很好地掌握该方法。对介入期（B）和维持期（A'）数据进行比较，经 C 统计得 C 值为 0.15，Z 值为 0.60（P＞.05），未达到显著差异水平，说明干预结束后个案保留了干预效果的状态。目前的教学效果仅限于干预课程中教授的在因果关系之间使用连词，若想使用因果连词的能力泛化到其他语言表达或情境中，还需持续地训练。

平均句长（The Mean Length of Utterance, MLU）是指在所收集的儿童自发性的言语样本中，统计出每个句子所包含的有意义的单位（一般指词或语素）的数量并求其均值（李宇明，1995）。

Rollins 等（1996）研究表明，平均句长与评估儿童语法发展量表的相关度达 0.92，与句法复杂性评估工具的相关度达 0.88，其他研究（Parker & Brorson, 2005）也支持平均句长作为评测儿童语言发展非标准化工具的有效性。所以本研究选取平均句长作为评测自闭症儿童语言发展的非标准化工具，为儿童构建语篇的能力提供有力支撑。因基线期（A）和维持期（A'）对 4 名个案进行评估时，测试形式、测试题目均相同，为更好地展现个案平均句长的变化，以基线期（A）和维持期（A'）的平均句长为对比数据，可以看出 4 名个案基线期（A）和维持期（A'）的平均句长差异明显，说明 4 名儿童在接受因果连词干预后句法能力得到发展。因果连词是一种显性的连接方式，个案学会了通过因果连词预设原因或结果的存在，了解句子的语义关系，建立事件完整的表征，在语句中用因果连词表达因果关系事件。

个案一在基线期（A）的评估表明其可以理解因果关系，但是主试在提问"为什么……"问题后，该个案没有产出"因为"和"所以"，话语中简单句较多，没有连贯性，平均句长为 2.14。例如主试提问："车为什么都停下来了？"个案会回答："红灯不能走。"在维持期（A'）阶段，个案学会使用因果连词表达完整的因果关系事件，"因为"连接原因句，

“所以”连接结果句，同样一个问题，个案在维持期（A'）的回答是“因为红灯不能走，所以车停下来了”，整个句子由因果连词衔接成一个整体，这个阶段的平均句长是5.88。

个案二在基线期（A）不能用语言把两个因果事件联系在一起，平均句长为2.24，例如“用针扎气球破啦”，可以模仿主试说出因果连词，例如“所以气球破啦”，句子之间没有连贯关系，例如“玩娃娃，看小熊”。维持期（A'），个案二在主试不提示的情况下可以完整地产出“因为”“所以”，并用这两个连词连接句子，例如“因为用针扎气球，所以气球爆炸啦”，这一阶段的平均句长为4.26。

个案三在基线期（A）能说出“因为”和“所以”两个连词，但是连接句子的过程中顺序颠倒，“因为”引导的是结果句，“所以”引导的是原因句，例如主试提问“小华为什么很开心”，个案回答“因为小华很开心”，该阶段平均句长为2.5。个案三在维持期（A'）学会用正确的因果连词顺序来表达因果关系的事件，例如“因为钓到鱼，小华，所以小华很开心，哈哈，很开心”，这样的表述完整连贯，该阶段的平均句长为5.22。

个案四在基线期（A）使用因果连词的时候会单独出现“因为”或“所以”，并且因果连词的顺序会混淆，例如主试提问“他为什么变强壮了呀？”，回答为“所以他在锻炼身体”，该阶段平均句长为2.14。个案四在维持期（A'）可以同时使用“因为”和“所以”，引导原因句和结果句的顺序正确，产出“因为他锻炼身体，所以变强壮了”，该阶段平均句长是3.56。

表5-2　个案不同阶段平均句长

平均句长	个案一	个案二	个案三	个案四
基线期（A）	2.14	2.24	2.5	2.14
维持期（A'）	5.88	4.26	5.22	3.56

本研究的4个个案经过视觉支持的干预方案介入教学后，在因果连词使用测试中的得分均明显高于接受干预前，个案基本可以用“因为”或“所以”把两个因果事件连接起来，形成表达因果关系的复句。干预阶段共设计10次课程，3名个案的数据表明，与基线期（A）相比，介

入期（B）其使用因果连词的能力发展显著，大部分个案呈现稳定进步的趋势，重叠率都为0，即教学实验有明显的效果，个案很快掌握了如何用因果连词连接两个因果事件，干预效果显著。介入期（B）结束两周后进入维持期（A'），维持期（A'）收集数据4次，该阶段个案表现略差于介入期（B），且稳定度与介入期（B）相比有所下降，说明该能力在维持期（A'）的保留效果不佳，但从整体上仍呈现出了干预的效果。自闭症个案对因果连词使用的能力有了很大提高，可以在完整的复句中使用因果连词且顺序正确。干预结束后，大多数个案保持了在介入期的学习效果，在维持期（A'）稳定进步，保留效果较好，但还需后期持续泛化，才可完整掌握该能力。此外，维持期（A'）的平均句长与基线期（A）相比有显著增加，个案可以通过使用因果连词构建完整的因果关系事件表征。结果足以验证视觉支持干预方法对提高自闭症个体使用因果连词的能力具有促进作用，以及因果连词能力的提高对儿童的平均句长、篇章构建有提升作用。

第四节　对影响干预方案实施效果因素的思考

在干预过程中，本书还针对影响干预方案实施效果的因素进行了分析，主要如下：

一、接受性词汇知识水平

本实验在前期评估时，通过皮博迪图片词汇测验考察了个案的接受性词汇知识水平。4位个案的接受性词汇知识水平均在正常范围内，尤其是个案三水平最高，达到114。在介入期（B）的训练中，个案三对研究者提出的语言提示配合度更高，训练后的表现也超出了其他3位被试，可以产出正确、完整的“因为”“所以”连词。相反，个案如果接受性词汇水平低，那么往往较难理解因果连词在时间顺序上的先后排列。

二、自闭症个案个体差异

自闭症个案个体差异性较大，且干预课程总存在明显的情绪问题。当个案情绪表现出烦躁和厌倦时，会影响对因果连词的产出，甚至会拒绝回答研究者提出的问题。干预课程中，为鼓励儿童，安抚儿童情绪，研究者会准备儿童喜欢的零食、玩具等强化物，并合理使用代币，以规范儿童在干预中的行为。强化物的使用对刺激儿童的正向行为有重要作用，强化的时机和量都会影响其表现。随着课程的增多，强化物对儿童的吸引力逐渐降低，刺激作用会减弱，如儿童不再喜欢某个玩具和某种零食，强化物就会丧失吸引力，会使儿童在干预中的积极性下降，因果连词产出不全面，影响测试得分。

三、训练材料的难易程度

相较于叙事或会话任务，本研究选取了符合该年龄段认知水平的因果关系句子，更贴近生活实际，方便个案在已有知识经验的基础上快速掌握因果连词的使用。在维持期（A'）的考察中，个案对所训练的内容和因果结构有一定程度的回忆，维持效果良好。因此干预材料的选择和编制对儿童习得因果连词、泛化能力有重要影响。

四、视觉支持干预方案

通过视觉支持干预方案提示个案在因果关系的事件之间正确使用因果连词，具有简明直观、形象具体等特点。自闭症个案多为视觉学习者，即该类个体对图片等展示较为敏感，因此，视觉方法符合自闭症个案信息处理的特点，易于掌握。但本研究的视觉支持干预方法仅限于图片和颜色背景卡片，不能完全适应每一个个案的个体差异性，我们可以思考充分利用视频、实物、符号等视觉支持为儿童提供指导。

尊重儿童，赢得儿童信赖是顺利实施干预的前提。干预之前要营造一个让儿童感到安全与被接纳的治疗氛围，并应注意与儿童建立融洽的关系，了解儿童的喜好、习惯、生活动态，接纳他们的现实表现。干预中干预者应给予儿童足够的耐心和等待，让儿童有充分的时间思考和表达，不过多加以“纠正”和“规范”。同一项目上的训练时间不宜太长，应根据个体的差异性及时安排休息和活动。

此外，家庭辅助在干预教学中起着积极作用，家庭辅助干预直接影响训练效果。Loveland 等（2001）认为自闭症并不是存在于个体内部的一种静态症状，而是一个发展着的过程，是发生在个体与环境之间的相互作用过程。自闭症儿童的干预和训练应该是密集性的，也应该是一个连续、长期的过程。家庭是儿童成长的主要环境，家长是儿童生活的主要陪伴者，因此儿童在治疗室接受训练的同时，密切接触孩子的家长也应该充分优化家庭环境，对孩子进行泛化训练。例如在对我们的个案二进行干预教学的过程中，家长反馈会结合生活中的具体情境泛化孩子使用因果连词的能力，比如家长陪孩子看动画片的时候出现小猪佩奇踩坏了球的场景，家长会提问："球为什么坏了呀？"孩子会回答："因为小猪佩奇踩了球，所以球坏了。"家长再适时给予孩子积极的鼓励和反馈，巩固学习效果。因此，干预者也要与儿童家长建立相互信赖的关系，家长及时提供儿童在接受训练后的表现以及在日常情境中的泛化情况，方便干预者及时对训练方案做出调整，为家长提供更多家庭辅助训练的可行性指导和建议。

第六章 非字面义干预案例：以高功能自闭症儿童的隐喻干预为例

第一节 儿童隐喻能力的发展历程及障碍表现

一、核心概念

语言是人类沟通的重要方式，在日常交际中对语言的使用会传递字面含义之外的某些信息，因此有时精确掌握含义需要理解说话者的意图，以及“说什么和意思是什么”的区别（Levorato & Cacciari, 2002）。比喻性语言（figurative language）容易引起传达信息时意图上的歧义，理解非字面义语言（non-literal language）的障碍还可能会导致应用或理解比喻性语言上的困难（Gibbs, 1994）。

作为非字面义语言之一，隐喻不仅仅是一种修辞手法，更是一种思维方式。Black（1962）认为隐喻是人类概念系统的重要基础，影响着人类日常的思维方式和语言表达。束定芳（2000）同样认为隐喻是人类组织概念系统的基础和组织经验的工具，通过对某一事物的经验来分析、理解另一事物，为采取相应的行动提供了可能。根据Lakoff（1987）出版的《女人、火与危险事物》，隐喻模式是指一个命题或意象图式从某一认知域映射到另一认知域的相应结构。也就是说，人们会参照已知的事物或经验，根据自身已具备的认知图式对新事物进行加工，通过感知和体验去了解、认识周围环境中的人物、事件和其他客观事物，从而形成一个隐喻概念系统。它帮助人类利用熟悉领域的经验来组织不熟悉领域的经验，形成态度并采取行动。有些隐喻可以为我们提供全新的视角去看待客观事物（Lakoff & Johnson, 1980）。Verschueren（2000）认为语言的使用过程就是语言的选择过程，只有使用者和接收者都能够根据语言涉及的内容、语言结构等做出正确选择时，交流才能够顺利进行。Littlemore和Low（2006）认为社交能力由多方面的能力构成，如社会语言能力、隐喻能力、筹划能力等。其中，隐喻能力是重要的组成部分之一。

隐喻是言语交际中的重要形式，典型隐喻由两个部分组成，即本体和喻体，典型的表达形式是“本体是喻体”。比如，当我们说“雪花是花”时，这句话中“雪花”是本体，“花”是喻体，这两个词属于两个完全不同的概念领域，一个是天气现象，一个是草本植物，其中一定存在一个喻底，即本体与喻体共享的某些特征。在上面的例子中，雪花和花的共同特征就是美丽，除了共有特征外，它们仍有区别，这也就解释了隐喻创造的惊奇效果。

此外，隐喻也是一个复杂的语言现象，按不同的标准可以有不同的分类。首先，如果按常规度分类，隐喻可分为常规隐喻与新奇隐喻。如果隐喻句中的本体和喻体经常成对出现，说明其联结程度较高，人们对该表达比较熟悉，可以称作常规隐喻，例如，月亮是小船、啄木鸟是医生等；反之，本体和喻体不经常成对出现，即联结程度低，隐喻就会比较陌生，可以称作新奇隐喻，例如，足球是小狗（即足球像小狗，在草地上翻滚、奔跑）、舞蹈家是龙卷风（即舞蹈家像龙卷风，可以不停地转圈）、思念是线（如思念像线，连着小刚和妈妈）等。其次，按照隐喻的本体和喻体相似处的属性又可将其分为物理相似性和心理相似性。物理相似性指形状、颜色、空间运动、结构特点及相互关系等体现两个事物物理化特征的具体相似性，例如上述的月亮是小船、大树是空调、足球是小狗、舞蹈家是龙卷风就属于物理相似性隐喻；心理相似性则包括由于个人经历、情感因素及社会文化因素影响到对两事物的认识，如上述例子中思念是线、啄木鸟是医生等。

二、典型发展儿童隐喻能力的发展历程

（一）学龄前儿童隐喻能力的发展

研究者们认为儿童是具有隐喻认知机制的，同成人世界借助语言手段来比较、代替及类推喻体概念系统和本体概念系统不同的是，儿童的隐喻机制是一种意象性的认知手段。在有关隐喻能力发展的文献中，大部分研究认可儿童的隐喻理解能力随生理年龄的增长而提高的观点（Asch, Nerlove, 1960; Winner, 1979），并对隐喻能力的发展做出阶段性划分，一般认为儿童经历了从字面到隐喻、从初步理解到完全理解的

过程。

较早致力于儿童隐喻能力发展研究的 Asch 与 Nerlove 发现儿童在中晚期才具备隐喻能力（Asch & Nerlove, 1960）。随后 Ortony（1976）的研究也认为：儿童的隐喻能力要到儿童的中晚期，即八九岁之后才会出现。Winner、Rosentiel 与 Gardner（1976）以“guard”和“rock”概念考察了典型发展儿童的隐喻能力（After many years of working at the jail, the prison guard had become a hard rock that could not be moved.），认为儿童隐喻发展会经历三个阶段，即魔幻理解水平阶段、转喻理解水平阶段和原始隐喻理解水平阶段。魔幻理解为“guard（守卫）”被某种不存在的力量变成了“rock（石头）”；转喻理解为“站在石头上”；原始隐喻理解为“（守卫）的肌肉像石头一样坚硬”，这表示儿童开始在两个概念之间寻找相似性。之后有研究发现，儿童最早出现隐喻能力的时间是 4 岁，Winner（1979）认为，如果隐喻是建立在儿童熟知和了解的领域中，4 岁儿童就可以理解隐喻句，还能够区分字面相似性，这早于 Asch 与 Nerlove（1960）的研究结果，之后越来越多的研究结果均指出：学龄前儿童已经具备了某种隐喻能力。

从学龄前开始，幼儿在给事物命名时会产出不同寻常的表达方式（即“重命名”过程）。许多研究指出，这些“重命名”不同于过度概括或语义欠扩展，它们不能仅仅归结为不规则的词用法（Fourment, Emmenecker, & Pantz, 1987; Winner, 1979）。在使用纵向研究（Winner, 1979）和横向的实验研究（Winner, McHarty, & Gardner, 1980）对儿童自发语言样本中的“重命名”现象进行了探索后，研究者们把其中一些“重命名”归因于具有隐喻意义，因为儿童早已习得大家对重命名对象的一般说法，这种现象也被视为“第一隐喻”的表现形式（Verbrugge, 1979）。Bowerman（1978）发现她 15 个月大的女儿不仅使用“moon”这个词表示“月亮”，还用它表示“切开的西柚”，或“一片柠檬”，或“圆形的洗碗机转盘”。Halliday（1985）认为，隐喻表达方式是所有成人语篇的特点，只有儿童语篇才有可能不包含任何隐喻形式。因此，儿童并非是掌握了成人语言的表征系统，而是由于他们的语言资源非常有限而不得不扩展他们已有的意义表达方式。由此看来，儿童词汇量的局限使他们不得不使用现有的语言符号来表达多种意义（李杰，2016）。Winner（1979）同样对早期学龄前儿童的“重命名”现象进行了研究，他认为儿童最早出现的是基于动作的隐喻和基于感知的隐喻，产生于 2 ～ 3 岁之间，前者即儿童将一个象征性的动作图式应用于给定的对象，然后将其重命名；后者也称为“感官隐喻”，即语言替代是以事物之间的感知相似性为基础的。这些类型的隐喻在 4 ～ 5 岁的儿童之间变得越来越频繁。Fourment 等（1987）的研究发现，一个儿童把一个奶酪罐放在头上，并立即将其改名为“帽子”，这是一个典型的基于动作隐喻的例子。

此外，Painter（2003）对儿童个体语言发展方面进行了深入的研究。她分别对自己两个儿子的语言发展情况展开了长期的观察和研究，并取得了有价值的研究成果。Painter（2003）认为，儿童早期使用一个词语构建一个想象的“情景”或表达一个“概念”而不是“事物”，并非就是我们所讲的隐喻，但的确在一定程度上存在向非字面意义或抽象概念转换的情况，这在儿童语言发展中非常重要。儿童语言发展初期对词汇意义的过度扩展现象（overextension）就具有明显的隐喻特征。Painter（2003）发现，当她的儿子 Hal 学会第一个词 puss（猫咪）后，便可以用这个词表示“猫咪”以外的概念，他可以使用“puss”这个词表示“类似软毛的东西”。由于还没有词语用来表达“soft”“hairy”“furry”等这些概念，所以他就得借助已有的词语“puss”的转用方式创造性地表达想要表达的概念。这似乎也说明儿童思维发展的速度比语言发展的速度要快，他们常常会缺乏新词语来表达自己的思想，因而不得不借助现有的语言表达形式。正因如此，很多学者都把这种现象看作是隐喻的雏形。

Waggoner、Palermo（1989）、Siltane（1986）和 Gentner（1988）采取选择任务，发现儿童在 5 岁时能够用言语解释视觉性隐喻，将两个相同物理范畴的物体联系起来，如“太阳是橙子”（The sun is an orange）、“蝴蝶是彩虹”（Butterflies are rainbows）等，到了 6 岁，儿童可以区分某些特征，如形状、颜色、运动等，并能够清楚表述，这也就说明 5 ～ 6 岁是儿童理解物理相似性隐喻的重要阶段。

国内也有学者考察了汉语儿童的隐喻能力，米小玲（2007）研究了 3、4、5 岁的汉语典型发展儿童的隐喻理解能力。他们采用故事理解测试任务，在实验过程中，儿童首先要看图用自己的话复述故事，然后就故事提出的问题自由回答，看儿童是否已经理解需要从隐喻的角度去解释故事中的因果事件。结果发现，学龄前儿童隐喻理解呈三阶段发展的模式：3 岁儿童缺乏对隐喻理解的能力；4 岁儿童既能在中性语境中理解隐喻句，也能在高度预测的语境中对隐喻的映射做出言语性的抽象推理；此种能力在5岁阶段得到了突破性发展而达到成熟。杨彦文（2008）通过梳理前人的研究发现，三四岁的儿童能提出一些强调不同事物间相似点的新奇表达，也能理解“云像海绵”的意思是“云和海绵都是软的”这样的表达。另外，相似性是隐喻的基础，学龄前儿童能理解和产出部分结构隐喻和运动隐喻，说明他们能辨别事物间的物理相似性。此外，他也认为儿童隐喻能力随着年龄的增长而增长，5岁是儿童隐喻能力发展的转折期，该年龄儿童不仅能够理解隐喻，而且在理解隐喻的过程中可以联系喻体和本体，认识到不同事物的物理相似性，表明5岁儿童具有简单类比推理能力，这与上述国外对物理相似性隐喻研究的结果保持一致。

因此，Melogno 等（2012）认为，儿童对隐喻的理解是可以追溯到学龄前的，并不像早年的研究所认为的那样晚。此外，儿童的隐喻理解能力似乎并不是一个“全或无”的现象，因为它可能随着隐喻类型的不同而变化。因此，一般来说5岁的儿童能够理解和解释简单的感官隐喻，即物理相似性隐喻。此外，尽管儿童自己无法充分解释清楚心理相似性隐喻，但他们却能够在多项选择测试中选择正确的解释。

（二）学龄期儿童的隐喻能力发展

国内白丽芳（2004）结合儿童的思维特征探讨了3～12岁汉语儿童隐喻能力的发展过程与特点，总结了汉语儿童从学龄前到学龄期隐喻思维发展的三个阶段，分别是无意识、隐喻意识和概念隐喻阶段，即学龄前儿童的隐喻往往是无意识的，无法清楚地认识本体和喻体之间的差别。7～9岁的学龄儿童对第二信号系统——语言和文字的反应尚不完善，对直观形象事物的模仿能力强，而对抽象观念的思维能力差，最大的思维特点是具体性，也就是他们的逻辑思维离不开具体事物的支持，因此，虽然这一阶段的儿童能够有意识进行隐喻的理解与产出，但是仍然是对物理相似性隐喻的进一步发展，他们这时期的隐喻通常是以本体、喻体之间的外在形态、颜色或功能等特征的相似性为基础，隐喻的本体通常为某件物品或动植物。10～12岁的小学高年级学生具有了抽象思维能力，随着词汇量的丰富和概念隐喻的逐渐形成，他们的隐喻具有了抽象化和系统化的特征，因此，他们可以借助具体事物描绘抽象的感觉或关系，此时，儿童的心理相似性隐喻能力也逐渐成熟。

周榕和黄希庭（2001）对小学一到六年级和初一学生的时间隐喻能力进行了研究，他们编写了11个有关时间的小故事，每个故事最后一句话都是一个时间隐喻，但句子不完整，缺少喻体词，要求被试根据故事内容说出一个自己认为最适当的词来完成该故事，如：小明学习非常努力，他总是抓紧一切时间认真学习，因为他知道时间非常宝贵，就像________一样。

这一研究发现，儿童时间隐喻能力总体上随年龄的增长而增长，但小学三年级是基本形成时间隐喻表征能力的重要时期，到六年级时，这种能力趋于成熟。

李运华（2011）对二、四、六年级儿童的身体隐喻理解能力进行了研究，并考察了语境支持对这一能力的影响。无语境支持的身体隐喻的材料有情同手足、眼红、耳边风、做手脚等。结果发现，二年级儿童的隐喻理解极不稳定，语境信息对隐喻理解的影响作用小且具有不确定性。四年级儿童的隐喻理解受语境和是否为身体隐喻影响较大，无语境的身体隐喻水平最低，有语境的非身体隐喻水平最高。六年级儿童有较高的隐喻理解水平，能比较准确理解有语境的非身体隐喻，语境材料的作用明显。

此外，Siltanen（1990）研究了儿童对不同难度隐喻的理解能力，依据本体和喻体的抽象程度不同，将隐喻分为很难（抽象本体对应抽象喻体）、中等难度（抽象本体对应具体喻体或具体本体对应抽象喻体）、简单（具体本体对应具体喻体）。结果显示，6～8岁儿童能理解简单隐喻；9～11岁儿童可以理解简单、中等难度的隐喻，同时9～11岁儿童对简单隐喻解释的细致程度要高于6～8岁儿童；12岁儿童可以理解简单、中等难度及很难的隐喻，他们对各类隐喻解释的细致程度都要高于年龄较小的儿童。国内研究也采用不同实验范式，如故事理解测试、隐喻句完成、开放型访谈等，考察了汉语学龄前儿童和学龄儿童对不同类型隐喻的理解特点。白锋宇（2008）以学龄儿童为被试，在控制适当性、区分难度和常规度的基础上，考察了6岁、9岁和11岁三个年龄的儿童对不同难度和常规度的隐喻的理解情况，结果发现儿童的隐喻理解受到隐喻难度和常规度的影响，表明不同年龄儿童隐喻理解的认知过程不同，6岁和9岁儿童隐喻理解时的认知过程是比较过程，11岁儿童隐喻理解时的认知过程接近成人模式。

总体来讲，学龄前儿童已具有隐喻能力，隐喻能力与认知发展水平紧密相关，且随着儿童认知能力的发展而逐渐成熟。

三、自闭症儿童的隐喻能力

自闭症儿童仅能根据字面义理解比喻性语言（Rapin & Dunn, 2003），因此在理解不同比喻性语言时容易产生问题（McKay & Shaw, 2004），如俗语（Kerbel & Grunwell, 1988），幽默（James & Tager-Flusberg, 1994），讽刺（Happé, 1993, 1995）等，尤其是对隐喻的理解存在障碍（Happé, 1993, 1995; Norbury, 2005; Melogno, D'Ardia, Pinto, & Levi, 2012）。而且自闭症儿童在进行隐喻推理时，表现不如其他人群，包括智力障碍、唐氏综合征儿童等（Adachi et al., 2004; Baron-Cohen, Leslie, & Frith, 1985; Sabbagh, 1999）。

国外许多研究者关注隐喻的加工机制，试图分析产生差异的原因，并探寻影响隐喻理解的因素，从而找到帮助自闭症儿童发展隐喻能力的方法。自闭症儿童的隐喻加工缺陷主要表现为字面意义和隐喻含义分离困难。关于自闭症儿童比喻性语言理解的实验研究始于Happé（1993, 1995）。她的研究假设基于两个主要的理论来源：心理理论（Baron Cohen, Leslie, & Frith, 1985）和关联理论（Sperber & Wilson, 1986）。Sperber和Wilson（1986）提出了传达信息X的"信息意图"和传达意图Y的"交际意图"之间的区别。两者都是"表面"刺激的基础，可能包括话语、手势或任何其他交流方式。听者知道X是有意传达的，并且对这条信息的相关性充满信心，说话者的意图就不再含糊不清。根据Sperber和Wilson的观点，每一个字面的言语行为都传达了一个隐含的相关信息，因此，听者可以决定哪些假设是恰当的，以及沟通者想要表达什么意思。"心理理论"（Theory of Mind）即猜测另一个人的想法和意图的能力。

基于这些理由，Happé认为，如果理解说话人的意图对于理解字面意义—推理交际至关重要，那么心理理论能力受损的人沟通技能也应该是严重受损的。Happé（1993）采用同义词、明喻、隐喻三种条件下的句子完成任务，比较了18名自闭症儿童和14名中等学习困难个体的表现。研究结果显示，无心理理论的自闭症儿童在同义词和明喻条件下，与另外两个言语智商匹配的自闭症组的表现没有显著区别，但在隐喻条件下，表现显著差于另外两个自闭症组。通过一级和二级心理理论测试的自闭症组别之间的隐喻表现没有差异。同时，无心理理论的自闭症儿童的隐喻表现要明显差于其明喻表现，但在其他两个通过心理理论测试的组别内却没有发现这一差异。因此，Happé 认为理解隐喻话语需要推断说话人的交际意图并识别和理解说话人的心理状态。

尽管有研究表明自闭症儿童的心理理论存在损伤，但是心理理论和语用障碍之间的关系指向还不明确。继 Happé 的研究之后，其他研究者也从自闭症儿童理解话语目的障碍的角度对其隐喻理解缺陷进行了研究和解释，包括语义知识（Norbury, 2005; Melogno, Pinto et al., 2012）、执行功能障碍（Kasirer, Mashal, 2016）等。理解隐喻对自闭症儿童具有挑战，很有可能是因为他们通常拥有较少的词汇量或对认识的词只有较贫瘠的语义表征（Norbury, 2005）。关于自闭症个体这种语义技能上的缺陷，另有证据支持说，尽管自闭症个体有基本的词汇知识，但他们不会自觉运用这些知识（Tager-Flusberg, 1985, 1991; Bowler, Gardiner, Grice, & Saavalainen, 2000）。Mashal 和 Kasirer（2011）以及 Carriedo 等（2016）验证了自闭症个体的隐喻能力与执行功能缺陷有关，儿童隐喻理解需要执行功能的参与，如果执行控制能力有损伤，理解隐喻时，在本体和喻体之间建立联系的能力也会有缺陷。另外，无关特征也会影响比喻性语言的理解。尽管自闭症个体的语言结构完整，但是他们使用语言进行社会交际的能力却有损伤，这表明自闭症个体在语言功能的语用层面存在障碍。因为语用能力需要不同的知识积累和完整的认知系统以完成语言最复杂的功能（Martin & McDonald, 2003）。

Norbury（2005）研究了典型发展儿童和语言障碍儿童的数据，反驳了上述 Happé 的观点，即理解隐喻需要心理理论能力。Norbury 指出，儿童一般在 4 岁左右通过一级错误信念任务，然而在整个青春期和青年期，人们对隐喻的理解能力都在提高。此外，她还指出，尽管患有特异性语言损伤（即现在所说的发展性语言障碍）的儿童拥有相对完整的心理理论能力，但他们在理解比喻性语言方面仍然存在缺陷。因此，Norbury 认为，心理理论能力是理解隐喻的必要条件，但还不够充分。她对 94 名 8 ～ 15 岁患有沟通障碍的孩子进行了研究，根据语言能力、自闭症症状和心理理论表现将他们分为三组。他们接受了一个词汇知识测试、一个心理理论任务和一个隐喻任务，这些任务改编自 Happé（1993）。结果显示，不管是否有自闭症，只有语言障碍的孩子在隐喻任务上有困难。回归分析结果表明，语义知识是隐喻理解的最强预测因子。

Norbury（2005）指出语义知识，即对概念理解的深度和广度是比心理理论更好的预测被试隐喻理解能力的指标。自闭症群体的语义知识加工表现出总体参与范围狭窄或者对于某个领域参与过度的特点。当对话涉及的语义内容与自身偏好的内容有关时，他们会过度参与，反之则缺乏反应。这样不均衡的语义加工直接导致了隐喻理解范围的局限性，只要对隐喻的本体和喻体概念中的一方反应缺乏，就会造成隐喻理解困难（Mashal & Kasirer, 2011）。自闭症儿童在理解隐喻时倾向于加工单纯的概念认知，无法在概念的属性和特征之间进行对比取舍（Gold, Faust, & Ben-Artzi, 2012）。由于无法对有关概念属性进行选择并对无关属性进行抑制而造成本体和喻体语义连接失败。从隐喻理解角度来看，对于说话方说出的隐喻句子，自闭症儿童更多地从字面义进行理解，如对“苹果是糖果”，仍只能进行语义表面化的理解，即“苹果是糖果这一实体”，而无法领会句子蕴含的“苹果和糖果一样甜”的真正含义。

Mashal 和 Kasirer（2011）对 12 ～ 15 岁的自闭症孩子和年龄匹配的典型发展孩子的隐喻理解能力进行了研究，发现了自闭症被试在理解隐喻上的困难，然而这种隐喻理解缺陷只存在于常规隐喻的理解上，其新奇隐喻的理解表现与典型发展组并没有显著差异。他们认为，这可能是由于孩子对新奇隐喻的解释需要临时创建，未曾在心理词典中编码，先前的语义知识不太能运用到新奇隐喻的理解中去。因此，相对于常规隐喻，典型发展孩子在语义知识上的优势，就无法体现于新奇隐喻的理解过程中了。Mashal 和 Kasirer（2011）有意识地区分出了新奇和常规两种与语义知识有着不同关联程度的隐喻，更为直接地说明了自闭症孩子的隐喻理解表现与其语义知识水平间的关系。

此外，Dennis、Lazenby 和 Lockyer（2001）在考察自闭症儿童推理性语言中，将隐喻纳入其研究范围。他们以语言能力测验（Test of Language Competence）中的修辞性语言子测验评估和比较了生理年龄匹配的 8 名自闭症儿童（含 4 名高功能自闭症儿童和 4 名阿斯伯格综合征儿童）和 8 名典型发展儿童理解隐喻的能力。结果表明，高功能自闭症儿童和阿斯伯格综合征儿童与典型发展儿童在口语词汇分数和歧义分数上没有统计学差异，但在隐喻理解上显著差于典型发展儿童。研究者由此推论，自闭症儿童在隐喻理解上的困难并不是由话语本身含有多重意义这个事实导致的，而是因为他们在发现话语背后的目的上有困难。Annaz 与 Herwegen 等（2009）以及 Rundblad 和 Annaz（2010）在区分隐喻和转喻的基础上提出，隐喻始终要比转喻更为复杂（隐喻涉及两个而不是一个域，它涉及的两个概念间的相似性很难确定，需要构建一个特殊范畴），并由此推断相对于转喻，自闭症儿童可能更难理解隐喻。以上观点得到了实验的支持。比如 Rundblad 和 Annaz（2010）采用发展轨迹的方法，综合考察了 5～11 岁的 11 名自闭症儿童和 17 名典型发展儿童在隐喻和转喻理解上的表现。结果显示，与生理年龄匹配的控制组相比，自闭症儿童在隐喻和转喻的表现上都显著更差；与隐喻相比，两组儿童在转喻理解中表现都显著更好。

Mashal 和 Kasirer（2016）继 2011 年的研究后，再次针对 9～16 岁的自闭症孩子的新奇隐喻和常规隐喻表现进行了研究，同样发现常规隐喻条件下，自闭症组的表现不如典型发展组的孩子，新奇隐喻条件下表现相当。该研究与他们之前的实验相比，还验证了自闭症孩子的隐喻能力是否与执行功能缺陷有关。执行功能实验包括歧义词词义生成测试、音位流畅性测试、语义流畅性测试等部分，结果发现，音位流畅性任务比年龄更能预测自闭症孩子隐喻产出的表现。孩子的隐喻理解需要执行功能的参与，如果执行控制能力有损伤，理解隐喻时，在本体和喻体之间建立联系的能力也会有缺陷。另外，无关特征也会影响比喻性语言的理解。尽管自闭症孩子的语言结构完整，但是他们使用语言进行社会交际的能力却有所损伤，这表明自闭症孩子在语言功能的语用层面存在障碍。因为语用能力需要不同的知识积累和完整的认知系统以完成语言最复杂的功能（Martin & McDonald, 2003）。

国内闫菲菲（2012）以典型发展儿童为对照组，考察了 4～9 岁自闭症儿童的隐喻发展能力，发现汉语自闭症儿童理解隐喻时倾向于字面解释，隐喻能力显著弱于典型发展儿童，且隐喻能力未呈明显的发展趋势。Zheng、Jia 和 Liang（2015）在故事语境中，测查了汉语高功能自闭症儿童对“本体是喻体”形式的隐喻理解和源域直接转指目标域形式的转喻理解，同时比较了接受性词汇语义知识对其理解活动的影响，并与生理年龄、言语智商、操作智商和总智商都匹配的典型发展儿童进行了对照。结果发现，汉语高功能自闭症儿童的转喻理解比隐喻理解困难更大，语义知识与其隐喻理解有关，而与转喻理解无关；但研究认为静态的接受性词汇知识并不能完全有效地预测其隐喻理解表现，这可能与其语义知识表征和加工的特殊方式有关。

总之，自闭症儿童与典型发展儿童相比，隐喻理解能力及习得能力显著落后。研究表明，自闭症儿童由于异常的语义表征方式，且在区别和抑制无关表征上存在缺陷，无法在本体和喻体之间建立相似性联系，这使得自闭症儿童在理解隐喻性话语上存在困难。

第二节　自闭症儿童隐喻干预研究

隐喻能力是儿童语言发展过程中的重要环节，如果隐喻理解能力未能得到很好的发展，那么他们往往难以进行言语交际，从而对其生活、工作、学业造成一定的困难。因此，对自闭症儿童的隐喻能力进行干预具有非常重要的意义。

一、理论基础

Skinner（1957）将隐喻定义为一种扩展策略，在这种策略中，一个刺激物的属性会引发一个反应，并会共享一些（而不是全部）控制反应的刺激物的相关属性。例如，一个人可能被称为猫头鹰，因为他 / 她过了午夜往往精力充沛。猫头鹰的一些特性，如在晚上保持清醒和活跃，都是由人表现出来的。用猫头鹰的特征来指代人的描述就构成了隐喻性的延伸。然而，对扩展策略的分析并不能完全解释隐喻性言语行为发展的过程。与隐喻性言语行为发展相关的一些尚未回答的问题包括：相关属性如何被选择，无关属性如何被抑制，以及一个刺激的相关属性如何与另一个刺激相关联（Stewart & Barnes-Holmes, 2001）。

因此，隐喻作为一种复杂的言语行为，若想对其进行干预，就必然要了解其产生和发展的理论基础，国内外干预自闭症儿童隐喻能力的主要理论依据是关联理论和关系结构理论。

（一）关联理论（Relevance Theory）

Wilson 和 Sperber 在《关联性：交际与认知》一书中首次提出关联理论。该理论指出隐喻的正确理解需要通过对本体、喻体概念及其之间关系的准确取舍和关联来实现（Wilson & Sperber, 1986）。关联理论重视信息传递的有效性，因此对喻体概念理解具有较高要求，同时也注重本体和喻体属性之间的联系。从该理论角度来看，概念及其属性的有效认知和分解是隐喻关联形成的关键，而听话者对语境信息的运用对于构建特定隐喻结构来说非常重要。为了完成隐喻，个体必须具备充足的语义知识和对概念属性及范畴准确把握的能力。关联理论较早从概念的认知加工角度对隐喻理解的框架和机制提出了解释，这也为隐喻的思维导图干预法的具体应用提供了理论支持。

（二）关系结构理论（Relational Frame Theory）

Stewart 和 Barnes-Holmes（2001）运用关系结构理论将隐喻理解为一种行为现象。该理论认为，关系结构是所有操作行为中最高级的操作行为，是强化过去行为而产出的产品，关系结构的形成是过去多次示范训练的结果。

就隐喻而言，协调、层级、区别是三种重要的关系结构。协调是指把两种或两种以上的刺激物联系起来，认为它们相似或相同，如将口语词“苹果”和物体“苹果”联系起来，认为二者相似，即为协调。区别指将一个刺激区别于另一个刺激，如我们可以将苹果与石头区别开。层次可看作层级结构，指一个概念属于另一个概念，如词“哺乳动物”与“狗”“海豚”“鲸”有关，因为后三个词均为“哺乳动物”的例子。此外，一个物体或概念的特征也属于其层级结构关系，“苹果”可以和“水果”“你可以吃掉它”“生长在树上”相联系，这三个特征都属于苹果。

关系结构理论视角下的隐喻推理被看作是在两种或多种刺激间进行多种关联的行为（毛晓翎、王分分、曹静、祝卓宏，2017）。例如，就“苹果是糖”这个隐喻来说，个体需要经历以下过程理解其隐喻内涵：个体首先通过层级关联将本体与其特征进行联系（如将“苹果”与其特征进行联系，其中包括“很甜”这一特征）。个体还需通过层级关联将喻体与其特征进行联系（如将“糖”与其特征相联系，其中包括“很甜”这一特征）。最后，个体还需识别本体与喻体之间的相似属性（如“苹果”和“糖”都很甜）。关系结构理论衍生的训练策略中，多次示范训练法和思维导图被使用较多。

二、隐喻干预方法

（一）提示教学法

大多数关于自闭症个体隐喻性语言的研究都是从神经认知角度来探

讨，其中隐喻性语言的缺陷被认为是由潜在神经机制的功能障碍引起的（Gold & Faust, 2010）。由于目前还不可能在这些假设的神经机制水平上进行干预，因此试图向自闭症儿童教授隐喻性语言的研究相对来说起步较晚，也比较有限。Białecka-Pikul（2010）试图通过直接和间接暗示以及手势和图片提示，向109名4岁和5岁的典型发展儿童教授隐喻。训练包括隐喻测试，要求儿童确定15个隐喻任务的答案。每个任务由3个序列（A、B和C）组成，每个序列由5个隐喻组成。在序列A和B中，第三个任务后面总是有一个直接或间接的提示。直接提示包括直接提出解决方案和口头解释。间接提示包括非言语、暗示性手势和图片提示。研究结果发现，这种提示性策略是无效的，该实验中的被试最终并未获得更高的隐喻理解能力。尽管如此，该研究仍然对隐喻干预策略的进一步探索有重要意义。

（二）思维导图法

关于思维导图的概念在第三章第四节（199–200页）有介绍，可参看。思维导图的干预效果得到了不少证据支持，Mashal和Kasirer（2011）的研究发现，经过干预，自闭症儿童不仅对干预时学过的隐喻表达的理解力显著提高，而且对于初次碰到的隐喻句，他们也可以使用思维导图来帮助理解。Whyte、Nelson和Khan（2013）以10个自闭症儿童为被试，训练其对隐喻习语的理解能力，干预时长为两周。实验者向儿童展示包括目标习语的一段话，儿童需要完成一个练习表，并通过画剪贴画的方式表示隐喻习语的非字面含义，再比较自己理解的含义和其真实的非字面含义。最后要求儿童画出可以插入这句习语的新的情境。干预结束后发现自闭症儿童在习语的理解上有了很大提高。由此可见，自闭症儿童的隐喻理解能力可以通过思维导图的干预训练得以加强。

此后，Melogno和Pinto（2014）也使用思维导图对一名9岁的高功能自闭症儿童进行了隐喻理解干预，除了采用类似的双气泡思维导图工具外，还引入了策略辅助的思维图示。干预中，给儿童呈现简笔画人物卡片，左边人物头上的两个“思想泡”中分别写有“我的意思是（I mean）”“我说（I say）”以启发儿童理解说话人的意图，右边“思想泡”里分别写着“X是Y”“X像Y”，以此训练儿童用“X像Y”的句式将隐喻的本体和喻体通过明喻的形式表述出来，随后逐渐转向“X是Y”的隐喻形式，以使其理解“X 是 Y”是在表达“X 像 Y”。实施过程要经过研究者解释策略、主试演示、主试和儿童互动练习、儿童独立尝试策略这几个步骤。通过思维导图的干预方法，该自闭症儿童的隐喻能力获得了提高，并可以将该能力泛化到其他未经训练的表达中。

Melogno、Pinto 和 Orsolini（2017）结合之前的理论研究，采用相似的方法对一个 8 岁的阿斯伯格症儿童进行理解隐喻干预，研究者主要通过三个活动对其进行干预：第一个活动是训练儿童不要从字面含义去理解句子，应将“A 是 B”类型的句子理解为“A 像 B”，这也是把隐喻转换为明喻的过程。然后通过思维导图的方式教导学生 A 和 B 各自的特征，以及二者之间的某一共同特征或者相似性。第二个活动是要求儿童对一物体进行重命名，如将面粉重命名为雪花。第三个活动是故事匹配练习，即成人给儿童读一段小故事，让儿童从两个带有隐喻含义的句子中选择一个作为故事结尾。结果发现，经过教学，该阿斯伯格症儿童的隐喻理解能力得到明显提高，从否定（X 不能是 Y）转向了多种可能的意义（X 可能是 Y 或 Z），最终得出了一种似是而非的隐喻解释（X 可以是 Y）。Melogno、Pinto 和 Filippo（2017）在上一个研究基础上扩大实验规模，共筛选了 16 名年龄在 9 ～ 10 岁的儿童参与这项研究，其中 8 名儿童（4 男 4 女）被诊断为自闭症谱系障碍，另外 8 名为典型发展儿童，全为男生。该研究采用的隐喻干预策略是 Melogno、Pinto 和 Orsolini（2017）所用的第一个活动，即启发儿童将“A 是 B”类型的句子理解为“A 像 B”，然后利用思维导图来比较 A 和 B 之间的特征。结果显示，实验组的儿童隐喻理解能力得到显著提升，对照组测试前后的表现则无明显改善。此外，从年龄层面进行分析发现，实验组儿童感官隐喻方面的能力基本达到或略低于 10 岁的正常发展儿童所显示的水平，但是物理心理型隐喻的理解情况并没有显著提升。研究者将这一现象归因于共同特征理解难度的增加，以及自闭症儿童本身心理理论能力方面的缺乏。

（三）多次示范训练法

多次示范训练法即采用多样的隐喻句或者隐喻故事进行多次、反复的练习，以便儿童建立起本体和喻体之间的语义联系。训练中，给儿童提供独立反应的机会，强调儿童主动性的培养，并通过长期重复训练和强化，使儿童确立本体和喻体在隐喻关系上的稳定性。

国内有研究者采用多次示范训练法来提升儿童的隐喻能力。毛晓翎、王分分、曹静、祝卓宏（2017）对60名4～7岁典型发展儿童的隐喻能力进行干预性研究，实验材料参考Persicke等（2012）关于孤独症儿童隐喻推理多范例训练的故事材料，按照中文惯用的表达方式自行编制，每个故事30～100字，由对人、事、物等日常生活场景的简单描述组成，其中包含3个隐喻本体，对应3个隐喻喻体作为问题。故事材料及隐喻示例如下（见表6-1）：

表6-1　故事材料及隐喻示例

故事	隐喻
妈妈帮助童童整理物品用了三个箱子，其中一个箱子里放满了毛绒动物玩具，另一个箱子里放满了玩具手枪，最后一个箱子里放满了图画书。	1. 童童有一个动物园。 （共同特征：容纳动物） 2. 童童有一间弹药库。 （共同特征：容纳武器） 3. 童童有一个图书馆。 （共同特征：收藏书）
童童爱洗澡，妈妈喜欢给童童买水蜜桃味道的沐浴液和洗发水。沐浴液擦在身上摸起来滑溜溜的，每次童童都用洗发水弄得满头白色泡沫。	1. 每次洗完澡童童都变成个桃子。 （共同特征：有桃子的香味） 2. 童童是一块小香皂。 （共同特征：滑溜溜） 3. 洗澡的时候童童长了白头发。 （共同特征：头上白白的）

该研究在基线阶段、多次示范训练阶段和训练后阶段的隐喻测试任务中都采取相同的干预流程，即首先主试讲故事，请被试复述，如不能复述，则再讲一次，直到被试可以复述。然后请被试回答隐喻测试问题。如果回答正确，则给予表扬式强化；若被试给予的是中性反馈或者回答不正确，则主试要进行引导性提问和讲解。如此反复进行，直到被试可以正确理解这一隐喻表达。

该研究的实验结果显示，多范例训练对隐喻语言理解能力的提高是有帮助的。4～7岁儿童的隐喻理解能力随年龄增长而提高，并且在同样完成训练阶段任务的标准下，大龄组所需的训练次数要少于小龄组。同时，小龄组训练后的正确率显著高于大龄组被试在基线期（A）的正确率。这一研究还发现，在研究后期，已经有被试会利用关系框架来解释自创的隐喻问题了。比如，一个被试在一次训练结束后说："我家有一只小猫咪，短短的黄色的毛，很胖很胖，如果我说它是一只小猪，是因为它很胖，但是它跟小猪又有不同的地方，就是黄色的毛。”这说明，在多范例训练后，儿童可以自发地创造新的关系框架，并分析一致性与区别性关系。

Lee 等（2019）同样采取多重范例教学法对 3 名 5～8 岁的汉语自闭症儿童的隐喻理解能力进行了干预。具体的干预流程主要分为三个阶段：

第一阶段，教师在幻灯片上展示一个目标隐喻，即文本刺激（如“方方的眉毛是柳叶”），并要求被试大声朗读句子。如果被试漏掉或误读了幻灯片上的任何文本刺激，教师会提供一个回声提示让被试继续。被试读完这个隐喻句后，教师问：“句子中谈到的两件事物是什么？”给被试留 3 秒的反应时间。如果被试的回答正确（如“眉毛和柳叶”），教师会给予表扬。如果没有，教师提供一个回声提示，并要求被试重复正确的回答。

第二阶段：教师问：“这两件事的共同点是什么？”然后教师等 3 秒，如果被试的回答正确（如“她的眉毛和柳叶是弯曲的”），教师给予表扬。如果没有，则执行以下提示步骤。第 1 步：教师添加隐喻中第一个元素的图片。第 2 步：教师要求被试至少掌握第一个要素的三个特征（如“你能描述一下眉毛吗？”），如果被试回答正确则得到表扬。教师指着第一个元素的图片，如果被试没有提供三个特征（如眉毛弯曲、细和深色），则提供回声提示。第 3 步：教师用第二个元素重复步骤 1 和步骤 2。第 4 步：教师口头提示：“你看到这两件事物有什么共同点吗？”再次给被试留 3 秒的反应时间。同样，教师对正确的回答给予表扬，对回答不正确或没有回答的人给予回声提示（如“它们都是弯曲的”）。

第三阶段：教师问：“方方的眉毛是柳叶，这是什么意思？”学生回答正确则会得到表扬。如果学生没有给出正确答案或没有回答，教师会再出示一张文本提示卡，其中包含一个完整的句子，但关键隐喻特征所在处是空白的，以引起正确的反应。（如方方的眉毛和柳叶都是____，所以这意味着方方的眉毛是柳叶。）经过隐喻干预，三名被试的已学隐喻都得到较大提升，并且其中两名学生还可以理解一些未学隐喻。

从以上关于隐喻干预方法的介绍中可以发现，视觉支持策略即思维导图与多次示范训练这两种干预方法，对自闭症儿童的隐喻理解和产出能力的发展具有明显的提升作用，越来越多的研究倾向于将这两种方法结合使用，以求干预效果最大化。

第三节　干预案例

一、干预方法及依据

从前人的研究可以发现，隐喻加工是多种因素综合作用的结果，理解隐喻不仅需要宽泛的词汇知识，还应掌握产出不同语义表征以及比较、区分这些表征的能力。基于隐喻理解的实现方式，研究者提出用思维导图辅助儿童了解语言认知加工过程，进而帮助其掌握隐喻加工的技能。思维导图是备受干预者们推崇的一种方法。依据人类大脑思维加工的一般规律和不同任务的加工特点，可将思维导图分为圆圈图、起泡图（即气泡图）、双起泡图（即双气泡图）、树形图、括号图、流程图、复流程图、桥型图八种类型。其中，对概念及概念之间关系进行学习和思考的辅助功能而言，起泡图和双起泡图是最佳的工具。在起泡图中，儿童可以将需要认识的概念写在中心的圆圈内，而将有关的属性和特征写在外周的圆圈内（如图 6–1 左）。该过程可以使儿童对概念及其属性形成直观的认识。两个起泡图的结合则演化成双起泡图，概念相同的特征则写在中间相交的圆圈内，表示二者的联系和相似（如图 6–1 右）。双起泡图对认识两个概念之间属性的异同性具有显著优势。在隐喻加工过程中，儿童可以将本体和喻体概念及属性分别对应到双起泡图的两端，形成对二者关系的形象化理解，促进隐喻学习，由此，双起泡图在隐喻学习中被具体化为一种隐喻思维导图。

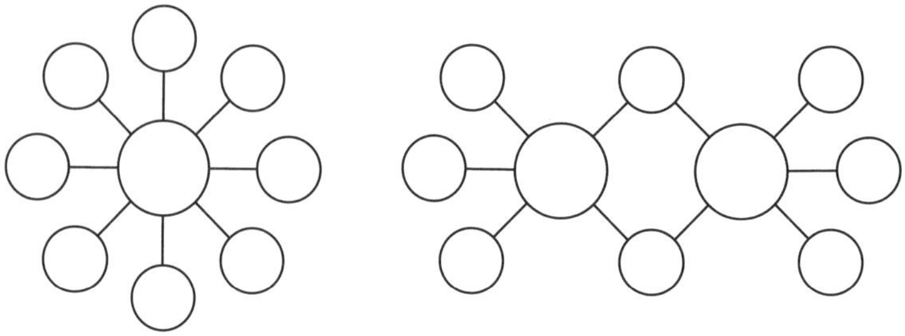

图 6–1　起泡图和双起泡图

思维导图是一种视觉—口头的学习工具，该方法通过与儿童的互动，可以将隐喻理解过程可视化，以图片的形式展示概念的语义表征，促使儿童理解隐喻句。由于思维导图具有直观形象、简单新颖的特点，因此，合理运用思维导图，有助于儿童解读图像、概念，提高学习的效率，增强干预的成效。

二、干预方案

（一）干预材料介绍

为帮助儿童充分理解隐喻，教授隐喻目标句时应提供含有目标句的情境故事和有关本体、喻体的图片支持，因此干预材料应由隐喻目标句和情境故事组成。要注意针对不同的隐喻类型，材料设置也应该有所变化，例如以下几项，属于具有物理相似性的干预材料：

1. 冰激凌是圣诞帽

课间休息时，老师给每个小朋友都发了一个冰激凌。小明拿着三角形的冰激凌，说："冰激凌是圣诞帽。"

问："'冰激凌是圣诞帽'是什么意思？"

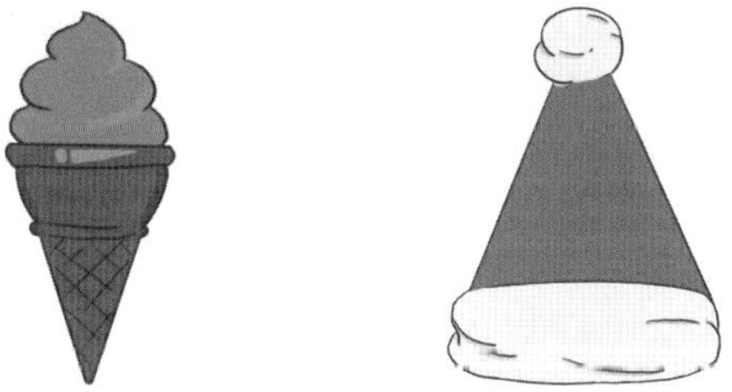

图 6-2　冰激凌是圣诞帽

2. 足球是小狗

小明踢足球很厉害。他脚一踢，球就能跑很远。他还可以带球跑。小明说："足球是小狗。"

问："'足球是小狗'是什么意思？"

图 6-3　足球是小狗

3. 月亮是小船

天黑了，太阳慢慢落下，月亮慢慢升起。弯弯的月亮挂在天上，两头尖尖的。小兰看着月亮，说："月亮是小船。"

问："'月亮是小船'是什么意思？"

图 6-4　月亮是小船

再如，以下几项属于具有心理相似性的材料：

4. 大树是空调

小刚和小明在公园里做游戏。可是今天天气很热，不一会儿，他们就跑得满头大汗。小明来到树下，顿时凉快了很多。小刚说："大树是空调。"

问："'大树是空调'是什么意思？"

图 6-5　大树是空调

5. 啄木鸟是医生

回家的路上，小兰看见一棵长虫的树，妈妈说这棵树生病了，应该让啄木鸟来治病。妈妈说："啄木鸟是医生。"

问："'啄木鸟是医生'是什么意思？"

图 6-6　啄木鸟是医生

（二）操作方法

干预流程包括三个阶段，分别是基线期（A）、介入期（B）、维持期（A'）。基线期（A）即干预的前测，收集儿童尚未接受干预训练时的表现，至少进行 4 次评估，每次测试的物理相似性和心理相似性隐喻材料各占一半，一般来说，每次至少对 2 句隐喻句进行理解测试，每次测试后对儿童的解释评分，所得平均分即用来衡量其当前的理解能力。介入期（B）由干预人员进行内容教学，每课时结束后同样对所学隐喻句进行测试，所得分数即为测试得分。在干预期间，视儿童接受能力合理安排需要学习的隐喻句的数量，一般最少安排2句，同样物理相似性和心理相似性隐喻材料各选择一半。结束后进入维持期（A'），即后测，同样进行至少4次的评量。维持期（A'）的评量方法和评量内容与基线期（A）完全相同，不给予儿童任何的干预、练习或提示，具体的评分标准如下（见表6–2）：

表6–2　评分标准及示例

标准	得分	隐喻目标句	解释示例
不能给出任何解释或给出的解释完全不相关。	0分	叶子是针。	叶子是叶子，针是针，不能放在一起。
只能进行字面意义理解。	1分	小明是猴子。	小明是一只猴子。
能够意识到需要做隐喻性解释，但隐喻解释不够准确。	2分	思念是线。	红，它们颜色一样。
基本能够解释出隐喻的含义。	3分	火车是龙。	因为长长的一样，都可以长长的，所以火车是龙。
能够准确地解释出隐喻的含义。	4分	月亮是小船。	因为月亮像小船，因为它们都是两头尖尖的，弯弯的，所以月亮是小船。

下面以“肚子是球”这个隐喻句为例，展示干预流程图（见图6–7）：

（1）交代语境故事：爸爸很喜欢吃草莓。一天，妈妈买了一大袋草莓。爸爸一连吃了20多个，肚子变得圆滚滚的。妈妈说爸爸的肚子是球。

（2）引出目标句（肚子是球），展示概念图片。

（3）引导产出本体“肚子”的语义表征，比如“大的”“身体的一部分”等，将这些语义特征写在“肚子”这一图片的下方。

（4）引导产出喻体“球”的语义表征，比如“会滚动”“可以踢”等，将这些语义特征写在“球”这一图片的下方。

（5）比较区分、建立联系，寻找共同语义表征，把两种图片下记录了共同语义特征的卡片从队列中拿出来，放在一起，如图6–8所示：

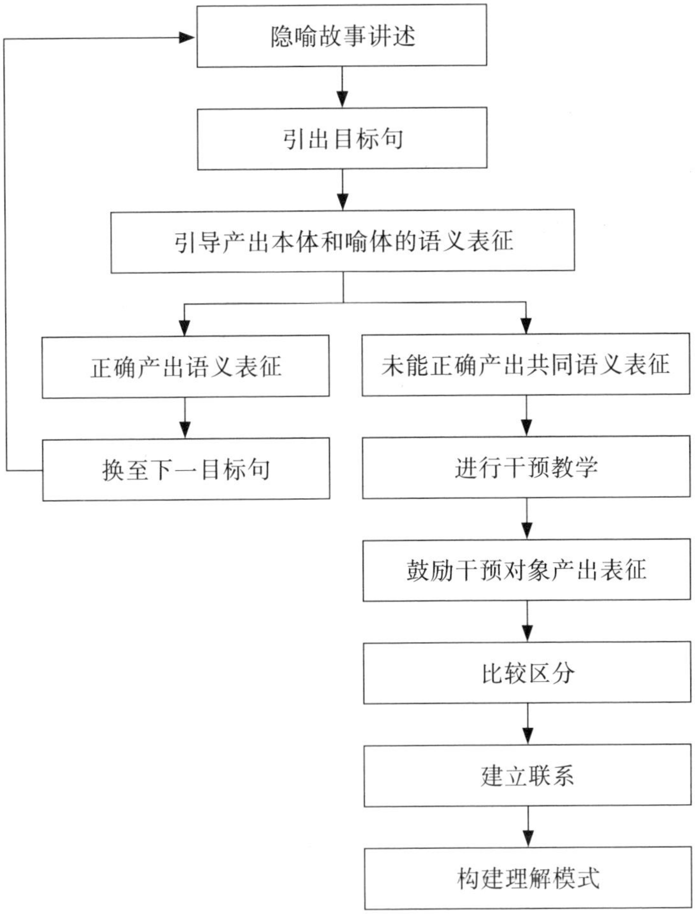

图 6-7　干预流程示意图

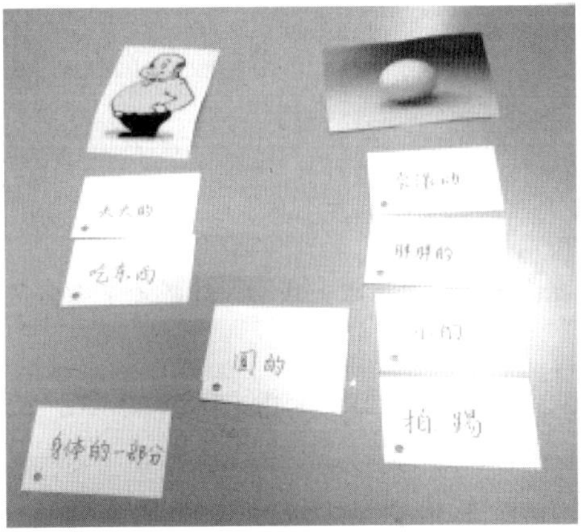

图 6-8　卡片

（6）构建理解模式：在确定个案理解源域和目标域的相似性后，明确“X是Y”意为“X像Y”（儿童往往会判断“X像Y”是可接受的，但“X是Y”则不可接受，所以可以用“像”字句作为过渡）。“肚子是球”指肚子像球。因为它们都是圆圆的，它们是一样的，所以肚子是球。

三、干预成效展示

经实验验证，这一干预方法对自闭症儿童的隐喻理解能力发展有显著促进作用，本部分将通过4名被试的隐喻理解能力变化来展示干预成效。

（一）被试一

性别男，年龄为6岁，经医院诊断为自闭症，未伴随其他智力和语言障碍，视力、听力正常，在本次干预教学前未参加任何形式的干预或个训课程。这名被试言语智商为90，非言语智商为96，总智商为101，均处在中等水平，属正常智力。皮博迪词汇图片测验得分为85，表示该儿童词汇量在正常范围内，可以理解干预材料中大部分词汇概念。在干预的基线期（A）测试中，隐喻测试得分为0.34，参考评分标准，得分低于1分，表明该被试在干预前几乎不能理解隐喻结构（这里的隐喻结构仅指“本体是喻体”）。

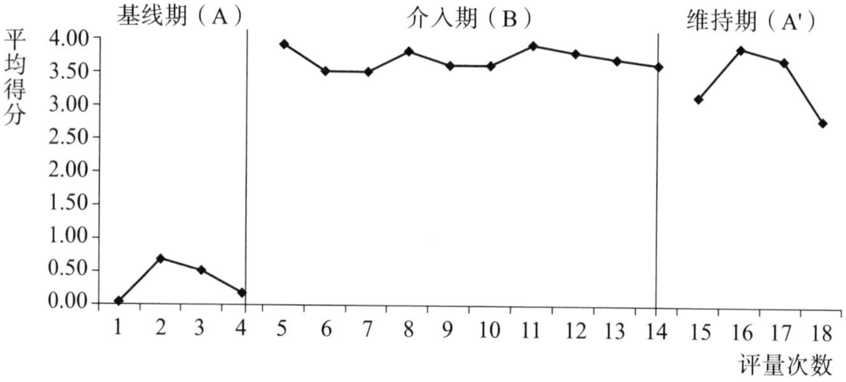

图6-9 实验对象一各阶段隐喻测试得分曲线图

在介入期（B）开始对实验对象进行理解隐喻表达的教学实验，整个干预方案主要包括10课时内容，每课时为2个隐喻目标句的教学，课时按照隐喻句的难度（即抽象性）由简至难顺序安排，先教授物理相似性隐喻，后教授心理相似性隐喻。每课时结束后对所学目标句进行测试，所得分数即为测试得分，故共收集10个资料点。实验对象对隐喻表达（这里仅指“本体是喻体”结构）的理解能力经干预教学后有明显提高，每次训练后得分分别为3.90、3.50、3.50、3.80、3.60、3.60、3.90、3.80、3.70、3.60，该阶段平均得分达到3.69，根据评分标准，该阶段实验对象可以正确理解“本体是喻体”结构中的隐喻含义。

在维持期（A'）停止了隐喻理解干预的教学实验，对目标结构不做练习和增强，共收集数据4次。实验对象在维持期（A'）的得分分别为3.13、3.87、3.70、2.80，平均得分达到3.38，明显高于基线期（A）分数，但低于介入期（B），说明实验对象在维持期（A'）虽能很好地理解“本体是喻体”的隐喻结构，但维持效果不佳，有下降趋势。

总的来说，通过对基线期（A）、介入期（B）、维持期（A'）三个阶段间的数据进行分析发现，干预对象在接受隐喻理解的干预教学后，在理解“本体是喻体”隐喻结构的能力上的测试得分有显著提高，干预呈现明显上升的立即效果，且在水准上呈现出大幅进步；进入维持期（A'）后，虽保留效果不佳，但仍保持较高水准。这充分验证了实验对象的隐喻理解能力可以进行干预，且干预课程有明显的促进作用。

（二）被试二

性别男，年龄为6岁1个月，经医院诊断证明有自闭症，除伴随有多动、肢体不协调等外，无其他认知和语言障碍，视力和听力均正常，未参加任何干预课程。该被试言语智商为99，非言语智商为106，总智商为102，处于90～109等级，在中等范围内，智力正常。皮博迪词汇图片测验得分为112，词汇量正常。隐喻测试得分为0.38，得分与被试一大致相当，都无法理解隐喻结构。总结被试二的语料发现，该儿童无法推理出“是”的语用含义，只能理解“像”的含义，但仅限于理解相似性为形状颜色类的“本体像喻体”结构，无法用语言准确描绘本体和喻体的相似点，且儿童在评估时过多关注图片支持，无法利用隐喻故事中的语境理解目标句。

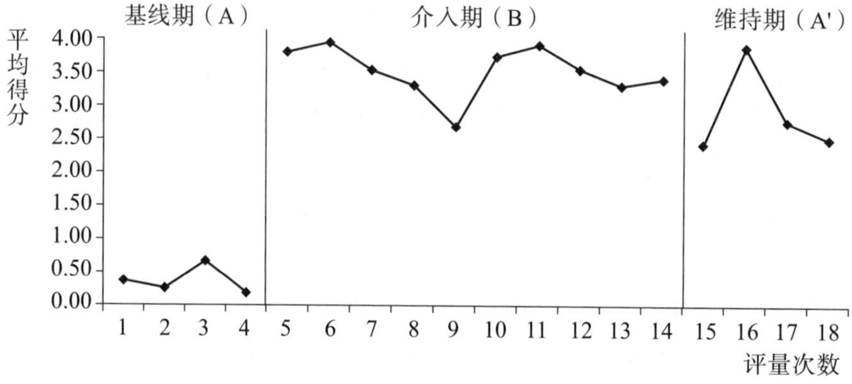

图 6-10　实验对象二各阶段隐喻测试得分曲线图

经过基线期（A）的数据收集后，开始对实验对象进行为期 5 周的干预教学。介入期（B）共收集数据 10 次，收集方法同实验对象一。本阶段每次隐喻测试得分分别为 3.80、3.93、3.53、3.30、2.70、3.73、3.90、3.53、3.30、3.40，平均得分为 3.51，明显高于基线期（A）数据，说明干预介入后，实验对象对“本体是喻体”的隐喻结构有了正确的理解。相比较实验对象一，该实验对象在本阶段测试得分跨度大，部分原因是受实验对象情绪状态和注意力影响，导致实验对象测试时随机性因素较多，无法真实反映其学习情况。介入期（B）后期得分略低于前期，原因在于后期的课程难度高于前期，该实验对象的理解能力仅限于理解基本的、较为简单的“本体是喻体”结构，因而水准呈现出向下的退步趋势。经 C 统计得 C 值为 0.23，Z 值为 0.80（P＞.05），未达到统计学上的显著差异水平，验证了被试二在此阶段稳定发展的状态。

在干预教学结束后，不再对其进行任何形式的干预，并进行 4 次测试作为维持期（A'）成绩。本阶段测试得分为 2.43、3.87、2.77、2.50，平均得分为 2.89，与基线期（A）的 0.38 相比有明显提高，但略低于介入期（B）的平均水平 3.51，说明经过干预后实验对象对“本体是喻体”结构的理解能力有了很大提高，但撤回干预后维持的水平不如干预期。

总的来说，通过对基线期（A）、介入期（B）、维持期（A'）三个阶段的数据进行分析发现，干预对象在接受隐喻理解能力的干预教学后，在理解“本体是喻体”结构上的测试得分有显著提高，干预呈现明显上升的效果，且在水准上呈现出大幅的进步；进入维持期（A'）后，虽有所下降，但仍保持较高水准。这充分验证了干预对象的隐喻理解能力可以进行干预且干预课程对该能力有明显的促进作用。

（三）被试三

性别男，年龄为6岁5个月，经医院确诊为自闭症，无其他认知或语言障碍，视力、听力正常，且未参加过其他干预训练。言语智商为97，非言语智商为115，总智商为128，处于中上（聪明）水平，表明儿童智力正常，其中非言语智商得分明显高于言语智商，说明该儿童逻辑和操作能力的发展要优于语言表达和理解能力。皮博迪词汇图片测验得分为107，接受性词汇知识属正常水平。隐喻测试最终得分为0.88，略高于其他三位实验对象，但仍低于1分，表明这名儿童在干预前无法理解隐喻表达。通过分析其语料，发现该儿童在理解较为简单的隐喻（如“积雪是纸”）时，可以发现其蕴藏的语用含义（如理解前面的“积雪是纸”意为“积雪像纸”），但面对难度较大的隐喻时则无法理解，且根据支持图片发现本体和喻体的相似点时，只能简单指出，不能准确描绘。以上表明这名儿童已经开始发展理解隐喻的语用推理能力，可以在两个概念之间建立联系，并对语义表征进行简单的对比、区分，选择共同的相似点，只是该能力发展还未完善，有待进一步的干预训练。

被试三在介入期（B）的得分为4.00、3.33、3.73、3.70、3.50、4.00、3.80、4.00、3.80、3.80，平均得分为3.77，明显高于基线期（A）水平。随着干预教学的推进，实验对象的隐喻理解能力由仅能从字面意义层面做出解释发展到正确理解隐喻含义。实验对象对“本体是喻体”隐喻结构的隐喻理解能力受干预影响逐渐提高，并有继续上升的趋势，而且在难度较大的干预后期表现良好。该实验对象在干预期间测试得分差异较小，基本可以从隐喻层面对目标句做出解释，其中干预前期的得分略低于干预后期，但差异不显著，对目标句的隐喻解释接近正确理解。经C统计得C值为−0.18，Z值为−0.62（P＜.05），未达统计学上的显著差异水平，说明实验对象在该阶段表现稳定，进一步证实了实验对象稳定进步的状态，基本掌握了隐喻理解能力。

与基线期（A）相同，维持期（A'）共收集数据 4 次，每次测试得分为 3.27、3.90、3.73、3.50，平均得分 3.60，对目标句可以做出正确理解，基本等同于介入期（B）水平。说明实验对象较好地维持了干预的介入效果，未受时间推移的影响，表现稳定，有进一步发展的趋势。

总的来看，对比该儿童在基线期（A）和介入期（B）两阶段的数据，介入期（B）的得分均高于基线期（A），表明经过干预教学后，实验对象对“本体是喻体”隐喻结构的理解能力整体提升，甚至可以完全正确理解目标句。介入期（B）和维持期（A'）的得分范围大致相同，这两个阶段无变化表明实验对象进入维持期（A'）后仍保留有介入期（B）的影响，干预介入的保留效果较好，实验对象仍持续进步。

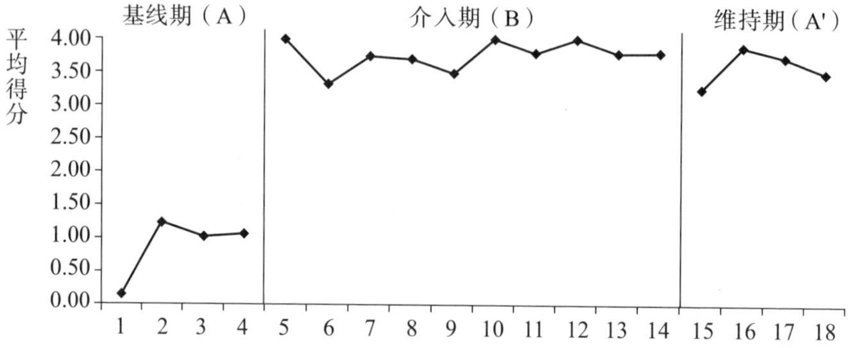

图 6-11　实验对象三各阶段隐喻测试得分曲线图

（四）被试四

性别男，年龄为 6 岁 2 个月，经医院诊断为自闭症，除有运动发育落后障碍外，无其他伴随性认知障碍，视力、听力正常，曾在特殊教育机构接受过应用行为分析疗法（Applied Behavior Analysis, ABA）的行为干预，但在此干预开始前已完全结束，可以保证干预实验进行中无其他训练课程的影响。被试四言语智商为 95，非言语智商为 119，总智商为 107，均为中等水平，属正常智力。皮博迪词汇图片测验得分为 107，接受性词汇量在正常范围内。隐喻测试得分为 0.792，同其他三位实验对象相比，干预前的隐喻理解能力较低，几乎无法理解隐喻结构。该儿童能够推出部分“本体是喻体”结构中表达的“本体像喻体”含义，更多的情况是只能给出目标句的字面解释，较少主动产出本体和喻体的相似点，且依赖图片支持。以上表现说明该儿童已经拥有隐喻理解能力但发展还远未完备，对语义表征进行对比区分的能力还有待训练发展。

在介入期（B）对实验对象共进行10次资料点测量，每次的得分分别为3.40、3.70、3.73、4.00、3.60、3.85、4.00、2.90、3.80、1.90，平均得分为3.49，明显高于基线期（A）平均水平，从直观数据测得干预教学对实验对象有明显的介入作用。干预后期得分较低于干预前期。实验对象在该阶段出现退步的发展趋势的原因与前三个实验对象相同，受课程设计难度的影响，其对“本体是喻体”句子的理解仅限于简单的物理相似性隐喻表达，缺少对心理相似性隐喻表达的理解。

维持期（A'）同基线期（A），各自收集数据4次，每次测试得分为3.10、2.90、3.30、2.73，平均得分为3.01，与前期相比，明显高于基线期（A）水平，但略低于介入期（B）得分，说明干预课程对实验对象的隐喻理解能力有即时的介入效果，且实验对象在该阶段表现稳定，很好地维持了干预介入的学习效果，但阶段后期对“本体是喻体”结构的理解能力相对较弱，产生逐渐退步的发展态势。经C统计得C值为−0.44，Z值为−1.21（P＞.05），未达显著差异水平，这充分印证了实验对象在维持期（A'）数据的稳定状态。

总的来说，通过对基线期（A）、介入期（B）这两个阶段的成绩进行分析发现，介入期（B）的总体得分远超过基线期（A），数据增幅较大，有明显的提高效果，但是这种变化并不是稳步提高，表明实验对象经干预介入后逐渐掌握了理解“本体是喻体”结构的能力，但整个习得过程是不稳定发展的。经C统计得C值为0.76，Z值为3.04**（P＜.01），两阶段数据比较，已达非常显著的差异水平，说明此次干预教学对实验对象有非常显著的促进作用，实验对象对“本体是喻体”隐喻结构的理解有了很大提升。此外，介入期（B）和维持期（A'）这两阶段数据的变化幅度大，说明实验对象经过干预教学后，逐渐掌握理解“本体是喻体”的能力，并在维持期（A'）仍然保持了干预效果，但维持时间不长，未能很好地保留并运用该能力。经C统计得C值为0.13，Z值为0.51（P＞.05），未达到显著差异水平，说明数据差异不明显，验证了干预结束后实验对象保留有干预效果的状态。

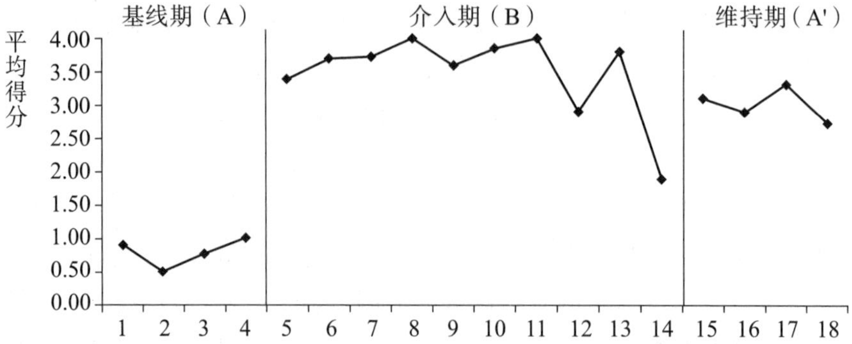

图 6-12　实验对象四各阶段隐喻测试得分曲线图

（五）成效总结

本书还将隐喻材料按照是否为干预材料，分为已学隐喻结构和未学隐喻结构两组，分别统计基线期（A）和维持期（A'）的测试得分。配对样本的 T 检验结果显示：t（已学）=−12.349，P=0.001＜0.01，表明汉语高功能自闭症儿童在干预课程结束后已学习的隐喻结构的测试得分，与未接受干预前得分存在显著差异，详细来说，干预后儿童得分有明显提高。t（未学）=−13.765，p=0.001＜0.01，表明自闭症儿童在干预课程结束后未学习的隐喻结构的测试得分与未接受干预前相比存在显著差异，干预后儿童评估得分明显高于未接受干预时的水平。配对 T 检验结果表明，自闭症儿童经干预后，无论是已学还是未学隐喻结构，其测试得分均有极大提高，说明干预呈现显著的介入效果。

将隐喻材料按照常规度不同，分为常规隐喻结构和新奇隐喻结构两组，分别统计基线期（A）和维持期（A'）的测试得分。配对样本的 T 检验结果显示：t（常规）=−10.211，P=0.002＜0.01，表明汉语高功能自闭症儿童常规隐喻的基线期（A）测试得分与维持期（A'）测试得分存在显著差异，儿童经干预后测试得分明显提高，相应地，隐喻理解能力也有提高。t（新奇）=−18.622，p=0.000＜0.01，表明在新奇隐喻条件下，儿童基线期（A）的评估得分与维持期（A'）的评估得分差异显著，进一步分析发现，干预后儿童评估得分高于未接受干预时的得分。配对 T 检验结果表明，无论是对常规隐喻，还是对新奇隐喻的理解，儿童在维持期（A'）的评估得分均明显高于基线期（A），说明干预课程有效，能够同时增强儿童对常规隐喻和新奇隐喻的理解。

此外，本次实验还从不同类型的隐喻结构出发，分析了 4 名被试的习得情况，结果发现，一方面，自闭症儿童对常规隐喻和新奇隐喻的理解无明显差异，可能原因是儿童在面对隐喻目标句时，心理词典中无相关词汇储备，需要在线加工语义知识，因而无法有常规和新奇的区分。另一方面，自闭症儿童在物理相似性隐喻结构上的得分与心理相似性隐喻结构上的得分相比更高，这说明儿童更易于准确说出物理相似性隐喻句的隐喻含义，推测其原因在于自闭症人群对抽象化词汇的理解或表达存在困难。

汉语自闭症儿童的隐喻理解能力经过对语义知识表征及加工方式的干预后有明显的提高。4 位干预对象在干预后的评估中的表现得分高于干预前，说明他们对隐喻的理解均有明显进步。干预对象在介入期（B）的表现稳定进步，基本可以理解课程中所教授的目标句，可以结合语境做出正确理解；相比之下，后测时表现略有退步，呈现出下降趋势，说明实验对象虽然掌握了隐喻理解能力，但该能力并未发展完善，干预效果仍需巩固。此外，汉语自闭症儿童在习得隐喻句时，相比于未学隐喻句，更能对已学隐喻句做出完整解释，说明儿童已经建立起隐喻推理意识，能够对不同的语义表征进行比较和区分，但不能准确描述相似性，这可能与儿童的语义知识水平有关。

为提高自闭症儿童的隐喻理解能力，本书采取了思维导图模式来进行干预，研究发现，视觉辅助对自闭症儿童的行为习得和保持具有良好的效果，而以起泡图和双起泡图及其变式为主要形式的隐喻思维导图的特点就是将隐喻理解的过程可视化并提供视觉支持，具有简明直观、形象具体等特点，也符合自闭症儿童多为视觉学习者的人群特征。

但需要注意的是，在设计干预方案前必须了解干预对象的语言表达和隐喻理解能力，并使用评估工具进行评估，以了解其水平；在设计方案时需考虑干预对象的认知能力、语言能力，也要考量教学内容对干预对象来说是否具有实际的应用性，能否适用于日常学习和生活的需要。干预应在自然、放松的环境下进行，如果儿童在干预过程中出现了情绪问题，那么表现就会不稳定，进而影响对目标句的理解能力。因此在干预课程中为鼓励儿童，可以有针对性地准备一些强化物。如果儿童对这个强化物失去兴趣，要及时改变强化方法。此外，可以使用与任务相关的强化物，强化指示要明确，不要对不恰当的尝试做积极回应，但对儿童未成功的努力尝试要给予鼓励。

参考文献

一、著作

杜正治:《单一受试研究法》，心理出版社，2006 年。

桂诗春编著:《新编心理语言学》，上海外语教育出版社，2000 年。

胡壮麟编著:《语篇的衔接和连贯》，上海外语教育出版社，1994 年。

黄伯荣、廖序东主编:《现代汉语》，高等教育出版社，1991 年。

李宇明、唐志东:《汉族儿童问句系统习得探微》，华中师范大学出版社，1991 年。

李宇明:《儿童语言的发展》，华中师范大学出版社，1995 年。

梁丹丹:《儿童语言障碍引论》，商务印书馆，2017 年。

林宝贵:《听觉障碍教育与复健》，五南图书出版公司，1994 年。

孟祥芝:《走出迷宫：认识发展性阅读障碍》，北京大学出版社，2018 年。

钮文英、吴裕益:《单一个案研究方法与论文写作》，洪叶文化事业有限公司，2011 年。

饶长溶:《把字句 · 被字句》，人民教育出版社，1990 年。

束定芳:《隐喻学研究》，上海外语教育出版社，2000 年。

束定芳编著:《现代语义学》，上海外语教育出版社，2000 年。

孙令达等:《汉族儿童实词习得研究》，安徽大学出版社，2004 年。

王力:《中国语言学史》，山西人民出版社，1981 年。

张云秋等:《汉语儿童早期语言的发展》，商务印书馆，2014 年。

周国光:《汉语句法结构习得研究》，安徽大学出版社，1997 年。

周国光、王葆华:《儿童句式发展研究和语言习得理论》，北京语言文化大学出版社，2001 年。

朱曼殊主编:《儿童语言发展研究》，华东师范大学出版社，1986 年。

朱曼殊主编:《心理语言学》，华东师范大学出版社，1990 年。

朱智贤主编:《中国儿童青少年心理发展与教育》，中国卓越出版公司，1990 年。

American Psychiatric Association. (2013). *Desk Reference to the Diagnostic Criteria from DSM-5*. American Psychiatric Publishing.

Ariel, M. (1990). *Accessing Noun-Phrase Antecedents*. London: Routledge.

Asch, S. E., & Nerlove, H. (1960). The Development of Double Function Terms in Children. In B. Kaplan & S. Wapner (Eds.), *Perspectives in Psychological Theory* (pp. 47–60). New York: International Universities Press.

Baddeley, A. D. (1986). *Working Memory*. Oxford: Oxford University Press.

Baddeley, A. D., Hitch, G., & Bower, G. H. (1974). Working Memory. In G. H. Bower (Ed.), *The*

Psychology of Learning and Motivation: Advances in Research and Theory (Volume 8) (pp. 47–89). New York: Academic Press.

Baron-Cohen, S. (2000). Theory of Mind and Autism. In S. Baron-Cohen, H. Tager-Flusberg & D. J. Cohen (Eds.), *Understanding Other Minds: Perspective from Developmental Cognitive Neuroscience* (pp. 3–20). Oxford: Oxford University Press.

Bartsch, K., & Wellman, H. M. (1995). *Children Talk about the Mind*. New York: Oxford University Press.

Bauman-Waengler, J. (2008). *Articulatory and Phonological Impairments: A Clinical Focus* (2nd ed.). Needham Heights: Allyn and Bacon.

Beaton, A. (2004). *Dyslexia. Reading and the Brain: A Sourcebook of Psychological and Biological Research*. New York: Psychology Press.

Beaugrande, R. de & Dressler, W. U. (1981). *Introduction to Text Linguistics*. London: Longman .

Beck, I. L., McKeown, M. G., & Kucan, L. (2013). *Bringing Words to Life: Robust Vocabulary Instruction* (2nd ed.). New York: Guilford Press.

Bellugi, U., Wang, P. P., & Jernigan, T. L. (1994). Williams Syndrome: An Unusual Neuropsychological Profile. In S. H. Broman & J. Grafman (Eds.), *A Typical Cognitive Deficits in Developmental Disorders: Implications for Brain Function* (pp. 23–56). Hillsdale: Lawrence Erlbaum Associates.

Bernthal, J. E., & Bankson, N. W. (1993). *Articulation and Phonological Disorders* (3rd ed.). Englewood Cliffs: Prentice-Hall.

Bever, T. G. (1970). The Cognitive Basis for Linguistic Structures. In J. R. Hayes (Ed.). *Cognition and the Development of Language*. New York: Wiley.

Black, M. (1962). *Models and Metaphors: Studies in Language and Philosophy*. New York: Cornell University Press.

Bowerman, M. (1978). The Acquisition of Word Meaning: An Investigation into Some Current Conflicts. In N. Waterson & C. Snow (Eds.), *The Development of Communication* (pp. 263–287). New York: Wiley.

Brown, G., & Yule, G. (1983). *Discourse Analysis*. Cambridge: Cambridge University Press.

Brown, R. (1973). *A First Language: The Early Stages*. Cambridge: Harvard University Press.

Bryan, A. (1997). Colourful Semantics: Thematic Role Therapy. In Chiat S, Law J, and Marshall J (Eds.), *Language Disorders in Children and Adults: Psycholinguistic Approaches to Therapy*. London: Whurr.

Carey, S. (1978). The Child as Word Learner. In J. Bresnan, G. Miller, & M. Halle (Eds.), *Linguistic Theory and Psychological Reality*. Cambridge, MA: MIT Press.

Cheng, C., Chen, J. Y., & Gubian, M. (2013). Are Mandarin Sandhi Tone 3 and Tone 2 the Same or Different? The Results of Functional Data Analysis. In *Proceedings of the 27th Pacific Asia Conference on Language, Information, and Computation (PACLIC 27)* (pp. 296–301).

Cheung, H. (2005). The Use of Aspect Markers in Mandarin-speaking Children with Specific Language Impairment. Paper Presented at ICSCL, Berlin.

Clark, E. V. (1993). *The Lexicon in Acquisition*. Cambridge: Cambridge University Press.

Clumeck, H. (1980). The Acquisition of Tone. In Grace H. Yeni-Komshian, James F. Kavanagh & Charles A. Ferguson (Eds.), *Child Phonology* (pp. 257–275). New York: Academic Press.

Craig H. K. (1991). Pragmatic Characteristics of the Child with Specific Language Impairment: An Interactionist Perspective. In Gallagher T. M. (Ed.), *Pragmatics of Language* (pp.163–198). Berlin: Springer Science + Business Media.

Crystal, D. (1975). *The English Tone of Voice: Essays in Intonation. Prosody and Paralanguage*. London: Edward Arnold.

Diessel, H. (2004). *The Acquisition of Complex Sentences* (Vol. 105). Cambridge: Cambridge University Press.

Ehri, L. C. (1997). Learning to Read and Learning to Spell Are One and the Same, Almost. In C. A. Perfetti, L. Rieben, & M. Fayol (Eds.), *Learning to Spell: Research, Theory and Practice Across Languages* (pp. 237–269). London: Lawrence Erlbaum Associates Publishers.

Erbaugh, M. S. (1992). The Acquisition of Mandarin. In D. I. Slobin (Ed.), *The Crosslinguistic Study of Language Acquisition*. London: Erlbaum.

Fey, M. E., & Proctor-Williams, K. (2000). Imitation, Modeling, and Recasting in Grammar Intervention for Children with SLI. In D. V. M. Bishop & L. B. Leonard (Eds.), *Speech and Language Impairments in Children: Causes, Characteristics, Intervention and Outcome*. East Sussex: Psychology Press.

Fletcher, P. (1992). Evidence from Syntax for Language Impairment. In Miller J., (Ed.) *Research on Child Language Disorders: A Decade of Progress* (pp. 169–187). Austin, TX: Pro-Ed.

Fosnot, S. M., & Jun, S. (1999). Prosodic Characteristics in Children with Stuttering or Autism During Reading and Imitation. In *Proceedings of the 14th International Congress of Phonetic Sciences* (pp. 1925–1928).

Friedmann, N., Gvion, A., & Novogrodsky, R. (2006). Syntactic Movement in Agrammatism and S-SLI: Two Different Impairments. In Belletti, A., Bennati, E., Chesi, C., Di Domenico, E., Ferrari, I., (Eds.), *Language Acquisition and Development*. Newcastle: Cambridge Scholars Press.

Frith, U. (1985). Beneath the Surface of Developmental Dyslexia. In K. Patterson. J. Marshall & M. Colthbeart (Eds.). *Surface Dyslexia: Neuropsychological and Cognitive Studies of Phonological Reading*. London: Erlbaum.

Fürst, B., Laaha, S., Korecky-Kröll, K., Laaha, G., & Dressler, W. U. (2011, July). On the Acquisition of Adjective Gradation by Austrian Typically Developing (TD) and SLI Children. Poster Presented at *the 12th Meeting of the International Association for the Study of Child Language, Montréal*.

Gentner, D. (1982). Why Nouns Are Learned Before Verbs: Linguistic Relativity Versus Natural Partitioning. In S. A. Kuczaj (Ed.), *Language Development: Vol. 2. Lauguage, Thought and Culture* (pp. 301–334). Hillsdale: Erlbaum.

Gelman, R., Spelke, E. S., & Meck, E. (1983). *What Preschoolers Know about Animate and Inanimate Objects*. In D. Rogers & J. A. Sloboda (Eds.), *The Acquisition of Symbolic Skill*. New York: Plenum.

Georgakopoulou, A., & Goutsos, D. (1997). *Discourse Analysis: An Introduction*. Edinburgh: Edinburgh University Press.

Gibbs, R. W. (1994). *The Poetics of Mind: Figurative Thought, Language, and Understanding*. Cambridge: Cambridge University Press.

Givón, T. (1995). *Functionalism and Grammar*. Amsterdam/Philadelphia: John Benjamins Publishing.

Gopnik, A., & Wellman, H. M. (1994). The Theory theory. Mapping the Mind: Domain Specificity in Cognition and Culture. In L. A. Hirschfeld & S. A. Gelman (Eds.), *Mapping the Mind: Domain Specificity in Cognition and Culture* (pp. 257–293). New York: Cambridge University Press.

Gray, C. (1998). Social Stories and Comic Strip Conversations With Student with Asperger Syndrome and High Functioning Autism. In E. Schopler, G. B. Mesibov, & L. J. Kunce (Eds.), *Asperger's Syndrome or High Functioning Autism* (pp. 167–198). New York: Plenum Press.

Grunwell, P. (1982). *Clinical Phonology*. London: Croom Helm.

Halliday, M. A. K. & Hasan, R. (1976). *Cohesion in English*. London: Longman.

Halliday, M. A. K. (1975). *Learning How to Mean*. London: Edward Arnold.

Halliday, M. A. K. (1985). *An Introduction to Functional Grammar*. London: Edward Arnold.

Hodson, B. W., & Paden, E. P. (1983). *Targeting Intelligible Speech: A Phonological Approach to Remediation*. London: College-Hill Press.

Hulme, C., & Mackenzie, S. (1992). *Working Memory and Severe Learning Difficulties*. Hove: Lawrence Erlbaum Associates.

Ingram, D. (1976). *Phonological Disability in Children*. London: Edward Arnold.

Johnson, D., & Myklebust, H. (1967). *Learning Disabilities. Educational Principles and Practices*. New York: Grune & Stratton.

Labov, W. (1972). *Language in the Inner city: Studies in the Black English Vernacular.* Philadephia: University of Pennsylvania Press.

Lahey, M. (1988). *Language Disorders and Language Development*. New York: Macmillan.

Lakoff, G. (1987). *Women, Fire, and Dangerous Things*. Chicago: University of Chicago Press.

Lakoff, G., & Johnson, M. (1980). *Metaphors We Live by*. Chicago: University of Chicago Press.

Lea, J. (1970). *The Colour Pattern Scheme: A Method of Remedial Language Teaching*. Oxted, Surrey: Moor House School.

Leech, G. (1981). *Semantic: The Study of Meaning*. Bungay: Penguin Books.

Leonard, L. B. (1998). *Children with Specific Language Impairment*. Cambridge, MA: MIT Press.

Lewis, S. & Speake, J. (1997). When Is a Rolling Pin a "Roll the Pen": A Clinical Insight into Lexical Problems. In S. Chiat, J. Law, & J. Marshall (Eds.), *Language Disorders in Children and Adults* (pp.77–101). London: Whurr Publishers Ltd.

Lindamood, C. H. (1969). *The ADD Test: Auditory Discrimination in Depth*. Submission to the Third Annual Convention of TESOL.

Mather, N., & Wendling, B. J. (2011). *Essentials of Dyslexia Assessment and Intervention* (Vol. 89). New York: John Wiley and Sons.

Mervis, C. B., & Becerra, A. M. (2003). Lexical Development and Intervention. In J. A. Rondal & S. Buckley (Eds.), *Speech and Language Intervention in Down Syndrome* (pp. 63–85). London: Whurr.

Moreau, M. (2006). *Story Grammar Marker.* Greenville: Super Duper.

Neville, H. J., & Bruer, J. T. (2001). *Language Processing: How Experience Affects Brain Organization.* In D. B. Bailey, Jr., J. T. Bruer, F. J. Symons, & J. W. Lichtman (Eds.), *Critical Thinking about Critical Periods* (pp. 151–172). Baltimore: Brookes Publishing.

Owens, R. E. (2016). *Language Development: An Introduction* (9th ed.). Boston: Pearson.

Painter, C. (2003). *The Use of a Metaphorical Mode of Meaning in Early Language Development.* Amsterdam Studies in the Theory and History of Linguistic Science Series 4, 151–168.

Patterson, K., & Shewell, C. (1987). Speak and Spell: Dissociations and Word Class Effects. In Coltheart, M, Sartori, G, & Job, R. (Eds.) *The Cognitive Neuropsychology of Language*. London: Erlbaum.

Piaget, J. (1929). *The Child's Conception of the World*. New York: Routledge.

Pinker, S. (1987). Resolving A Learnability Paradox in the Acquisition of the Verb Lexicon. In M. L. Rice & R. L. Schiefelbusch (Eds.), *The Teachability of Language* (pp. 13–61). Baltimore: Brookes Publishing.

Quirk, R. (1985). *A Comprehensive Grammar of the English Language*. London and New York: Longman.

Ravid, D., Levie, R., & Avivi Ben-Zvi, G. (2003). The Role of Language Typology in Linguistic Development: Implications for the Study of Language Disorders. In Y. Levy & J. Schaeffer (Eds.), *Language Competence Across Populations: Toward a Definition of SLI* (pp. 183–207). Mahwah: Erlbaum.

Reed, V. A. (2017). *An Introduction to Children with Language Disorders* (5th ed.). New York: Pearson.

Rescorla, L., & Lee, E. C. (2001). Language Impairments in Young Children. In T. Layton & L. Watson (Eds.), *Handbook of Early Language Impairment in Children*. New York: Delmar.

Ricks, D. M., & Wing, L.(1976). Language, Communication, and the Use of Symbols. In L. Wing (Ed.), *Early Childhood Autism*. Oxford: Pergamon.

Sanders, T., & Maat, H. P. (2006). Cohesion and Coherence: Linguistic Approaches. In K. Brown (Ed.), *Encyclopedia of Language & Linguistics*. Londres: Elsevier Ltd.

Silberman, S. (2015). *NeuroTribes: The Legacy of Autism and the Future of Neurodiversity*. New York: Avery.

Skinner, B. F. (1957). *Verbal Behavior*. New York: Appleton Century-Crofts.

Slaughter, V., Jaakkola, R., & Carey, S. (1999). *Constructing a Coherent Theory: Children's Biological Understanding of Life and Death.* Cambridge: Cambridge University Press.

Spelke, E. S., Phillips, A. T., & Woodward, A. L. (1995). Infants' Knowledge of Object Motion and Human Action. In D. Sperber, D. Premack, & A. J. Premack (Eds.), *Causal Cognition: A Multidisciplinary Debate* (pp.44–78). Oxford: Oxford University Press.

Sperber, D. & Wilson, D. (1986). *Relevance: Communication and Cognition*. Oxford: Blackwell.

Stewart, I., & Barnes-Holmes, D. (2001). Relations Among Relations: Analogies, Metaphors, and Stories. In S. C. Hayes, D. Barnes-Holmes, & B. Roche (Eds.), *Relational Frame Theory: A Post-Skinnerian Account of Human Language and Cognition*. New York: Kluwer Academy.

Tager-Flusberg, H., Paul, R., & Lord, C. (2005). Language and Communication in Autism.. In F. Volkmar,

R. Paul, A. Klin & D. Cohen (Eds.), *Handbook of Autism and Pervasive Developmental Disorders*. New York: Wiley.

Teale, W. H., & Sulzby, E. (1986). *Emergent Literacy: Writing and Reading*. Norwood: Ablex.

Temple, G. (2006). *Thinking in Pictures*. London: Bloomsbury Publishing.

Tolchinsky, L. (2004) Childhood Conceptions of Literacy. In Nunes T. & P. Bryant (Eds.), *Handbook of Children's Literacy*. Dordrecht: Springer.

Van Riper, C., Emerick, L. (1984). *Speech Correction: An Introduction to Speech Pathology and Audiology*. Englewood Cliffs: Prentice-Hall.

Vellutino, F. R. (1979). *Dyslexia: Theory and Research*. Cambridge: MIT Press.

Vellutino, F. R., & Fletcher, J. M. (2008). Developmental Dyslexia. In M. Snowling & C. Hulme (Eds.), *The Science of Reading: A Handbook*. Cambridge: Blackwell Publishing.

Verschueren, J. (2000). *Understanding Pragmatics*. Beijing: Foreign Language Teaching and Research Press.

Volterra, V., & Iverson, J. (1995). When do Modality Factors Affect the Course of Language Acquisition? In K. Emmorey & J. Rally (Eds.), *Language, Gesture and Space* (pp. 371–390). Hillsdale: Erlbaum.

Weeks, T. E. (1974). *The Slow Speech Development of a Bright Child*. Cambridge: Cambridge University Press.

Wewalaarachchi, D., & Singh, L. (2014). Influences of Tone Sandhi on Word Recognition in Preschool Children. Poster Presented at *the Fifteenth Annual Conference of the International Speech Communication Association*.

Winitz, H. (1969). *Articulatory Acquisition and Behaviour*. New York: Appleton Century Crofts.

Winner, E. (1988). *The Point of Words: Children's Understanding of Metaphor and Irony*. Cambridge: Harvard University Press.

Winner, E., McCharty, S., & Gardner, H. (1980). On the Ontogenesis of Metaphor. In R. Honeck & R. Hoffman (Eds.), *Cognition and Figurative Language* (pp. 341–347). Hillsdale: Laurence Erlbaum Association.

Yin, W. G. J., & Mahshie, J. (2016). Categorical Perception in Two Pairs of Mandarin Tones Among Bimodal Cochlear Implanted Children. In *2016 10th International Symposium on Chinese Spoken Language Processing (ISCSLP)* (pp. 1–5). IEEE.

Yip, M. (2002). *Tone*. Cambridge: Cambridge University Press.

Zajdó, K., & Stoel-Gammon, C. (2003, August). The Acquisition of Vowels in Hungarian: Developmental Data. In *Proceedings of the 15th International Congress of Phonetic Sciences*. Barcelona (Vol. 3, pp. 2229–2232).

Zukowski, Andrea (2004). Investigating Knowledge of Complex Syntax: Insights from Experimental Studies of Williams Syndrome. In Rice, M. L., & Warren, S. F. (Eds.) *Developmental Language Disorders: From Phenotypes to Etiologies* (pp.108–129). Mahwah, NJ: Lawrence Erlbaum Associates, Inc.

二、期刊

白锋宇:《儿童对隐喻的意义理解及其隐喻理解认知过程分析》，华东师范大学硕士学位论文，2008年。

白丽芳:《儿童隐喻性思维的特点及其发展》，《外语与外语教学》，2004年第4期。

白银婷、唐文婷:《3～5岁听障儿童与健听儿童形容词理解能力的比较研究》，《中国特殊教育》，2012年第4期。

曹剑芬:《汉语声调与语调的关系》，《中国语文》，2002年第3期。

曹漱芹、方俊明、顾未青:《高功能自闭症儿童语言交往训练的个案研究——视觉支持性语言教学的探索》，《中国特殊教育》，2009年第7期。

曹漱芹、费雯、孙爱军:《4—6.5岁自闭症幼儿颜色偏好的实验研究》，《中国特殊教育》，2012年第5期。

曹轶娟:《4—7岁儿童叙事连贯性与衔接性的发展》，中国科学院研究生院硕士学位论文，2016年。

陈晨:《汉语唐氏综合症儿童语音意识与阅读能力关系的研究》，南京师范大学硕士学位论文，2014年。

陈丹:《西方阅读障碍儿童干预研究的进展及其启示》，东北师范大学硕士学位论文，2007年。

陈冠杏、杨希洁:《自闭症儿童会话能力探究》，《中国特殊教育》，2014年第11期。

陈冠杏、张正芬:《国小低年级高功能自闭症学生口语叙事能力之研究》，《特殊教育与复健学报》，2005年第13期。

陈菁:《论翻译在外语词汇学习中的作用》，《外语界》，2002年第4期。

陈丽:《论语篇连贯的实现机制》，《郑州航空工业管理学院学报》，2012年第4期。

陈莉莉、朱有梅:《培养学前儿童的读写能力——香港的经验》，《早期教育》(教师版)，2007年第8期。

陈思:《汉语儿童前书写发展研究》，华东师范大学硕士学位论文，2010年。

董文明:《3—6岁儿童的隐喻认知及其教育应用研究》，浙江大学博士学位论文，2014年。

杜映:《儿童最初词汇的习得及其词义分析》，《语言教学与研究》，2003年第3期。

冯晨:《轻度自闭症儿童在母子会话情境中的会话能力研究》，南京师范大学硕士学位论文，2017年。

盖笑松、张丽锦、方富熹:《儿童语用技能发展研究的进展》，《心理科学》，2003年第2期。

高小丽:《3—5岁幼儿故事叙说能力研究》，陕西师范大学硕士学位论文，2013年。

葛志林:《4—8岁汉语高功能自闭症儿童基于语言线索的情绪识别能力发展研究》，南京师范大学硕士学位论文，2019年。

耿雅津:《汉语发展性阅读困难儿童语素意识测量及干预研究》，厦门大学硕士学位论文，2014年。

关树文、王宪钿、刘荪巨、郑祖心:《学前儿童认识因果关系对于掌握因果连接词和发展语言结构的影响的实验研究》，《心理学报》，1961年第1期。

郭力平、张晔:《试论儿童装扮游戏与心理理论的关系》，《心理科学》，2002年第2期。

何鹏:《汉语特异性语言损伤儿童复杂句法结构研究——以关系从句为例》，南京师范大学硕士学位论文，2015年。

何其恺、周励秋、徐秀嫦:《学前儿童因果思维发展的初步实验研究》,《心理学报》, 1962 年第 2 期。
何晓炜、孙蓝、田琳:《汉语特殊型语言障碍儿童体标记“了”和“在”的产出研究》,《外语教学》, 2013 年第 2 期。
贺江洋:《中度智力障碍儿童因果推理训练研究》, 华东师范大学硕士学位论文, 2017 年。
华红琴:《5 ～ 7 岁儿童语用技能调查》,《心理科学通讯》, 1990 年第 2 期。
贾红霞:《普通话儿童方位词发展的个案研究》,《世界汉语教学》, 2010 年第 4 期。
姜自霞:《汉语儿童造词策略和词法意识发展》,《语言文字应用》, 2016 年第 2 期。
金慧慧:《2—3 岁婴幼儿图画书阅读眼动水平研究》, 华东师范大学硕士学位论文, 2010 年。
靳羽西、梁丹丹:《高功能自闭症儿童不同常规度转喻加工的发展: 来自 ERP 的证据》,《心理科学》, 2022 年第 4 期。
孔令达、傅满义:《儿童语言中副词的发展》,《安徽师范大学学报》, 2004 年第 5 期。
孔令达、王祥荣:《儿童语言中方位词的习得及相关问题》,《中国语文》, 2002 年第 2 期。
孔令达、周国光、李向农:《1 ～ 5 岁儿童使用结构助词“的”情况的调查和分析》,《心理科学通讯》, 1990 年第 6 期。
黎红、陈烜之:《汉字识别中的部件加工: 错觉性结合实验的证据》,《心理科学》, 1999 年第 3 期。
李虹、舒华:《学前和小学低段不同识字量儿童的认知能力比较》,《心理发展与教育》, 2009 年第 3 期。
李虹、彭虹、舒华:《汉语儿童正字法意识的萌芽与发展》,《心理发展与教育》, 2006 年第 1 期。
李杰:《从系统功能语言学视角看儿童语言与隐喻能力的发展》,《华北电力大学学报》(社会科学版), 2016 年第 3 期。
李珂:《汉语普通话特殊型语言障碍儿童被动句习得研究》, 湖南大学硕士学位论文, 2013 年。
李克:《汉语普通话特殊型语言障碍儿童被字句习得研究》, 广东外语外贸大学硕士学位论文, 2015 年。
李甦、李文馥、杨玉芳:《儿童绘画与语言关系的发展研究综述》,《心理与行为研究》, 2003 年第 3 期。
李嵬、祝华、Barbara Dodd、姜涛、彭聃龄、舒华:《说普通话儿童的语音习得》,《心理学报》, 2000 年第 2 期。
李晓君:《儿童对请求言语行为理解的比较研究》, 东北师范大学硕士学位论文, 2016 年。
李运华:《儿童身体隐喻理解能力的发展: 语境的作用》,《宁波大学学报(教育科学版)》, 2011 年第 5 期。
李宇明:《乳儿话语理解的个案研究》,《语言研究》, 1993 年第 1 期。
梁丹丹、靳羽西、冯文静:《5 ～ 6 岁汉语高功能自闭症儿童故事讲述能力研究》,《语言文字应用》, 2022 年第 1 期。
梁丹丹、宋宜琪:《弱智儿童故事讲述任务中指称引入的发展研究》,《中国特殊教育》, 2015 年第 4 期。
梁卫兰、郝波、王爽、江玉卿、杨艳玲、张致祥、左启华、Tardif T.、Fletcher P.:《幼儿中文语言词汇发展的研究》,《中华儿科杂志》, 2002 年第 11 期。

梁真今:《教导自闭症幼儿共同注意力之成效》，台南大学硕士学位论文，2008 年。
林宝贵、徐云:《台湾自闭症儿童教育》,《现代特殊教育》，2016 年第 17 期。
林茂灿:《汉语语调与声调》,《语言文字应用》，2004 年第 3 期。
林青、赵航、宿淑华、刘巧云、丁文君:《唐氏综合征儿童语音识别能力与言语短时记忆的关系研究》,《中国特殊教育》，2018 年第 11 期。
林泳海、崔同花、沈毅敏:《3.5—6.5 岁儿童名字书写的发展研究》,《第九届全国心理学学术会议文摘选集》，2001 年。
刘畅:《表因果关系的关联词语研究》，东北师范大学硕士学位论文，2011 年。
刘春燕:《18—23 个月儿童普通话的语音发展（上海地区）》，上海师范大学硕士学位论文，2007 年。
刘俐李:《近八十年汉语韵律研究回望》,《语文研究》，2007 年第 2 期。
刘敏、李赛男、刘妮娜、王正光、闫国利:《2～5 年级小学生汉字识别中预视效应的发展研究》,《心理发展与教育》，2019 年第 4 期。
刘鸣:《汉字书写技能的形成与培养》,《课程·教材·教法》，1996 年第 5 期。
刘娜:《对识字困难型阅读障碍儿童的干预研究》，华中师范大学硕士学位论文，2006 年。
刘妮娜:《学前儿童文字意识发展的研究》，天津师范大学硕士学位论文，2012 年。
刘沛宏:《汉语特异性语言损伤儿童被动句干预研究》，南京师范大学硕士学位论文，2018 年。
刘翔平、丁玎、杨双:《阅读障碍儿童语音提取》,《心理与行为研究》，2005 年第 3 期。
刘翔平、杜文忡、王滨、吴思为:《汉语发展性阅读障碍儿童视觉短时记忆特点研究》,《中国特殊教育》，2005 年第 12 期。
刘晓、金星明:《前语言阶段语言发育进程的研究》,《重庆医学》，2006 年第 10 期。
刘晓欣:《汉语自闭症儿童叙述任务中指称能力研究》，南京师范大学硕士学位论文，2014 年。
卢卫中、路云:《语篇衔接与连贯的认知机制》,《外语教学》，2006 年第 1 期。
陆爱桃、张积家、吴悦:《小学生汉语心理动词组织发展的研究》,《心理研究》，2011 年第 3 期。
栾辉、舒华、黎程正家、林薇:《汉语发展性深层阅读障碍的个案研究》,《心理学报》，2002 年第 4 期。
罗小艳:《普通话特殊型语言障碍儿童论元及附加语疑问句习得研究》，广东外语外贸大学硕士学位论文，2017 年。
马笑、梁丹丹:《汉语 SLI 儿童快速映射词语学习缺陷的原因：语音记忆还是语义表征？》,《当代语言学》，2019 年第 1 期。
毛晓翎、王分分、曹静、祝卓宏:《多范例训练提升儿童隐喻理解能力的干预性研究》,《心理与行为研究》，2017 年第 5 期。
孟祥芝、舒华、周晓林:《汉字字形输出过程中儿童的汉字结构意识》,《心理科学》，2000 年第 3 期。
米小玲:《儿童隐喻习得研究综述》,《怀化学院学报》，2007 年第 5 期。
米小玲:《汉语学龄前儿童隐喻理解研究》，湖南大学硕士学位论文，2007 年。
宁夏:《奥尔夫音乐治疗对唐氏综合征儿童注意及工作记忆的影响》，华东师范大学硕士学位论文，2010 年。
牛保义:《隐性衔接论》,《外语教学》，1998 年第 3 期。

彭小红、曾平凤:《说汉语儿童话轮转换语用策略分析》,《铜仁学院学报》,2014 年第 6 期。
彭小红、宋慧:《说汉语儿童疑问句习得个案研究》,《保定学院学报》,2011 年第 4 期。
戚国辉:《儿童被动结构习得的跨语言对比研究及其启示》,《贵州教育学院学报》,2007 年第 5 期。
钱怡、赵婧、毕鸿燕:《汉语学龄前儿童正字法意识的发展》,《心理学报》,2013 年第 1 期。
任会启、梁丹丹:《智障儿童动词论元遗漏的实验研究》,《语言科学》,2014 年第 5 期。
沈丹丹:《语音意识和正字法意识对汉语发展性阅读障碍儿童的阅读能力的影响》,南京师范大学硕士学位论文,2017 年。
沈玫:《唐氏综合征儿童短时记忆的复述策略干预研究》,华东师范大学硕士学位论文,2007 年。
沈思莹:《因果类关联词语的研究》,安徽大学硕士学位论文,2003 年。
史惠中:《关于 3—7 岁幼儿观察后讲述能力的调查报告》,《心理发展与教育》,1986 年第 4 期。
舒华、张厚粲:《成年熟练读者的汉字读音加工过程》,《心理学报》,1987 年第 3 期。
苏淑贞、宋维村、徐澄清:《中国阅读障碍学童之类型及智力测验》,《中华心理学刊》,1984 年第 1 期。
唐珊、伍新春:《汉语儿童早期语音意识的发展》,《心理科学》,2009 年第 2 期。
汪云婷:《汉语普通话特殊型语言障碍儿童与高功能自闭症儿童被动句的习得对比研究》,广东外语外贸大学硕士学位论文,2019 年。
王波、王芳:《儿童读写萌发的研究进展》,《中国特殊教育》,2013 年第 4 期。
王大根:《儿童绘画——言语发展相关论》,《上海教育科研》,1996 年第 4 期。
王娟、沈秋苹:《高功能自闭症儿童的叙事:特征、相关理论及干预策略》,《中国特殊教育》,2017 年第 11 期。
王明月、肖永涛、李青青:《学龄前自闭症儿童的韵律特征研究》,《中国听力语言康复科学杂志》,2017 年第 2 期。
王松茂:《略谈因果关系的连词》,《汉语学习》,1982 年第 2 期。
王晓丽:《短时记忆一生发展的横断研究》,华东师范大学硕士学位论文,2004 年。
王雪:《基于汉字认知的儿童早期书写研究》,陕西师范大学硕士学位论文,2014 年。
王滢:《儿童涂鸦的发展特点与心理基础》,《中国校外教育(理论)》,2008 年第 17 期。
王永固、党昕、张庆、李晓娟:《社会故事绘本教学改善孤独症儿童打招呼和分享行为的干预研究》,《中国特殊教育》,2018 年第 3 期。
王玉珏:《自闭症儿童韵律产生特征研究》,华东师范大学硕士学位论文,2018 年。
王振福:《论衔接与连贯的显明性和隐含性》,《东北师大学报》,2002 年第 4 期。
王志红:《通感隐喻的认知阐释》,《修辞学习》,2005 年第 3 期。
吴进钦:《自闭症幼儿社会沟通能力发展之研究》,台湾中正大学博士学位论文,2010 年。
吴天敏、许政援:《初生到三岁儿童言语发展记录的初步分析》,《心理学报》,1979 年第 2 期。
肖丹:《早期句法发展:儿童早期把字句的个案研究》,清华大学硕士学位论文,2004 年。
肖容、梁丹丹:《汉语普通话儿童复合词法意识的发展研究》,《心理科学》,2017 年第 2 期。
肖晓、杨娜、钱乐琼、周世杰:《假装游戏训练对自闭症儿童心理理论的干预研究》,《中国临床心理学杂志》,2014 年第 4 期。
薛锦、舒华:《快速命名对汉语阅读的选择性预测作用》,《心理发展与教育》,2008 年第 2 期。

闫菲菲:《学龄前自闭症儿童与普通儿童隐喻能力比较研究》，南京师范大学硕士学位论文，2012 年。
杨福义、王琰:《中度智障儿童短时记忆广度的实验研究》,《中国特殊教育》，2015 年第 6 期。
杨广学:《自闭症干预的 SCERTS 模式》,《中国特殊教育》，2007 年第 5 期。
杨晶晶:《4—6 岁汉语儿童被动句习得研究》,《文教资料》，2016 年第 36 期。
杨靖:《汉语阅读障碍儿童的阅读流畅性干预研究》，陕西师范大学硕士学位论文，2016 年。
杨婉晴、肖容、梁丹丹:《2 ～ 4 岁普通话儿童前注意阶段的声调感知机制》,《心理学报》，2020 年第 6 期。
杨婉晴:《汉语自闭症儿童叙事语篇中的衔接手段》,《文教资料》，2017 年第 32 期。
杨晓岚:《3—6 岁儿童同伴会话能力发展研究》，华东师范大学硕士学位论文，2009 年。
杨彦文:《学龄前儿童隐喻能力探究》,《陇东学院学报》，2008 年第 4 期。
杨炀、毕鸿燕:《阅读障碍儿童言语短时记忆缺陷内在机制探索》,《第二十届全国心理学学术会议——心理学与国民心理健康摘要集》，中国心理学会，2017 年。
杨一飞:《语篇中的连接手段》，复旦大学博士学位论文，2011 年。
杨亦鸣、曹明、沈兴安:《国外大脑词库研究概观》,《当代语言学》，2001 年第 2 期。
叶丽莉:《3；7 至 4；1 岁特定型语言障碍孩童之母子互动的语用形态初探》，台北护理健康大学听语障碍科学研究所硕士学位论文，2004 年。
易玲:《听障儿童语调特征及语调异常干预研究》，华东师范大学硕士学位论文，2013 年。
尹文刚:《汉字失读的类型与意义》,《心理学报》，1990 年第 3 期。
袁文晗:《汉语高功能自闭症儿童隐喻理解能力的干预研究》，南京师范大学硕士学位论文，2018 年。
约翰 · B · 卡罗尔、曾越麟:《儿童语言的发展》,《语言学动态》，1979 年第 4 期。
曾涛、段妞妞:《词汇飞跃：早期语言发展的里程碑——来自五名汉语儿童的跟踪报告》,《心理科学》，2014 年第 3 期。
曾涛、李慧、李珂、何晓炜:《汉语普通话特殊语言障碍儿童“把”字句习得研究》,《华文教学与研究》，2013 年第 1 期。
张彩迪、王娟:《聋童心理理论的特征、影响因素及干预策略》,《现代特殊教育》，2017 年第 2 期。
张承芬、张景焕、常淑敏、周晶:《汉语阅读困难儿童认知特征研究》,《心理学报》，1998 年第 1 期。
张笛:《句末语气词和韵律在自闭症儿童理解反语时的作用》,《中国临床心理学杂志》，2019 年第 1 期。
张放放:《4—6 岁汉语特定型语言障碍儿童叙述语言发展研究》，华东师范大学博士学位论文，2010 年。
张积家、王荣:《中小学生惯用语理解发展的研究》,《应用心理学》，2002 年第 4 期。
张鑑如、章菁:《幼儿叙述能力之发展：多年期研究》,《九十一学度师范学院教育学术论文发表会论文集》，嘉义大学，2002 年。
张萌、李庆安、叶红、金丽平、唐莉:《汉语儿童的语音加工技能与其单词朗读技能的关系研究》,《心理与行为研究》，2010 年第 3 期。

张清芳、杨玉芳:《言语产生中的词汇通达理论》,《心理科学进展》,2003 年第 1 期。
张廷香:《基于语料库的 3—6 岁汉语儿童词汇研究》,山东大学博士学位论文,2010 年。
张文杰:《自闭症儿童会话维持能力及教育干预研究》,温州大学硕士学位论文,2014 年。
张文洁、周兢:《4—6 岁汉语儿童对话中连词运用发展研究》,《教育导刊》,2016 第 3 期。
张晓:《英语语篇中的因果连贯关系》,《外语学刊》,2012 年第 4 期。
张云秋、赵学彬:《普通话基础元音基频发展的声学分析》,《首都师范大学学报》(社会科学版),2014 年第 3 期。
钟检秀:《汉语自闭症儿童情感韵律研究》,南京师范大学硕士学位论文,2015 年。
周国光:《儿童习得副词的偏向性特点》,《汉语学习》,2000 年第 4 期。
周国光:《试析汉语被动句的习得机制》,《世界汉语教学》,1994 年第 1 期。
周国光、孔令达、李向农:《儿童语言中的被动句》,《语言文字应用》,1992 年第 1 期。
周兢、张莉、李传江:《汉语学前儿童的词汇语义发展研究》,《语言战略研究》,2017 年第 6 期。
周兢:《汉语儿童的前语言现象》,《南京师大学报》(社会科学版),1994 年第 1 期。
周兢:《从前语言到语言转换阶段的语言运用能力发展——3 岁前汉语儿童语用交流行为习得的研究》,《心理科学》,2006 年第 6 期。
周念丽、杨治良:《自闭症幼儿自主性共同注意的实验研究》,《心理科学》,2005 年第 5 期。
周榕、黄希庭:《儿童时间隐喻表征能力的发展研究》,《心理科学》,2001 年第 5 期。
周湾:《汉语发展性阅读障碍儿童语音意识和正字法意识干预研究》,南京师范大学硕士学位论文,2018 年。
周晓林、孟祥芝:《中文发展性阅读障碍研究》,《应用心理学》,2001 年第 1 期。
周晓林、鲁学明、舒华:《亚词汇水平加工的本质:形旁的语音激活》,《心理学报》,2000 年第 1 期。
周新林、曾捷英:《汉字早期字形加工中的部件数效应》,《心理学报》,2003 年第 4 期。
朱智贤:《儿童思维的发生与发展》,《北京师范大学学报》,1986 年第 1 期。
邹慧玲:《以应用行为分析为基本原理的包裹式教学对自闭症儿童理解隐喻能力的干预研究》,重庆师范大学硕士学位论文,2018 年。
邹立志:《普通话早期儿童"给"字句习得个案研究》,《世界汉语教学》,2012 年第 4 期。
邹梦雨:《2—6 岁儿童隐喻理解能力发展研究》,南京师范大学硕士学位论文,2012 年。
邹启蓉、张显达:《高功能自闭症儿童说故事能力与相关影响因素研究》,《特殊教育研究学刊》,2007 年第 3 期。

A. Özyürek. (1996). How Children Talk about a Conversation. *Journal of Child Language*, 23(3).
Abbeduto, L., & Hagerman, R. J. (1997). Language and Communication in Fragile X Syndrome. *Developmental Disabilities Research Reviews*, 3(4).
Abbeduto, L., Nuccio, J. B., Al-Mabuk, R., Rotto, P., & Maas, F. (1992). Interpreting and Responding to Spoken Language: Children's Recognition and Use of a Speaker's Goal. *Journal of Child Language*, 19(03).
Adachi, T., Koeda, T., Hirabayashi, S., Maeoka, Y., Shiota, M., & Wright, E. C., et al. (2004). The Metaphor and Sarcasm Scenario Test: A New Instrument to Help Differentiate High Functioning

Pervasive Developmental Disorder from Attention Deficit / Hyperactivity Disorder. *Brain and Development*, 26(5).

Adlard, A., & Hazan, V. (1998). Speech Perception in Children with Specific Reading Difficulties (Dyslexia). *Quarterly Journal of Experimental Psychology*, 51.

Adlof, S. M., Klusek, J., Shinkareva, S. V., Robinson, M. L., & Roberts, J. E. (2015). Phonological Awareness and Reading in Boys with Fragile X Syndrome. *Journal of Child Psychology and Psychiatry*, 56(1).

Anderson, A. H., Clark, A., & Mullin, J. (1994). Interactive Communication between Children: Learning How to Make Language Work in Dialogue. *Journal of Child Language*, 21(2).

Anderson-Hsieh, J., Johnson, R., & Koehler, K. (1992). The Relationship between Native Speaker Judgments of Nonnative Pronunciation and Deviance in Segmentals, Prosody, and Syllable Structure. *Language Learning*, 42(4).

Andrea L. Pittman & Brittany C. Schuett (2013). Effects of Semantic and Acoustic Context on Nonword Detection in Children With Hearing Loss. *Ear and Hearing*, 34(2).

Annaz, D., Herwegen, J. V., Thomas, M., Fishman, R., Karmiloff-Smith, A., & Rundblad, G. (2011). Comprehension of Metaphor and Metonymy in Children with Williams Syndrome. *International Journal of Language and Communication Disorders*, 44(6).

Annaz, D., Karmiloff-Smith, A., Johnson, M. H., & Thomas, M. S. (2009). A Cross-syndrome Study of the Development of Holistic Face Recognition in Children with Autism, Down Syndrome, and Williams Syndrome. *Journal of Experimental Child Psychology*, 102(4).

Anthony, J. L., Lonigan, C. J., Driscoll, K., Phillips, B. M., & Burgess, S. R. (2003). Phonological Sensitivity: A Quasi-Parallel Progression of Word Structure Units and Cognitive Operations. *Reading Research Quarterly*, 38(4).

Anthony, J. L., Lonigan, C. J., Driscoll, K., Phillips, B. M., & Burgess, S. R. (2011). Phonological Sensitivity: A Quasi-parallel Progression of Word Structure Units and Cognitive Operations. *Reading Research Quarterly*, 38(4).

Antonia, G., Henny, Y. H., Anna, K., Gudrun, S., & Barbara, H. (2018). Perceptual Reorganization of Lexical Tones: Effects of Age and Experimental Procedure. *Frontiers in Psychology*, 9.

Arthur-Kelly, M., Sigafoos, J., Green, V., Mathisen, B., & Arthur-Kelly, R. (2009). Issues in the Use of Visual Supports to Promote Communication in Individuals with Autism Spectrum Disorder. *Disability and Rehabilitation*, 31(18).

Arunachalam, S., & Luyster, R. J. (2018). Lexical Development in Young Children with Autism Spectrum Disorder (ASD): How ASD May Affect Intake from the Input. *Journal of Speech, Language, and Hearing Research*, 61(11).

Astington, J. W., & Olson, D. R. (1990). Metacognitive and Metalinguistic Language: Learning to Talk about Thought. *Applied Psychology*, 39(1).

Aylward, E., Richards, T., Berninger, V., Nagy, W., & Cramer, S. (2003). Instructional Treatment Associated with Changes in Brain Activation in Children with Dyslexia. *Neurology*, 61(2).

Backscheider, A. G., Shatz, M., & Gelman, S. A. (2008). Preschoolers' Ability to Distinguish Living

Kinds as a Function of Regrowth. *Child Development*, 64(4).

Baddeley, A. D., Thomson, N., & Buchanan, M. (1975). Word Length and the Structure of Short-term Memory. *Journal of Verbal Learning and Verbal Behavior*, 14(6).

Bader, L., & Hildebrand, V. (1991). An Exploratory Study of Three to Five Year Olds' Responses on the Bader Reading and Language Inventory to Determine Developmental Stages of Emerging Literacy. *Early Child Development and Care*, 77(1).

Baker, E., & McLeod, S. (2004). Evidence-based Management of Phonological Impairment in Children. *Child Language Teaching and Therapy*, 20(3).

Ballantyne, A. O., Spilkin, A. M., & Trauner, D. A. (2007). The Revision Decision: Is Change Always Good? A Comparison of CELF-R and CELF-3 Test Scores in Children with Language Impairment, Focal Brain Damage, and Typical Development. *Language Speech & Hearing Services in Schools*, 38(3).

Baltaxe & Christiane, A. M. (1984). Use of Contrastive Stress in Normal, Aphasic, and Autistic Children. *Joumal of Speech Language and Hearing Research*, 27(1).

Bamberg, M., & Damradfrye, R. (1991). On the Ability to Provide Evaluative Comments: Further Explorations of Children's Narrative Competencies. *Journal of Child Language*, 18(3).

Barbara Penolazzi et al. (2006). Altered Hemispheric Asymmetry During Word Processing in Dyslexic Children: An Event-Related Potential Study. *NeuroReport*, 17(4).

Baron-Cohen, S., Leslie, A. M., & Frith, U. (1985). Does the Autistic Child Have a "Theory of Mind" ?. *Cognition*, 21(1).

Baron-Cohen, S., Leslie, A. M., & Frith, U. (1986). Mechanical, Behavioural and Intentional Understanding of Picture Stories in Autistic Children. *British Journal of Developmental Psychology*, 4(2).

Bartolucci, G., & Albers, R. J. (1974). Deictic Categories in the Language of Autistic Children. *Journal of Autism and Childhood Schizophrenia*, 4(2).

Bates, E., & Goodman, J. C. (1997). On the Inseparability of Grammar and the Lexicon: Evidence from Acquisition, Aphasia and Real-Time Processing. *Language and Cognitive Processes*, 12(5–6).

Beaulieu, C., Plewes, C., Paulson, L. A., Roy, D., Snook, L., Concha, L., et al. (2005). Imaging Brain Connectivity in Children with Diverse Reading Ability. *NeuroImage*, 25(4).

Beaumont, R., & Newcombe, P. (2006). Theory of Mind and Central Coherence in Adults with High-functioning Autism or Asperger Syndrome. *Autism the International Journal of Research and Practice*, 10(4).

Bebout, L., Segalowitz, S., & White, G. (1980). Children's Comprehension of Causal Constructions with "Because" and "So". *Child Development*, 51(2).

Berglund, E., Eriksson, M., & Johansson, I. (2001). Parental Reports of Spoken Language Skills in Children with Down Syndrome. *Journal of Speech, Language, and Hearing Research*, 44(1).

Bernstein, D. K. (1987). Figurative Language: Assessment Strategies and Implications for Intervention. *Folia Phoniat*, 39(3).

Betz, A., Higbee, T. S., Reagon, K. A., & Hanley, G. (2013). Using Joint Activity Schedules to Promote Peer Engagement in Preschoolers with Autism. *Journal of Applied Behavior Analysis*, 41(2).

Białecka-Pikul, M. (2010). Teaching Children to Understand Metaphors as a Path Leading to Theory of Mind Development. *European Journal of Developmental Psychology*, 7(5).

Bialystok, E. (1995). Making Concepts of Print Symbolic: Understanding How Writing Represents Language. *First Language*, 15(45).

Binns, A. V., Cardy, J. O. (2019). Developmental Social Pragmatic Interventions for Preschoolers with Autism Spectrum Disorder: A Systematic Review. *Autism and Developmental Language Impairments*, 4(1).

Bird, K. R., & Chapman, R. S. (1994). Sequential Recall in Individuals with Down Syndrome. *Journal of Speech and Hearing Research*, 37(6).

Bishop, D. V. (1979). Comprehension in Developmental Language Disorders. *Developmental Medicine and Child Neurology*, 21(2).

Bishop, D. V. (1997). Pre- and Perinatal Hazards and Family Background in Children with Specific Language Impairments: A Study of Twins. *Brain and Language*, 56(1).

Bishop, D. V. M. Bright, P. James, C. Bishop, S. J. van der Lely, H. K. J. (2000). Grammatical SLI: A Distinct Subtype of Developmental Language Impairment?. *Applied Psycholinguistics*, 21(2).

Bishop, D. V. M., Adams, C. V., & Rosen, S. (2011). Resistance of Grammatical Impairment to Computerized Comprehension Training in Children with Specific and Non-specific Language Impairments. *International Journal of Language and Communication Disorders*, 41(1).

Blache, S. E., & Parsons, C. L. (1980). A Linguistic Approach to Distinctive Feature Training. *Language Speech and Hearing Services in Schools*, 11(4).

Bleile, K. M., Hand, L. (1995). Metalinguistics. *Clinical Linguistics and Phonetics*, 9(1).

Blomert, L., & Mitterer, H. (2004). The Fragile Nature of the Speech-Perception Deficit in Dyslexia: Natural V. S. Synthetic Speech. *Brain and Language*, 89(1).

Bloom, K., & Lo, E. (1990). Adult Perceptions of Vocalizing Infants. *Infant Behavior and Development*, 13(2).

Bloom, L, Lahey M, Hood L, et al.(1980). Complex Sentences: Acquisition of Syntactic Connectives and the Semantic Relations They Encode. *Journal of Child Language*, 7(2).

Bloom, L. (1970). Child Language, Adult Model. *Contemporary Psychology*, 15(3).

Bloom, L., & Capatides, J. B. (1987). Expression of Affect and the Emergence of Language. *Child Development*, 58(6).

Bloom, L., Beckwith, R., & Capatides, J. B. (1988). Developments in the Expression of Affect. *Infant Behavior and Development*, 11(2).

Bloom, L., Lahey, M., Hood, L., Lifter, K., & Fiess, K. (1980). Complex Sentences: Acquisition of Syntactic Connectives and the Semantic Relations They Encode. *Journal of Child Language*, 7(2).

Bloom, L., Lifter, K., & Hafitz, J. (1980). Semantics of Verbs and the Development of Verb Inflection in Child Language. *Language*, 56(2).

Bol, G., & Kuiken, F. (1990). Grammatical Analysis of Developmental Language Disorders: A Study of the Morphosyntax of Children with Specific Language Disorders, with Hearing Impairment and with Down's Syndrome. *Clinical Linguistics and Phonetics*, 4(1).

Bolderson, S., Dosanjh, C., Milligan, C., Pring, T., & Chiat, S. (2011). Colourful Semantics: A Clinical Investigation. *Child Language Teaching and Therapy*, 27(3).

Bolger, D. J., Balass, M., Landen, E., & Perfetti, C. A. (2008). Context Variation and Definitions in Learning the Meanings of Words: An Instance-Based Learning Approach. *Discourse Processes*, 45(2).

Bondy, A., & Frost, L. (2001). The Picture Exchange Communication System. *Behavior Modification*, 25(5).

Bonneh, Y. S., Levanon, Y., Dean-Pardo, O., Lossos, L., & Adini, Y. (2011). Abnormal Speech Spectrum and Increased Pitch Variability in Young Autistic Children. *Frontiers in Human Neuroscience*, 4.

Bonte, M. L., & Blomert, L. (2004). Developmental Dyslexia: ERP Correlates of Anomalous Phonological Processing During Spoken Word Recognition. *Cognitive Brain Research*, 21(3).

Borer H. & Wexler K. (1992). Bi-Unique Relations and the Maturation of Grammatical Principles. *Natural Language and Linguistic Theory*, 10(2).

Boucher, J., Lewis, V., & Collis, G. M. (2000). Voice Processing Abilities in Children with Autism, Children with Specific Language Impairments, and Young Typically Developing Children. *Journal of Child Psychology and Psychiatry*, 41(7).

Bouglé, F., Ryalls, J., & Le Dorze, G. (1995). Improving Fundamental Frequency Modulation in Head Trauma Patients: A Preliminary Comparison of Speech-language Therapy Conducted With and Without IBM's SpeechViewer. *Folia Phoniatrica Et Logopaedica: International Journal of Phoniatrics. Speech Therapy and Communication Pathology*, 47(1).

Bouton, S., Serniclaes, W., Bertoncini, J., & Colé, P. (2012). Perception of Speech Features by French-speaking Children with Cochlear Implants. *Journal of Speech, Language, and Hearing Research*, 55(1).

Bowers, P. G., & Swanson, L. B. (1991). Naming Speed Deficits in Reading Disability: Multiple Measures of a Singular Process. *Journal of Experimental Child Psychology*, 51(2).

Bowler, D. M., Gardiner, J. M., Grice, S., & Saavalainen, P. (2000). Memory Illusions: False Recall and Recognition in Adults with Asperger's Syndrome. *Journal of Abnormal Psychology*, 109(4).

Boysson-Bardies, D., & Vihman, M. M. (1991). Adaptation to Language: Evidence from Babbling and First Words in Four Languages. *Language*, 67(2).

Bradley, L., & Bryant, P. E. (1978). Difficulties in Auditory Organisation as a Possible Cause of Reading Backwardness. *Nature*, 271(5647).

Bradlyn et al. (1983). Conversational Skills Training for Retarded Adolescents. *Behavior Therapy*, 14(2).

Brady, N. C., Skinner, D., Roberts, J. E., & Hennon, E. A. (2006). Communication in Young Children with Fragile X Syndrome: A Qualitative Study of Mothers' Perspectives. *American Journal of Speech-Language Pathology*, 15(4).

Breier, J. I., Simos, P. G., Fletcher, J. M., Castillo, E. M., Zhang, W., & Papanicolaou, A. C. (2003). Abnormal Activation of Temporoparietal Language Areas During Phonetic Analysis in Children with Dyslexia. *Neuropsychology*, 17(4).

Brenneman, K., Massey, C., Machado, S. F., & Gelman, R. (1996). Young Children's Plans Differ for

Writing and Drawing. *Cognitive Development*, 11(3).

Brian, J. A., Tipper, S. P., Weaver, B., & Bryson, S. E. (2003). Inhibitory Mechanisms in Autism Spectrum Disorders: Typical Selective Inhibition of Location Versus Facilitated Perceptual Processing. *Journal of Child Psychology and Psychiatry*, 44(4).

Brian, J. A., Tipper, S. P., Weaver, B., & Bryson, S. E. (2010). Inhibitory Mechanisms in Autism Spectrum Disorders: Typical Selective Inhibition of Location Versus Facilitated Perceptual Processing. *Journal of Child Psychology and Psychiatry and Allied Disciplines*, 44(4).

Bridgers, S., Buchsbaum, D., Seiver, E., Griffiths, T., & Gopnik, A. (2016). Children's Causal Inferences from Conflicting Testimony and Observations. *Developmental Psychology*, 52(1).

Brinton, B., Fujiki, M., & Sonnenberg, E. A. (1988). Responses to Requests for Clarification by Linguistically Normal and Language-impaired Children in Conversation. *Journal of Speech and Hearing Disorders*, 53(4).

Brooks, A. R., & Benjamin, B. J. (1989). The Use of Structured Role Play Therapy in the Remediation of Grammatical Deficits in Language Delayed Children: Three Case Studies. *Communication Disorders Quarterly*, 12(2).

Brown, D. D., Lile, J., & Burns, B. M. (2011). Basic Language Skills and Young Children's Understanding of Causal Connections During Storytelling. *Reading Psychology*, 32(4).

Brown, G., Yule, G., & Mckelvie, N. (2000). Teaching the Spoken Language. *RELC Journal*, 17(1).

Brown, J. R. (1967). Biological Foundations of Language. *Hospital Practice*, 2(12).

Brown, R. (1973). A First Language: The Early Stages. *Modern Language Review*, 38(2).

Bruck, M. (1992). Persistence of Dyslexics' Phonological Awareness Deficits. *Developmental Psychology*, 28(5).

Bruscia, K. E. (2005). Standards of Integrity For Qualitative Music Therapy Research. Voicies a World Forum for Music Therapy, 5(3).

Bryant, P. E., Maclean, M., Bradley, L. L., & Crossland, J. (1990). Rhyme and Alliteration, Phoneme Detection, and Learning to Read. *Developmental Psychology*, 26(3).

Budwig, N. (1990). The Linguistic Marking of Nonprototypical Agency: An Exploration into Children's Use of Passives. *Linguistics*, 28(6).

Byrnes, James P. Duff, Michele A. (1988). Young Children's Comprehension and Production of Causal Expressions. *Child Study Journal*, 18(2).

Cain, K., & Nash, H. M. (2011). The Influence of Connectives on Young Readers Processing and Comprehension of Text. *Journal of Educational Psychology*, 103(2).

Cain, K., Patson, N., & Andrews, L. (2005). Age- and Ability-related Differences in Young Readers' Use of Conjunctions. *Journal of Child Language*, 32(4).

Callanan, M. A., & Oakes, L. M. (1992). Preschoolers' Questions and Parents' Explanations: Causal Thinking in Everyday Activity. *Cognitive Development*, 7(2).

Camarata, S. M., & Nelson, K. E. (1992). Treatment Efficiency as a Function of Target Selection in the Remediation of Child Language Disorders. *Clinical Linguistics and Phonetics*, 6(3).

Camarata,S.M.,Nelson,K. E., & Camarata, M. N. (1994). Comparison of Conversational-Recasting and Imitative Procedures for Training Grammatical Structures in Children with Specific Language Impairment. *Journal of Speech and Hearing Research*, 37(6).

Caplan, D. (2004). Functional Neuroimaging Studies of Written Sentence Comprehension. *Scientific Studies of Reading*, 8(3).

Capps, L., Losh, M., & Thurber, C. (2000). "The Frog Ate the Bug and Made His Mouth Sad" : Narrative Competence in Children with Autism. *Journal of Abnormal Child Psychology*, 28(2).

Caravolas, M., Volin, J., & Hulme, C. (2005). Phoneme Awareness is a Key Component of Alphabetic Literacy Skills in Consistent and Inconsistent Orthographies: Evidence from Czech and English Children. *Journal of Experimental Child Psychology*, 92(2).

Carpenter, M., Pennington, Sally, J., & Rogers. (2002). Interrelations Among Social-Cognitive Skills in Young Children with Autism. *Journal of Autism and Developmental Disorders*, 32(2).

Carrell, P. L. (1982). Relative Difficulty of Request Forms in l1/l2 Comprehension. *M.hines & W.rutherford on Tesol*, 12.

Carriedo, N., Corral, A., Montoro, P. R., Herrero, L., Ballestrino, P., & Sebastián, I. (2016). The Development of Metaphor Comprehension and Its Relationship with Relational Verbal Reasoning and Executive Function. *PloS ONE*, 11(3).

Casalis, S., Louis-Alexandre, MF. (2000). Morphological Analysis, Phonological Analysis and Learning to Read French: A Longitudinal Study. *Reading and Writing*, 12(3).

Caselli, M. C., Bates, E., Casadio, P., Fenson, J., Fenson, L., Sanderl, L., & Weir, J. (1995). A Cross-linguistic Study of Early Lexical Development. *Cognitive Development*, 10(2).

Castillo, L. C. (1998). The Effect of Analogy Instruction on Young Children's Metaphor Comprehension. *Roeper Review*, 21(1).

Castro, C. D., & Halliday, M. (1995). An Introduction to Functional Grammar. *Language*, 71(4).

Chan et al. (2009). Use of Peer-mediated Interventions in the Treatment of Autism Spectrum Disorders: A Systematic Review. *Research in Autism Spectrum Disorders*, 3(4).

Chan, & Lydia, L. S. (2009). *The Development of L2 Emergent Literacy in Hong Kong Kindergarten Children*. (Doctoral dissertation, University of Oxford.)

Chan, W. K. (1995). Cantonese Speaking Children's Judgments of the Use of the Causal Connectives "because" (yin wei) and "so" (suo yi). (Bachelor Dissertation, University of Hong Kong.)

Chang, M. H., & Su, H. Y. (2012). To Mark or not to Mark the Cause, That is the Question: Causal Marking in Taiwanese Conversation. *Journal of Pragmatics*, 44(13).

Chapman, R. S. (1997). Language Development in Children and Adolescents with Down Syndrome. *Mental Retardation and Developmental Disabilities Research Reviews*, 3(4).

Chapman, R., & Hesketh, L. (2001). Language, Cognition, and Short-Term Memory in Individuals with Down Syndrome. *Down Syndrome Research and Practice*, 7(1).

Charlop, M. H., & Milstein, J. P. (1989). Teaching Autistic Children Conversational Speech Using Video Modeling. *Journal of Applied Behavior Analysis*, 22(3).

Charlop, M. H., Schreibman, L., & Tryon, A. S. (1983). Learning Through Observation: The Effects of Peer Modeling on Acquisition and Generalization in Autistic Children. *Journal of Abnormal Child*

Psychology, 11(3).

Chen, L. M., & Kent, R. D. (2009). Development of Prosodic Patterns in Mandarin-learning Infants. *Journal of Child Language*, 36(1).

Chen, Y. P., Allport, D. A., & Marshall, J. C. (1996). What Are the Functional Orthographic Units in Chinese Word Recognition: The Stroke or the Stroke Pattern?. *The Quarterly Journal of Experimental Psychology A*, 49(4).

Cheryl, Dileo, Maranto, Kenneth, & Bruscia (1989). The Status of Music Therapy Education and Training. *Arts in Psychotherapy*, 16(1).

Ching-Fen Hsu (2013). Contextual Integration of Causal Coherence in People with Williams Syndrome. *Research in Developmental Disabilities*, 34(10).

Christophe Parisse and Christelle Maillart (2008). Specific Language Impairment as Systemic Developmental Disorders. *Journal of Neurolinguistics*, 22(2).

Churchill, D. W. (1972). The Relation of Infantile Autism and Early Childhood Schizophrenia to Developmental Language Disorders of Childhood. *Journal of Autism and Childhood Schizophrenia*, 2(2).

Cisero, C. A., & Royer, J. M. (1995). The Development and Cross-language Transfer of Phonological Awareness. *Contemporary Educational Psychology*, 20(3).

Clahsen, H. (1989).The Grammatical Characterization of Developmental Dysphasia. *Linguistics*, 27(5).

Clahsen, H., & Almazan, M. (2001). Compounding and Inflection in Language Impairment: Evidence from Williams Syndrome (and SLI). *Lingua*, 111(10).

Clark, E. V. (1973). Non-linguistic Strategies and the Acquisition of Word Meanings. *Cognition*, 2(2).

Clay, M. M. (1966). *Emergent Reading Behaviour*. (Doctoral Dissertation, University of Auckland.)

Clements, W. A., Rustin, C. L., & McCallum, S. (2000). Promoting the Transition From Implicit to Explicit Understanding: A Training Study of False Belief. *Developmental ence*, 3(1).

Cohen, L., Jobert, A., Le Bihan, D., & Dehaene, S. (2004). Distinct Unimodal and Multimodal Regions for Word Processing in the Left Temporal Cortex. *Neuroimage*, 23(4).

Colle, L., Baron-Cohen, S., Wheelwright, S., & Lely, H. K. J. V. D. (2008). Narrative Discourse in Adults with High-Functioning Autism or Asperger Syndrome. *Journal of Autism and Developmental Disorders*, 38(1).

Comblain, A. (1994). Working Memory in Down's Syndrome: Training the Rehearsal Strategy. *Down's Syndrome, Research and Practice*, 2(3).

Comeau, L., Genesee, F., & Mendelson, M. (2007). Bilingual Children's Repairs of Breakdowns in Communication. *Journal of Child Language*, 34(1).

Condouris, K., Meyer, E., & Tager-Flusberg, H. (2003). The Relationship between Standardized Measures of Language and Measures of Spontaneous Speech in Children with Autism. *American Journal of Speech-Language Pathology*, 12(3).

Condus, M. M., Marshall, K. J., & Miller, S. R. (1986). Effects of the Keyword Mnemonic Strategy on Vocabulary Acquisition and Maintenance by Learning Disabled Children. *Journal of Learning Disabilities*, 19(10).

Connell, B. A., Hogan, J. T., & Rozsypal, A. J. (1983). Experimental Evidence of Interaction between Tone and Intonation in Mandarin Chinese. *Journal of Phonetics*, 11(4).

Connelly, M. (2013). The Reason I Jump: The Inner Voice of a Thirteen-year-old Boy with Autism. *Good Autism Practice*, 14(2).

Connor, C. M., Craig, H. K., Raudenbush, S. W., Heavner, K., & Zwolan, T. A. (2006). The Age at Which Young Deaf Children Receive Cochlear Implants and Their Vocabulary and Speech-Production Growth: Is There an Added Value for Early Implantation?. *Ear and Hearing*, 27(6).

Conrad, R., & Hull, A. J. (1964). Information, Acoustic Confusion and Memory Span. *British Journal of Psychology*, 55(4).

Constable, A., Stackhouse, J., & Wells, B. (1997). Developmental Word-finding Difficulties and Phonological Processing: The Case of the Missing Handcuffs. *Applied Psycholinguistics*, 18(4).

Cope, N., Harold, D., Hill, G., Moskvina, V., Stevenson, J., Holmans, P., et al. (2005). Strong Evidence that KIAA0319 on Chromosome 6p is a Susceptibility Gene for Developmental Dyslexia. *American Journal of Human Genetics*, 76(4).

Cowan, N., Day, L., Saults, J. S., Keller, T. A., & Flores, L. (1992). The Role of Verbal Output in the Effects of Word Length on Immediate Memory. *Journal of Memory and Language*, 31(1).

Cowan, N., Keller, T. A., Hulme, C., Roodenrys, S., McDougall, S., & Rack, J. (1994). Verbal Memory Span in Children: Speech Timing Clues to the Mechanisms Underlying Age and Word Length Effects. *Journal of Memory and Language*, 33(2).

Crosbie, S., Holm, A., & Dodd, B. (2005). Intervention for Children with Severe Speech Disorder: A Comparison of Two Approaches. *International Journal of Language and Communication Disorders*, 40(4).

Crosson, J., & Geers, A. (2001). Analysis of Narrative Ability in Children with Cochlear Implants. *Ear and Hearing*, 22(5).

Crosson, J., & Geers, A. E. (2000). Structural Analysis of Narratives Produced by a Group of Young Cochlear Implant Users. *Annals of Otology, Rhinology and Laryngology*, 185(12).

Crowder, R. G. (1978). Memory for Phonologically Uniform Lists. *Journal of Verbal Learning and Verbal Behavior*, 17(1).

Crown, C. L., Feldstein, S., MD Jasnow, Beebe, B., & Jaffe, J. (2002). The Cross-modal Coordination of Interpersonal Timing: Six-week-olds Infants' Gaze with Adults' Vocal Behavior. *Journal of Psycholinguistic Research*, 31(1).

Culatta, B, & Horn, D. (1982). A Program for Achieving Generalization of Grammatical Rules to Spontaneous Discourse. *Journal of Speech and Hearing Disorders*, 47(2).

Curcio, F., & Paccia, J. M. (1982). Strategies in Evaluating Autistic Children's Communication. *Topics in Language Disorders*, 3(1).

Curtin, S., Byers-Heinlein, K., & Werker, J. F. (2011). Bilingual Beginnings as a Lens for Theory Development: PRIMIR in Focus. *Journal of Phonetics*, 39(4).

Cutler, A., & Swinney, D. A. (1987). Prosody and the Development of Comprehension. *Journal of Child Language*, 14(1).

Cynthia S. Puranik, Christopher J. Lonigan (2011). From Scribbles to Scrabble: Preschool Children's Developing Knowledge of Written Language. *Reading and Writing*, 24(5).

D'Odorico, L., Cassibba, R., & Salerni, N. (1997). Temporal Relationships between Gaze and Vocal Behavior in Prelinguistic and Linguistic Communication. *Journal of Psycholinguistic Research*, 26(5).

Dapretto, M., & Bjork, E. L. (2000). The Development of Word Retrieval Abilities in the Second Year and Its Relation to Early Vocabulary Growth. *Child Development*, 71(3).

Darlene Pany (1988). Effects of Corrective Feedback on Word Accuracy and Reading Comprehension of Readers with Learning Disabilities. *Journal of Learning Disabilities*, 21(9).

David R. Olson and David A. Dillon (1983). Perspectives: Children's Language and Language Teaching. *Language Arts*, 60(2).

Davidson, L. S., Geers, A. E., & Nicholas, J. G. (2014). The Effects of Audibility and Novel Word Learning Ability on Vocabulary Level in Children with Cochlear Implants. *Cochlear Implants International*, 15(4).

Dawson, G., Munson, J., Estes M. (2002). Neurocognitive Function and Joint Attention Ability in Young Children with Autism Spectrum Disorder Versus Developmental Delay. *Child Development*, 73(2).

De Boysson-Bardies, B., & Vihman, M. M. (1991). Adaptation to Language: Evidence from Babbling and First Words in Four Languages. *Language*, 67(2).

De Boysson-Bardies, B., Halle, P., Sagart, L., & Durand, C. (1989). A Cross-linguistic Investigation of Vowel Formants in Babbling. *Journal of Child Language*, 16(1).

De Goes, C., & Martlew, M. (1983). Beginning to Read and Write; an Exploratory Study of Young Children's Understanding of Metalinguistic Terms and Graphic Conventions. *First Language*, 4(11).

De Marchena, A., Eigsti, I. M., Worek, A., Ono, K. E., & Snedeker, J. (2011). Mutual Exclusivity in Autism Spectrum Ddisorders: Testing the Pragmatic Hypothesis. *Cognition*, 119(1).

De Villiers, J. G., & Johnson, V. E. (2007). The Information in Third-person/s/: Acquisition Across Dialects of American English. *Journal of Child Language*, 34(1).

Dean, E. C., Howell, J., Waters, D., & Reid, J. (1995). Metaphon: A Metalinguistic Approach to the Treatment of Phonological Disorder in Children. *Clinical Linguistics & Phonetics*, 9(1).

Deevy, P., & Leonard, L. B. (2004). The Comprehension of Wh-Questions in Children with Specific Language Impairment. *Journal of Speech, Language, and Hearing Research*, 47(4).

Dehaene, S., Cohen, L., Sigman, M., & Vinckier, F. (2005). The Neural Code for Written Words: A Proposal. *Trends in Cognitive Sciences*, 9(7).

Dehaene-Lambertz, G., & Houston, D. (1998). Faster Orientation Latencies Toward Native Language in Two-Month-Old Infants. *Language and Speech*, 41(1).

Delgado, C. E., Mundy, P., Crowson, M., Markus, J., Yale, M., & Schwartz, H. (2002). Responding to Joint Attention and Language Development. *Journal of Speech, Language, and Hearing Research*, 45(4).

Dellantonio, S., Innamorati, M., & Pastore, L. (2012). Sensing Aliveness: An Hypothesis on the Constitution of the Categories "Animate" and "Inanimate". *Integrative Psychological and*

Behavioral science, 46(2).

Demuth K, Moloi F, & Machobane M. (2010). 3-Year-Olds' Comprehension, Production, and Generalization of Sesotho Passives. *Cognition*, 115(2).

Dennis, M., Lazenby, A. L., & Lockyer, L. (2001). Inferential Language in High-Function Children with Autism. *Journal of Autism and Developmental Disorders*, 31(1).

Derek M. Ricks & Lorna Wing (1975). Language, Communication, and the Use of Symbols in Normal and Autistic Children. *Journal of Autism and Childhood Schizophrenia*, 5(3).

Deutsch, G., Dougherty, R., Bammer, R., Siok, W., Gabrieli, J., & Wandell, B. (2005). Children's Reading Performance is Correlated with White Matter Structure Measured by Diffusion Tensor Imaging. *Cortex*, 41(3).

Diehl, J. J., & Paul, R. (2013). Acoustic and Perceptual Measurements of Prosody Production on the Profiling Elements of Prosodic Systems in Children by Children with Autism Spectrum Disorders. *Applied Psycholinguistics*, 34(1).

Diehl, J. J., Bennetto, L., & Young, E. C. (2006). Story Recall and Narrative Coherence of High-Functioning Children with Autism Spectrum Disorders. *Journal of Abnormal Child Psychology*, 34(1).

Diehl, J. J., Bennetto, L., Watson, D., Gunlogson, C., & McDonough, J. (2008). Resolving Ambiguity: A Psycholinguistic Approach to Understanding Prosody Processing in High-Functioning Autism. *Brain and Language*, 106(2).

Diehl, J. J., Watson, D., Bennetto, L., McDonough, J., & Gunlogson, C. (2009). An Acoustic Analysis of Prosody in High-Functioning Autism. *Applied Psycholinguistics*, 30(3).

Diffily, D. (2001). From Scribbles to Stories: Supporting Writing Development. *Texas Child Care*, 25(1).

Dockrell, J. E., Messer, D., & George, R. (2001). Patterns of Naming Objects and Actions in Children with Word Finding Difficulties. *Language and Cognitive Processes*, 16(2–3).

Dockrell, J. E., Messer, D., George, R., & Ralli, A. (2003). Beyond Naming Patterns in Children with WFDs-Definitions for Nouns and Verbs. *Journal of Neurolinguistics*, 16(2–3).

Dodd, B. J., Mccormack, P., & Woodyatt, G. (1994). Evaluation of an Intervention Program: Relation between Children's Phonology and Parents' Communicative Behavior. *American Journal of Mental Retardation*, 98(5).

Dodd, B., & Iacano, T. (1989). Phonological Disorders in Children: Changes in Phonological Process Use During Treatment. *The British Journal of Disorders of Communication*, 24(3).

Dodd, B., & Lacano, T. (2011). Phonological Disorders in Children: Changes in Phonological Process use During Treatment. *International Journal of Language and Communication Disorders*, 24(3).

Dodd, B., Bradford, A. (2000). A Comparison of Three Therapy Methods for Children with Different Types of Developmental Phonological Disorder. *International Journal of Language and Communication Disorders*, 35(2).

Dodd, B., Crosbie, S., et al. (2008). The Impact of Selecting Different Contrasts in Phonological Therapy. *International Journal of Speech-Language Pathology*, 10(5).

Dodd, B., Holm, A., Hua, Z., & Crosbie, S. (2003). Phonological Development: A Normative Study of

British English-Speaking Children. *Clinical Linguistics and Phonetics*, 17(8).

Dodd, J. L., Ocampo, A., & Kennedy, K. S. (2011). Perspective Taking Through Narratives: An Intervention for Students with Autism. *Communication Disorders Quarterly*, 33(1).

Donaldson, M. L. (1986). Children's Explanations: The Interplay between Language and Context. *First Language*, 6(18).

Donaldson, M. L. (1996). Contextual Influences on Children's Spoken and Written Explanations. *Applied Psycholinguistics*, 17(3).

Donaldson, M. L., Reid, J., & Murray, C. (2007). Causal Sentence Production in Children with Language Impairments. *International Journal of Language and Communication Disorders*, 42(2).

Dore, J. (1975). Holophrases, Speech Acts and Language Universals. *Journal of Child Language*, 2(1).

Dromi, E., Leonard, L. B., & Shteiman, M. (1993). The Grammatical Morphology of Hebrew-Speaking Children with Specific Language Impairment: Some Competing Hypotheses. *Journal of Speech, Language, and Hearing Research*, 36(4).

Duchan, J. F. (1988). Assessing Communication of Hearing-Impaired Children: Influences from Pragmatics. *Journal of the Academy of Rehabilitative Audiology*, 21(1).

Duinmeijer, I., Jong, J. D., & Scheper, A. (2012). Narrative Abilities, Memory and Attention in Children with a Specific Language Impairment. *International Journal of Language and Communication Disorders*, 47(5).

Dunn, M., Gomes, H., & Sebastian, M. J. (1996). Prototypicality of Responses of Autistic, Language Disordered, and Normal Children in a Word Fluency Task. *Child Neuropsychology*, 2(2).

Durgunoğlu, Aydin, Y. Nagy, William, E. Hancin-Bhatt, & Barbara. (1993). Cross-Language Transfer of Phonological Awareness. *Journal of Educational Psychology*, 85(3).

Ebbels, S. & van der Lely, H. (2001) Meta-Syntactic Therapy for Children with Severe Persistent SLI Using Visual Coding. *International Journal of Language and Communication Disorders*, 36 (1).

Ebbels, S. (2007). Teaching Grammar to School-Aged Children with Specific Language Impairment Using Shape Coding. *Child Language Teaching and Therapy*, 23(1).

Ebbels, S. (2014). Effectiveness of Intervention for Grammar in School-Aged Children with Primary Language Impairments: A Review of the Evidence. *Child Language Teaching and Therapy*, 30(1).

Ebbels, S. H., Hk, V. D. L., & Dockrell, J. E. (2007). Intervention for Verb Argument Structure in Children with Persistent SLI: A Randomized Control Trial. *Journal of Speech, Language, and Hearing Research*, 50(5).

Ebbels, S. H., Nataša Marić, Murphy, A., & Turner, G. (2014). Improving Comprehension in Adolescents with Severe Receptive Language Impairments: A Randomized Control Trial of Intervention for Coordinating Conjunctions. *International Journal of Language and Communication Disorders*, 49(1).

Ebbels, S. H., Nicoll, H., Clark, B., Eachus, B., Gallagher, A. L., & Horniman, K., et al. (2012). Effectiveness of Semantic Therapy for Word-Finding Difficulties in Pupils with Persistent Language Impairments: A Randomized Control Trial. *International Journal of Language and Communication Disorders*, 47(1).

Ebbels, S. H., Van, D. L. H. K. J., & Dockrell, J. E. (2007). Intervention for Verb Argument Structure in Children with Persistent SLI: A Randomized Control Trial. *Journal of Speech, Language, and Hearing Research*, 50(5).

Eden, G., Jones, K., Cappell, K., Gareau, L., Wood, F., Zeffiro, T., et al. (2004). Neural Changes Following Remediation in Adult Developmental Dyslexia. *Neuron*, 44(3).

Ehri, L. C. (2005). Learning to Read Words: Theory, Findings, and Issues. *Entific Studies of Reading*, 9(2).

Eigsti, I. M., Bennetto, L., & Dadlani, M. B. (2007). Beyond Pragmatics: Morphosyntactic Development in Autism. *Journal of Autism and Developmental Disorders*, 37(6).

Eimas, P. D., Siqueland, E. R., Jusczyk, P., & Vigorito, J. (1971). Speech Perception in Infants. *Science*, 171(3968).

Eisenberg, A. R. (1985). Learning to Describe Past Experiences in Conversation. *Discourse Processes*, 8(2).

El-Hakim, H., Levasseur, J., Papsin, B. C., Panesar, J., Mount, R. J., Stevens, D., & Harrison, R. V. (2001). Assessment of Vocabulary Development in Children After Cochlear Implantation. *Archives of Otolaryngology-Head and Neck Surgery*, 127(9).

Elbers, L. (1982). Operating Principles in Repetitive Babbling: A Cognitive Continuity Approach. *Cognition*, 12(1).

Elgustus J. Polite and Laurence B. Leonard (2007). A Method for Assessing the Use of First Person Verb Forms by Preschool-Aged Children with SLI. *Child Language Teaching and Therapy*, 23(3).

Elias, G., & Broerse, J. (1996). Developmental Changes in the Incidence and Likelihood of Simultaneous Talk During the First Two Years: A Question of Function. *Journal of Child Language*, 23(1).

Eliez, S., Rumsey, J. M., Giedd, J. N., Schmitt, J. E., Patwardhan, A. J., & Reiss, A. L. (2000). Morphological Alteration of Temporal Lobe Gray Matter in Dyslexia: An MRI Study. *Journal of Child Psychology and Psychiatry*, 41(5).

Emerson, H. F. (1979). Children's Comprehension of "Because" in Reversible and Non-Reversible Sentences. *Journal of Child Language*, 6(2).

Emerson, H. F., & Gekoski, W. L. (1980). Development of Comprehension of Sentences with "Because" or "If". *Journal of Experimental Child Psychology*, 29(2).

Estes, W. D. (1986). Early Understanding of Mental Entities: A Reexamination of Childhood Realism. *Child Development*, 57(4).

Evans, M. A., & Saint-Aubin, J. (2005). What Children are Looking at During Shared Storybook Reading: Evidence From Eye Movement Monitoring. *Psychological Science*, 16(11).

Evers-Vermeul, J., & Sanders, T. (2009). The Emergence of Dutch Connectives; How Cumulative Cognitive Complexity Explains the Order of Acquisition. *Journal of Child Language*, 36(4).

Eversvermeul, J., & Sanders, T. (2011). Discovering Domains–on the Acquisition of Causal Connectives. *Journal of Pragmatics*, 43(6).

Ezell, H. K., & Goldstein, H. (1992). Teaching Idiom Comprehension to Children with Mental Retardation. *Journal of Applied Behavior Analysis*, 25(1).

Ezell, H. K., & Justice, L. M. (2000). Increasing the Print Focus of Adult-Child Shared Book Reading Through Observational Learning. *American Journal of Speech-Language Pathology*, 9(1).

Fagan, M. K. (2008). Toddlers' Persistence When Communication Fails: Response Motivation and Goal Substitution. *First Language*, 28(1).

Faust, M., Dimitrovsky, L., & Davidi, S. (1997). Naming Difficulties in Language Disabled Children: Preliminary Findings with the Application of the Tip of the Tongue Paradigm. *Journal of Speech, Language, and Hearing Research*, 40(5).

Fawcett, A. J., & Nicolson, R. I. (1999). Performance of Dyslexic Children on Cerebellar and Cognitive Tests. *Journal of Motor Behaviour*, 31(1).

Ferguson, C. A., & Farwell, C. B. (1975). Words and Sounds in Early Language Acquisition: English Initial Consonants in the Frist Fifty Words. Papers and Reports on Child Language Development No. 6. *Language*, 51(2).

Fernald, A. (1993). Approval and Disapproval: Infant Responsiveness to Vocal Affect in Familiar and Unfamiliar Languages. *Child Development*, 64(3).

Ferrer, E., Mcardle, J., Shaywitz, B., Holahan, J., Marchione, K., & Shaywitz, S. (2007). Longitudinal Models of Developmental Dynamics between Reading and Cognition from Childhood to Adolescence. *Developmental Psychology*, 43(6).

Ferrier, E., & Davis, M. (1973). A lexical Approach to the Remediation of Sound Omissions. *Journal of Speech and Hearing Disorders*, 38(1).

Fey, M. E., Cleave, P. L., & Long, S. H. (1997). Two Models of Grammar Facilitation in Children with Language Impairments: Phase 2. *Journal of Speech, Language, and Hearing Research*, 40(1).

Fey, M., & Weiss, A. L. (1987). Language Intervention with Young Children. *Topics in Language Disorders*, 7(2).

Fillingham, J. K., Hodgson, C., Sage, K., & Lambon Ralph, M. A. (2003). The Application of Errorless Learning to Aphasic Disorders: A Review of Theory and Practice. *Neuropsychological Rehabilitation*, 13(3).

Fiona M. Richardson , Michael S. C. Thomas & Cathy J. Price (2010). Neuronal Activation for Semantically Reversible Sentences. *Journal of Cognitive Neuroscience*, 22(6).

Flavell, John, H., Green, Frances, & L. (1995). Young Children's Knowledge about Thinking. *Monographs of the Society for Research in Child Development*, 60(1).

Fletcher, H., & Buckley, S. (2002). Phonological Awareness in Children with Down Syndrome. *Down Syndrome Research and Practice*, 8(1).

Fletcher, J. M., Francis, D. J., Morris, R. D., & Lyon, G. R. (2005). Evidence-Based Assessment of Learning Disabilities in Children and Adolescents. *Journal of Clinical Child and Adolescent Psychology*, 34(3).

Fletcher, J. M., Shaywitz, S. E., Shankweiler, D. P., Katz, L., Liberman, I. Y., Stuebing, K. K., et al. (1994). Cognitive Profiles of Reading Disability: Comparisons of Discrepancy and Low Achievement Definitions. *Journal of Educational Psychology*, 86(1).

Fletcher, P., Leonard, L. B., Stokes, S. F., & Wong, A. M. Y. (2005). The Expression of Aspect in

Cantonese-speaking Children with Specific Language Impairment. *Journal of Speech, Language, and Hearing Research*, 48(3).

Foorman, B. R., Brier, J. I., & Fletcher, J. M. (2003). Interventions Aimed at Improving Reading Success: An Evidence-Based Approach. *Developmental Neuropsychology*, 24(2–3).

Forrest, K., Dinnsen, A., & Elbert, M. (1997). Impact of Substitution Patterns on Phonological Learning by Misarticulating Children. *Clinical Linguistics and Phonetics*, 11(1).

Fortunatotavares, T., Andrade, C. R. F., Befilopes, D., Limongi, S. O., Fernandes, F. D. M., & Schwartz, R. G. (2015). Syntactic Comprehension and Working Memory in Children with Specific Language Impairment, Autism or Down Syndrome. *Clinical Linguistics and Phonetics*, 29(7).

Fourment-Aptekman, M. C., Emmenecker, N., & Pantz, V. (1987). Etude de la production de métaphores chez des enfants de 3 à 7 ans. *L'Année psychologique*, 87(4).

Frank, R., Vellutino, Jack, M., Fletcher, Margaret, J., Snowling, Donna, M., & Scanlon (2004). Specific Reading Disability (dyslexia): What Have We Learned in the Past Four Decades?. *Journal of Child Psychology and Psychiatry*, 45(1).

Franklin, A., Sowden, P., Burley, R., Notman, L., & Alder, E. (2008). Color Perception in Children with Autism. *Journal of Autism and Developmental Disorders*, 38(10).

Freeman, E. B., & Sanders, T. R. (1989). Kindergarten Children's Emerging Concepts of Writing Functions in the Community. *Early Childhood Research Quarterly*, 4(3).

French, L. A. (1988). The Development of Children's Understanding of "Because" and "So". *Journal of Experimental Child Psychology*, 45(2).

Friedmann, N.& Novogrodsky, R. (2004). The Acquisition of Relative Clause Comprehension in Hebrew: A Study of SLI and Normal Development. *Journal of Child Language*, 31(3).

Friedmann, N., & Novogrodsky, R. (2007). Is the Movement Deficit in Syntactic SLI Related to Traces or to Thematic Role Transfer?. *Brain and Language*, 101(1).

Friedmann, N., & Novogrodsky, R. (2011). Which Questions Are Most Difficult to Understand?: the Comprehension of Wh-Questions in Three Subtypes of SLi. *Lingua*, 121(3).

Frith, U. (1999). Paradoxes in the Definition of Dyslexia. *Dyslexia*, 5(4).

Frizelle, P., & Fletcher, P. (2014). Relative Clause Constructions in Children with Specific Language Impairment. *International Journal of Language and Communication Disorders*, 49.

Fuchs, D., Fuchs, L., & Compton, D. (2004). Identifying Reading Disability by Responsiveness-toinstruction: Specifying Measures and Criteria. *Learning Disability Quarterly*, 27(4).

Fujiki, M., & Brinton, B. (1991). The Verbal Noncommunicator: A Case Study. *Language, Speech, and Hearing Services in Schools*, 22(1).

Fung, P. C., Chow, B. W. Y., & McBride-Chang, C. (2005). The Impact of a Dialogic Reading Program on Deaf and Hard-of-hearing Kindergarten and Early Primary School-aged Students in Hong Kong. *Journal of Deaf Studies and Deaf Education*, 10(1).

Gaffrey M S, Kleinhans N M, Haist F, et al. (2007). Atypical Participation of Visual Cortex During Word Processing in Autism: An fMRI Study of Semantic Decision. *Neuropsychologia*, 45(8).

Galaburda, A. M., Sherman, G. F., Rosen, G. D., Aboitiz, F., & Geschwind, N. (1985). Developmental

Dyslexia: Four Consecutive Patients with Cortical Anomalies. *Annals of Neurology*, 18(2).

Gallagher, A., Frith, U., & Snowling, M. (2000). Precursors of Literacy-Delay among Children at Genetic Risk of Dyslexia. *Journal of Child Psychology and Psychiatry*, 41(2).

Gathercole, S. E. (1999). Cognitive Approaches to the Development of Short-Term Memory. *Trends in Cognitive Sciences*, 3(11).

Gathercole, S. E., Adams, A. M., & Hitch, G. J. (1994). Do Young Children Rehearse? An Individual-Differences Analysis. *Memory and Cognition*, 22(2).

Gathercole, S. E., Willis, C. S., & Baddeley, A. D. (1994). The Children's Test of Nonword Repetition: A Test of Phonological Working Memory. *Memory*, 2(2).

Gathercole, S.E., & Baddeley, A.D. (1990). Phonological Memory Deficits in Language Disordered Children: Is There a Causal Connection? *Journal of Memory and Language*, 29(3).

Gavin, W. J., Klee, T., & Membrino, I. (1993). Differentiating Specific Language Impairment from Normal Language Development Using Grammatical Analysis. *Clinical Linguistics and Phonetics*, 7(3).

Geller, E. (1998). An Investigation of Communication Breakdowns and Repairs in Verbal Autistic Children. *The British Journal of Development Disabilities*, 44(87).

Gelman, S. A., & Wellman, H. M. (1991). Insides and Essence: Early Understandings of the Non-Obvious. *Cognition*, 38(3).

Gentner, D. (1988). Metaphor as Structure-mapping: The Relational Shift. *Child Development*, 59(1).

Georgiewa, P., Rzanny, R., Gaser, C., Gerhard, U. J., Vieweg, U., Freesmeyer, D., et al. (2002). Phonological Processing in Dyslexic Children: A Study Combining Functional Imaging and Event-related Potentials. *Neuroscience Letters*, 318(1).

Gerken, L., Jusczyk, P. W., & Mandel, D. R. (1994). When Prosody Fails to Cue Syntactic Structure: 9-Month-Olds' Sensitivity to Phonological Versus Syntactic Phrases. *Cognition*, 51(3).

German D.J. (1989). A Diagnostic Model and a Test to Assess Word-Finding Skills in Children. *The British Journal of Disorders of Communication*, 24(1).

German, & D., J. (2004). The Impact of Lexical Factors on Children's Word-Finding Errors. *Journal of Speech, Language, and Hearing Research*, 47(3).

German, D. J. (2011). A Diagnostic Model and a Test to Assess Word-Finding Skills in Children. *International Journal of Language and Communication Disorders*, 24(1).

Gershkoff-Stowe, L., & Hahn, E. R. (2007). Fast Mapping Skills in the Developing Lexicon. *Journal of Speech, Language, and Hearing Research*, 50(3).

Gertner, B. L., Rice, M. L., & Hadley, P. A. (1994). Influence of Communicative Competence on Peer Preferences in a Preschool Classroom. *Journal of Speech and Hearing Research*, 37(4).

Gierut, J. A. (1989). Maximal Opposition Approach to Phonological Treatment. *Journal of Speech and Hearing Disorders*, 54(1).

Gierut, J. A. (1998). Treatment Efficacy: Functional Phonological Disorders in Children. *Journal of Speech, Language, and Hearing Research*, 41(1).

Gillam, S. L., Hartzheim, D., Studenka, B., Simonsmeier, V., & Gillam, R. (2015). Narrative Intervention for Children with Autism Spectrum Disorder (asd). *Journal of Speech, Language, and Hearing Research*, 58(3).

Gillon G. T. (2000). The Efficacy of Phonological Awareness Intervention for Children With Spoken Language Impairment. *Language, Speech, and Hearing Services in Schools*, 31(2).

Ginsburg, G. P., & Kilbourne, B. K. (1988). Emergence of Vocal Alternation in Mother-Infant Interchanges. *Journal of Child Language*, 15(2).

Girbau, D., & Schwartz, R. G. (2008). Phonological Working Memory in Spanish-English Bilingual Children with and without Specific Language Impairment. *Journal of Communication Disorders*, 41(2).

Gold, R., & Faust, M. (2010). Right Hemisphere Dysfunction and Metaphor Comprehension in Young Adults with Asperger Syndrome. *Journal of Autism and Developmental Disorders*, 40(7).

Gold, R., Faust, M., & Ben-Artzi, E. (2012). Metaphors and Verbal Creativity: The Role of the Right Hemisphere. *Laterality*, 17(5).

Gombert, J. E. (2002). Children with Down Syndrome Use Phonological Knowledge in Reading. *Reading and Writing*, 15(5–6).

Goodkind, A., Lee, M., Martin, G. E., Losh, M. C., & Bicknell, K. (2018). Detecting Language Impairments in Autism: A Computational Analysis of Semi-Structured Conversations with Vector Semantics. *Proceedings of the Society for Computation in Linguistics*, 1.

Goswami, U. & Bryant, P. (1990). Phonological Skills and Learning to Read. *Annals of the New York Academy of Sciences*, 682(1).

Goswami, U. (1999). Causal Connections in Beginning Reading: The Importance of Rhyme. *Journal of Research in Reading*, 22(3).

Götz, A., Yeung, H. H., Krasotkina, A., Schwarzer, G., & Höhle, B. (2018). Perceptual Reorganization of Lexical Tones: Effects of Age and Experimental Procedure. *Frontiers in Psychology*, 9.

Gough, P. B., & Hillinger, M. L. (1980). Learning to Read: An Unnatural Act. *Bulletin of the Orton Society*, 30.

Grandgeorge, M., & Masataka, N. (2016). A typical Color Preference in Children with Autism Spectrum Disorder. *Frontiers in Psychology*, 7.

Grant, J., Valian, V., & Karmiloff-Smith, A. (2002). A Study of Relative Clauses in Williams Syndrome. *Journal of Child Language*, 29(2).

Gray, C. A. (2004). The New Defining Criteria and Guidelines. *Jenison Autism Journal: Creative Ideas in Practice*, 15(4).

Gray, S. (2005). Word Learning by Preschoolers with Specific Language Impairment: Effect of Phonological or Semantic Cues. *Journal of Speech, Language, and Hearing Research*, 48(6).

Greenaway, R., & Plaisted, K. (2005). Top-Down Attentional Modulation in Autistic Spectrum Disorders Is Stimulus-Specific. *Psychological Science*, 16(12).

Grela, B. G., & Leonard, L. B. (2000). The Influence of Argument-Structure Complexity on the Use of Auxiliary Verbs by Children with SLI. *Journal of Speech, Language, and Hearing Research*, 43(5).

Gresham, F., M. (1981). Social Skills Training With Handicapped Children: A Review. *Review of*

Educational Research Spring, 51(1).

Griffith, P. L., Ripich, D. N., & Dastoli, S. L. (1990). Narrative Abilities in Hearing-Impaired Children: Propositions and Cohesion. *American Annals of the Deaf*, 135(1).

Grigos, M. I., & Patel, R. (2010). Acquisition of Articulatory Control for Sentential Focus in Children. *Journal of Phonetics*, 38(4).

Grunwell, P. (1977). *The Analysis of Phonological Disability in Children* (Doctoral Dissertation, University of Reading).

Gutierrez-Mangado, M. J., & Ezeizabarrena, M. J. (2011). Asymmetry in Child Comprehension and Production of Basque Subject and Object Relative Clauses. *Boston University Conference on Language Development (BUCLD)* (Vol. 36).

H K,van der Lely, & M, Harris(1990). Comprehension of Reversible Sentences in Specifically Language-impaired Children. *Journal of Speech and Hearing Disorders*, 55(1).

Haebig, E., Kaushanskaya, M., & Weismer, S. E. (2015). Lexical Processing in School-Age Children with Autism Spectrum Disorder and Children with Specific Language Impairment: The Role of Semantics. *Journal of Autism and Developmental Disorders*, 45(12).

Håkansson, G., & Hansson, K. (2000). Comprehension and Production of Relative Clauses: A Comparison between Swedish Impaired and Unimpaired Children. *Journal of Child Language*, 27(2).

Hall, J. W., Ewing, A., Tinzmann, M. B., & Wilson, K. P. (1981). Phonetic Coding in Dyslexics and Normal Readers. *Bulletin of the Psychonomic Society*, 17(4).

Hanson, D. M., Jackson, A. W., & Hagerman, R. J. (2010). Speech Disturbances (Cluttering) in Mildly Impaired Males with the Martin-bell/fragile X Syndrome. *American Journal of Medical Genetics Part A*, 23(1–2).

Hansson, K., & Nettelbladt, U. (2006). Wh-Questions in Swedish Children with SLI. *International Journal of Speech-Language Pathology*, 8(4).

Hao, M., Hua, S., Xing, A., & Ping, L. (2008). Early Vocabulary Inventory for Mandarin Chinese. *Behavior Research Methods*, 40(3).

Happé, F. (1993). Communicative Competence and Theory of Mind in Autism: A Test of Relevance Theory. *Cognition*, 48(2).

Happé, F. G. (1993). Communicative Competence and Theory of Mind in Autism: A Test of Relevance Theory. *Cognition*, 48(2).

Happé, F. G. (1994). An Advanced Test of Theory of Mind: Understanding of Story Characters' Thoughts and Feelings by Able Autistic, Mentally Handicapped, and Normal Children and Adults. *Journal of Autism and Developmental Disorders*, 24(2).

Happé, F. G. (1995). The Role of Age and Verbal Ability in the Theory of Mind Task Performance of Subjects with Autism. *Child Development*, 66(3).

Harrell, L. G., Kamps, D., & Kravits (1997). The Effects of Peer Networks on Social-Communicative Behaviors for Students with Autism. *Focus on Autism and other Developmental Disabilities*, 12(4).

Harris, M., Yeeles, C., Chasin, J., & Oakley, Y. (1995). Symmetries and Asymmetries in Early Lexical

Comprehension and Production. *Journal of Child Language*, 22(1).

Harris, P. L., German, T., & Mills, P. (1996). Children's Use of Counterfactual Thinking in Causal Reasoning. *Cognition*, 61(3).

Hatano, G., Siegler, R. S., Richards, D. D., Inagaki, K., & Wax, N. (1993). The Development of Biological Knowledge: A Multi-national Study. *Cognitive Development*, 8(1).

Hatano, I. G. (1996). Young Children's Recognition of Commonalities between Animals and Plants. *Child Development*, 67(6).

Hayes, H., Geers, A. E., Treiman, R., & Moog, J. S. (2009). Receptive Vocabulary Development in Deaf Children with Cochlear Implants: Achievement in an Intensive Suditory-oral Educational Setting. *Ear and Hearing*, 30(1).

Hayes, P. A., Norris, J., & Flaitz, J. R. (1998). A Comparison of the Oral Narrative Abilities of Underachieving and High-Achieving Gifted Adolescentsa Preliminary Investigation. *Language. Speech and Hearing Services in Schools*, 29(3).

Hegde, M. N. (1980). An Experimental-clinical Analysis of Grammatical and Behavioral Distinctions between Verbal Auxiliary and Copula. *Journal of Speech and Hearing Research*, 23(4).

Hegde, M. N., Noll, M. J., & Pecora, R. (1979). A Study of Some Factors Affecting Generalization of Language Training. *Journal of Speech and Hearing Disorders*, 44(3).

Heibeck, T. H., & Markman, E. M. (1987). Word Learning in Children: An Examination of Fast Mapping. *Child Development*, 58(4).

Heim, S., Eulitz, C., & Elbert, T. (2003a). Altered Hemispheric Asymmetry of Auditory N100m in Adults with Developmental Dyslexia. *NeuroReport*, 14(3).

Heim, S., Eulitz, C., & Elbert, T. (2003b). Altered Hemispheric Asymmetry of Auditory P100m in Dyslexia. *European Journal of Neuroscience*, 17(8).

Helen L. Johnson, & Robin S. Chapman (1980). Children's Judgment and Recall of Causa Connectives: A Developmental Study of "Because," "So," and "And". *Journal of Psycholinguistic Research*, 9(3).

Helenius, P., Salmelin, R., Richardson, U., Leinonen, S., & Lyytinen, H. (2002). Abnormal Auditory Cortical Activation in Dyslexia 100 Msec After Speech Onset. *Journal of Cognitive Neuroscience*, 14(4).

Henriksen, B. (1999). Three Dimensions of Vocabulary Development. *Studies in Second Language Acquisition*, 21(2).

Henry, L. A., Turner, J. E., Smith, P. T., & Leather, C. (2000). Modality Effects and the Development of the Word Length Effect in Children. *Memory*, 8(1).

Hermelin, B., & O'Connor, N. (1967). Remembering of Words by Psychotic and Subnormal Children. *British Journal of Psychology*, 58(3–4).

Hestvik, A., Schwartz, R. G., & Tornyova, L. (2010). Relative Clause Gap-filling in Children with Specific Language Impairment. *Journal of Psycholinguistic Research*, 39(5).

Hickling, A. K., Wellman, H. M., & Gottfried, G. M. (1997). Preschoolers' Understanding of Others' Mental Attitudes Towards Pretend Happenings. *British Journal of Developmental Psychology*, 15(3).

Hickling, A. K., & Wellman, H. M. (2001). The Emergence of Children's Causal Explanations and

Theories: Evidence from Everyday Conversation. *Developmental Psychology*, 37(5).

Hicks, D. (1990). Narrative Skills and Genre Knowledge: Ways of Telling in the Primary School Grades. *Applied Psycholinguistics*, 11(1).

Higashida, N. (2013). The Reason I Jump: The Inner Voice of a Thirteen-Year-Old Boy with Autism. *Good Autism Practice*, 14(2).

Hinton, R., Budimirovic, D. B., Marschik, P. B., Talisa, V. B., & Johnston, M. V. (2013). Parental Reports in Early Language and Motor Milestones in Fragile X Syndrome with and without Autism Spectrum Disorders. *Pediatric Rehabilitation*, 16(1).

Hirsh-Pasek K., Nelson, D. K., Jusczyk, P. W., Cassidy, K. W., Druss, B., & Kennedy, L. (1987). Clauses are Perceptual Units for Young Infants. *Cognition*, 26(3).

Hitch, G. J., Woodin, M. E., & Baker, S. (1989). Visual and Phonological Components of Working Memory in Children. *Memory and Cognition*, 17(2).

Hk, V. D. L., & Harris, M. (1990). Comprehension of Reversible Sentences in Specifically Language-Impaired Children. *Journal of Speech and Hearing Disorders*, 55(1).

Hk, V. D. L., & Stollwerck, L. (1997). Binding Theory and Grammatical Specific Language Impairment in Children. *Cognition*, 62(3).

Ho, C. S. H., Law, T. P. S., & Ng, P. M. (2000). The Phonological Deficit Hypothesis in Chinese Developmental Dyslexia. *Reading and Writing*, 13(1–2).

Ho, C., Chan, D., Lee, S., Tsang, S., & Luan, V. (2004). Cognitive Profiling and Preliminary Subtyping in Chinese Developmental Dyslexia. *Cognition*, 91(1).

Ho, S. H., & Bryant, P. (1997). Phonological Skills are Important in Learning to Read Chinese. *Developmental Psychology*, 33(6).

Holliday, J. J., Reidy, P. F., Beckman, M. E., & Edwards, J. (2015). Quantifying the Robustness of the English Sibilant Fricative Contrast in Children. *Journal of Speech, Language, and Hearing Research*, 58(3).

Holm, A., & Dodd, B. (1999). An Intervention Case Study of a Bilingual Child with Phonological Disorder. *Child Language Teaching and Therapy*, 15(2).

Hood, L., & Bloom, L. (1979). What, When, and How about Why: A Longitudinal Study of Early Expressions of Causality. *Monographs of the Society for Research in Child Development*, 44(6).

Hoover, J. R., Storkel, H. L., & Hogan, T. P. (2010). A Cross-Sectional Comparison of the Effects of Phonotactic Probability and Neighborhood Density on Word Learning by Preschool Children. *Journal of Memory and Language*, 63(1).

Houston-Price, C., Plunkett, K., & Harris, P. (2005). Word-Learning Wizardry at 1; 6. *Journal of Child Language*, 32(1).

Howlin, P. (1982). Echolalic and Spontaneous Phrase Speech in Autistic Children. *Journal of Child Psychology and Psychiatry*, 23(3).

Hsu, H. J., & Bishop, D. V. M. (2014). Sequence-specific Procedural Learning Deficits in Children with Specific Language Impairment. *Developmental Science*, 17(3).

Hua, Z., & Dodd, B. (2000). The Phonological Acquisition of Putonghua (Modern Standard Chinese).

Journal of Child Language, 27(1).

Huang, Y. T., Zheng, X., Meng, X., & Snedeker, J. (2013). Children's Assignment of Grammatical Roles in the Online Processing of Mandarin Passive Sentences. *Journal of Memory and Language*, 69(4).

Hubbard, K., & Trauner, D. A. (2007). Intonation and Emotion in Autistic Spectrum Disorders. *Journal of Psycholinguistic Research*, 36(2).

Hue, Chih-Wei. (1992). Recognition Processes in Character Naming. *Advances in Psychology*, 90.

Hulme, C., Roodenrys, S., Schweickert, R., Brown, G. D., Martin, M., & Stuart, G. (1997). Word-Frequency Effects on Short-Term Memory Tasks: Evidence for a Redintegration Process in Immediate Serial Recall. *Journal of Experimental Psychology. Learning, Memory, and Cognition*, 23(5).

Hume, K., & Reynolds, B. (2010). Implementing Work Systems Across the School Day: Increasing Engagment in Students with Autism Spectrum Disorders. *Preventing School Failure*, 54(4).

Hutson, B. A. (1974). Reversing Irreversible Sentences: Semantic and Syntactic Factors. *Journal of Literacy Research*, 6(1).

Inagaki, K., & Hatano, G. (1996). Young Children's Recognition of Commonalities between Animals and Plants. *Child Development*, 67(6).

Ingersoll, B., Meyer, K., Bonter, N., & Jelinek, S. (2012). A Comparison of Developmental Social–Pragmatic and Naturalistic Behavioral Interventions on Language Use and Social Engagement in Children with Autism. *Journal of Speech, Language, and Hearing Research*, 55.

Isabelle Rapin, Michelle Dunn (2003). Update on the Language Disorders of Individuals on the Autistic Spectrum. *Brain and Development*, 25(3).

Jakobson, R. (1968). Poetry of Grammar and Grammer of Poetry. *Lingua*, 21(1a).

Jakubowicz, C., & Strik, N. (2008). Scope-marking Strategies in the Acquisition of Long Distance Wh–Questions in French and Dutch. *Language and Speech*, 51(1–2).

James, P. J. S., & Tager-Flusberg, H. (1994). An Observational Study of Humor in Autism and Down Syndrome. *Journal of Autism and Developmental Disorders*, 24(5).

Jarrold, C., & Baddeley, A. D. (1997). Short-Term Memory for Verbal and Visuospatial Information in Down's Syndrome. *Cognitive Neuropsychiatry*, 2(2).

Järvinen-Pasley, A., PeppÉ, S., King-Smith, G., & Heaton, P. (2008). The Relationship between form and Function Level Receptive Prosodic Abilities in Autism. *Journal of Autism and Developmental Disorders*, 38(7).

Jeffries, S., & Everatt, J. (2010). Working Memory: Its Role in Dyslexia and Other Specific Learning Difficulties. *Dyslexia*, 10(3).

Jennifer Reid et al. (1994). The Effectiveness of Therapy for Child Phonological Disorder: The Metaphon Approach. *First Language*, 14(42–43).

Joanisse, M. F., & Seidenberg, M. S. (1998). Specific Language Impairment: A Deficit in Grammar or Processing? *Trends in Cognitive Sciences*, 2(7).

Johnson, C. N., & Wellman, H. M. (1982). Children's Developing Conceptions of the Mind and Brain. *Child Development*, 53(1).

Johnson, H. L., & Chapman, R. S. (1980). Children's Judgment and Recall of Causal Connectives: A Developmental Study of "Because" "So" and "And". *Journal of Psycholinguistic Research*, 9(3).

Johnson-Laird, P. N. (1985). Mental Models: Towards a Cognitive Science of Language, Inference, and Consciousness / P. N. Johnson-Laird. *Language*, 61(4).

Johnston, J. R., & Smith, L. B. (1989). Dimensional Thinking in Language Impaired Children. *Journal of Speech, Language, and Hearing Research*, 32(1).

Johnston, J. R., & Welsh, E. (2000). Comprehension of "Because" and "So": The Role of Prior Event Representation. *First Language*, 20(60).

Johnston, R. S., Rugg, M. D., & Scott, T. (1987). Phonological Similarity Effects, Memory Span and Developmental Reading Disorders: The Nature of the Relationship. *British Journal of Psychology*, 78(2).

Johnston, S., Nelson, C., Evans, J., & Palazolo, K. (2003). The Use of Visual Supports in Teaching Young Children with Autism Spectrum Disorder to Initiate Interactions. *Augmentative and Alternative Communication*, 19(2).

Jolliffe, T., & Baron, A. S. (2000). Linguistic Processing in High-Functioning Adults with Autism or Asperger's Syndrome. Is Global Coherence Impaired? . *Psychological Medicine*, 30(5).

Jusczyk, P. W. (1993). From General to Language-Specific Capacities: The WRAPSA Model of How Speech Perception Develops. *Journal of Phonetics*, 21(1–2).

Jusczyk, P. W., Cutler, A., & Redanz, L. (1993). Infants' Sensitivity to Predominant Stress Patterns in English. *Child Development*, 63(3).

Jusczyk, P. W., Hirsh-Pasek, K., Nelson, D. G. K., Kennedy, L. J., Woodward, A., & Piwoz, J. (1992). Perception of Acoustic Correlates of Major Phrasal Units by Young Infants. *Cognitive Psychology*, 24(2).

Justice, L. M., & Lankford, C. (2002). Preschool Children's Visual Attention to Print During Storybook Reading: Pilot Findings. *Communication Disorders Quarterly*, 24.

Kaddah, F. A., Shoeib, R. M., & Mahmoud, H. E. (2010). Assessment of Short-Term Memory in Arabic Speaking Children with Specific Language Impairment. *Pakistan Journal of Biological Sciences*, 13(24).

Kail, M., & Weissenborn, J. (1984). A Developmental Cross-Linguistic Study of Adversative Connectives: French "Mais" and German "Aber/Sondern". *Journal of Child Language*, 11(10).

Kalathottukaren, R., & Purdy, S. (2017). Prosody Perception in Typically Developing School-Aged Children. *Journal of Phonetics and Audiology*, 3(1).

Kalish, C. (1996). Causes and Symptoms in Preschoolers' Conceptions of Illness. *Child Development*, 67(4).

Kamhi, A. G. (1981). Nonlinguistic Symbolic and Conceptual Abilities of Language-Impaired and Normally Developing Children. *Journal of Speech, Language, and Hearing Research*, 24(3).

Kamhi, A. G., Catts, H. W., Koenig, L. A., & Lewis, B. A. (1984). Hypothesis-Testing and Nonlinguistic Symbolic Abilities in Language-Impaired Children. *Journal of Speech and Hearing Disorders*, 49(2).

Kana R K, Keller TA, Cherkassky V L, et al. (2006). Sentence Comprehension in Autism: Thinking in

Pictures with Decreased Functional Connectivity. *Brain*, 129(Pt 9).

Kanner, L. (1946). Irrelevant and Metaphorical Language in Early Infantile Autism. *American Journal of Psychiatry*, 151(6).

Karmiloff - Smith, A., Grant, J., Berthoud, I., Davies, M., Howlin, P., & Udwin, O. (1997). Language and Williams Syndrome: How Intact Is "Intact"?. *Child Development*, 68(2).

Kasari, C., Freeman, S., & Paparella, T. (2006). Joint Attention and Symbolic Play in Young Children with Autism: A Randomized Controlled Intervention Study. *Journal of Child Psychology and Psychiatry*, 47(6).

Kasari, C., Gulsrud, A., Wong, C., Kwon, S., & Locke, J. (2010). Randomized Controlled Caregiver Mediated Joint Engagement Intervention for Toddlers with Autism. *Journal of Autism and Developmental Disorders*, 40(9).

Kasari, C., Paparella, T., Freeman, S. N., & Jahromi, L. (2008). Language Outcome in Autism: Randomized Comparison of Joint Attention and Play Interventions. *Journal of Consulting and Clinical Psychology*, 76(1).

Kasirer, A., & Mashal, N.(2016). Comprehension and Generation of Metaphors by Children with Autism Spectrum Disorder. *Research in Autism Spectrum Disorders*, 32.

Keller-Bell, Y., & Fox, R. A. (2007). A Preliminary Study of Speech Discrimination in Youth with Down Syndrome. *Clinical Linguistics and Phonetics*, 21(4).

Kerbel, D., & Grunwell, P. (1998). A Study of Idiom Comprehension in Children with Semantic-Pragmatic Difficulties. Part I: Task Effects on the Assessment of Idiom Comprehension in Children. *International Journal of Language and Communication Disorders*, 33(1).

Kerr, S., & Durkin, K. (2004). Understanding of Thought Bubbles as Mental Representations in Children with Autism: Implications for Theory of Mind. *Journal of Autism and Developmental Disorders*, 34(6).

King, G., Schelletter, I., Sinka, I., Fletcher, P., & Ingham, R. (1995). Are English-Speaking SLI Children with Morpho-Syntactic Deficits Impaired in Their Use of Locative-Contact and Causative Alternating Verbs. University of Reading Working Papers in Lingiustics, 2.

Klecan-Aker, J., & Blondeau, R. (1990). An Examination of the Written Stories of Hearing-Impaired School-Age Children. *Volta Review*, 92(10).

Kleinheksel, K. A., & Summy, S. E. (2003). Enhancing Student Learning and Social Behavior Through Mnemonic Strategies. *Teaching Exceptional Children*, 36(2).

Klingberg, Torkel, Forssberg, Hans, Westerberg, & Helena(2002). Training of Working Memory in Children with ADHD. *Journal of Clinical & Experimental Neuropsychology*, 24(6).

Knight, V., Sartini, E., & Spriggs, A. D. (2015). Evaluating Visual Activity Schedules as Evidence-Based Practice for Individuals with Autism Spectrum Disorders. *Journal of Autism and Developmental Disorders*, 45.

Konstantzou, K. (2015). Development of Grammatical Aspect in Specific Language Impairment: Evidence from an Experimental Design with Video Stimuli. *Procedia Computer Science*, 65.

Koornneef, A. W., & Sanders, T. J. M. (2013). Establishing Coherence Relations in Discourse: The

Influence of Implicit Causality and Connectives on Pronoun Resolution. *Language and Cognitive Processes*, 28(8).

Kover, S. T., Mcduffie, A., Abbeduto, L. J., & Brown, W. T. (2012). Effects of Sampling Context on Spontaneous Expressive Language in Males with Fragile X Syndrome or Down Syndrome. *Journal of Speech, Language, and Hearing Research*, 55(4).

Kremer, G. K. E. (1991). Understanding Natural Cause: Children's Explanations of How Objects and Their Properties Originate. *Child Development*, 62(2).

Kuhl, P. K. (2004). Early Language Acquisition: Cracking the Speech Code. *Nature Reviews Neuroscience*, 5.

Kuhl, P. K. (2011). Early Language Learning and Literacy: Neuroscience Implications for Education. *Mind, Brain, and Education*, 5(3).

Kuhl, P. K., Stevens, E., Hayashi, A., Deguchi, T., Kiritani, S., & Iverson, P. (2006). Infants Show a Facilitation Effect for Native Language Phonetic Perception between 6 and 12 Months. *Developmental Science*, 9(2).

Kuhl, P. K., Williams, K. A., Lacerda, F., Stevens, K. N., & Lindblom, B. (1992). Linguistic Experience Alters Phonetic Perception in Infants by 6 Months of Age. *Science*, 255(5044).

Kulkarni, A., Pring, T., & Ebbels, S. (2014). Evaluating the Effectiveness of Therapy Based around Shape Coding to Develop the Use of Regular Past Tense Morphemes in Two Children with Language Impairments. *Child Language Teaching and Therapy*, 30(3).

Kunnari, S., Savinainen-Makkonen, T., Leonard, L. B., Mäkinen, L., Tolonen, A. K., Luotonen, M., & Leinonen, E. (2011). Children with Specific Language Impairment in Finnish: The Use of Tense and Agreement Inflections. *Journal of Child Language*, 38(5).

Kupersmitt, J. R., Yifat, R., & Blum-Kulka, S. (2014). The Development of Coherence and Cohesion in Monolingual and Sequential Bilingual Children's Narratives: Same or Different? *Narrative Inquiry*, 24(1).

Lal & Bali (2007). Effect of Visual Strategies on Development of Communication Skills in Children with Autism. *Asia Pacific Disability Rehabilitation Journal*, 18(2).

Landesman, S. H., Kalish, L. A., Burns, D. N., Minkoff, H., Fox, H. E., & Zorrilla, C., et al. (1996). Obstetrical Factors and the Transmission of Human Immunodeficiency Virus Type 1 from Mother to Child. The Women and Infants Transmission Study. *New England Journal of Medicine*, 334(25).

Landsmann, L. T., & Karmiloff-Smith, A. (1992). Children's Understanding of Notations as Domains of Knowledge Versus Referential-Communicative Tools. *Cognitive Development*, 7(3).

Larrivee, L. S., Catts, H., W. (1999). Early Reading Achievement in Children with Expressive Phonological Disorders. *American Journal of Speech-Language Pathology*, 8(2).

Lavine, L. O. (1977). Differentiation of Letterlike Forms in Prereading Children. *Developmental Psychology*, 13(2).

Law, J., Garrett, Z., & Nye, C. (2004). The Efficacy of Treatment for Children with Developmental Speech and Language Delay/Disorder: A Meta-Analysis. *Journal of Speech, Language, and Hearing Research*, 47(4).

Laws, G., & Bishop, D. V. (2003). A Comparison of Language Abilities in Adolescents with Down Syndrome and Children with Specific Language Impairment. *Journal of Speech, Language, and Hearing Research*, 46(6).

Laws, G., & Bishop, D. V. (2004). Pragmatic Language Impairment and Social Deficits in Williams Syndrome: A Comparison with Down's Syndrome and Specific Language Impairment. *International Journal of Language and Communication Disorders*, 39(1).

Lazar, R., Warr-Leeper, G., Nicholson, C., & Johnson, S. (1989). Elementary School Teachers' Use of Multiple Meaning Expressions. *Language, Speech and Hearing Services in Schools*, 20(4).

Leather, C. V., & Henry, L. A. (1994). Working Memory Span and Phonological Awareness Tasks as Predictors of Early Reading Ability. *Journal of Experimental Child Psychology*, 58(1).

Lee, G. T., Xu, S., Zou, H., Gilic, L., & Lee, M. W. (2019). Teaching Children with Autism to Understand Metaphors. *The Psychological Record*, 69(4).

Leekam, S. R., Christopher A. H., R Amsden (2006). Dyadic Orienting and Joint Attention in Preschool Children with Autism. *Journal of Autism and Developmental Disorders*, 36(2).

Legare, C. H., & Gelman, S. A. (2014). Examining Explanatory Biases in Young Children's Biological Reasoning. *Journal of Cognition and Development*, 15(2).

Legerstee, M. (2010). A Review of the Animate-inanimate Distinction in Infancy: Implications for Models of Social and Cognitive Knowing. *Infant and Child Development*, 1(2).

Lely, H. K. J. V. D. (1994). Canonical Linking Rules: Forward Versus Reverse Linking in Normally Developing and Specifically Language-Impaired Children. *Cognition*, 51(1).

Lely, H. K. J. V. D. (1996). Specifically Language Impaired and Normally Developing Children: Verbal Passive vs. Adjectival Passive Sentence Interpretation. *Lingua*, 98(4).

Lely, H. K. J. V. D. (1998). SLI in Children: Movement, Economy, and Deficits in the Computational-Syntactic System. *Language Acquisition*, 7(2–4).

Lempert, Henrietta. (1978). Extra Syntactic Factors Affecting Passive Sentence Comprehension by Young Children. *Child Development*, 49(3).

Lenneberg, E. H. (1967). The Biological Foundations of Language. Hospital Practice, 2(12).

Leonard, C., Eckert, M., Given, B., Virginia, B., & Eden, G. (2006). Individual Differences in Anatomy Predict Reading and Oral Language Impairments in Children. *Brain*, 129(12).

Leonard, L. B. (1986). Conversational Replies of Children with Specific Language Impairment. *Journal of Speech and Hearing Research*, 29(1).

Leonard, L. B. (2000). Children with Specific Language Impairment. *Mind*, 23(2).

Leonard, L. B., & Deevy, P. (2010). Tense and Aspect in Sentence Interpretation by Children with Specific Language Impairment. *Journal of Child Language*, 37(2).

Leonard, L. B., Camarata, S. M., & Brown, B. (2005). Tense and Agreement in the Speech of Children with Specific Language Impairment: Patterns of Generalization Through Intervention. *Journal of Speech Language and Hearing Research*, 47(6).

Leonard, L. B., Deevy, P., Miller, C. A., Rauf, L., Charest, M., & Kurtz, R. (2003). Surface Forms and Grammatical Functions: Past Tense and Passive Participle Use by Children with Specific Language

Impairment. *Journal of Speech, Language, and Hearing Research*, 46(1).

Leonard, L. B., Deevy, P., Wong, A. M. Y., Stokes, S. F., & Fletcher, P. (2010). Modal Verbs with and without Tense: A Study of English-and Cantonese-Speaking Children with Specific Language Impairment. *International Journal of Language and Communication Disorders*, 42(2).

Leonard, L. B., Ellis, W. S., Miller, C. A., Francis, D. J., Tomblin, J. B., & Kail, R. V. (2007). Speed of Processing, Working Memory, and Language Impairment in Children. *Journal of Speech, Language, and Hearing Research*, 50(2).

Leonard, L. B., Eyer, J. A., Bedore, L. M., & Grela, B. G. (1997). Three Accounts of the Grammatical Morpheme Difficulties of English-Speaking Children with Specific Language Impairment. *Journal of Speech, Language, and Hearing Research*, 40(4).

Leonard, L. B., Wong, M. Y., Deevy, P., Stokes, S. F., & Fletcher, P. (2006). The Production of Passives by Children with Specific Language Impairment Acquiring English or Cantonese. *Applied Psycholinguistics*, 27(2).

Leong, C. K., & Tamaoka, K. (1998). Cognitive Processing of Chinese Characters, Words, Sentences and Japanese Kanji and Kana: An introduction. *Reading and Writing*, 10(3).

Leong, C. K., Loh, K. Y., Ki, W. W., & Tse, S. K. (2011). Enhancing Orthographic Knowledge Helps Spelling Production in Eight-Year-Old Chinese Children at Risk for Dyslexia. *Annals of Dyslexia*, 61(1).

Leslie A. Rescorla (1980). Overextension in Early Language Development. *Journal of Child Language*, 7(2).

Leslie, A. M., & Keeble, S. (1987). Do Six-Month-Old Infants Perceive Causality?. *Cognition*, 25(3).

Leslie, A. M., & Thaiss, L. (1992). Domain Specificity in Conceptual Development: Evidence from Autism. *Cognition*, 43.

Levorato, M. C., & Cacciari, C. (2002). The Creation of New Figurative Expressions: Psycholinguistic Evidence in Italian Children, Adolescents and Adults. *Journal of Child Language*, 29(1).

Levy, B. A., Gong, Z., Hessels, S., Evans, M. A., & Jared, D. (2006). Understanding Print: Early Reading Development and the Contributions of Home Literacy Experiences. *Exp Child Psychol*, 93(1).

Levy, E., & Nelson, K. (1994). Words in Discourse: A Dialectical Approach to the Acquisition of Meaning and Use. *Journal of Child Language*, 21(2).

Levy, H., & Friedmann, N. (2009). Treatment of Syntactic Movement in Syntactic SLI: A Case Study. *First Language*, 29(1).

Levy, Y., Gottesman, R., Borochowitz, Z., Frydman, M., & Sagi, M. (2006). Language in Boys with Fragile X Syndrome. *Journal of Child Language*, 33(1).

Lewis, B. A., & Freebairn, L. (1992). Residual Effects of Preschool Phonology Disorders in Grade School, Adolescence, and Adulthood. *Journal of Speech, Language, and Hearing Research*, 35(4).

Li, X. (2016). Some Discourse-Interactional Uses of Yinwei "Because" and Its Multimodal Production in Mandarin Conversation. *Language Sciences*, 58.

Liberman, A. M., Cooper, F. S., Shankweiler, D. P., & Studdert-Kennedy, M. (1967). Perception of the Speech Code. *Psychological Review*, 74(6).

Littlemore, J, & Low, G. (2006). Metaphoric Competence, Second Language Learning, and Communicative Language Ability. *Applied Linguistics*, 27(2).

Locke, J. L. (1983). Clinical Phonology: The Explanation and Treatment of Speech Sound Disorders. *Journal of Speech and Hearing Disorders*, 48(4).

Logan, K. J. (2003). Language and Fluency Characteristics of Preschoolers' Multiple-Utterance Conversational Turns. *Journal of Speech, Language, and Hearing Research*, 46(1).

Lonigan, C. J., Burgess, S. R., Anthony, J. L., & Barker, T. A. (1998). Development of Phonological Sensitivity in 2-to 5-Year-Old Children. *Journal of Educational Psychology*, 90(2).

Lopez, B., & Leekam, S. R. (2003). Do Children with Autism Fail to Process Information in Context?. *Journal of Child Psychology and Psychiatry*, 44(2).

Lord, C., & Pickles, A. (1996). Language Level and Nonverbal Social-Communicative Behaviors in Autistic and Language-Delayed Children. Journal of the American Academy of Child and Adolescent Psychiatry, 35(11).

Losh, M., & Capps, L. (2003). Narrative Ability in High-Functioning Children with Autism or Asperger's Syndrome. *Journal of Autism and Developmental Disorders*, 33(3).

Losh, M., Martin, G. E., Klusek, J., Hogan-Brown, A. L., & Sideris, J. (2012). Social Communication and Theory of Mind in Boys with Autism and Fragile X Syndrome. *Frontiers in Psychology*, 3.

Loveland, K. A., McEvoy, R. E., Tunali, B., & Kelley, M. L. (1990). Narrative Story Telling in Autism and Down's Syndrome. *British Journal of Developmental Psychology*, 8(1).

Loveland, K. A., Pearson, D. A., Tunali-Kotoski, B., ortegon, J., & Gibbs, M. C. (2001). Judgments of Social Appropriateness by Children and Adolescents with Autism. *Journal of Autism and Developmental Disorders*, 31(4).

Lovett, M. W., Lacerenza, L., Borden, S. L., Frijters, J. C., Steinbach, K. A., & De Palma, M. (2000). Components of Effective Remediation for Developmental Reading Disabilities: Combining Phonological and Strategy-Based Instruction to Improve Outcomes. *Journal of Educational Psychology*, 92(2).

Luckhurst, J. A., Lauback, C. W., & Unterstein Van Skiver, A. P. (2013). Differences in Spoken Lexical Skills: Preschool Children with Cochlear Implants and Children with Typical Hearing. *Volta Review*, 113(1).

Ludlow, A. K., & Wilkins, A. J. (2009). Case Report: Color as a Therapeutic Intervention. *Journal of Autism and Developmental Disorders*, 39(5).

Ludlow, A. K., Wilkins, A. J., & Heaton, P. (2006). The Effect of Coloured Overlays on Reading Ability in Children with Autism. *Journal of Autism and Developmental Disorders*, 36(4).

Lyon, G. R. (1995). Toward A Definition of Dyslexia. *Annals of Dyslexia*, 45(1).

Lyon, G. R., Fletcher, J. M., Shaywitz, S. E., Shaywitz, B. A., Torgesen, J. K., Wood, F. B., ... & Olson, R. (2001). Rethinking Learning Disabilities. *Rethinking Special Education for a New Century*.

Lyon, G. R., Shaywitz, S. E., & Shaywitz, B. A. (2003). A Definition of Dyslexia. *Annals of Dyslexia*, 53.

Lyytinen, P., Lyytinen, H. (2004). Growth and Predictive Relations of Vocabulary and Inflectional Morphology in Children with and without Familial Risk for Dyslexia. *Applied Psycholinguistics*,

25(3).

MacKay, G., & Shaw, A. (2004). A Comparative Study of Figurative Language in Children with Autistic Spectrum Disorders. *Child Language Teaching and Therapy*, 20(1).

Madison, L. S., George, C., & Moeschler, J. B. (1986). Cognitive Functioning in the Fragile-X Syndrome: A Study of Intellectual, Memory and Communication Skills. *Journal of Mental Deficiency Research*, 30(2).

Mahoney, G., & Powell, A. (1988). Modifying Parent–Child Interaction: Enhancing the Development of Handicapped Children. *The Journal of Special Education*, 22.

Mak, W. M., & Sanders, T. J. (2013). The Role of Causality in Discourse Processing: Effects of Expectation and Coherence Relations. *Language and Cognitive Processes*, 28(9).

Maratsos, M., Fox, D.E., Becker, J.A., & Chalkley, M.A. (1985). Semantic Restrictions on Children's Passives. *Cognition*, 19(2).

Maratsos, M.P., & Abramovitch, R. (1975). How Children Understand Full, Truncated, and Anomalous Passives. *Journal of Verbal Learning and Verbal Behavior*, 14(2).

Marinellie, S. A. (2004). Complex Syntax Used by School-Age Children with Specific Language Impairment (SLI) in Child–Adult Conversation. *Journal of Communication Disorders*, 37(6).

Marinis, T., & van der Lely, H. K. (2007). On-line processing of Wh-questions in Children with G-SLI and Typically Developing Children. *International Journal of Language & Communication Disorders*, 42(5).

Marschark, M., Mouradian, V., & Halas, M. (1994). Discourse Rules in the Language Productions of Deaf and Hearing Children. *Journal of Experimental Child Psychology*, 57(1).

Marshall, C., Marinis, T., & Lely, H. V. D. (2007). Passive Verb Morphology: The Effect of Phonotactics on Passive Comprehension in Typically Developing and Grammatical-SLI Children. *Lingua*, 117(8).

Martin, I., & Mcdonald, S. (2003). Weak Coherence, No Theory of Mind, or Executive Dysfunction? Solving the Puzzle of Pragmatic Language Disorders. *Brain and Language*, 85(3).

Marton, K., Schwartz, R. G., Farkas, L., & Katsnelson, V. (2006). Effect of Sentence Length and Complexity on Working Memory Performance in Hungarian Children with Specific Language Impairment (SLI): A Cross-Linguistic Comparison. *International Journal of Language and Communication Disorders*, 41(6).

Masataka, N. (1993). Relation between Pitch Contour of Prelinguistic Vocalizations and Communicative Functions in Japanese Infants. *Infant Behavior and Development*, 16(3).

Mashal, N., & Kasirer, A. (2011). Thinking Maps Enhance Metaphoric Competence in Children with Autism and Learning Disabilities. *Research in Developmental Disabilities*, 32(6).

Mastropavlou, M. (2006). The Role of Phonological Salience and Feature Interpretability in the Grammar of Typically Developing and Language Impaired Children. (Unpublished Doctoral Dissertation, Aristotle University of Thessaloniki.)

Mastropieri, M. A., Emerick, K., & Scruggs, T. E. (1988). Mnemonic Instruction of Science Concepts. *Behavioral Disorders*, 14(1).

Matthew D. Parker and Kent Brorson (2005). A Comparative Study between Mean Length of Utterance in

Morphemes (MLUm) and Mean Length of Utterance in Words (MLUw). *First Language*, 25(3).

Maughan, B. (1995). Annotation: Long Term Outcomes of Developmental Reading Problems. *Journal of Child Psychology and Psychiatry*, 36(3).

May, L., Byers-Heinlein, K., Gervain, J., & Werker, J. F. (2011). Language and the Newborn Brain: Does Prenatal Language Experience Shape the Neonate Neural Response to Speech?. *Frontiers in Psychology*, 2.

Mcbride, C., & Wang, Y. (2015). Learning to Read Chinese: Universal and Unique Cognitive Cores. *Child Development Perspectives*, 9(3).

Mccabe, A., & Peterson, C. (1985). A Naturalistic Study of the Production of Causal Connectives by Children. *Journal of Child Language*, 12(1).

Mccaleb, P., & Prizant, B. M. (1985). Encoding of New Versus Old Information by Autistic Children. *Journal of Speech and Hearing Disorders*, 50(3).

Mccandliss, B., Cohen, L., & Dehaene, S. (2003). The Visual Word form Area: Expertise in Reading in the Fusiform Gyrus. *Trends in Cognitive Sciences*, 7(7).

McCloskey, M., Sokol, S. M., & Goodman, R. A. (1986). Cognitive Processes in Verbal-Number Production: Inferences from the Performance of Brain-Damaged Subjects. *Journal of Experimental Psychology: General*, 115(4).

McCormack Teresa, Brown, G. D. A. & Vousden, J. L. (2000). Children's Serial Recall Errors: Implications for Theories of Short-Term Memory of Development. *Journal of Experimental Child Psychology*, 76(3).

Mccrory, E., Mechelli, A., Frith, U., & Price, C. (2005). More Than Words: A Common Neural Basis for Reading and Naming Deficits in Developmental Dyslexia?. *Brain*, 128(2).

Mcgee, L. L. M. (1987). Young Children's Concepts about Print and Reading: Toward a Model of Word Reading Acquisition. *Reading Research Quarterly*, 22(2).

Mcgregor, K. (1994). Use of Phonological Information in a Word-Finding Treatment for Children. *Journal of Speech, Language, and Hearing Research*, 37(6).

Mcgregor, K. (1997). The Nature of Word-Finding Errors of Preschoolers with and without Word-Finding Deficits. *Journal of Speech, Language, and Hearing Research*, 40(6).

Mcgregor, K., & Appel, A. (2002). On the Relationship between Mental Representations and Naming in a Child with Specific Language Impairment. *Clinical Linguistics and Phonetics*, 16(1).

McLaughlin, C. C., Baptiste, M. S., Schymura, M. J., Nasca, P. C., & Zdeb, M. S. (2006). Maternal and Infant Birth Characteristics and Hepatoblastoma. *American Journal of Epidemiology*, 163(9).

Mcleod, S., & Crowe, K. (2018). Children's Consonant Acquisition in 27 Languages: A Cross-Linguistic Review. *American Journal of Speech-Language Pathology*, 27(4).

McNab, F., Varrone, A., Farde, L., Jucaite, A., Bystritsky, P., Forssberg, H., & Klingberg, T. (2009). Changes in Cortical Dopamine D1 Receptor Binding Associated with Cognitive Training. *Science*, 323(5915).

Mehler, J., Jusczyk, P., Lambertz, G., Halsted, N., Bertoncini, J., & Amiel-Tison, C. (1988). A Precursor of Language Acquisition in Young Infants. *Cognition*, 29(2).

Melby-Lervåg, M., Lyster, S. A. H., & Hulme, C. (2012). Phonological Skills and Their Role in Learning to Read: A Meta-Analytic Review. *Psychological Bulletin*, 138(2).

Melogno, S., D'Ardia, C., Pinto, M. A., & Levi, G. (2012). Metaphor Comprehension in Autistic Spectrum Disorders: Case Studies of Two High-Functioning Children. *Child Language Teaching and Therapy*, 28(2).

Melogno, S., Pinto, M. A., & Orsolini, M. (2017). Novel Metaphors Comprehension in a Child with High-Functioning Autism Spectrum Disorder: A Study on Assessment and Treatment. *Frontiers in Psychology*, 7.

Melogno, S., & Pinto, M. A. (2014). Enhancing Metaphor and Metonymy Comprehension in Children with High-Functioning Autism Spectrum Disorder. *Psychology*, 5(11).

Melogno, S., Pinto, M. A., & Di Filippo, G. (2017). Sensory and Physico-Psychological Metaphor Comprehension in Children with ASD: A Preliminary Study on the Outcomes of a Treatment. *Brain Sciences*, 7(85).

Melogno, S., Pinto, M. A., & Levi, G. (2012). Metaphor and Metonymy in ASD Children: A Critical Review from a Developmental Perspective. *Research in Autism Spectrum Disorders*, 6(4).

Meng, H., Smith, S. D., Hager, K., Held, M., Liu, J., Olson, R. K., et al. (2005). DCDC2 Is Associated with Reading Disability and Modulates Neuronal Development in the Brain. *Proceedings of the National Academy of Sciences U. S. A*, 102(47).

Menn, L. (1971): Phonotactic Rules in Beginning Speech. *Lingua*, 26(3).

Mervis, C. B., & Robinson, B. F. (2000). Developmental Neuropsychology Expressive Vocabulary Ability of Toddlers with Williams Syndrome or Down Syndrome: A Comparison. *Developmental Neuropsychology*, 17(1).

Mervis, C. B., Morris, C. A., Klein-Tasman, B. P., Bertrand, J., Kwitny, S., Appelbaum, L. G., & Rice, C. E. (2003). Attentional Characteristics of Infants and Toddlers with Williams Syndrome During Triadic Interactions. *Developmental Neuropsychology*, 23(1–2).

Messenger, K., Branigan, H. P., Mclean, J. F., & Sorace, A. (2012). Is Young Children's Passive Syntax Semantically Constrained? Evidence from Syntactic Priming. *Journal of Memory and Language*, 66(4).

Messer, D., & Dockrell, J. E. (2006). Children's Naming and Word-Finding Difficulties: Descriptions and Explanations. *Journal of Speech, Language, and Hearing Research*, 49(2).

Meyer Bjerkan, K. (1999). Do SLI Children have an Optional Infinitive Stage. In *Congress of the International Association for the Study of Child Language, San Sebastian*, 8(2).

Meyler, A., & Breznitz, Z. (2005). Impaired Phonological and Orthographic Word Representations Among Adult Dyslexic Readers: Evidence from Event-Related Potentials. *Journal of Genetic Psychology*, 166(2).

Miller, C., Kail, R., Leonard, L., & Tomblin, B. (2001). Speed of Processing in Children with Specific Language Impairment. *Journal of Speech, Language, and Hearing Research*, 44.

Millis, K. K., Golding, J. M, & Barker, G. (1995). Causal Connectives Increase Inference Generation. *Discourse Processes*, 20(1).

Minshew, N. J., Goldstein, G., & Siegel, D. J. (1995). Speech and Language in High-Functioning Autistic Individuals. *Neuropsychology*, 9(2).

Minshew, N. J., Meyer, J., & Goldstein, G. (2002). Abstract Reasoning in Autism: A Dissociation between Concept Formation and Concept Identification. *Neuropsychology*, 16(3).

Miranda, A. E., Mccabe, A., & Bliss, L. S. (1998). Jumping around and Leaving Things Out: A Profile of the Narrative Abilities of Children with Specific Language Impairment. *Applied Psycholinguistics*, 19(4).

Monique Plaza et al. (1996). Singular Personal Pronoun Use: A Comparative Study of Children with Specific Language Impairment and Normally French-Speaking Children. *Clinical Linguistics and Phonetics*, 10(4).

Monique SÉNÉChal, Lefevre, J. A., Smith-Chant, B. L., & Colton, K. V. (2001). On Refining Theoretical Models of Emergent Literacy the Role of Empirical Evidence. *Journal of School Psychology*, 39(5).

Monnery, S., Seigneuric, A., Zagar, D., & Robichon, F. (2002). A Linguistic Dissociation in Williams Syndrome: Good at Gender Agreement but Poor at Lexical Retrieval. *Reading and Writing*, 15(5).

Montgomery, J. W. (1995). Sentence Comprehension in Children with Specific Language Impairment the Role of Phonological Working Memory. *Journal of Speech, Language, and Hearing Research*, 38(1).

Montgomery, J. W. (2000). Verbal Working Memory and Sentence Comprehension in Children with Specific Language Impairment. *Journal of Speech, Language, and Hearing Research*, 43(2).

Montgomery, J. W., & Evans, J. L. (2009). Complex Sentence Comprehension and Working Memory in Children with Specific Language Impairment. *Journal of Speech, Language, and Hearing Research*, 52(2).

Moon, C., Cooper, R. P., & Fifer, W. P. (1993). Two-Day-Olds Prefer Their Native Language. *Infant Behavior and Development*, 16(4).

Moore, C., Harris, L., & Patriquin, M. (1993). Lexical and Prosodic Eues in the Comprehension of Relative Certainty. *Journal of Child Language*, 20(1).

Moore, C., Pure, K., & Furrow, D. (1990). Children's Understanding of the Modal Expression of Speaker Certainty and Uncertainty and its Relation to the Development of a Representational Theory of Mind. *Child Development*, 61(3).

Morgan, D. L., & Morgan, R. K. (2001). Single-Participant Research Design: Bringing Science to Managed Care. *American Psychologist*, 56(2).

Morgan, W. P. (1896). A Case of Congenital Word Blindness. *British Medical Journal*, 2(1).

Morris, R. D., Stuebing, K. K., Fletcher, J. M., Shaywitz, S. E., Lyon, G. R., Shankweiler, D. P., et al. (1998). Subtypes of Reading Disability: Variability around a Phonological Core. *Journal of Educational Psychology*, 90(3).

Morsanyi, K., Handley, S. J., & Evans, J. S. (2010). Decontextualised Minds: Adolescents with Autism Are Less Susceptible to the Conjunction Fallacy than Typically Developing Adolescents. *Journal of Autism and Developmental Disorders*, 40(11).

Muentener, P., & Carey, S. (2010). Infants' Causal Representations of State Change Events. *Cognitive Psychology*, 61(2).

Mulder, G., & Sanders, T. J. M. (2012). Causal Coherence Relations and Levels of Discourse Representation. *Discourse Processes*, 28(8).

Munro, N. (2007). *The Quality of Word Learning in Children with Specific Language Impairment.* (Unpublished Doctoral Dissertation, University of Sydney.)

Munro, N. (2010). Handbook of Child Language Disorders. *International Journal of Language and Communication Disorders*, 25(3).

Murdock, L. C., & Hobbs, J. Q. (2011). Tell Me What You Did Today: A Visual Cueing Strategy for Children with ASD. *Focus on Autism and other Developmental Disabilities*, 26(3).

Murphy, M. M., & Abbeduto, L. (2007). Gender Differences in Repetitive Language in Fragile X Syndrome. *Journal of Intellectual Disability Research*, 51(5).

Nadig, A., & Shaw, H. (2012). Acoustic and Perceptual Measurement of Expressive Prosody in High-Functioning Autism: Increased Pitch Range and What It Means to Listeners. *Journal of Autism and Developmental Disorders*, 42(4).

Nagy, W. E., Herman, P. A., & Anderson, R. C. (1985). Learning Words from Context. *Reading Research Quarterly*, 40(1).

Nagy, W., Berninger, V., Abbott, R., Vaughan, K., & Vermeulen, K. (2003). Relationship of Morphology and other Language Skills to Literacy Skills in at-Risk Second-Grade Readers and at-Risk Fourth-Grade Writers. *Journal of Educational Psychology*, 95(4).

Nakai, Y., Takashima, R., Takiguchi, T., & Takada, S. (2014). Speech Intonation in Children with Autism Spectrum Disorder. *Brain and Development*, 36(6).

Nakamura, K., Oga, T., Okada, T., Sadato, N., Takayama, Y., Wydell, T., et al. (2005). Hemispheric Asymmetry Emerges at Distinct Parts of the Occipitotemporal Cortex for Objects, Logograms and Phonograms: A Functional MRI Study. *Neuroimage*, 28(3).

Nash, H. M., & Snowling, M. J. (2008). Semantic and Phonological Fluency in Children with Down Syndrome: A Typical Organization of Language or Less Efficient Retrieval Strategies? *Cognitive Neuropsychology*, 25(5).

Nash, M., & Donaldson, M. (2005). Word Learning in Children with Vocabulary Deficits. *Journal of Speech, Language, and Hearing Research*, 48(2).

Nation, K., & Snowling, M. J. (1998). Semantic Processing and the Development of Word-Recognition Skills: Evidence from Children with Reading Comprehension Difficulties. *Journal of Memory and Language*, 39(1).

Nazzi, T., Jusczyk, P. W., & Johnson, E. K. (2000). Language Discrimination by English-Learning 5-Month-Olds: Effects of Rhythm and Familiarity. *Journal of Memory and Language*, 43(1).

Nazzi, T., Nelson, D. G. K., Jusczyk, P. W., & Jusczyk, A. M. (2000). Six-Month-Olds' Detection of Clauses Embedded in Continuous Speech: Effects of Prosodic Well-Formedness. *Infancy*, 1(1).

Nelson, D., Hirsh-Pasek, K., Jusczyk, P. W., & Cassidy, K. W. (1989). How the Prosodic Cues in Motherese Might Assist Language Learning. *Infant Behavior and Development*, 16(1).

Nerlich, B., todd, Z., & Clarke, D. D. (1998). The Function of Polysemous Jokes and Riddles in Semantic Development. *Cahiers De Psychologie Cognitive*, 17(2).

Newman, R. S., & German, D. J. (2002). Effects of Lexical Factors on Lexical Access Among Typical Language-Learning Children and Children with Word-Finding Difficulties. *Language and Speech*, 45(3).

Nick G. & Riches. (2013). Treating the Passive in Children with Specific Language Impairment: A Usage-Based Approach. *Child Language Teaching and Therapy*, 29(2).

Nicolson, R. I., Fawcett, A. J., & Dean, P. (2001). Developmental Dyslexia: the Cerebellar Deficit Hypothesis. *Trends in Neurosciences*, 24(9).

Ninio, A., & Snow, C. E. (1996). Essays in Developmental Science. *Pragmatic Development*, 42(1).

Nippold, & Marilyn, A. (1991). Evaluating and Enhancing Idiom Comprehension in Language-Disordered Students. *Language Speech and Hearing Services in Schools*, 22(3).

Nippold, M., & Sun, L. (2008). Knowledge of Morphologically Complex Words: A Developmental Study of Older Children and Young Adolescents. *Language, Speech and Hearing Services in Schools*, 39(3).

Nippold, M., Hegel, S., Uhden, L., & Bustamante, S. (1998). Development of Proverb Comprehension in Adolescents: Implications for Instruction. *Journal of Children's Communication Development*, 19(2).

Nippold, M., Uhden, L., & Schwarz, I. (1997). Proverb Explanation Through the Lifespan: A Developmental Study of Adolescents and Adults. *Journal of Speech, Language, and Hearing Research*, 40(2).

Norbury, C. F. (2004) Factors Supporting Idiom Comprehension in Children with Communication Disorders. *Journal of Speech, Language, and Hearing Research*, 47(5).

Norbury, C. F. (2005). Barking up the Wrong Tree? Lexical Ambiguity Resolution in Children with Language Impairments and Autistic Spectrum Disorders. *Journal of Experimental Child Psychology*, 90(2).

Norbury, C. F., & Bishop, D. V. (2003). Narrative Skills of Children with Communication Impairments. *International Journal of Language and Communication Disorders*, 38(3).

Norbury, C. F., Bishop, D. V., & Briscoe, J. (2002). Does Impaired Grammatical Comprehension Provide Evidence for an Innate Grammar Module?. *Applied Psycholinguistics*, 23(2).

Nott, P., Cowan, R., Brown, P. M., & Wigglesworth, G. (2009). Early Language Development in Children with Profound Hearing Loss Fitted with a Device at a Young Age: Part I-the Time Period Taken to Acquire First Words and First Word Combinations. *Ear and Hearing*, 30(5).

Novogrodsky, R. (2013). Subject Pronoun Use by Children with Autism Spectrum Disorders (ASD). *Clinical Linguistics and Phonetics*, 27(2).

Novogrodsky, R., & Friedmann, N. (2006). The Production of Relative Clauses in Syntactic SLI: A Window to the Nature of the Impairment. *Advances in Speech Language Pathology*, 8(4).

Nuernberger, J. E., Ringdahl, J. E., Vargo, K. K., Crumpecker, A. C., & Gunnarsson, K. F. (2013). Using a Behavioral Skills Training Package to Teach Conversation Skills to Young Adults with Autism Spectrum Disorders. *Research in Autism Spectrum Disorders*, 7(2).

Oakes, L. M., & Cohen, L. B. (1990). Infant Perception of a Causal Event. *Cognitive Development*, 5(2).

O'Neill D K, Topolovec J C. (2001). Two-Year-Old Children's Sensitivity to the Referential (in) Efficacy of Their Own Pointing Gestures. *Journal of Child Language*, 28(1).

Oetting, J. B., Rice, M. L., & Swank, L. K. (1995). Quick Incidental Learning (QUIL) of Words by School-Age Children with and without SLI. *Journal of Speech, Language, and Hearing Research*, 38(2).

Olesen, P. J., Westerberg, H., & Klingberg, T. (2004). Increased Prefrontal and Parietal Activity after Training of Working Memory. *Nature Neuroscience*, 7(1).

Oliver, B., & Buckley, S. (1994). The Language Development of Children with Down Syndrome: First Words to Two-Word Phrases. *Down Syndrome Research and Practice*, 6(6).

Oller, D. K., & Eilers, R. E. (1988). The Role of Audition in Infant Babbling. *Child Development*, 59(2).

Olson, & David R. (1997). The Contexts of Comprehension: On Children's Understanding of the Relations between Active and Passive Sentences. *Journal of Experimental Child Psychology*, 23(3).

Ortony Andrew, Reynolds Ralph E., & Arter Judith A. (1978). Metaphor: Theoretical and Empirical Research. *Psychological Bulletin*, 85(5).

Ortony, A. (1976). Language Isn't for People: On Applying Theoretical Linguistics to Practical Problems. *Review of Educational Research*, 45(3).

Ozonoff, S., & Miller, J. N. (1995). Teaching Theory of Mind: A New Approach to Social Skills Training for Individuals with Autism. *J Autism Dev Disord,* 25(4).

Ozonoff, S., & Miller, J. N. (1995). Teaching Theory of Mind: A New Approach to Social Skills Training for Individuals with Autism. *Journal of Autism and Developmental Disorders*, 25(4).

Özyürek, A. (1996). How Children Talk About a Conversation. *Journal of Child Language*, 23(3).

Pany, D., & Mccoy, K. M. (1988). Effects of Corrective Feedback on Word Accuracy and Reading Comprehension of Readers with Learning Disabilities. *Journal of Learning Disabilities*, 21(9).

Parker, M. D., & Brorson, K. (2005). A Comparative Study between Mean Length of Utterance in Morphemes (MLUm) and Mean Length of Utterance in Words (MLUw). *First Language*, 25(3).

Parsonson, B. S., & Baer, D. M. (1978). Training Generalized Improvisation of Tools by Preschool Children. *Journal of Applied Behavior Analysis*, 11(3).

Patel Rupal and Brayton Julie T. (2009). Identifying Prosodic Contrasts in Utterances Produced by 4-, 7-, and 11-Year-Old Children. *Journal of Speech, Language, and Hearing Research*, 52(3).

Patel, R., & Grigos, M. I. (2006). Acoustic Characterization of the Question-Statement Contrast in 4, 7 and 11 Year-Old Children. *Speech Communication*, 48(10).

Paul, R., Augustyn, A., Klin, A., & Volkmar, F. R. (2005). Perception and Production of Prosody by Speakers with Autism Spectrum Disorders. *Journal of Autism and Developmental Disorders*, 35(2).

Paulesu, E., Démonet, J. F., Fazio, F., Crory, E. M., Chanoine, V., & Brunswick, N., et al. (2001). Cultural Diversity and Biological Unity in Dyslexia. *Neuroimage*, 13(6).

Paulesu, E., Démonet, J. F., Fazio, F., McCrory, E., Chanoine, V., Brunswick, N., ... & Frith, U. (2001). Dyslexia: Cultural Diversity and Biological Unity. *Science*, 291(5511).

Penolazzi, B., Spironelli, C., Vio, C., & Angrilli, A. (2006). Altered Hemispheric Asymmetry During Word Processing in Dyslexic Children: An Event-Related Potential Study. *Neuroreport*, 17(4).

PeppÉ Susan et al. (2007). Receptive and Expressive Prosodic Ability in Children with High-Functioning

Autism. *Journal of Speech, Language, and Hearing Research*, 50(4).

PeppÉ, S., Cleland, J., Gibbon, F., O'Hare, A., & Castilla, P. M. (2011). Expressive Prosody in Children with Autism Spectrum Conditions. *Journal of Neurolinguistics*, 24(1).

PeppÉ, S., Mccann, J., Gibbon, F., O'Hare, A., & Rutherford, M. (2006). Assessing Prosodic and Pragmatic Ability in Children with High-Functioning Autism. *Journal of Pragmatics*, 38(10).

Persicke, A., Tarbox, J., Ranick, J., & Clair, M. S. (2012). Establishing Metaphorical Reasoning in Children with Autism. *Research in Autism Spectrum Disorders*, 6(2).

Persicke, A., Tarbox, J., Ranick, J., & Clair, M. S. (2013). Teaching Children with Autism to Detect and Respond to Sarcasm. *Research in Autism Spectrum Disorders*, 7(1).

Petersen Douglas B et al. (2010). The Effects of Literate Narrative Intervention on Children with Neurologically Based Language Impairments: An Early Stage Study. *Journal of Speech, Language, and Hearing Research*, 53(4).

Phelps, K. H.(1976). The Development of Children's Comprehension of Causal Direction. *Child Development*, 47(1).

Philofsky, A., Fidler, D.J., & Hepburn, S. (2007). Pragmatic Language Profiles of School-Age Children with Autism Spectrum Disorders and Williams Syndrome. *American Journal of Speech-Language Pathology*, 16(4).

Pick, A. D., Unze, M. G., Brownell, C. A., Drozdal, J. G., Jr., & Hopmann, M. R. (1978). Young Children's Knowledge of Word Structure. *Child Development*, 49(3).

Pittman, A. L., & Schuett, B. C. (2013). Effects of Semantic and Acoustic Context on Nonword Detection in Children with Hearing Loss. *Ear and Hearing*, 34(2).

Pléh, C., Lukács, A., & Racsmány, M. (2003). Morphological Patterns in Hungarian Children with Williams Syndrome and the Rule Debates. *Brain and Language*, 86(3).

Polite, E. J., & Leonard, L. B. (2007). A Method for Assessing the Use of First Person Verb Forms by Preschool-Aged Children with SLI. *Child Language Teaching and Therapy*, 23(3).

Polka, L., Werker, J. F. (1994). Developmental Changes in Perception of Nonnative Vowel Contrasts. *Journal of Experimental Psychology. Human Perception and Performance*, 20(2).

Pollock, K. E., & Berni, M. C. (2003). Incidence of Non-Rhotic Vowel Errors in Children: Data from the Memphis Vowel Project. *Clinical Linguistics and Phonetics*, 17(4–5).

Ponari, M., Norbury, C. F., Rotaru, A. S., Lenci, A., & Vigliocco, G. (2018). Learning Abstract Words and Concepts: Insights from Developmental Language Disorder. *Philosophical Transactions of the Royal Society B*, 373(1752).

Precin Pat (2010). The Use of Visual Imagery to Enhance Sequencing of Work Tasks. *Work (Reading, Mass.)*, 36(4).

Precious, A., & Conti-Ramsden, G. (1988). Language-Impaired Children's Comprehension of Active Versus Passive Sentences. *International Journal of Language and Communication Disorders*, 23(3).

Prizant, B. M., & Duchan, J. F. (1981). The Functions of Immediate Echolalia in Autistic Children. *The Journal of Speech and Hearing Disorders*, 46(3).

Puranik, C. S., & Lonigan, C. J. (2011). From Scribbles to Scrabble: Preschool Children's Developing

Knowledge of Written Language. *Reading and Writing*, 24(5).

Quam, C., & Swingley, D. (2012). Development in Children's Interpretation of Pitch Cues to Emotions. *Child Development*, 83(1).

Rapin, I., & Dunn, M. (2003). Update on the Language Disorders of Individuals on the Autistic Spectrum. *Brain and Development*, 25(3).

Rapp, D., & Van Den Broek, P. (2005). Dynamic Text Comprehension. *Current Directions in Psychological Sciences*, 14(5).

Reid, J., Donaldson, M. L., Howell, J., Dean, E. C., & Grieve, R. (1994). The Effectiveness of Therapy for Child Phonological Disorder: the Metaphon Approach. *First Language*, 14(42–43).

Reilly, J., Losh, M., Bellugi, U., & Wulfeck, B. (2004). "Frog, Where are You?" Narratives in Children with Specific Language Impairment, Early Focal Brain injury, and Williams Syndrome. *Brain and Language*, 88(2).

Rescorla, L. A. (1980). Overextension in Early Language Development. *Journal of Child Language*, 7(2).

Rice, M. L. Buhr, J.A.C., & Nemeth, M. (1990). Fast Mapping Word-Learning Abilities of Language-Delayed Preschoolers. *The Journal of Speech and Hearing Disorders*, 55(1).

Rice, M. L., Cleave, P.L. & Oetting, J.B. (2000). The Use of Syntactic Cues in Lexical Acquisition by Children with SLI. Specific Language Impairment. *Journal of Speech, Language, and Hearing Research*, 43(3).

Rice, M. L., Buhr, J. A. C., & Nemeth, M. (1990). Fast Mapping Word-Learning Abilities of Language-Delayed Preschoolers. *Journal of Speech and Hearing Disorders*, 55(1).

Rice, M. L., Oetting, J. B., Marquis, J., Bode, J., & Pae, S. (1994). Frequency of Input Effects on Word Comprehension of Children with Specific Language Impairment. *Journal of Speech, Language, and Hearing Research*, 37(1).

Rice, M. L., Warren, S. F., & Betz, S. K. (2005). Language Symptoms of Developmental Language Disorders: An Overview of Autism, Down Syndrome, Fragile X, Specific Language Impairment, and Williams Syndrome. *Applied Psycholinguistics*, 26(1).

Rice, M., Oetting, J., Marquis, J., Bode, J., & Pae, S. (1994). Frequency of Input Effects on Word Comprehension of Children with Specific Language Impairment. *Journal of Speech and Hearing Research*, 37(1).

Ring, M., & H. Clahsen (2004). Distint Patterns of Language Impairment in Down's Syndrome and Williams Syndrome: The Case of Syntactic Chains. Journal of Neurolinguistics, 18(6).

Rispoli, M., Hadley, P., & Holt, J. (2008). Stalls and Revisions: A Developmental Perspective on Sentence Production. *Journal of Speech, Language, and Hearing Research*, 51(4).

Rivera-Gaxiola, M., Klarman, L., Garcia-Sierra, A., & Kuhl, P. K. (2005). Neural Patterns to Speech and Vocabulary Growth in American Infants. *Neuroreport*, 16(5).

Roberts, J., Martin, G. E., Moskowitz, L., Harris, A. A., foreman, J., & Nelson, L. (2007). Discourse Skills of Boys with Fragile X Syndrome in Comparison to Boys with Down Syndrome. *Journal of Speech, Language, and Hearing Research*, 50(2).

Robichon, F., Besson, M., & Habib, M. (2002). An Electrophysiological Study of Dyslexic and Control

Adults in a Sentence Reading Task. *Biological Psychology*, 59(1).

Robin, G., Paul, N., & John, R. (1990). How Large can a Receptive Vocabulary Be? *Applied Linguistics*, 11(4).

Robin, L., Peterson, Bruce, F., & Pennington (2015). Developmental Dyslexia. *Annual Review of Clinical Psychology*, 11.

Rollins, P. R. (2014). Narrative Skills in Young Adults with High-Functioning Autism Spectrum Disorders. *Communication Disorders Quarterly*, 36(1).

Rollins, P. R., Pon, B. A., Conti-Ramsden, G., & Snow, C. E. (1994). Communicative Skills in Children with Specific Language Impairments: A Comparison with Their Language-Matched Siblings. *Journal of Communication Disorders*, 27(2).

Rollins, P. R., Snow, C. E. & Willet, J. B. (1996). Predictors of MLU: Semantic and Morphological Development. *First Language*, 16(47).

Rottman, B. M., & Keil, F. C. (2012). Causal Structure Learning Over Time: Observations and Interventions. *Cognitive Psychology*, 64(1–2).

Rudolph, J. M., & Leonard, L. B. (2016). Early Language Milestones and Specific Language Impairment. *Journal of Early Intervention*, 38(1).

Rundblad, G., & Annaz, D. (2010). The Atypical Development of Metaphor and Metonymy Comprehension in Children with Autism. *Autism the International Journal of Research and Practice*, 14(1).

Russeler, J., Probst, S., Johannes, S., & MÜNte, T. (2003). Recognition Memory for High- and Low-Frequency Words in Adult Normal and Dyslexic Readers: An Event-Related Brain Potential Study. *Journal of Clinical and Experimental Neuropsychology*, 25(6).

Ryan, S. E. B. (1989). The Development of Working Memory in Normally Achieving and Subtypes of Learning Disabled Children. *Child Development*, 60(4).

Rydell, P. J., & Mirenda, P. (1994). Effects of High and Low Constraint Utterances on the Production of Immediate and Delayed Echolalia in Young Children with Autism. *Journal of Autism and Developmental Disorders*, 24(6).

Saaristo-Helin, K., Kunnari, S., & Savinainen-Makkonen, T. (2011). Phonological Development in Children Learning Finnish: A Review. *First Language*, 31(3).

Sabbagh, M. A. (1999). Communicative Intentions and Language: Evidence from Right-Hemisphere Damage and Autism. *Brain and Language*, 70(1).

Sah, W. H., & Torng, P. C. (2015). Narrative Coherence of Mandarin-Speaking Children with High-Functioning Autism Spectrum Disorder: An Investigation into Causal Relations. *First Language*, 35(3).

Sanders, T. J. M., & Noordman, L. G. M. (2000). The Role of Coherence Relations and Their Linguistic Markers in Text Processing. *Discourse Processes*, 29(1).

Sanders, T., & Stukker, N. (2012). Causal Connectives in Discourse: A Cross-Linguistic Perspective. *Journal of Pragmatics*, 44(2).

Sanders, T., Land, J., & Mulder, G. (2007). Linguistics Markers of Coherence Improve Text

Comprehension in Functional Contexts. *Information Design Journal*, 15(3).

Sanders, T., Spooren, W., & Noordman, L. (1992). Toward a Taxonomy of Coherence Relations. *Discourse Processes*, 15(1).

Sandhofer, C. M., & Smith, L. B. (2001). Why Children Learn Color and Size Words So Differently: Evidence from Adults' Learning of Artificial Terms. *Journal of Experimental Psychology General*, 130(4).

Sawyer, D., J. (1992). Language Abilities, Reading Acquisition, and Developmental Dyslexia: A Discussion of Hypothetical and Observed Relationships. *Journal of Learning Disabilities*, 25(2).

Scarborough, H. S. (1990). Very Early Language Deficits in Dyslexic Children. *Child Development*, 61(6).

Scattone, D. (2008). Enhancing the Conversation Skills of a Boy with Asperger's Disorder Through Social Stories and Video Modeling. *Journal of Autism and Developmental Disorders*, 38(2).

Schertz, H. H., Odom, S. L., Baggett, K. M., & Sideris, J. H. (2018). Mediating Parent Learning to Promote Social Communication for Toddlers with Autism: Effects from a Randomized Controlled Trial. *Journal of Autism and Developmental Disorders*, 48(3).

Schmidt, A., Oliveira, F. M., Santos Lotério, L. & Gomes, G. (2016). Learning Name – Object Relations after a Single Exclusion Trial in 18-to 48-Month-Old Children. *The Psychological Record*, 66(1).

Schuele, C. M., & Dykes, J. C. (2005). Complex Syntax Acquisition: A Longitudinal Case Study of a Child with Specific Language Impairment. *Clinical Linguistics and Phonetics*, 19(4).

Schuele, C. M., & Nicholls, L. M. (2000). Relative Clauses: Evidence of Continued Linguistic Vulnerability in Children with Specific Language Impairment. *Clinical Linguistics and Phonetics*, 14(8).

Schuele, C. M., & tolbert, L. (2001). Omissions of Obligatory Relative Markers in Children with Specific Language Impairment. *Clinical Linguistics and Phonetics*, 15(4).

Schulte-Korne, G., Deimel, W., Bartling, J., & Remschmidt, H. (2004). Neurophysiological Correlates of Word Recognition in Dyslexia. *Journal of Neural Transmission*, 111(7).

Schumacher, J., Anthoni, H., Dahdouh, F., König, I. R., Hillmer, A. M., & Kluck, N., et al. (2006). Strong Genetic Evidence of DCDC2 as a Susceptibility Gene for Dyslexia. *The American Journal of Human Genetics*, 78(1).

Seeff-Gabriel, B., Chiat, S., & Pring, T. (2012). Intervention for Co-Occurring Speech and Language Difficulties: Addressing the Relationship between the Two Domains. *Child Language Teaching and Therapy*, 28(1).

Shankweiler, D., Crain, S., Katz, L., Fowler, A. E., Liberman, A. M., Brady, S. A., et al. (1995). Cognitive Profiles of Reading-Disabled Children: Comparison of Language Skills in Phonology, Morphology, and Syntax. *Psychological Science*, 6(3).

Shapiro, Lauren, R., Hudson, Judith, & A. (1991). Tell Me a Make-Believe Story: Coherence and Cohesion in Young Children's Picture-Elicited Narratives. *Developmental Psychology*, 27(6).

Sharda, M., Subhadra, T. P., Sahay, S., Nagaraja, C., Singh, L., & Mishra, R. (2010). Sounds of Melody-Pitch Patterns of Speech in Autism. *Neuroscience Letters*, 478(1).

Shatz, M., & O'Reilly, A. W. (1990). Conversational or Communicative Skill? A Reassessment of Two-Year-Olds' Behaviour in Miscommunication Episodes. *Journal of Child Language*, 17(1).

Shaywitz, B. A., Holford, T. R., Holahan, J. M., Fletcher, J. M., Stuebing, K. K., Francis, D. J., et al. (1995). A Matthew Effect for IQ but not for Reading: Results from a Longitudinal Study. *Reading Research Quarterly*, 30(4).

Sheng, L., & Mcgregor, K. K. (2010a). Lexical-Semantic Organization in Children with Specific Language Impairment. *Journal of Speech, Language, and Hearing Research*, 53(1).

Sheng, L., & Mcgregor, K. K. (2010b). Object and Action Naming in Children with Specific Language Impairment. *Journal of Speech, Language, and Hearing Research*, 53(6).

Shipley, K. G., Maddox, M. A., & Driver, J. E. (1991). Children's Development of Irregular Past Tense Verb Forms. *Language, Speech, and Hearing Services in Schools*, 22(3).

Shriberg, & L., D. (2001). Speech and Prosody Characteristics of Adolescents and Adults with High-Functioning Autism and Asperger Syndrome. *Journal of Speech, Language, and Hearing Research*, 44(5).

Shriberg, L. D., & Kwiatkowski, J. (1985). Continuous Speech Sampling for Phonologic Analyses of Speech-Delayed Children. *Journal of Speech and Hearing Disorders*, 50(4).

Shultz, S., Vouloumanos, A., Bennett, R. H., & Pelphrey, K. (2014). Neural Specialization for Speech in the First Months of Life. *Developmental Science*, 17(5).

Silani, G., Frith, U., Demonet, J., Fazio, F., & Paulesu, E. (2005). Brain Abnormalities Underlying Altered Activation in Dyslexia: A Voxel Based Morphometry Study. *Brain*, 128(Pt 10).

Siller, M., & Sigman, M. (2002). The Behaviors of Parents of Children with Autism Predict the Subsequent Development of Their Children's Communication. *Journal of Autism and Developmental Disorders*, 32(2).

Siltanen, S. A. (1986). "Butterflies Are Rainbows?": A Developmental Investigation of Metaphor Comprehension. *Communication Education*, 35(1).

Siltanen, S. A. (1990). Effects of Explicitness on Children's Metaphor Comprehension. *Metaphor and Symbol*, 5(1).

Singh, L., & Chee, M. (2016). Rise and Fall: Effects of Tone and Intonation on Spoken Word Recognition in Early Childhood. *Journal of Phonetics*, 55.

Siok, W. T., Jin, Z., Fletcher, P., & Tan, L. H. (2003). Distinct Brain Regions Associated with Syllable and Phoneme. *Human Brain Mapping*, 18(3).

Smeesters, D., & Liu, J. (2011). The Effect of Color (Red Versus Blue) on Assimilation Versus Contrast in Prime-to-Behavior Effects. *Journal of Experimental Social Psychology*, 47(3).

Smith, A. (2006). Speech Motor Development: Integrating Muscles, Movements, and Linguistic Units. *Journal of Communication Disorders*, 39(5).

Smith, T., & Iadarola, S. (2015). Evidence Base Update for Autism Spectrum Disorder. *Journal of Clinical Child and Adolescent Psychology*, 44(5).

Smith-Lock, K. M., Leitao, S., Lambert, L., & Nickels, L. (2013). Effective Intervention for Expressive Grammar in Children with Specific Language Impairment. *International Journal of Language and*

Communication Disorders, 48(3).

Snow, & David. (1998). Prosodic Markers of Syntactic Boundaries in the Speech of 4-Year-Old Children with Normal and Disordered Language Development. *Journal of Speech, Language, and Hearing Research*, 41(5).

Snow, C. E., Pan, B. A., Imbens-Bailey, A., & Herman, J. (1996). Learning How to Say What one Means: A Longitudinal Study of Children's Speech Act Use. *Social Development*, 5(1).

Snowling, M., Goulandris, N., Bowlby, M., & Howell, P. (1986). Segmentation and Speech Perception in Relation to Reading Skill: A Developmental Analysis. *Journal of Experimental Child Psychology*, 41(3).

Snowling, M. J. (1981). Phonemic Deficits in Developmental Dyslexia. *Psychological Research*, 43(2).

Snowling, M. J., Hulme, C., & Mercer, R. C. (2002). A Deficit in Rime Awareness in Children with Down Syndrome. *Reading and Writing*, 15(5–6).

Snowling, M., Bishop, D. V. M., & Stothard, S. E. (2010). Is Preschool Language Impairment a Risk Factor for Dyslexia in Adolescence?. *Journal of Child Psychology and Psychiatry and Allied Disciplines*, 41(5).

Sobel, D. M., Yoachim, C. M., Gopnik, A., Meltzoff, A. N., & Blumenthal, E. J. (2007). The Blicket within: Preschoolers' Inferences about Insides and Causes. *Journal of Cognition and Development*, 8(2).

Song, Y. Q., Zhong, J. X., Jia, Z. H., & Liang, D. D. (2020). Emotional Prosody Recognition in Children with High-Functioning Autism under the Influence of Emotional Insensity: Based on the Perspective of Emotional Dimension Theory. *Journal of Communication Disorders*, 88.

Song, Y., Jia, Z., Liu, S., & Liang, D. (2017). Discourse Production of Mandarin-Speaking Children with High-Functioning Autism: The Effect of Mental and Action Verbs' Semantic-Pragmatic Features. *Journal of Communication Disorders*, 70.

Southwood, F., & Van Hout, R. (2010). Production of Tense Morphology by Afrikaans-Speaking Children with and without Specific Language Impairment. *Journal of Speech, Language, and Hearing Research*, 54(2).

Spelke, E. S., Breinlinger, K., Macomber, J., & Jacobson, K. (1992). Origins of Knowledge. *Psychological Review*, 99(4).

Spencer, L. J., Tye-Murray, N., & Tomblin, J. B. (1998). The Production of English Inflectional Morphology, Speech Production and Listening Performance in Children with Cochlear Implants. *Ear and Hearing*, 19(4).

Spooren, W., & Sanders, T. (2008). The Acquisition Order of Coherence Relations: On Cognitive Complexity in Discourse. *Journal of Pragmatics*, 40(12).

Stark, R. E., Rose, S. N., & McLagen, M. (1975). Features of Infant Sounds: The First Eight Weeks of Life. *Journal of Child Language*, 2(2).

Stavrakaki, S. (2001). Comprehension of Reversible Relative Clauses in Specifically Language Impaired and Normally Developing Greek Children. *Brain and Language*, 77(3).

Steele, S. C., & Mills, M. T. (2011). Vocabulary Intervention for School-Age Children with Language

Impairment: A Review of Evidence and Good Practice. *Child Language Teaching and Therapy*, 27(3).

Stewart, I., & Barnes-Holmes, D. (2001). Understanding Metaphor: A Relational Frame Perspective. *Behavior Analyst*, 24(2).

Stifter, C. A., & Fox, N. A. (1986). Preschool Children's Ability to Identify and Label Emotions. *Journal of Nonverbal Behavior*, 10(4).

Stojanovik, V. (2006). Social Interaction Deficits and Conversational Inadequacy in Williams Syndrome. *Journal of Neurolinguistics*, 19(2).

Stojanovik, V., Perkins, M., & Howard, S. (2004). Williams Syndrome and Specific Language Impairment do not Support Claims for Developmental Double Dissociations and Innate Modularity. *Journal of Neurolinguistics*, 17(6).

Stokes, S. F., & Fletcher, P. (2000). Lexical Diversity and Productivity in Cantonese-Speaking Children with Specific Language Impairment. *International Journal of Language and Communication Disorders*, 35(4).

Stokes, S. F., & Fletcher, P. (2003). Aspectual Forms in Cantonese Children with Specific Language Impairment. *Linguistics*, 41(2).

Storch, Stacey, A., Whitehurst, Grover, & J. (2002). Oral Language and Code-Related Precursors to Reading: Evidence from a Longitudinal Structural Model. *Developmental Psychology*, 38(6).

Stuart, M., & Coltheart, M. (1988). Does Reading Develop in a Sequence of Stages?. *Cognition*, 30(2).

Stukker, N., Sanders, T., & Verhagen, A.(2008). Causality in Verbs and in Discourse Connectives: Converging Evidence of Cross-Level Parallels in Dutch Linguistic Categorization. *Journal of Pragmatics*, 40(7).

Sudhalter, V., Cohen, I. L., Silverman, W., & Wolfschein, E. G. (1990). Conversational Analyses of Males with Fragile X, Down Syndrome, and Autism: Comparison of the Emergence of Deviant Language. *American Journal of Mental Retardation*, 94(4).

Sullivan, K., Winner, E., & Tagerflusberg, H. (2003). Can Adolescents with Williams Syndrome Tell the Difference between Lies and Jokes?. *Developmental Neuropsychology*, 23(1–2).

Svirsky, M. A., Stallings, L. M., Ying, E., Lento, C. L., & Leonard, L. B. (2002). Grammatical Morphologic Development in Pediatric Cochlear Implant Users May be Affected by the Perceptual Prominence of the Relevant Markers. *Annals of Otology, Rhinology and Laryngology*, 111(S5).

Swan, D., & Goswami, U. (1997). Phonological Awareness Deficits in Developmental Dyslexia and the Phonological Representations Hypothesis. *Journal of Experimental Child Psychology*, 60(1).

Swank, L. K., Catts, H. W. (1994). Phonologcal Awareness and Written Word Decoding. *Language, Speech, and Hearing Services in Schools*, 25(1).

Swettenham, G. (1996). What's Inside Someone's Head? Conceiving of the Mind as a Camera Helps Children with Autism Acquire an Alternative to a Theory of Mind. *Cognitive Neuropsychiatry*, 1(1).

Swettenham, J., Baron-Cohen, S., Gomez, J.-C., & Walsh, S. (1996). What's Inside a Person's Head? Conceiving of the Mind as a Camera Helps Children with Autism Develop an Alternative Theory of Mind. *Cognitive Neuropsychiatry*, 1(1).

Szagun, G. (2000). The Acquisition of Grammatical and Lexical Structures in Children with Cochlear Implants: A Developmental Psycholinguistic Approach. *Audiology and Neurotology*, 5(1).

Tager-Flusberg, H. (1981). On the Nature of Linguistic Functioning in Early Infantile Autism. *Journal of Autism and Developmental Disorders*, 11(1).

Tager-Flusberg, H. (1985). The Conceptual Basis for Referential Word Meaning in Children with Autism. *Child Development*, 56(5).

Tager-Flusberg, H. (1992). Autistic Children's Talk about Psychological States: Deficits in the Early Acquisition of a Theory of Mind. *Child Development*, 63(1).

Tager-Flusberg, H. (1995). "Once Upon a Ribbit": Stories Narrated by Autistic Children. *British Journal of Developmental Psychology*, 13(1).

Tager-Flusberg, H. (1999). A Psychological Approach to Understanding the Social and Language Impairments in Autism. *International Review of Psychiatry*, 11(4).

Tager-Flusberg, H. (2001). A Reexamination of the Theory of Mind Hypothesis of Autism. *Current Direction in Psychological Science*, 34(12).

Tager-Flusberg, H., & Calkins, S. (1990). Does Imitation Facilitate the Acquisition of Grammar? Evidence from a Study of Autistic, Down's Syndrome and Normal Children. *Journal of Child Language*, 17(3).

Tager-Flusberg, H., & Sullivan, K. (1995). Attributing Mental States to Story Characters: A Comparison of Narratives Produced by Autistic and Mentally Retarded Individuals. *Applied Psycholinguistics*, 16(3).

Tager-Flusberg, H. (1991). Semantic Processing in the Free Recall of Autistic Children: Further Evidence for a Cognitive Deficit. *British Journal of Developmental Psychology*, 9(3).

Tait, D. M. (1993). Video Analysis: A Method of Assessing Changes in Preverbal and Early Linguistic Communication after Cochlear Implantation. *Ear and Hearing*, 14(6).

Tait, M., & Lutman, M. E. (1994). Comparison of Early Communicative Behavior in Young Children with Cochlear Implants and with Hearing Aids. *Ear and Hearing*, 15(5).

Tait, M., Lutman, M. E., & Robinson, K. (2000). Preimplant Measures of Preverbal Communicative Behavior as Predictors of Cochlear Implant Outcomes in Children. *Ear and Hearing*, 21(1).

Tamaoka, L. K. (1998). Cognitive Processing of Chinese Characters, Words, Sentences and Japanese Kanji and Kana: An introduction. *Reading and Writing*, 10(3).

Tamis-Lemonda, C. S., Bornstein, M. H., Baumwell, L., & Melstein Damast, A. (1996). Responsive Parenting in the Second Year: Specific Influences on Children's Language and Play. *Early Development and Parenting: An International Journal of Research and Practice*, 5(4).

Tanguay, P. E., Ornitz, E. M., Forsythe, A. B., & Ritvo, E. R. (1976). Rapid Eye Movement (REM) Activity in Normal and Autistic Children During REM Sleep. *Journal of Autism and Developmental Disorders*, 6(3).

Tannenbaum, P. H., & Williams, F.(1968). Generation of Active and Passive Sentences as a Function of Subject or Object Focus. *Journal of Verbal Learning and Verbal Behavior*, 7(1).

Tardif, T. (1996). Nouns Are not always Learned Before Verbs: Evidence from Mandarin Speakers' Early

Vocabularies. *Developmental Psychology*, 32(3).

Tardif, T., Gelman, S. A., & Xu, F. (1999). Putting the "Noun Bias" in Context: A Comparison of English and Mandarin. *Child Development*, 70(3).

Tarkiainen, A., Helenius, P., Hansen, P. C., Cornelissen, P. L., & Salmelin, R. (1999). Dynamics of Letter String Perception in the Human Occipitotemporal Cortex. *Brain*, 122(11).

Theodoros Marinis, & Douglas Saddy (2013). Parsing the Passive: Comparing Children with Specific Language Impairment to Sequential Bilingual Children. *Language Acquisition*, 20(2).

Thordardottir, E. T., & Weismer, S. E. (2002). Verb Argument Structure Weakness in Specific Language Impairment in Relation to Age and Utterance Length. *Clinical Linguistics and Phonetics*, 16(4).

Thorn, A. S. C., & Gathercole, S. E. (1999). Language-Specific Knowledge and Short-Term Memory in Bilingual and Non-Bilingual Children. *Quarterly Journal of Experimental Psychology a Human Experimental Psychology*, 52(2).

Thurber, C., & Tager-Flusberg, H. (1993). Pauses in the Narratives Produced by Autistic, Mentally Retarded, and Normal Children as an Index of Cognitive Demand. *Journal of Autism and Developmental Disorders*, 23(2).

Todman, J. B., & Dugard, P. (2001). Single-Case and Small-N Experimental Designs: A Practical Guide to Randomization Tests. *Research in Mathematics Education*, 15(2).

Toichi M, Kamio Y. (2001) Verbal Association for Simple Common Words in High-Functioning Autism. *Journal of Autism and Developmental Disorders*, 31(5).

Tolchinsky-Landsmann, L., & Levin, I. (1985). Writing in Preschoolers: An Age-Related Analysis. *Applied Psycholingus*, 6(3).

Torgesen, J., Alexander, A., Wagner, R., Rashotte, C., Voeller, K., & Conway, T. (2001). Intensive Remedial Instruction for Children with Severe Reading Disabilities: Immediate and Longterm Outcomes from Two Instructional Approaches. *Journal of Learning Disabilities*, 34(1).

Trabasso, T., Paul, V. D. B., & Suh, S. Y. (1989). Logical Necessity and Transitivity of Causal Relations in Stories. *Discourse Processes*, 12(1).

Trauner, D., Wulfeck, B., Tallal, P., & Hesselink, J. (2000). Neurological and MRI Profiles of Children with Developmental Language Impairment. *Developmental Medicine and Child Neurology*, 42(7).

Treisman, A. M. (1960). Contextual Cues in Selective Listening. *Quarterly Journal of Experimental Psychology*, 12(4).

Tribushinina, E., & Dubinkina, E. (2012). Adjective Production by Russian-Speaking Children with Specific Language Impairment. *Clinical Linguistics and Phonetics*, 26(6).

Tribushinina, E., Dubinkina, E., & Sanders, T. (2015). Can Connective Use Differentiate between Children with and without Specific Language Impairment? *First Language*, 35(1).

Tsao, F. M., Liu, H. M., & Kuhl, P. K. (2006). Perception of Native and Non-Native Affricate-Fricative Contrasts: Cross-Language Tests on Adults and Infants. *The Journal of the Acoustical Society of America*, 120(4).

Turk, A. E., Jusczyk, P. W., & Gerken, L. (1995). Do English-Learning Infants Use Syllable Weight to Determine Stress?. *Language and Speech*, 38 (Pt 2).

Turk, E., & Bry, B. H. (1992). Adolescents' and Parents' Explanatory Styles and Parents' Causal Explanations about Their Adolescents. *Cognitive Therapy and Research*, 16(3).

Twachtman, D. D. (1995). Methods to Enhance Communication in Verbal Children. *Teaching Children with Autism: Strategies to Enhance Communication and Socialization.*

Tyler, A. A., Edwards, M. L., & Saxman, J. H. (1987). Clinical Application of Two Phonologically Based Treatment Procedures. *Journal of Speech and Hearing Disorders*, 52(4).

Ukrainetz, T. A., Justice, L. M., Kaderavek, J. N., Eisenberg, S. L., Gillam, R. B., & Harm, H. M. (2005). The Development of Expressive Elaboration in Fictional Narratives. *Journal of Speech, Language, and Hearing Research*, 48(6).

Ullman, M. T., & Pierpont, E. I. (2005). Specific Language Impairment is not Specific to Language: The Procedural Deficit Hypothesis. *Cortex*, 41(3).

Van Der Lely H. K. (1994). Canonical Linking Rules: Forward Versus Reverse Linking in Normally Developing and Specifically Language-Impaired Children. *Cognition*, 51(1).

Van Der Lely, H. K. (1996). Specifically Language Impaired and Normally Developing Children: Verbal Passive vs. Adjectival Passive Sentence Interpretation. *Lingua*, 98(4).

Van der Lely, H. K. (1998). SLI in Children: Movement, Economy, and Deficits in the Computational-Syntactic System. *Language Acquisition*, 7(2–4).

Van Der Lely, H. K., & Battell, J. (2003). Wh-Movement in Children with Grammatical SLI: A Test of the RDDR Hypothesis. *Language*, 79(1).

Van Kleeck, A., & Frankel, T. L. (1981). Discourse Devices Used by Language Disordered Children Preliminary Investigation. *Journal of Speech and Hearing Disorders*, 46(3).

Van Viersen, S., De Bree, E. H., Zee, M., Maassen, B., van der Leij, A., & De Jong, P. F. (2018). Pathways into Literacy: The Role of Early Oral Language Abilities and Family Risk for Dyslexia. *Psychological Science*, 29(3).

Vellutino, F. R., Tunmer, W. E., Jaccard, J. J., & Chen, R. S. (2007). Components of Reading Ability: Multivariate Evidence for a Convergent Skills Model of Reading Development. *Scientific Studies of Reading*, 11(1).

Verbrugge, R. (1979). The Primacy of Metaphor in Development. *New Directions for Child and Adolescent Development*, 6.

Verucci, L., Menghini, D., & Vicari, S. (2010). Reading Skills and Phonological Awareness Acquisition in Down Syndrome. *Journal of Intellectual Disability Research*, 50(7).

Vicari, S., Caselli, M. C., & Tonucci, F. (2000). Asynchrony of Lexical and Morphosyntactic Development in Children with Down Syndrome. *Neuropsychologia*, 38(5).

Vicari, S., Caselli, M. C., Gagliardi, C., Tonucci, F., & Volterra, V. (2002). Language Acquisition in Special Populations: A Comparison between Down and Williams Syndromes. *Neuropsychologia*, 40(13).

Volden, J. (2004). Conversational Repair in Speakers with Autism Spectrum Disorder. *International Journal of Language and Communication Disorders*, 39(2).

Volkers, N. (2018). Does An SLI Label Really Restrict Services?: It All Depends Who You Ask. or

Perhaps More Importantly, Where They Live. *ASHA Leader*, 23(12).

Vugs, B., Knoors, H., Cuperus, J., Hendriks, M., & Verhoeven, L. (2016). Interactions between Working Memory and Language in Young Children with Specific Language Impairment (SLI). *Child Neuropsychology*, 22(8).

Waggoner, J. E., & Palermo, D. S. (1989). Betty is a Bouncing Bubble: Children's Comprehension of Emotion-Descriptive Metaphors. *Developmental Psychology*, 25(1).

Wagner, R. K., Torgesen, J. K., Rashotte, C. A., Hecht, S. A., Barker, T. A., & Burgess, S. R., et al. (1997). Changing Relations between Phonological Processing Abilities and Word-Level Reading as Children Develop from Beginning to Skilled Readers: A 5-Year Longitudinal Study. *Developmental Psychology*, 33(3).

Walker, C. M., & Gopnik, A. (2014). Toddlers Infer Higher-Order Relational Principles in Causal Learning. *Psychological Science*, 25(1).

Walker, C. M., & Gopnik, A. (2017). Discriminating Relational and Perceptual Judgments: Evidence from Human Toddlers. *Cognition*, 166.

Walker, C. M., Lombrozo, T., Legare, C., & Gopnik, A. (2014). Explanation Prompts Children to Privilege Inductively Rich Properties. *Cognition*, 133(2).

Walker, C. M., Lombrozo, T., Williams, J. J., Rafferty, A. N., & Gopnik, A. (2017). Explaining Constrains Causal Learning in Childhood. *Child Development*, 88(1).

Walker, D., Greenwood, C., Hart, B., & Carta, J. (1994). Prediction of School Outcomes Based on Early Language Production and Socioeconomic Factors. *Child Development*, 65(2).

Walkerandrews, A. S., & Grolnick, W. (1983). Discrimination of Vocal Expressions by Young Infants. *Infant Behavior and Development*, 6(4).

Walshaw, C. A., Owens, J. M., Scally, A. J., & Walshaw, M. J. (2008). Does Breastfeeding Method Influence Infant Weight Gain?. *Archives of Disease in Childhood*, 93(4).

Wang, X., Wang, S., Fan, Y., Huang, D., & Zhang, Y. (2017). Speech-Specific Categorical Perception Deficit in Autism: An Event-Related Potential Study of Lexical Tone Processing in Mandarin-Speaking Children. *Scientific Reports*, 7.

Warden, D. A. (1976). The Influence of Context on Children's Use of Identifying Expressions and References. *British Journal of Psychology*, 67(1).

Washington, K. N., & Warr-Leeper, G. A. (2013). Visual Support in Intervention for Preschoolers with Specific Language Impairment. *Topics in Language Disorders*, 33(4).

Watkins, L., O'Reilly, M., Kuhn, M., Gevarter, C., Lancioni, G. E., Sigafoos, J., & Lang, R. (2015). A Review of Peer-Mediated Social Interaction Interventions for Students with Autism in Inclusive Settings. *Journal of Autism and Developmental Disorders*, 45(4).

Weiner, F. F. (1981). Treatment of Phonological Disability Using the Method of Meaning Contrast: Two Case Studies. *Journal of Speech and Hearing Disorders*, 46(1).

Weismer, S. E., & Murray-Branch, J. (1989). Modeling Versus Modeling Plus Evoked Production Training: A Comparison of Two Language Intervention Methods. *The Journal of Speech and Hearing Disorders*, 54(2).

Wellman, H. M., Baron-Cohen, S., Caswell, R., Gomez, J. C., Swettenham, J., & Toye, E., et al. (2002). Thought-Bubbles Help Children with Autism Acquire an Alternative to a Theory of Mind. *Autism the international Journal of Research and Practice*, 6(4).

Wellman, H. M., & Estes, D. (1986). Early Understanding of Mental Entities: A Reexamination of Childhood Realism. *Child Development*, 57(4).

Wellman, H. M., Hickling, A. K., & Schult, C. A. (1997). Young Children's Psychological, Physical, and Biological Explanations. *New Directions for Child and Adolescent Development*, 75.

Wellman, H. M., & Johnson, C. N. (1979). Understanding of Mental Processes: A Developmental Study of "Remember" and "Forget". *Child Development*, 50(1).

Wells, B., PeppÉ, S., & Goulandris, N. (2004). Intonation Development from Five to Thirteen. *Journal of Child Language*, 31(4).

Wen-Hui Sah. (2015). The Development of Coherence in Narratives: Causal Relations. *Taiwan Journal of Linguistics*, 13(1).

Wener, Sarah EArchibald, Lisa MD. (2011). Domain-Specific Treatment Effects in Children with Language and/or Working Memory Impairments: A Pilot Study. *Child Language Teaching and Therapy*, 27(3).

Werker, J. F., Gilbert, J. H., Humphrey, K., & Tees, R. C. (1981). Developmental Aspects of Cross-Language Speech Perception. *Child Development*, 52(1).

White, S., Milne, E., Rosen, S., Hansen, P., Swettenham, J., Frith, U., et al. (2006). The Role of Sensorimotor Impairments in Dyslexia: A Multiple Case Study of Dyslexic Children. *Developmental Science*, 9(3).

Whyte, E. M., Nelson, K. E., & Khan, K. S. (2013). Learning of Idiomatic Language Expressions in a Group Intervention for Children with Autism. *Autism the International Journal of Research and Practice*, 17(4).

Wilcox, M. J., & Leonard, L. B. (1978). Experimental Acquisition of Wh-Questions in Language-Disordered Children. *Journal of Speech, Language, and Hearing Research*, 21(2).

Wiley, A. R., Rose, A. J., Burger, L. K., & Miller, P. J. (1998). Constructing Autonomous Selves Through Narrative Practices: A Comparative Study of Working-Class and Middle-Class Families. *Child Development*, 69(3).

Wilkins, A., Lewis, E., Smith, F., Rowland, E., & Tweedie, W. (2010). Coloured Overlays and Their Benefit for Reading. *Journal of Research in Reading*, 24(1).

Williams, A. L. (2000). Multiple Oppositions: Case Studies of Variables in Phonological Intervention. *American Journal of Speech-Language Pathology*, 9(4).

Williams, A. L., & Elbert, M. (2003). A Prospective Longitudinal Study of Phonological Development in Late Talkers. *Language, Speech, and Hearing Services in Schools*, 34(2).

Wimmer, H., Mayringer, H., & Landerl, K. (2000). The Double-Deficit Hypothesis and Difficulties in Learning to Read a Regular Orthography. *Journal of Educational Psychology*, 92(4).

Winner, E. (1979). New Names for Old Things: The Emergence of Metaphoric Language. *Journal of Child Language*, 6(3).

Winner, E., Engel, M., & Gardner, H. (1980). Misunderstanding Metaphors: What's the Problem? *Journal of Experimental Child Psychology*, 30(1).

Winner, E., Rosenstiel, A. K., & Gardner, H. (1976). The Development of Metaphoric Understanding. *Developmental Psychology*, 12(4).

Wolf, M., Miller, L., & Donnelly, K. (2000). Retrieval, Automaticity, Vocabulary Elaboration, Orthography (RAVE-O) a Comprehensive, Fluency-Based Reading Intervention Program. *Journal of Learning Disabilities*, 33(4).

Wolf-Schein, E. G., Sudhalter, V., Cohen, I. L., Fisch, G. S., Hanson, D., & Pfadt, A. G., et al. (1987). Speech-Language and the Fragile X Syndrome: Initial Findings. *Asha*, 29(7).

Wolff, P. (2003). Direct Causation in the Linguistic Coding and Individuation of Causal Events. *Cognition*, 88(1).

Wong, P. (2012). Acoustic Characteristics of Three-Year-Olds' Correct and Incorrect Monosyllabic Mandarin Lexical Tone Productions. *Journal of Phonetics*, 40(1).

Wong, P. (2013). Perceptual Evidence for Protracted Development in Monosyllabic Mandarin Lexical Tone Production in Preschool Children in Taiwan. *The Journal of the Acoustical Society of America*, 133(1).

Woolley, J. D. (1997). Thinking about Fantasy: Are Children Fundamentally Different Thinkers and Believers from Adults? . *Child Development*, 68(6).

Yeung, H. H., Chen, K. H., & Werker, J. F. (2013). When Does Native Language Input Affect Phonetic Perception? The Precocious Case of Lexical Tone. *Journal of Memory and Language*, 68(2).

Yin, W. G., & Weekes, B. S. (2003). Dyslexia in Chinese: Clues from Cognitive Neuropsychology. *Annals of Dyslexia*, 53(1).

Yoder, P. J., Kaiser, A. P., & Alpert, C. L. (1991). An Exploratory Study of the Interaction between Language Teaching Methods and Child Characteristics. *Journal of Speech, Language, and Hearing Research*, 34(1).

Yoshinaga-Itano, C., & Snyder, L. (1985). Form and Meaning in the Written Language of Hearing-Impaired Children. *The Volta Review*, 87(5).

You, R. S., Serniclaes, W., Rider, D., & Chabane, N. (2017). On the Nature of the Speech Perception Deficits in Children with Autism Spectrum Disorders. *Research in Developmental Disabilities*, 61(6).

Zecker, L. B. (1999). Different Texts, Different Emergent Writing Forms. *Language Arts*, 76(6).

Zevin, J. D., & Seidenberg, M. S. (2006). Simulating Consistency Effects and Individual Differences in Nonword Naming: A Comparison of Current Models. *Journal of Memory and Language*, 54(2).

Zhang, Y., Zhang, L., Hua, S., Xi, J., & Li, P. (2012). Universality of Categorical Perception Deficit in Developmental Dyslexia: An Investigation of Mandarin Chinese Tones. *Journal of Child Psychology and Psychiatry*, 53(8).

Zheng, Q., Jia, Z., & Liang, D. (2015). Metaphor and Metonymy Comprehension in Chinese-Speaking Children with High-Functioning Autism. *Research in Autism Spectrum Disorders*, 10.

Zhou, X., Marslen-Wilson, W., Taft, M., & Shu, H. (1999). Morphology, Orthography, and Phonology Reading Chinese Compound Words. *Language and Cognitive Processes*, 14(5–6).

Ziegler, J., & Goswami, U. (2005). Reading Acquisition, Developmental Dyslexia, and Skilled Reading Across Languages: A Psycholinguistic Grain Size Theory. *Psychological Bulletin*, 131(1).

Zufferey, S., Mak, W. M., & Sanders, T. (2015). A Cross-Linguistic Perspective on the Acquisition of Causal Connectives and Relations. *International Review of Pragmatics*, 7(1).

Zukowski, A. (2005). Knowledge of Constraints on Compounding in Children and Adolescents with Williams Syndrome. *Journal of Speech, Language, and Hearing Research*, 48(1).

Jung Sun Ryu (류정선), Moon Jeoung Kim (김문정). (2018). The Effects of Intervention of Using Clause Units on the Improvement of Specific Language Impairments (SLI) in Childrens' Embedded Sentences. *Journal of Speech-Language and Hearing Disorders*, 27(3).

图书在版编目（CIP）数据

儿童语言障碍干预 /梁丹丹著. — 北京：商务印书馆，2022
ISBN 978 - 7 - 100 - 20382 - 1

Ⅰ.①儿…　Ⅱ.①梁…　Ⅲ.①言语障碍—儿童教育—特殊教育—教材　Ⅳ.①G762.4

中国版本图书馆CIP数据核字（2021）第188547号

儿童语言障碍干预

梁丹丹 著

商 务 印 书 馆 出 版
（北京王府井大街 36 号　邮政编码 100710）
商 务 印 书 馆 发 行
北京顶佳世纪印刷有限公司印刷
ISBN 978 - 7 - 100 - 20382 - 1

2022 年 9 月第 1 版　　开本 710 × 1000　1/16
2022 年 9 月北京第 1 次印刷　　印张 24½
定价：128.00 元